# शहर और सिनेमा : वाया दिल्ली

# शहर और सिनेमा : वाया दिल्ली

मिहिर पंड्या

वाणी प्रकाशन

वाणी प्रकाशन
4695, 21-ए, दरियागंज, नयी दिल्ली 110 002

शाखा
अशोक राजपथ, पटना 800 004

फ़ोन: +91 11 23273167 फ़ैक्स: +91 11 23275710
www.vaniprakashan.in
vaniprakashan@gmail.com

SHAHAR AUR CINEMA : VIA DILLI
*by* Mihir Pandya

ISBN: 978-93-5000-841-6
Cinema



प्रथम संस्करण

मूल्य : ₹495



दि प्रेस, दिल्ली 110 092 में मुद्रित

वाणी प्रकाशन का लोगो मक़बूल फ़िदा हुसेन की कूची से

# आभार

बीते चार सालों में इस शहर में मैंने कई पतझड़, सावन देखे हैं। पता नहीं चला कि कब इन जोड़ीदारों - सिनेमा और दिल्ली, जिन्हें एक शोध विषय भर होना था, ने जिल्द बंधे उन नीरस पन्नों से निकलकर मेरी ज़िन्दगी में घुसपैठ कर ली। इसीलिए आज जब यहाँ 'शुक्रिया' का पन्ना लिखने बैठा हूँ तो सोचता हूँ कि कैसे उन अन्तहीन सिनेमाई बहस-मुबाहिसों को, जिनसे अनगिनत दोस्तियाँ निकलीं, इस इकलौते पन्ने में दर्ज करूँ? कैसे समेटूँ उन भीड़ भरी विश्वविद्यालयी सेमीनारों, व्याख्यानों और उन तमाम प्रकाशित, गैर-प्रकाशित निबंधों के ठीक पहले जिए जानेवाले अकेलेपन के विलोम को इस इकलौते पन्ने में? क्योंकि सच यही है कि इन्हीं अनगिनत क्षणों से मिलकर वह समझदारी बनती है जिससे इस किताब का जन्म हुआ। चाहता तो यह हूँ कि इस किताब को उन्हीं तमाम रूठे और माने दोस्तों को समर्पित कर दूँ, जो कमबख़्त बहुत सारे हैं!

पहला शुक्रिया मेरे अध्यापक और शोध निर्देशक सुधीश पचौरी का। शोध का जितना भी अनुशासन मुझमें है, उन्हीं से मिला है। उनके सुझाव मेरा आयाम बड़ा कर देते हैं और मैं हमेशा विचार की एक नई दिशा पाता हूँ। उनकी कक्षाओं में विचारों का विहंगम कोलाहल होता है और एक गुरु के रूप में उन्होंने हमेशा मुझे वह वैचारिक स्वतंत्रता दी है जिसकी चाहत हर शोधार्थी को होती है।

शोध निर्देशक गुरुवर संजीव कुमार की उपस्थिति सदा गुरुवत कम और मित्रवत ज़्यादा रही है। उनकी वैचारिक प्रतिबद्धता और विलक्षण प्रतिभा से मैंने बहुत कुछ सीखा है। अपूर्वानंद सर के साथ बीते साल एमए कक्षाओं को पढ़ाते हुए सिनेमा का अध्यापन में इस्तेमाल किया। उन कक्षाओं में हुए विमर्शों का गहरा योग इस किताब में है। हिन्दी में सिनेमा अध्ययन की अकादमिक परम्परा नहीं के बराबर है, और मेरे इस अध्ययन के तमाम संदर्भ भी अंग्रेजी भाषा के सिनेमा अकादमिकों के पूर्ववर्ती काम से निकले हैं। उन विद्वानों का शुक्रिया अदा करते हुए यह भी कि मेरे द्वारा किए अनुवादों को यह मानकर पढ़ा जाए कि यह एक भूलतः अनुवादक का काम है।

पल्लव, रविकांत और नम्रता जोशी इस 'शहर में अकेले' लड़के के लिए दोस्त भी हैं, साझेदार भी और आड़ा वक़्त आने पर अभिभावक भी। वे जानें कि बस उनका होना ही आश्वस्तिदायक है। साथ ही सारे दिल्लीवाले सिनेमा समीक्षकों का आभार अर्णब बनर्जी, ऐना वैट्टिकाड, गौतम चिन्तामणि, सुपर्णा शर्मा, त्रिशा गुप्ता, अविजित घोष... जिनके साथ कितनी ही ढलती शामों में इन तमाम फ़िल्मों पर अन्तहीन बातें हुईं। सीएसडीएस 'सराय' के सभी साथियों का आभार। 'सराय' का अभिलेखागार मेरे लिए ख़ज़ाना साबित हुआ है और शहर एवं सिनेमा दोनों ही क्षेत्रों में यह मेरे लिए नई बहसों से परिचय का माध्यम बना है। यहीं 'वितान' के साथियों को याद, जिनके साथ वक़्त-बेवक़्त इस विषय के इर्द-गिर्द कई गरमागरम बहसें हुईं। संजय जोशी और उनके साथ 'जसम' के सिनेमा मंच 'द ग्रुप' से जुड़े तमाम कॉमरेड साथियों का शुक्रिया। दिल्ली, नैनीताल, गोरखपुर में आपसे हुई बातों का इस कार्य में गहरा योग है। 'कथा सेंटर फॉर फ़िल्म स्टडीज़' और प्रबोध पारिख सर का धन्यवाद, जिनकी मुम्बई कार्यशाला, सिनेमा पर विचार का नज़रिया बदलने वाली साबित हुई। स्वेतलाना, सुमित पुरोहित, जगन्नाथन कृष्णन और कार्तिक कृष्णन जैसे प्यारे दोस्तों का शुक्रिया। दोस्तों, तुम्हारी ही वजह से आज मेरा फ़िल्मों का ख़ज़ाना इतना समृद्ध है। और फ़िल्मों की तलाश में विशेष सहयोग के लिए आदरणीय ओम थानवी, साथी अनुराग वत्स, प्रकाश रे तथा हम सबके संगीत गुरु पवन झा का विशेष शुक्रिया।

मैं खुद लिखते हुए सबसे ज़्यादा सीखता, समझता हूँ। बीते सालों में सिनेमा पर लिखा उस समझदारी का आधार है जिससे इस किताब ने आकार ग्रहण किया। यहाँ संपादक की भूमिका निभाते रहे अग्रजों और दोस्तों सुशील शुक्ल, राकेश कुमार सिंह, मंगलेश डबराल, हरिनारायण, संजय दुबे, राजेश मित्तल, मृत्युंजय, गिरिराज किराड़ू, प्रतिभा कटियार, रामकुमार सिंह, दुष्यंत, संज्ञा उपाध्याय, प्रभात रंजन सभी का शुक्रिया कि उन्होंने इस घोर अव्यवस्थित आलोचक को अपने प्रकाशनों और मंचों पर जगह दी।

मेरी ज़िन्दगी के 'रतन बाबू' वरुण ग्रोवर, राजर्षि दासगुप्ता, देबाश्री मुखर्जी, अपराजिता सरकार, विनीत कुमार और गौरव सोलंकी का सबसे खास धन्यवाद। इस किताब की अवधारणा से गठन तक हर चरण में इन प्यारे दोस्तों और साथियों के विचारों का अमिट योग है। राणा दासगुप्ता के साथ काम करते हुए दिल्ली के असल हाशिए को देखा। अपने ही शहर को देखने की जैसे नई दृष्टि पाई। स्नेह भरी उपस्थिति के लिए अजय ब्रह्मात्मज का आभार। मैं उनसे सीखता हूँ, वे जीवन ही नहीं विचारों में भी लोकतंत्र के सच्चे पालनकर्ता हैं। महमूद फारुक़ी, रवीश कुमार, अक्षत वर्मा तथा शुभ्रा गुप्ता का विशेष आभार, जिन्होंने इस काम को पढ़ा और अपनी सहमतियों-असहमतियों में गहरा घुला विश्वास दिखाया। विस्मयकारी निर्देशक दिबाकर बनर्जी का नाम भी यहाँ मैं इसी क्रम में लेना चाहता हूँ। उनकी फ़िल्में इस अध्ययन

का आधार हैं और बिना एक भी सीधी मुलाकात हुए, उनका इस अध्ययन को शुरुआती अवस्था में ही तल्लीनता से पढ़ना और आगे हर कदम पर वैचारिक और व्यक्तिगत सहयोग प्रदान करना मेरे लिए खास रहा। वैसे उन्हें पता हो, मैं आज भी उस 'पहली मुलाकात' के इन्तज़ार में हूँ।

दोस्त अविनाश दास का आभार, जिनके चलते इस काम को अपना सही ठिकाना नसीब हुआ। शृंखला संपादक राकेश मंजुल का आभार। उनका इस काम में विश्वास बनाए रखना ज़रूरी था। साथ ही आभार श्री अरुण माहेश्वरी और वाणी प्रकाशन का, जिन्होंने सिनेमा अध्ययन को एक महत्वपूर्ण क्षेत्र समझते हुए इस परियोजना की परिकल्पना की। उम्मीद है कि सिनेमा पर सार्थक पुस्तकों की यह परियोजना हिन्दी में सिनेमा अध्ययन का एक नया प्रस्थान बिन्दु बनेगी।

मेरे इस बेतरतीब से जीवन में अब भी बहुत से व्यक्ति ऐसे हैं जिन्हें मैं अपने में ही शामिल मानता हूँ। थोड़ा सा 'मैं' उनमें हूँ, थोड़े से 'वो' मुझमें। जिन्हें इस किताब को देखकर दुनियाभर की खुशियाँ मिल जायेंगी। और कोई नाम लिखना तो अब अपना ही नाम लिखना होगा। तो नाम नहीं, आईना रखा है सिरहाने।

सिनेमा मुझे सिखाता है कि हर कहानी अपने भीतर ज़िन्दगी के सारे रंग समेटे होती है। आपकी अपनी कहानी ही दरअसल 'सबकी कहानी' होती है। इस अध्ययन ने मुझे फिर एक बार यह याद दिलाया है कि दुनिया की सबसे बेहतरीन फ़िल्म वो है जो मैं रोज़ देखता हूँ, ज़िन्दगी!

मिहिर पंड्या
नई दिल्ली, जनवरी 2012

# अनुक्रमणिका

# भूमिका

# शहर, सपने और सच

स्मृतियाँ आत्म-छलना होती हैं। वह आपको चकित करती हैं, क्योंकि वह आपको धोखा देती हैं। वह आपके लिए आपके हिस्से का सच गढ़ती हैं जो बिल्कुल जरूरी नहीं कि यथार्थ हो। वह आपके लिए एक ऐसी कहानी गढ़ती हैं जिसके मुख्य किरदार बिना किसी अपवाद खुद आप होते हैं। यथार्थ इससे कहीं अलग और कई बार उल्टा भी हो सकता है। लेकिन मेरे लिए यह आत्म-छलना स्मृतियाँ हमेशा वास्तविक यथार्थ से ज़्यादा विस्मयकारी और महत्वपूर्ण रही हैं। सच है कि मैं उन्हें संजोता भी हूँ। चौथी क्लास में साथ पढ़ने वाली वह टमाटरी गालों वाली लड़की जिसका नाम अतीत से निकलकर मेरे निबंधों, कहानियों में आज भी चला आता है, सच है कि मैं उससे फिर कभी नहीं मिलना चाहूँगा। उसे सदा वहीं रहना है। वहीं, चौथी क्लास में। वहीं, मेरी स्मृतियों में।

जैसा नफरत करने की हद तक चाहे गए निर्देशक डेविड लायंच की फ़िल्म 'लॉस्ट हाईवे' में नायक सुरक्षा अधिकारी द्वारा घर में किसी भी किस्म का कैमरा न रखे जाने की वजह पूछे जाने पर बताता है कि क्यों वह उन यंत्रों से चिढ़ता है। क्योंकि वह घटनाओं, वस्तुओं को अपनी तरह से याद रखना चाहता है। और क्योंकि उसकी याद हमेशा 'असल' में वो जैसे भी घटी होंगी, उससे बहुत अलग होती है।

स्मृतियाँ हमें गढ़ती हैं। व्यक्तिगत स्तर पर भी और किसी समुदाय की साझा स्मृतियों के स्तर पर भी। मैं मानता हूँ कि ठीक निर्णायक क्षणों पर हमारे फैसले वास्तविक यथार्थ से कहीं अधिक इन छलना स्मृतियों के समुच्च्य से ज़्यादा संचालित होते हैं। व्यक्तिगत स्तर पर भी और समूह रूप में भी, बल्कि सच यह भी है कि ऐसे निर्णायक मौकों पर व्यक्तिगत अनुभवों और पीढ़ीगत, समुदायगत संजोई हुई स्मृतियों में भेद कर पाना असंभव होता है। पता नहीं चलता कि क्या आपबीती थी और क्या इस समाज के विकासक्रम में आप तक संचरित होता चला आया है।

***

इकत्तीस मार्च उन्नीस सौ सत्तानवे। पूरे चांद की रात वाली होली का हाथ थामे, ठीक इसी दिन शहर 'दिल्ली' सार्वजनिक सूचनाओं, अखबारों के पहले पन्नों, छब्बीस

जनवरी की राजपथ परेडों और उस ज़रा भी बुद्धू नहीं रह गए बक्से से निकलकर मेरी ज़िन्दगी, मेरी स्मृतियों में हमेशा के लिए प्रवेश कर जाती है। यही मेरा दिल्ली शहर से पहला साक्षात्कार है। मेरा बड़ा भाई, जो शहर दिल्ली के एक प्रतिष्ठित विश्वविद्यालय में पढ़ा करता है, होली के लिए घर आया है। वही विश्वविद्यालय, जिसके द्वारा आठ साल बाद नकारे जाने और उसके दो साल बाद चयन होने पर स्वयं द्वारा उसे नकारे जाने की विलोम घटनाओं से बहुत-बहुत दूर खड़ा मैं इस समय एक ऐसे स्कूल में पढ़ा करता हूँ, जिसमें पेड़ों के नीचे बैठकर पढ़ने वाले छात्र पढ़ाई के अंतिम दो सालों में इमारत के कमरों में बैठकर होती कक्षाओं को अपनी रईसी समझते हैं।

रोज़ की तरह सुरेन्द्र प्रताप सिंह आदतन देखे जाते हैं और उस दिन मैं पहली बार सार्वजनिक समाचारों को अपने घर की चारदीवारी के भीतर प्रवेश करता हुआ पाता हूँ। 'एसपी', हाँ यही कहते थे उन्हें, एसपी बिहार में किसी छात्र नेता की हत्या की खबर सुना रहे हैं और टेलीविज़न का पर्दा दिल्ली की किसी सरकारी इमारत के बाहर प्रदर्शन करते, लाठियाँ खाते छात्रों की लाइव फुटेज पर टिका है। अचानक बातें होनी बंद हो जाती हैं और चेहरों के रंग बदल जाते हैं। कुछ फ़ोन किए जाते हैं, कुछ फ़ोन आते हैं। मेरा भाई बताता है कि वह कल सुबह की पहली बस से वापस जा रहा है। वो बार-बार 'चंदू' का नाम ले रहा है।

पन्द्रह साल की दूरी है वर्तमान से उस घटना के बीच। लेकिन मैं उन दिनों को कभी नहीं भूलता जब पहले दिल्ली और उसके कुछ ही दिन बाद दादा के सिवान चले जाने की सूचनाओं के बीच मेरे माता-पिता बहुत कम बातें करते थे और लगातार टीवी-रेडियो की खबरों में अपना मन गड़ाए रहते थे। जिस विषय को पढ़ाते उन्हें पच्चीस बरस से ऊपर होने को आए थे, आज इस हिन्दुस्तानी महादेश की राजनीति उसी शब्द 'राजनीति विज्ञान' में से निकलकर मेरे पिता की व्यक्तिगत ज़िन्दगी में प्रवेश कर गई थी। खबरों में नारे थे, धरने और रैलियाँ थे, लाठीचार्ज थे। कुछ प्रतीक चेहरे थे जिनकी शक्ल सत्ता से एकाकार हो गई थी। बहुत सारी गुस्से में ऊपर उठी मुठ्ठियाँ थीं और उनकी ओर तने कुछ खूनी तमंचे थे। मैं इतना छोटा था कि मुझसे कोई बात नहीं की जाती थी। लेकिन मैं अपने व्यक्तिगत अनुभव से जानता हूँ कि निजी और सार्वजनिक के बीच एक बहुत ही महीन रेखा होती है जिसे नष्ट करने के लिए सिर्फ़ एक थपेड़ा भर काफ़ी है। अनिष्ट की आशंका क्या होती है इसे मैं प्रत्यक्ष उनके चेहरों पर रोज़ देखता था।

मैं अपनी पीढ़ी का एक ऐसा दुर्लभ बच्चा हूँ जिसका बचपन 'शहर' नामक विचार से बहुत दूर बीता। 'बनस्थली', जिसे मैं आज भी अपना 'घर' कहता हूँ, में खेलकर बड़े हुए हम तमाम दोस्तों के लिए शहर और गांव दोनों दो बराबर दूरी पर खड़ी अलहदा पहचानें हैं। और आज भी हमारे बचपन और शहर के इस अलगाव का

हमारे व्यक्तित्वों पर गहरा असर है। गर्मियों की छुट्टियों में देखा जयपुर शहर, दीवाली की छुट्टियों में देखा उदयपुर शहर कभी उस आत्म-साक्षात्कार के वाहक नहीं बन पाए जिसका सामना कक्षा सात में पढ़ने वाले उस एकांतप्रिय बच्चे ने सत्तानवे के उस अंधेरे अप्रैल में किया था।

वह 'शहर' रूपी विचार, शहर दिल्ली और उसकी सत्ता से मेरा पहला साक्षात्कार था। शायद सबसे मुक़म्मल भी।

**सत्ता का शहर।** यही विचार मेरी किताब के दो मुख्य विभाजनों का पहला हिस्सा गढ़ता है। मेरी किताब सिनेमा का कालक्रमानुसार विभाजन नहीं करती। यह उन्हें दो विलोम दिखते विचारों के आधार पर बांटती है। जब हम दिल्ली पर बने सिनेमा की बात करते हैं तो यह जरूरी है कि इस शहर को सत्ता के केन्द्रक के रूप में पढ़ने वाली फ़िल्मों पर चर्चा हो। यह अध्याय दिल्ली पर बनी उन फ़िल्मों पर दृष्टि डालता है जो 'राष्ट्र-राज्य' की राजधानी के रूप में दिल्ली शहर को संबोधित करती हैं। इनमें पचास के दशक का उम्मीदों भरा ज़माना भी है जहाँ अकेला 'रतन' अपने हाथ में पिता को मुक्त करवाने वाली पाती लेकर जवाहरलाल नेहरू से मिलने निकल पड़ता है और सत्तर और अस्सी के दशक का मोहभंग भी जिनमें दिल्ली की सत्ता अन्धकार में ढकेले जा रहे सीमांतों 'भोजपुर' और 'गाज़ीपुर' के बरक्स एक विडम्बनापूर्ण विलोम गढ़ती है। आज के सिनेमा में वर्तमान दिल्ली का परिदृश्य हिंसा के सार्वजनिक चेहरे और सत्ता के गठबंधन के बारे में है जिसके पीछे कई जटिल अन्तर्विरोध हैं।

***

कहते हैं कि असली दिल्ली को जानना है तो इसे एक लड़की की निगाह से देखिए। यही वो तुलना है जिसके चलते 'दिल्ली बनाम मुम्बई' की अनन्तिम बहस में मेरा शहर हमेशा मार खाता है। इसके लिए आपको दो हज़ार ग्यारह की जनसंख्या के शुरुआती रुझान जानने की जरूरत नहीं, जो शतकवीर राजधानी में 1,000 पुरुषों पर 868 महिलाओं की संख्या बताते हैं, दिल्ली में आप यह किसी भी सार्वजनिक परिवहन की यात्रा द्वारा आसानी से जान सकते हैं। विशेषज्ञ आसानी से इसका श्रेय आधुनिकता की ध्वस्त परियोजना को देते हुए पाए जायेंगे। लेकिन मुश्किल तब होती है जब दिल्ली की महिला मुख्यमंत्री दुखद भाव से खुद यह बताती हैं कि उम्मीदों से उलट, लिंगानुपात के आंकड़ों में उच्चवर्गीय और एलीट 'दक्षिण दिल्ली' सबसे बदतर उदाहरण बनकर सामने आई है।

मैं एक रात आभासी संजाल पर मुम्बई की कुछ आकाशीय तस्वीरें लगाता हूँ। अचानक पहली बारिश पर कविता लिखने वाली एक लड़की जवाब में लिखती है कि

यह दुनिया का सबसे शानदार शहर है। मैं रवि वासुदेवन का कहा उसके लिखे के नीचे उतारता हूँ, 'बच्चन की देह मुम्बई के शहरी परिदृश्य की लंबवत रेखाओं के वास्तु से एकमेक हो जाती है।' लड़की चुहल करती है जवाब में, "फिर शाहरुख को कैसे एक्सप्लेन करेंगे?" मैं जानता हूँ, लड़की इन नायकों पर नहीं, उस ऊँची महत्वाकाँक्षाओं वाले महानगर पर फ़िदा है। कहती है, "ये शहर नहीं, फ़लसफ़ा है।"

शहर को नकारने के किस्से बहुत हैं। सच कहता हूँ, मैंने शहर को लेकर ऐसा गहरा प्यार बहुत दिन बाद देखा है। पलटकर उससे दिल्ली का हाल पूछता हूँ। आखिर दिल्ली भी उसका दूसरा घर है। वो लिखती है कि दिल्ली अब उतना भी नापसन्द नहीं जितना कभी सोचा था। फिर कुछ तीखी बातें, "दिल्ली के कण-कण में 'ताकत' की बदबू आती है। मेहनत से जुड़ी ताकत नहीं, जुगाड़, पहचान और सत्ता से जुड़ी ताकत। यहाँ 'संघर्ष' का कोई अर्थ नहीं है। हर कोई 'शीला दीक्षित' का रिश्तेदार है, और ऐसे ही सारे काम होते हैं।"

इसी सत्ता के शहर में एक लड़की प्यार करती है। असंभाव्य प्यार, और अपने इस वर्जित कृत्य के लिए इस भीड़ भरे शहर से एक निर्जन कोना चुरा लेती है। इतिहास के भग्नावशेष उसके प्यार की अनगढ़ कहानियाँ बन जाते हैं और कैम्पस की चौड़ी सड़कों के किनारे बनी पत्थर की सीढ़ियाँ इन्तजार की अनगिनत शामों की हमसफ़र। इस महानगर राजधानी के हृदयस्थल पर घूमते हुए एक और लड़की ने कभी मुझे बताया था कि उसे यह भीड़ बहुत पसन्द है। जिसमें कोई किसी को नहीं पहचानता हो। जिसमें उसका खो जाना संभव हो।

**रोज़मर्रा का शहर।** यह पूरक विचार भी अपने आप में उतना ही सम्पूर्ण है जितना शहर का आधिकारिक चेहरा। यह विचार किताब का दूसरा हिस्सा रचता है। अध्याय सत्ता विमर्श में अनसुनी हाशिए की आवाजों को सुनने की कोशिश करता है। साथ ही उस दिनचर्या को पकड़ने की कोशिश करता है जिसका 'शहर' नामक विचार से रिश्ता रूठने मनाने का रहा है। ऐसी फ़िल्में जो हमें शहर के भीतर बने आभासी दायरों तथा एक ही शहर में मौजूद भिन्न चेहरों से परिचित करवाती हैं। पचास का दशक है जहाँ इन भिन्न पहचानों को नकारात्मक गुण मानकर मिटाने की कोशिश दिखाई देती है, वहीं आज के शहर में यह पहचानें उत्तर आधुनिक शहर की सबसे बड़ी विशेषता बनकर उभरती हैं। एक चोर की कथा के मार्फ़त आप इस बीहड़ के भीतर प्रविष्ट होते हैं और भिन्न कालों में भिन्न यारों की टोलियाँ आपको इस शहर में प्रेम और विद्रोह के असल मायने समझाती हैं। प्रेम के भिन्न रूप यहाँ मिलते हैं और किस तरह यह शहर प्रेम के सामने पड़ने पर अपने रंग बदलता है, देखा जाना चाहिए।

***

दिल्ली याद आती है तो उसका इतिहास याद आता है। दिल्ली याद आती है तो उसकी नाइंसाफियाँ याद आती हैं। कई बार ऐसा होता है कि मैं नाम लेता हूँ दिल्ली का और जवाब में बस्तर याद आता है, विदर्भ याद आता है, बुन्देलखंड याद आता है, कश्मीर याद आता है। नहीं याद आते वे संगीतज्ञ जिनके नाम में समन्दर की उद्दाम हिलोरें हैं और इसी दिल्ली के क़रोल बाग में, सौ साल से ज़्यादा पुरानी इक हवेली में रहते हुए जो इस महादेश का सबसे दुर्लभ संगीत रचते हैं। याद आती हैं वे पंचायतें जिनके आदेश आधुनिक महानगर में मध्ययुगीन सुर्खियाँ बनाते हैं लेकिन नहीं याद आती वो लड़की जो इन्हीं परिवारों में पैदा होकर इस अतिआधुनिक शहर से अपने प्रेम के लिए अपने हिस्से की जगह मांगती है। हारती है, लेकिन फ़िर पैदा होती है और सपने देखती है।

एक और लड़की है। रात साढ़े ग्यारह बजे रेलगाड़ी उसे निज़ामुद्दीन स्टेशन उतारती है। ताज आज कुछ देरी से चल रही थी। रात की आखिरी मेट्रो अब नहीं मिलेगी। और अचानक मेरे ज़ेहन में उसकी और अलहदा पहचानें पीछे हो जाती हैं। अब महत्वपूर्ण उसका लड़की होना है। रास्ते में उसका मोबाइल दो-तीन बार ब्लिंक होकर बंद हो जाता है। हाँ, वो उसे रिचार्ज करना भूल गई थी। हाँ, वो ऐसा करना अक्सर भूल जाती है। हाँ, 'भूल जाना' लड़कियों का गुण नहीं हमारे यहाँ। उन्हें यह याद रखना चाहिए। उसे यह याद रखना चाहिए।

अब मुझे इस शहर पर बिलकुल यक़ीन नहीं। मुझे सुबह से अब तक की तमाम बातें याद आती हैं। मैं बार-बार लाउडस्पीकर पर वो रिकार्डेड मैसेज सुनता हूँ, "आप जिस नम्बर पर संपर्क करना चाहते हैं वो अभी बंद है। आप भेज सकते हैं वॉइस एसएमएस सिर्फ़ पचत्तर पैसे में..." और वो आती है। ठीक उस समय जब मेरा विश्वास छूटने वाला था, वो आती है। मैं भरा बैठा हूँ। कहूँगा उसको ऐसा कुछ, "तुम जानती नहीं इस शहर को, अगर कुछ हो जाता तो..."

लेकिन मैं कुछ नहीं कह पाता। पूरी रात वो मुझे उस पुरबिया ऑटो ड्राइवर की कथा सुनाती है जो पिछली बरसातों के लगते इस शहर में आया है और जिसे वो खुद सारा रास्ता बताते हुए यहाँ तक ले लाई है। कहता था कि घर में पांच आदमी हैं और खाने को कुछ नहीं। अब किसानी में भूखों मरना ही लिखा, और गांव में तो मजूरी भी नहीं। अभी तो अकेला ही शहर आया है, कुछ कमा पाया तो अगली बरसातों में अपने बीवी-बच्चों को भी यहाँ ले आएगा। लेकिन कौन जाने, अब इस शहर में बारिश किसने देखी है।

यह शहर मेरा नहीं, उसका भी है। और उसका यक़ीन मुझसे ज़्यादा गहरा है।

१

# उत्तर औपनिवेशिक शहर और सिनेमा

## नायक, खलनायक, विदूषक : हिन्दी सिनेमा में शहर

*"मेरा विश्वास है कि भारत को और भारत के माध्यम से विश्व को भी सच्ची स्वतन्त्रता पानी है तो उसे गाँवों में रहना होगा–झोपड़ियों में, महलों में नहीं। कुछ करोड़ लोग शहरों और महलों में कभी भी सुख और शान्तिपूर्वक नहीं रह सकते... मेरे गाँव इस समय मेरी कल्पना में हैं... मेरी कल्पना के गाँव का गाँववासी निरुत्साह नहीं होगा... वह अपनी ज़िन्दगी किसी काल-कोठरी में बंद जानवर की तरह नहीं जिएगा... आदमी और औरत स्वतन्त्र होंगे और दुनिया का सामना करने को तैयार भी। कॉलरा, प्लेग और स्मॉलपॉक्स जैसी बीमारियों का कोई नाम तक न जानता होगा... न आलस्य होगा, न विलासिता... इस सब के बाद मैं उन ढेर सारी चीज़ों के बारे में सोच सकता हूँ जो बड़े पैमाने पर (हमारे यहाँ) बनेंगी। शायद वहाँ रेलें हों, डाक और दूरसंचार भी। मुझे नहीं पता क्या होगा और क्या नहीं; मुझे परवाह भी नहीं। यदि हम सारतत्व बनाये रख पाये, शेष सब ठीक हो जायेगा। यदि सारतत्व छूट गया, समझो सब छूट गया।"[1]*
*महात्मा गांधी (नेहरू के नाम पत्र में, 5 अक्टूबर, 1945)*

*मुझे हिन्द स्वराज्य पढ़े काफ़ी अरसा हुआ और अब मेरे दिमाग में उसकी एक धुँधली सी तस्वीर है। बावजूद इसके कि मुझे इसे पढ़े बीस साल से अधिक हो गये। मुझे यह पूर्णतः अवास्तविक लगती है... एक गाँव, यदि व्यावहारिक रूप से कहें तो, बौद्धिक और सांस्कृतिक रूप से पिछड़ा होता है और एक पिछड़े हुए परिवेश में कोई प्रगति नहीं हो सकती।"[2]*
*जवाहरलाल नेहरू (पत्रोत्तर में)*

और आज़ाद भारत नेहरू की राह पर चला। आज़ादी के बाद के हिन्दुस्तान में नेहरू की छवि एक लोकनायक की थी और नायकों की तलाश में सतत भटकते हिन्दी सिनेमा को इससे बेहतर नायक और कहाँ मिल सकता था। पचास के दशक के हिन्दी सिनेमा पर नेहरू की विचार प्रणाली का प्रभाव साफ़ देखा जा सकता है। वी. शान्ताराम ने अपनी फ़िल्म 'डॉ. कोटनीस की अमर कहानी' के उद्घाटन के लिए जवाहरलाल नेहरू को उस वक्त बुलाया था जब वे देश के प्रधानमन्त्री नहीं बने थे। उनकी फ़िल्म में डॉ. कोटनीस को चीन जाकर काम करने की प्रेरणा नेहरू के भाषण से ही मिलती है।[3] महबूब खान की 'मदर इण्डिया' नेहरू के विकास मॉडल की अभिव्यक्ति का बेहतर उदाहरण है जहाँ फ़िल्म के अन्त में बाँध से कलकल बहता पानी नेहरू के मशहूर कथन 'बाँध आधुनिक भारत के मन्दिर हैं' को सार्थक करता प्रतीत होता है।

राजकपूर के सिनेमा पर नेहरू के विचारों का असर साफ़ देखा जा सकता है। नये-नये आज़ाद हुए मुल्क में सिनेमा का इस दिशा में जाना बहुत स्वाभाविक प्रक्रिया है और अध्येताओं ने इसे बार-बार रेखांकित किया है। सुमिता चक्रवर्ती इस बहस को सीधे नेहरू और अन्य नेताओं के राष्ट्रवादी विचार से जोड़ती हैं। नेहरू की लिखी 'डिस्कवरी ऑफ़ इण्डिया' का उदाहरण सामने है। किस प्रकार कल्पना में एक मुल्क आकार ग्रहण कर रहा था और इतिहास से उसके अस्तित्व के प्रमाण जुटाए जा रहे थे। सिनेमा भी इस परियोजना का वाहक बना। 'मदर इण्डिया', 'मुगले आज़म' से 'गाइड' तक, इस 'राष्ट्र' के सिनेमा के पर्दे पर मूर्तिमान होने के चिह्न देखे जा सकते हैं। वे लिखती हैं,

> "क्षेत्र और राष्ट्र के अन्तर्विरोध हमारे सामने भारत की विचार-प्रणाली और राजनीति के सन्दर्भ में एक जटिल समीकरण प्रस्तुत करते हैं। नेहरू और गाँधी जैसे राष्ट्रवादी नेता जो आजादी की लड़ाई लड़ रहे थे उन्होंने देश की एकता स्थापित करने के लिए अलग-अलग पहचानों का विरोध किया और सीमाओं से मुक्त 'पैन-इण्डियन' पहचान का पुरजोर समर्थन किया। क्षेत्रीय दावों को खारिज नहीं किया गया था लेकिन यह उग्र राष्ट्रवाद उस वक्त की ज़रूरत था।"[4]

एम. माधव प्रसाद यहाँ फ्रेडरिक जेमेसन को उद्धृत करते हैं जहाँ उन्होंने तीसरी दुनिया के देशों की पॉपुलर कल्चर को राष्ट्रवादी 'रूपक' कहा है और लिखते हैं, "मैं सिनेमा को भी उस सतत चल रहे संघर्ष में शामिल एक संस्था के रूप में पढ़ता हूँ जहाँ भारतीय राज्य का रूप निर्धारित हो रहा है। पश्चिम के विकसित पूँजीवादी मुल्कों से अलग, जहाँ राज्य ने अन्य सभी आन्तरिक मतभेदों पर अपना प्रभुत्व कायम कर लिया है, परिधि के भारत जैसे विकासशील मुल्कों में राज्य के स्वरूप को लेकर यह मारामारी

अभी भी जारी है। सिनेमा जैसे सांस्कृतिक उत्पाद भी रूपकों के माध्यम से इस प्रभावी परिघटना को दर्ज करते हैं।"[5]

नेहरू की राष्ट्रवादी परियोजना का शहर एक महत्त्वपूर्ण हिस्सा थे। उनके लिए बदलाव की शुरुआत यहीं से होनी थी। हिन्दुस्तानी सिनेमा के शुरुआती दौर में शहर 'बदलाव का केन्द्र' और 'उम्मीद की किरण' बनकर उभरता है। भारत के किसान का गाँव से शहर की ओर पलायन तो उन्नीस सौ छत्तीस में प्रेमचन्द के क्लासिक उपन्यास 'गोदान' में गोबर के साथ ही हो गया था। 'दो बीघा ज़मीन' का शम्भू महतो और 'श्री चार सौ बीस' का राजू इसकी ही अगली कड़ियाँ हैं। लेकिन यहाँ ध्यान रखना चाहिए कि नेहरू के अलावा एक और व्यक्ति था जिसकी भारतीय जनमानस में नेहरू से भी गहरी पैठ थी। उसके विचारों का प्रभाव विश्वव्यापी था अैर शहर-गाँव द्वन्द्व में यह दोनों व्यक्तित्व दो सिरों पर खड़े थे। महात्मा गाँधी की मौत के बाद भी भारतीय मानस पटल पर उनके विचारों का प्रभाव गहरे अंकित था और सिर्फ़ कुछ सालों की अवधि इसे मिटा नहीं पायी थी।

गाँव और शहर को लेकर नेहरू-गाँधी के बीच की इसी तनावपूर्ण विचार शृंखला से हिन्दुस्तानी सिनेमा के शुरुआती दशक अपना आकार ग्रहण करते हैं। गाँधी शहर आधारित जीवन पद्धति और उससे जुड़ी तमाम संरचनाओं के शुरू से ही मुखर आलोचक थे। उनकी पुस्तक 'हिन्द स्वराज' इसका सबसे पुख़्ता उदाहरण है। जैसा सुनील खिलनानी शहर को लेकर उनके नज़रिए के बारे में लिखते हैं,

> ''गाँधी के सामने स्पष्ट था कि उपनिवेशवाद को उसके आधुनिक दुर्ग – शहर – में ही परास्त करना होगा। लेकिन उनके लिए जीत का अर्थ अंग्रेजों द्वारा ख़ाली किये गये शहर में बस जाना नहीं था। उनके विचार से भारतवासियों के लिए आज़ादी का मतलब था शहर को अस्वीकार करना और भारत की चिरन्तन सभ्यतामूलक शक्तियों को एक बार फिर हासिल करने के लिए गाँव के अभ्यारण्य में लौट जाना। गाँधी का आग्रह था कि शहर की इमारत का निर्माण जिस सीमेन्ट से होता है वह गाँव के रक्त से बनाया जाता है।"[6]

भारतवासी वापस गाँव की ओर तो नहीं लौटा लेकिन उसने शहर में रहते हुए भी गाँधी के इस विचार को हमेशा याद रखा। इसीलिए आज़ाद हिन्दुस्तान के शुरुआती दशक के सिनेमा में नायक की उपस्थिति ज़्यादातर एक 'आउटसाइडर' जैसी है। उसे शहर आकर्षित करता है लेकिन वह शहर का बाशिन्दा नहीं है। 'श्री चार सौ बीस' का राजू ग्रामीण नायक है जो शहर को पहली बार अचरज भरी निगाहों से देख रहा है। राजकपूर के सिनेमा में उनकी यह पहचान बार-बार देखी जा सकती है। उनके मन में पीछे छूटे गाँव के प्रति मोह हमेशा बाकी रहा।

*"तुम्हारा शहर क्या इसका बदल दे पाएगा मुझको,*
*मैं अपने गाँव में सावन बरसता छोड़ आया हूँ।" – ज़फ़र वस्फ़ी*

हिन्दी सिनेमा का पचास का दशक विरोधाभासों से भरा सुनहरा दशक है। यहाँ 'अब दिल्ली दूर नहीं' जैसी उम्मीद से भरी फ़िल्में भी हैं जिसमें कथानायक न्याय की तलाश में अपने गाँव से चलता हुआ राजधानी दिल्ली आता है और खुद जवाहरलाल नेहरू उसकी अरज सुनते हैं और यहाँ 'जागते रहो' जैसी फ़िल्म भी है जिसमें हिन्दुस्तान का पहला आधुनिक कहा जाने वाला कलकत्ता शहर एक ग्रामीण परिवेश से आये प्यासे नायक को सिर्फ़ पानी पीने के लिए पूरी रात तरसाता है और उसे चोर घोषित कर दर-दर भटकने पर मजबूर कर देता है। 'जागते रहो' का शहर एक क्रूर शहर है जिसे हिन्दी सिनेमा ने हमेशा अपने पास बचाकर रखा है। सत्तर के दशक तक आते-आते हिन्दी सिनेमा में 'शहर' नायक से खलनायक की छवि में बदलता गया है और पचास के दशक में पनपी उम्मीदों को आगे बढ़ने का रास्ता नहीं मिला। 'जागते रहो' भविष्य के गर्भ में छिपे उसी खलनायक की छवि वाले शहर का पूर्वाभास है। लेकिन 'जागते रहो' भी शहर को लेकर उम्मीदों का अन्त नहीं है। उसमें भी अन्त में नायक को पानी पिलाने देवी स्वरूपा नर्गिस आती हैं। पचास का दशक 'उम्मीदों भरा दशक' बना रहता है।

राजकपूर की फ़िल्मों पर और उनकी खुद की फ़िल्मी छवि पर चार्ली चैप्लिन का प्रभाव अविस्मरणीय है। मज़ेदार बात यह है कि खुद चार्ली के सिनेमा में आधुनिक शहर की यन्त्रवत व्यवस्था पर जैसा तीख़ा कटाक्ष मिलता है उसकी मिसाल ढूँढनी मुश्किल है। चार्ली की 'मॉडर्न टाइम्स' में आधुनिक सभ्यता की मशीन पर बढ़ती निर्भरता पर करारा व्यंग्य है और चार्ली को इसकी प्रेरणा महात्मा गाँधी से हुई एक मुलाकात के बाद ही मिली थी जिसका ज़िक्र उन्होंने अपनी आत्मकथा में भी किया है। गीत चतुर्वेदी की लिखी जीवनी में इस घटना का उल्लेख मिलता है। उन्नीस सौ इकत्तीस में लंदन में गाँधी से मुलाकात के वक्त उन्होंने गाँधी से पूछा था,

> "यक़ीनन भारत की आज़ादी की इच्छा और संघर्ष का मैं हिमायती हूँ। लेकिन आप मशीनों का विरोध करते हैं, उस पर मैं थोड़ा कन्फ़्यूज़ हूँ।' महात्मा मुस्कुराने लगे, जबकि चार्ली बोलता रहा, जहाँ तक मेरा मानना है कि यदि मशीनों का रचनात्मक इस्तेमाल किया जाये, तो आदमी गुलामी से बच सकता है। उसके काम के घण्टे कम हो सकते हैं और वह जीवन का ज़्यादा मज़ा ले सकता है।
>
> महात्मा मुस्कुराते हुए बोले, 'मैं आपकी बात समझता हूँ लेकिन जैसा आप कह रहे हैं, उस स्थिति तक पहुँचने के लिए भारत को पहले

*चार्ली चैप्लिन और महात्मा गाँधी*

अंग्रेजी शासन से मुक्त होना होगा। आप पिछला समय देखें, तो पता चलेगा कि मशीनों के कारण ही हम अंग्रेजों पर आश्रित हो गये थे। और इस आश्रितावस्था को तभी खत्म किया जा सकता है, जब हम मशीनों द्वारा बनाये गये हर माल का बहिष्कार करें। इसीलिए हमने भारत में हर व्यक्ति का राष्ट्रीय कर्तव्य बनाया है कि वह अपना कपास खुद कातकर अपने कपड़े खुद बनाये। यह इंग्लैण्ड जैसे शक्तिशाली देश पर हमारा हल्ला है...'

महात्मा बोलते रहे।

चार्ली भीतर तक हिल गया। भारत में सिर्फ़ आज़ादी की लड़ाई नहीं हो रही, एक पूरी विचारधारा पनप रही है। यह कितनी बड़ी दूरदृष्टि है कि जिसकी मशीन होगी स्वामित्व भी उसी का होगा। यानी श्रम करनेवाले दोयम ही रहेंगे।"[7]

'''मॉडर्न टाइम्स' का आइडिया यहीं से आया। मशीनें आज़ाद नहीं करतीं, किसी भी अच्छे-ख़ासे दिमाग को गुलाम बना देती हैं... चार्ली रूज़वेल्ट का अमेरिका दिखाता

है, जहाँ गति ज़रूरी है। गति कम हुई कि आप बाहर हो गये।"[8] चार्ली अपने विचारों में आधुनिक थे लेकिन इस आधुनिक सभ्यता के साथ उभरे अन्तर्विरोधों पर भी उनकी पैनी नज़र थी। उनका 'दि ग्रेट डिक्टेटर' में आया प्रसिद्ध भाषण सुनें। आधुनिकता का पैरोकार उसी सभ्यता के संवेदनहीनता और यान्त्रिकता की ओर बढ़ते जाने को किस मार्मिकता से चिह्नित करता है,

> "हमने गति का विकास कर लिया है, लेकिन खुद को बन्द कर लिया है। इफ़रात पैदा करने वाली मशीनों ने हमें अनंत इच्छाओं के समन्दर में तिरा दिया है। हमारे ज्ञान ने हमें सनकी, आत्महन्ता बना दिया है। हमारी चतुराई ने हमें कठोर और बेरहम। हम सोचते बहुत ज्यादा और महसूस बहुत कम करते हैं। मशीनों से ज़्यादा हमें ज़रूरत है इंसानियत की, चतुराई से ज़्यादा हमें जरूरत है दया और सज्जनता की। इन गुणों के बिना ज़िन्दगी खूँखार हो जायेगी और सब कुछ खत्म हो जायेगा।"[9]

बिमल राय की बनाई, दि सिका की 'बाइसिकिल थीफ़' से प्रेरणा पाती फ़िल्म 'दो बीघा ज़मीन' का क्लाईमैक्स क्या इसी शहर की यन्त्रवत्ता को अपने भीतर नहीं समेटे है? जो सभ्यता इंसान और मशीन में अन्तर करना नहीं जानती उसे सभ्य कहलाने का क्या हक है? यह संयोग नहीं है कि आधुनिक सभ्यता की संवेदनहीनता पर तीखा व्यंग्य करती 'जागते रहो' और उसी समाज की यन्त्रवत्ता को मार्मिक अन्दाज में सामने रखती 'दो बीघा जमीन' दोनों ही फ़िल्में कलकत्ता शहर को अपनी आधारभूमि बनाती हैं। कलकत्ता हिन्दुस्तान का पहला आधुनिक शहर माना जाता है और दोनों ही फ़िल्में इस शहर के बहाने समूची 'आधुनिक सभ्यता' और विकास के मौजूदा शहर केन्द्रित मॉडल पर बयान हैं।

इन्हीं सारे विरोधाभासों के बीच एक परेशान सी उपस्थिति है गुरुदत्त की। समाजवाद को लेकर अपने तमाम आग्रहों के बावजूद सुधीर मिश्रा ने गुरुदत्त को पचास के दौर का अकेला 'गैर नेहरूवादी फ़िल्मकार' कहा है।[10] उनके सिनेमा में अपने समाज और उसकी जटिलताओं को लेकर एक ख़ास तरह का आलोचनात्मक रवैया मिलता है। लेकिन इसके बावजूद उन्हें 'गैर नेहरूवादी फ़िल्मकार' कहे जाने की वजह है। नेहरू और उनकी राष्ट्रवादी परियोजना एक समरूपीकृत पहचान के तले 'सार्वभौम मनुष्य' गढ़ने की कोशिश में जुटी थी। उस दौर का सिनेमा भी इसमें बड़ा योगदान दे रहा था। लेकिन गुरुदत्त का सिनेमा इस धारा से अलग रहा। इस तरह की 'सार्वभौम पहचान' वाले मनुष्य गढ़ने की कोशिशें दरअसल तमाम 'अन्य' पहचानों को दबाने का काम भी करती हैं। गुरुदत्त की फ़िल्मों में इन्हीं असुविधापूर्ण पहचान वाले किरदारों के नज़रिए से शहर दिखाई देता है।

'प्यासा' के अन्त में 'ये इंसाँ के दुश्मन समाजों की दुनिया, ये दुनिया अगर मिल भी जाये तो क्या है' गाता हुआ शायर जब इस समाज व्यवस्था को ठुकरा कर नायिका के साथ किसी अनजान राह पर निकल जाता है तो वह इस 'समरूपीकृत पहचान' के तले दबकर अपना व्यक्तित्व खोना अस्वीकार करता है। सुधीर मिश्रा कहते हैं, ''प्यासा दिखाती है कि इस आज़ाद हिन्दुस्तान में भी सामाजिक रूप से भिन्न व्यक्ति के लिए कोई जगह नहीं। चाहे वह कवि हो चाहे वेश्या। गुरुदत्त शायद अपने समय के अकेले गैर-नेहरूवादी फ़िल्मकार थे।''[11]

गुरुदत्त की प्यासा में नायक-नायिका समाज के रूढ़ बन्धनों से भागकर कहाँ जाते हैं यह पता नहीं चलता लेकिन विजय आनंद की 'गाइड' में जेल से छूटा नायक शहर से भागकर गाँव की शरण लेता है। उसका पलायन भी पहचान छिपाने की वजह से है लेकिन यहाँ पलायन आधुनिक समाज व्यवस्था से है जिसके कानून में उसे अपराधी ठहराया गया है। सुमिता चक्रवर्ती 'गाइड' को आस्था और तर्क के बीच में बहस और आस्था के एक सिद्धान्त के रूप में वैधता पर केन्द्रित फ़िल्म के रूप में पढ़ती हैं। नायक राजू गाँव वालों की आस्था से बँधा है। वह गाँव में बारिश के लिए उपवास करता है। स्वयं उसके भीतर द्वन्द्व है। आखिर वो शहर से आया आधुनिक शिक्षा प्राप्त व्यक्ति है। लेकिन आखिर में वह आस्था की रक्षा के लिए आत्मत्याग का रास्ता चुनता है और उसके लिए भगवद्‌गीता से प्रेरणा पाता है। राजू शान्ति से मृत्यु पाता है और उसके साथ ही बारिश आती है। यहाँ गौरतलब है कि पूर्व और पश्चिम के भेद को साफ़ तौर पर दिखाने के लिए तार्किकता, आस्था और चमत्कार की वैधता जैसे सवाल एक अमेरिकी महिला पत्रकार द्वारा उठाए गये हैं।[12]

यह बहुत ही आम धारणा है जिसमें गाँव और शहर के द्वन्द्व को पूरब और पश्चिम की सभ्यता का द्वन्द्व बनाकर पेश किया जाता है। देव आनंद की ही फ़िल्म 'तेरे घर के सामने' में नया बनता दिल्ली शहर आधुनिक विचारों वाले नायक-नायिका के लिए 'सम्भावनाओं का शहर' बनकर उभरता है। यहाँ साफ़ है कि पुराने रूढ़ विचार पुरानी व्यवस्था के साथ दफ़न हो जायेंगे और नये शहर की नयी क्षितिज सीमा आज़ाद ख़्याल नवयुवक की आकांक्षाओं का असीम विस्तार करने वाली होगी।

सत्तर का दशक आते-आते देश के युवा के मन में आकांक्षाओं की जगह असन्तोष घर करने लगता है। श्याम बेनेगल का मानना है कि हिन्दी सिनेमा में आदर्शवादी नज़रिए का प्रभाव साठ के दशक के अन्त तक देखा जा सकता है। राजकपूर का सिनेमा और 'नया दौर' जैसी फ़िल्में इसका उदाहरण हैं। ''और उसके बाद निराशा का दौर आता है। चीजें अपनी जगह पर ठहरी हुई हैं। उम्मीदें पूरी नहीं होतीं और कानून अपना काम ठीक से नहीं करता। यह वह समय है जब 'एंग्री यंग मैन' में प्रतिशोध अपना सर उठाता है।''[13] आशिस नन्दी अमिताभ को हिन्दी सिनेमा का पहला शहरी-औद्योगिक समाज से आया नायक मानते हैं जिसने अपने पूर्ववर्ती

चॉकलेटी नायकों को अपदस्थ कर दिया था।[14] हिन्दी सिनेमा में शहर भी यहाँ नया रूप लेता है और हिंसा उसके लैण्डस्केप का एक महत्त्वपूर्ण हिस्सा बनकर उभरती है।

अभिताभ के सिनेमा में शहर की एक अलग तस्वीर दिखाई देती है। जैसा रवि वासुदेवन उस दौर के सिनेमा पर अपनी टिप्पणी में लिखते हैं,

> ''पचास के दशक में लोकप्रिय या कला, दोनों क़िस्म के सिनेमा में श्रम या कामकाज को आमतौर पर निरूपित नहीं किया जाता था मगर इस नये दौर में गोदियों, गोदामों, रेलवे प्लेटफॉर्मों, खदानों और निर्माण स्थलों के यथार्थवादी चित्रण के ज़रिए श्रम की दुनिया को निरूपित किया जाने लगा। लेकिन यहाँ आदर्श की दुहाई नहीं दी गयी है, पूरी फ़िल्म की शख्सियत, औद्योगिक मशीनी लय में बँधी दिखाई देती है। 'दीवार' में विजय नामक प्रवासी बाल मज़दूर अपनी माँ के अपमान से तिलमिला रहा है। यहाँ उसका गुस्सा ज़मीन तोड़ने वाली ड्रिल मशीन के कम्पनों में अभिव्यक्त होता है। एक और जगह पर शहर का फ़लक हिंसक और सदमाकुन परिणतियों के लिए सन्दर्भ उपलब्ध करवाता है। उसी तरह जैसे 'मुकद्दर का सिकंदर' में अमिताभ बच्चन व एक और सबाल्टर्न पात्र परदे के पीछे की ताकतों की चालबाज़ी का शिकार होकर एक-दूसरे पर हमला कर बैठते हैं। निर्माण स्थल पर जूझ रहे यह दोनों पात्र निर्माणाधीन इमारत के मलबे से अपने हथियार चुनते हैं– एक बनते हुए शहर का निर्मम शस्त्रागार बलि ले रहा है।''[15]

इस हिंसा और अनिश्चितता से घिरे शहर के लैण्डस्केप की तुलना अगर हम पचास के दौर के सिनेमा से करें तो अन्तर साफ़ नज़र आता है। विकास के जिस नेहरूवियन स्वप्न से पचास के दशक की फ़िल्में अनुप्राणित हैं उनका त्रासद अन्त हम अमिताभ के सिनेमा में देख सकते हैं। बेशक अमिताभ के बरक्स शशि कपूर का किरदार खड़ा कर वह आदर्श और नैतिकता की बात करता है लेकिन शहर का विकासवादी स्वप्न किस तरह ढहा है उसे देखने के लिए हमें 'विजय' के किरदार की दुनिया में ही प्रवेश करना होगा। नये शहर में तकनीक के मायने बदल गये हैं। अब उनका इस्तेमाल शोषण के हथियार के रूप में हो रहा है। जैसे रवि वासुदेवन 'मदर इण्डिया' और 'कुली' की तुलना करते हुए विकास के औज़ारों के प्रति बदलती मानसिकता को दर्शाते हैं।

> '' 'मदर इण्डिया' का आख्यान राधा के इर्द-गिर्द घूमता है जो अब गाँव की 'माताजी' बन चुकी है और उसे गाँव के बाहर बनाये जा रहे

*फ़िल्म 'दीवार' का एक दृश्य*

> बाँध के निर्माण की देख-रेख का जिम्मा सौंपा गया है। प्रौद्योगिकी के रास्ते में आने वाली सम्पन्नता के राष्ट्रवादी सपने में माँ और पृथ्वी के प्रकृति रूप एक दूसरे में गुँथ जाते हैं। नेहरू ने तो कहा ही था कि बाँध आधुनिक भारत के मन्दिर हैं... इसके तक़रीबन चौथाई सदी बाद 'कुली' में ख़ालिस निर्दयता और चौधराहट की चाह के तहत एक दरिन्दा गाँव को डुबोने के लिए बाँध के दरवाजे खोल देता है। इस दृश्य में प्रौद्योगिकी विपुल सम्पन्नता का कृपालु वाहन नहीं बल्कि ध्वंस और तबाही का एक नृशंस साधन बनकर सामने आती है। यह कथानक नेहरू के विकासवादी स्वप्न की युगान्तकारी प्रति-अभिव्यक्ति है।"[16]

शहर के इस बदलते लैण्डस्केप का एक और उल्लेखनीय सन्दर्भ 'दीवार' का वो क्लासिक दृश्य है जिसमें दोनों भाई एक पुल के नीचे मिलते हैं। यहाँ उनकी बचपन की यादों में बसा पुल उनके बीच बाकी रह गये अन्तिम रिश्ते का, 'माँ' का प्रतीक बन जाता है। यह वही दौर है जब हिन्दुस्तान के शहर विकास के एक नये रास्ते पर निकल गये थे। शहर की सत्ता संरचना में 'अवैध सत्ता' ने अपनी गहरी जड़ें जमा ली थीं और शासन भी गैर-संवैधानिक रास्तों की ओर बढ़ चला था। ऐसी ही भ्रष्ट

व्यवस्था और एक पुल गिरने की दास्तान कुंदन शाह की 'जाने भी दो यारों' में है। बिल्डर माफ़िया, भ्रष्ट सत्तातन्त्र और खोजी मीडिया के आपसी गठजोड़ का पर्दाफाश करती 'जाने भी दो यारों' हमारे शहरी जीवन पर एक करारा व्यंग्य है। सटायर की भाषा में होते हुए भी यह फ़िल्म शहर का स्याह हिस्सा हमारे सामने लाती है। इस फ़िल्म के कुछ प्रमुख प्रसंग मुम्बई शहर की सड़कों पर रात के वक्त फ़िल्माए गये हैं। इन दृश्यों की प्रतीकात्मकता इस शहर में कानून व्यवस्था के पतन की तस्वीर है। सत्तातन्त्र बिक गया है और अवैध सत्ता ने शहर के लैण्डस्केप पर कब्ज़ा कर लिया है। रात ही उनके लिए दिन है। नब्बे के दशक में आयी बहुत सी फ़िल्मों में शहर की स्याह तस्वीर इसी 'रात के शहर' के माध्यम से चित्रित की गयी है। इस मायने में 'जाने भी दो यारों' उनकी पूर्ववर्ती ठहरती है।

अस्सी के दशक का अन्त आते-आते देश की सूरत तेजी से बदलती है। शहर का लैण्डस्केप भी बदलता है। शहर की बदलती तस्वीर के सन्दर्भ में आलोचक मदन गोपाल सिंह 'तेज़ाब' को और रंजनी मजूमदार 'परिन्दा' को विशेष तौर पर रेखांकित करते हैं। शहर और ज़्यादा स्याह, और ज़्यादा अनिश्चित होता चला जाता है। तेजाब का उल्लेख इसलिए महत्त्वपूर्ण है क्योंकि वह अनेक प्रतीकों के माध्यम से शहर में तेज़ी से उभर रही पहचान की लड़ाई को अपना केन्द्र बनाती है। इस फ़िल्म के साथ नायक और खलनायक की पहचान साम्प्रदायिक आधारों पर होने लगती है जो उस दौर में उभर रही कट्टरपंथी राजनीति का प्रभाव है। अण्डरवर्ल्ड पर बनी फ़िल्मों का एक नया दौर शुरू होता है। रंजनी मजूमदार परिन्दा पर बात करते हुए इस तरह के सिनेमा में आये शहर के चित्रण पर लिखती हैं, "यहाँ सभी छवियाँ अँधेरों से निकलती हैं और परछाइयाँ किरदारों के रूप गढ़ती हैं। शायद ही आप कहीं रंगों का चटख़ इस्तेमाल देखें। यहाँ रात को लेकर एक अजीब सा आकर्षण है। जैसा सार्त्र ने आधुनिक जीवन के बारे में कहा है कि यह ऐसे रास्ते, दरवाजे और सीढ़ियाँ हैं जो कहीं नहीं पहुँचतीं। ऐसे विशाल चिह्न जिनका कोई अर्थ नहीं। परिन्दा का शहर अँधेरा, भीड़ भरा और निर्मम है।"[17]

इसके ठीक बाद वो दौर है जब हिन्दुस्तानी सिनेमा अपनी युनिवर्सल अपील छोड़कर अलग-अलग धाराओं में बह जाता है। एक ओर यश चोपड़ा, सूरज बड़जात्या और करण जौहर जैसे फ़िल्मकार हैं जिनकी फ़िल्मों में शहर केवल घरों के डिज़ायनर कमरों और हवेलियों तक सिमट जाता है। दूसरी ओर मिथुन चक्रवर्ती से होती हुई सिनेमा की एक धारा गोविन्दा तक आती है। जहाँ सत्तर के दशक में हिन्दुस्तानी सिनेमा का हीरो कामकाजी वर्ग से आता था और उसकी अपील युनिवर्सल होती थी वहीं अब नायकों के दायरे अलग होना दर्शकों की पहचान में चौड़ी होती फाँक की ओर इशारा है।

मल्टीप्लैक्स आने के साथ हमारा सिनेमा देखने का अनुभव भी बहुत बदला है। माना जाता है कि इससे सिनेमा की विषयवस्तु में विविधता बढ़ी है लेकिन ग्रामीण परिवेश का धीरे-धीरे हमारे सिनेमा पटल से गायब होते चले जाना भी एक हक़ीकत है। हमारे दौर का सिनेमा शहर केन्द्रित सिनेमा है। और हमारा शहरी अनुभव किस तेज़ी से बदला है इसका अनुमान आप एक छोटे से उदाहरण से लगा सकते हैं। हिन्दुस्तान के मौजूदा शहरी अनुभव को समझने के लिए यह मेरा पसन्दीदा उदाहरण है। तकरीबन एक ही समय पर आयी दो क्लासिक हिन्दी फ़िल्में 'सत्या' और 'दिल चाहता है' एक ही शहर के बारे में हैं, मुम्बई। और इसके बावजूद इनका परिवेश इतना अलग है कि इन्हें देखने वाला इस बात पर विश्वास नहीं करेगा कि यह एक ही शहर की बात कर रही हैं। 'सत्या' का शहर अनिश्चितताओं से भरा स्याह शहर है जहाँ शहर का लैण्डस्केप देखने वाले के मन में खौफ़ पैदा करता है। रात है, अपराध है, अकेलापन है, धोखा है। वहीं 'दिल चाहता है' का शहर कुछ डिज़ायनर कमरों से मिलकर बनता है। यह 'समृद्धि के टापू' अपने बाहर मौजूद शहर का विलोम हैं। यह फ़िल्म अगर आउटडोर में जाती भी है तो सिर्फ़ सिडनी में।

लेकिन इसके बावजूद असल मुद्दा अभी बाकी है। असल बात इन दोनों परिवेश का अन्तर नहीं, असल बात यह है कि तुलना करने पर इतना ज़्यादा अलग दिखाई देते हुए भी शहर की यह दोनों तस्वीरें पूरी तरह प्रामाणिक और सच हैं। दरअसल हमारे शहरी अनुभव में एक गहरी फाँक पैदा हो गयी है। दरअसल हमारे दौर का शहर अपने भीतर कई अलग-अलग शहर समेटे है जिनकी सूरत आपस में कतई नहीं मिलती। आधुनिक मुम्बई की बात करते हुए रंजनी मजूमदार लिखती हैं, "मुम्बई ऐतिहासिक रूप से भारत का सबसे आधुनिक शहर रहा है। देश का आर्थिक चेहरा। लेकिन यह सवाल लाज़मी है कि हम ऐसे शहर को किस निगाह से देखें जिसकी आधे से ज़्यादा आबादी झोपड़पट्टी में रहती है।"[18] 'ओये लक्की लक्की ओये' जैसी हालिया फ़िल्मों में शहर में बनती इन आभासी चारदीवारियों की झलक दिखाई देती है।

दिन पर दिन हमारा शहरी जीवन एक ऐसा हैरतअंगेज और रंग-बिरंगा अनुभव बनता गया है कि इसे किसी एक खाँचे में बन्द करना अब असम्भव है। इसका बहुआयामी चेहरा अनेक विरोधाभासी पहचानों को अपने भीतर समेटे है और वह पहचानें लगातार एक-दूसरे के विरोध व गठजोड़ के माध्यम से नये रूप अख़्तियार कर रही हैं।

# भारतीय शहर और आधुनिकता की अवधारणा

'भारत गाँवों का देश है' इस बहुप्रचलित कथन के बावजूद यह एक सच्चाई है कि 'शहर' उत्तर-औपनिवेशिक हिन्दुस्तान के सार्वजनिक जीवन में बहुत महत्त्वपूर्ण भूमिका निभाते रहे हैं। 'आधुनिकता' और 'शहरीकरण' दो परस्पर जुड़ी हुई प्रक्रियाएँ हैं। और आधुनिक हिन्दुस्तानी शहर न केवल भारतीय आधुनिकता के उद्‌गम स्थल हैं बल्कि उस 'आधुनिकता' के तमाम अन्तर्विरोध भी यहीं उभरकर सामने आते हैं। उत्तर-औपनिवेशिक भारतीय शहर की अवधारणा को समझने के लिए पहले हम उस राष्ट्रवादी विचार-सरणी को समझने का प्रयास करेंगे जिसके गर्भ से भारतीय आधुनिकता ने जन्म लिया। जैसा पार्थ चटर्जी भारतीय राष्ट्रवाद के सन्दर्भ में कहते हैं कि यह ऐसा समरूपीकृत राष्ट्र-राज्य बनाने का प्रयास था जो पश्चिम से स्वयं को 'भिन्न' साबित करने की कोशिश के बावजूद उसके मॉडल की नकल साबित हुआ।[19] यह आधुनिकता से जुड़ा मूल द्वैध ही आगे चलकर उभरी अस्मिता की राजनीति की वजह बनता है और आधुनिक शहर ही इसके लिए रंगमंच बनते हैं।

भारत में आधुनिकीकरण और शहरीकरण की प्रक्रिया बारास्ता यूरोप आयी है। इस वजह से इन प्रक्रियाओं के प्रभावों को समझने के लिए वहीं से बात शुरू करना ठीक रहेगा। शहरीकरण की इस प्रक्रिया के परिणाम यूरोप में औद्योगिक क्रान्ति के बाद ही दिखने लगते हैं और धीरे-धीरे अन्य रचनात्मक क्षेत्रों में भी फैल जाते हैं।

*"और महान शहर, ऐ ईश्वर वे क्या हैं?*
*विघटित और छूटी हुई जगहें।*
*जिस शहर को जानता हूँ मैं-*
*वह दीखता है- आग से भागते हुए पशुओं-सा।*
*आश्रय, आश्रय नहीं रहा।*
*बीत चुके हैं अब युग शहरों के।"*[20]

तकरीबन सौ साल पहले जर्मन कवि रिल्के ने शहरी जीवन के यन्त्रवत होते जा रहे अनुभव को कुछ इस तरह अपनी कविता में बयान किया था। यूरोप जिसने हमसे बहुत पहले आधुनिकता और पुनर्जागरण के साथ आये इस शहरीकरण के अनुभव को देखा, गवाह है उस 'बेगानेपन' और 'नास्टेल्जिया' का जो शहरीकरण के इस व्यापक अनुभव के साथ जुड़ा है। कुछ अपना खो जाने या छूट जाने का अहसास, एक 'परायापन'। रेमण्ड विलियम्स 'द कंट्री एण्ड द सिटी' में अपनी पढ़ी एक पुस्तक का ज़िक्र करते हैं जिसमें इंग्लैण्ड की 'कंट्री लाइफ' (ग्राम्य जीवन) के चले जाने का मर्सिया है, एक ऐसी दुनिया जो पहले विश्वयुद्ध के पहले तक ज़िन्दा थी, पर पिछले पचास वर्षों में नष्ट होती गयी। पर जब वो इस ठहरी हुई दुनिया को ठीक-ठीक पकड़ने की कोशिश करते हैं तो यह दुनिया उनकी पकड़ में नहीं आती। वह पहले 1907, फिर 1900, फिर 1860, फिर 1830, फिर 1770-80 और यहाँ तक कि 16वीं-15वीं सदी तक पीछे चली जाती मालूम पड़ती है जहाँ हर कोई, हर लेखक, कवि एक पुरानी व्यवस्था के ख़त्म हो जाने का स्यापा कर रहा है। यह विलाप मूलतः गाँवों से, देहात से जुड़ी हुई एक पूरी सभ्यता पर केन्द्रित है।[21]

शहरीकरण का यह अनुभव देश और काल की सीमाओं को लाँघता हुआ व्यापक से व्यापकतर होता गया है। आज यह तीसरी दुनिया के मुल्क हिन्दुस्तान के लिए भी उतना ही बड़ा सच है जितना विकसित मुल्कों के लिए। पिछले साल के रॉटरडम कविता महोत्सव पर अपनी टिप्पणी में गीत चतुर्वेदी लिखते हैं, "इस बार कविता महोत्सव की थीम थी– सिटी एण्ड कंट्री। पोयट्री इंटरनेशनल की सम्पादक मिशेल हचिंसन अपने सम्पादकीय में लिखती हैं, '2008 में पहली बार पूरी दुनिया में शहरी आबादी, ग्रामीण आबादी से ज़्यादा हो गयी। 2030 तक शहरी आबादी साठ फ़ीसदी से ज़्यादा हो जाने की सम्भावना है। आबादी का यह बदलता अनुपात और ग्रामीण इलाकों का लगातार होता शहरीकरण शहर और गाँव के पारम्परिक सम्बन्ध को प्रभावित करेगा। इसका असर व्यक्ति पर भी होगा और समाज पर भी।"[22]

शहरीकरण का यह अनुभव हमारे आज के सार्वजनिक दायरे का सबसे बड़ा सच है। मेरे पिता की पीढ़ी के लोग गाँव की पैदाइश थे जिन्होंने बेहतर अवसरों की तलाश में शहर का रुख़ किया लेकिन मेरी पीढ़ी के लड़के-लड़कियाँ शहरों की पैदाइश हैं। जैसा सुनील खिलनानी लिखते हैं,

> "भारतवासियों का शहर से सम्बन्ध कैसे बना? या शहर के प्रति वे क्यों आकर्षित हुए? इन सवालों के जवाब शहरों की आर्थिक गतिशीलता में निहित हैं। आज़ाद भारत की सरकार ने अपना दफ़्तर शहर में ही खोला और शहर में ही भारतीय समाज के आधुनिकीकरण और विकास का नेहरूवादी स्वप्न परवान चढ़ा। यहीं से विकास की

तरंगें गाँव की ओर गयीं। शहर में ही आधुनिकता के गर्भ से वे अन्तर्विरोध निकले जिन्होंने राष्ट्रीय जीवन का निर्माण किया। जिस दिन भारत लोकतान्त्रिक गणतन्त्र बना, उसी दिन से उसने इन अन्तर्विरोधों को अपना लिया था। इन शहरों में मानवीय श्रम के सभी ऐतिहासिक रूप देखे जा सकते हैं। पत्थर तोड़ते मजदूर भी और अत्याधुनिक वित्तीय लेन-देन करने वाले विशेषज्ञ भी। शहर में सफलता और असफलता एवं संगमरमर और कीचड़ एक दूसरे से गुँथे हुए हैं। इस विरोधाभास ने शहरी जीवन को एक बेहद उत्तेजक अनुभव में बदल दिया है। शहर में आधुनिकता के सभी प्रलोभन मौजूद हैं लेकिन शहर में आकर ही लोगों को आधुनिक जगत की मृगतृष्णा का अहसास होता है।''[23]

शहर इस द्वैध के सबसे अच्छे वाहक हैं जिस द्वैध से 'आधुनिक भारतीय राष्ट्र-राज्य' हमेशा जूझता रहा है। सीधे शब्दों में इसे 'आधुनिकता' के विचार से मुठभेड़ कह सकते हैं। आधुनिक भारत के सबसे प्रभावशाली व्यक्तित्व जवाहरलाल नेहरू ने 'डिस्कवरी ऑफ इण्डिया' में लिखा,

''भारत मेरी धमनियों में बह रहा था और उसमें बहुत कुछ ऐसा था जो मुझे आकर्षित करता था। फिर भी मैंने एक अजनबी आलोचक की नज़र से उसे समझा क्योंकि उसका वर्तमान मुझे पूरी तरह नापसन्द था। साथ ही मेरी जानकारी में उसके अतीत के कई अवशेष ऐसे थे जिनसे मुझे गहरी अरुचि थी। एक तरह से मैं भारत के नज़दीक पश्चिम के ज़रिये आया और उसे एक हमदर्द पश्चिमवासी की तरह ही देखा। मैं भारत के नज़रिये और चेहरे को बदलने के लिए आतुर और बेचैन था। मैं उसे आधुनिकता का लबादा पहनाना चाहता था। पर मेरे दिमाग में शंकाओं ने सर उठा लिया। क्या मैं भारत को जानता हूँ?''[24]

राष्ट्रवादी परम्परा में मौजूद 'आधुनिकता' की यह समझ जिससे नेहरू जैसे राष्ट्रवादी नेता अनुप्राणित हैं, आधुनिकता का यह मॉडल पश्चिम की देन है। नेहरू की 'डिस्कवरी ऑफ इण्डिया' औपनिवेशिक दृष्टि के इतिहास लेखन का अनुपम उदाहरण है। नेहरू छः हजार साल के भारतीय इतिहास को एक लड़ी में पिरोते हुए एक 'आधुनिक राष्ट्र-राज्य' की अपनी कल्पना को आयाम देते हैं। यह 'भारतीयता' की परिभाषा गढ़ने की कोशिश है चाहे वह 'अनेकता में एकता' जैसे मुहावरे से ही क्यों न निकली हो। नेहरू लिखते हैं, ''समय के साथ हममें बहुत परिवर्तन आया है

और हम कभी वैसे नहीं रहे जैसे पहले थे। लेकिन मैं हमेशा यह तथ्य याद रखता हूँ कि भारतीय और चीनी सभ्यताओं ने अद्‌भुत क्षमता प्रदर्शित की है, इतने सालों तक बने रहने और दूसरों को अपने में समाहित कर लेने की क्षमता। इतने बदलावों के बाद भी इन सभ्यताओं ने अपनी मूल पहचान को बचाकर रखा है।"[25] गौरतलब है कि नेहरू की यूरोपीय दृष्टि इसे एक ख़ास आधुनिक तेवर देती है। भारतीय राष्ट्रवाद की यह धारा उपनिवेशवाद से मुकाबले के लिए उनकी ही दी हुई एक समरूपीकृत 'राष्ट्र-राज्य' की अवधारणा को काम में लेती है। लेकिन भारतीय राष्ट्रवाद साम्राज्यवाद से मुकाबले के लिए एक द्वैध रचता है– भौतिक और आध्यात्मिक।

# राष्ट्र की अवधारणा तथा भारतीय राष्ट्रवाद

बेनेडिक्ट एण्डरसन लिखते हैं कि 'राष्ट्र' एक काल्पनिक या अमूर्त अवधारणा है जो विभिन्न तरीकों से समाज में अस्तित्व ग्रहण करता है। इन तरीकों को हम एक शब्द में 'मौद्रिक पूँजीवाद' (छापाखाना) कह सकते हैं।[26] भारत के सम्बन्ध में पार्थ चटर्जी द्वारा दी गयी मशहूर व्याख्या निम्न है,

> "मेरा मानना है कि उपनिवेशवाद विरोधी राष्ट्रवाद ने साम्राज्यवादी सत्ता से लड़ाई शुरू होने के काफी पहले ही औपनिवेशिक समाज के अन्दर अपना एक बहुत स्पष्ट और स्वायत्त प्रभाव क्षेत्र कायम कर लिया था। इसने सामाजिक संस्थाओं और लोकाचार को स्पष्टतः दो हिस्सों – भौतिक और आध्यात्मिक– में बाँटकर ऐसा किया था। भौतिक क्षेत्र बाहरी है जो अर्थव्यवस्था, शासन प्रबन्ध और विज्ञान तथा तकनीक से जुड़ा है। इस क्षेत्र में पश्चिम ने अपनी श्रेष्ठता प्रदर्शित कर दी है तथा पूरब ने इसके आगे हार मान ली है। तब इस क्षेत्र में पश्चिमी प्रभुत्व को स्वीकारना ही था साथ ही साथ इसकी उपलब्धियों को सावधानीपूर्वक देखने ओर इसे अपने यहाँ हासिल करने का यत्न करने की जरूरत थी। दूसरी तरफ़ आध्यात्मिक क्षेत्र आन्तरिक है और इससे सांस्कृतिक पहचान जुड़ी है। भौतिक क्षेत्र में जहाँ पश्चिम का अनुकरण करते हुए हम जितना ज्यादा सफल होते हैं। हमें अपनी आध्यात्मिक संस्कृति की विशिष्टता को बचाने की उतनी ही जरूरत होती है। मुझे लगता है कि यह एशिया और अफ्रीका के उपनिवेशवाद विरोधी आन्दोलन का एक विशिष्ट पक्ष है।"[27]

भारतीय राष्ट्रवाद का यह द्वैध औपनिवेशिक और उत्तर-औपनिवेशिक भारत के सार्वजनिक जीवन पर गहरा असर डालता रहा है।

हमारे लिए इस तमाम बहस को समझना इसलिए कारगर है क्योंकि 'औपनिवेशिक

शहर' की रचना में इस राष्ट्रवादी धारा ने महत्त्वपूर्ण भूमिका अदा की है। जैसा सुनील खिलनानी लिखते हैं, "समकालीन भारत के सभी प्रमुख नगर उपनिवेशवाद की रचना होने के साथ-साथ इसके प्रत्युत्तर भी हैं।"[28] बाहृय और आन्तरिक घेरों में बँटी राष्ट्रवादी विचारधारा ने समाज के अन्य पक्षों को भी प्रभावित किया था। जैसा पार्थ चटर्जी एक अन्य उदाहरण में 'महिलाओं के प्रश्न' को लेकर लिखते हैं कि जो प्रश्न उन्नीसवीं सदी के आरम्भिक और मध्य भागों में सामाजिक सुधार को लेकर चलने वाली बहसों का केन्द्रीय विषय रहा वही उन्नीसवीं सदी के अन्त तक सार्वजनिक बहसों की सूची से बाहर हो चुका था। इस समय के प्रमुख प्रश्न सीधे-सीधे राजनीतिक प्रश्न थे जो राष्ट्रवादी राजनीति से सम्बन्धित थे।[29]

भारतीय राष्ट्रवाद के द्वैध से उपजा यह तर्क आगे चलकर किस तरह की प्रतिक्रियावादी राजनीति को पोषण दे सकता है इस ओर अमर्त्य सेन इशारा करते हैं। यह समझना इसलिए भी ज़रूरी है कि आज के हमारे शहर का चेहरा इसी राजनीति को मिलाकर बनता है, शहर ही इसके लिए मंच है। अमर्त्य सेन लिखते हैं,

> "निस्सन्देह आध्यात्मिक पक्ष पर गौर करने से गुलाम देश के आत्मविश्वास के बने रहने वाला पहलू ज़्यादा स्पष्ट ढंग से सामने आता है। लेकिन आज चलने वाले संघर्षों और टकरावों के सन्दर्भ में आत्मविश्वास को जाँचने का यह मार्ग हमसे काफ़ी बड़ी कीमत वसूलता है और विज्ञान तथा तकनीक की प्रगति के रास्तों को बहुत मुश्किल बना देता है तथा पीछे की तरफ देखने वाली राजनीति की ज़रूरत से ज़्यादा मदद दे देता है। यह न होता तो धार्मिक कट्टरपंथी राजनीति इतना नहीं फैलती।"[30]

स्पष्ट है कि राष्ट्रवादी विचारधारा ने सार्वजनिक और निजी के दो घेरे बनाकर एक घेरे 'आधुनिकता' को अपनाने तथा दूसरे में अपनी सांस्कृतिक पहचान (जिसमें शामिल बहुत सी चीजों की पहले आये आधुनिकता के विचार से सीधी टकराहट थी) को बचाकर रखने का जो दोहरा प्रयोग किया उसके अन्तर्विरोध जल्दी ही सामने आ गये। आज हमारे शहरों में इन दो घेरों के बीच की रेखा धुँधला सी गयी है और निजी क्षेत्र के माने गये प्रश्न सार्वजनिक क्षेत्र में घुसपैठ कर रहे हैं। इनका एक रूप सार्वजनिक क्षेत्र पर छाई अस्मिता की राजनीति है वहीं धार्मिक पहचान को उभारती कट्टरपंथी राजनीति इसका विकृत रूप है। धर्म जैसे प्रश्न जो निजी घेरे के माने गये थे अब राजनीति जैसे सार्वजनिक दायरे के सवालों में घुस गये हैं। ये तमाम पहचानें 'आधुनिकता' के विचार से टकरा रही हैं और हमारी आधुनिकता का 'मॉडल रूप' भी छिन्न-भिन्न हो गया है। हालिया दौर में शहरों में फैल रहे 'आधुनिकता' और 'धर्म' के इस विकृत रूप की सबसे अच्छी अनुगूँज हिन्दी के कहानीकार उदय प्रकाश की कहानियों में सुनी जा सकती है।

# उत्तर-औपनिवेशिक शहर की अवधारणा

नेहरू 'शहर' की संरचना में हस्तक्षेप द्वारा अपने आधुनिकता के सपने को लिबास देना चाहते थे। लेकिन जब सिर्फ़ सार्वजनिक क्षेत्र में अपनायी गई आधुनिकता पर निजी क्षेत्र में गिनी गयी पहचानों ने हमला बोला तो इस दोहरी विचार प्रणाली के पेंच खुलकर सामने आ गये। यहाँ आप चंडीगढ़ का ही उदाहरण लें। चंडीगढ़ नेहरू की स्वप्न योजना थी। नेहरू अपनी आधुनिकता की अवधारणा को इस शहर की संरचना के माध्यम से अमली जामा पहनाना चाहते थे। जैसा सुनील खिलनानी लिखते हैं, "नेहरू आज़ाद भारत के लिए शहर का नवीनीकरण करना चाहते थे। वे औपनिवेशिक क़िस्म की आधुनिकता से मुक्त और अलग तरह की आधुनिकता के शो-केस के रूप में नया शहर रचना चाहते थे। चंडीगढ़ की रचना के पीछे वह बुनियादी संकेत निहित था जिसके ज़रिये आधुनिक विश्व में भारत ने अपनी दिशा और अपने स्थान का निर्धारण किया था। इस तरह चंडीगढ़ अपने आप में रचनाशीलता के उस विशुद्ध आवेग का प्रमाण बन गया जो शहर सम्बन्धी राष्ट्रवादी समझ की उपज था।"[31] इस प्रकार राष्ट्रवादी सोच ने चंडीगढ़ को 'आधुनिकता' के मॉडल शहर के तौर पर तैयार किया था।

लेकिन इस 'आधुनिकता' पर जब निजी पहचानों ने अपना हमला बोला तो यह एक खण्डित पहचान बनकर रह गयी। आज का चंडीगढ़ इस बात का उदाहरण है कि दो खानों में बाँटकर आधुनिक बनने का यह सुविधाजनक मॉडल अपनी कीमत वसूलता है। "चंडीगढ़ को जिस सार्वदेशिकता की आकांक्षा थी, वह उसे कभी हासिल नहीं हो सकी। बजाये इसके कि भविष्य का यह शहर समाज पर शासन करता, उसे प्रबुद्ध बनाता और उसका आधुनिकीकरण करता, वह खुद ही अजायबघर की चीज़ बन गया। वह धर्मनिरपेक्ष व्यक्तियों के समाज को जन्म नहीं दे पाया और ना ही आधुनिकतावादी राजनीति का आधार बन पाया। पंजाब की खदबदाती राजनीति में फँसकर चंडीगढ़ की हैसियत सांप्रदायिक अस्मिताओं के बीच नगण्य हो गयी।"[32]

## अस्मिताओं की राजनीति और भारतीय शहर

मुम्बई जैसे भारत के सबसे आधुनिक महानगर ने भी 'महाराष्ट्र नवनिर्माण सेना' के नेता राज ठाकरे के माध्यम से सार्वजनिक राजनीति का यह नया रूप देखा है। हालाँकि शरित भौमिक जैसे विद्वान तहलका में लिखते हैं कि राजनीति का यह उक्त रूप साठ और सत्तर के दशक में शुरू हुई 'शिवसेना' राजनीति का ही नया रूप है।[33] यहाँ क्षेत्रीय तथा भाषाई पहचान, धर्म, राजनीति को मिलाकर राजनीति का एक ऐसा मॉडल तैयार किया जा रहा है जो सभी क्षेत्रीय सीमाओं से परे जाकर एक 'अन्तर्राष्ट्रीय आधुनिक महानगर' बनने के मुम्बई के सपने से सीधा टकराता है।

इस सच्चाई को समझने की ज़रूरत है कि जिस सुविधाजनक तरीके से आधुनिकता के लबादे को ऊपर-ऊपर से ओढ़ने की कोशिश हिन्दुस्तान के राष्ट्रवादी प्रबुद्ध ने की, उससे भीतर मौजूद अन्तर्विरोध कुछ देर के लिए छिप तो गये लेकिन शहरी जीवन की आपाधापी में अब वे अपना असली रंग दिखा रहे हैं। यहाँ 'शहर' के भीतर क्षेत्रीय पहचान जितनी महत्त्वपूर्ण है उतनी ही महत्त्वपूर्ण आर्थिक हैसियत भी है। आज से तीस साल पहले 'शिव सेना' ने मध्यवर्गीय दक्षिण भारतीयों को निशाना बनाया था तो आज 'महाराष्ट्र नवनिर्माण सेना' के निशाने पर गरीब उत्तर भारतीय तबका है।[34] और आज के शहरी जीवन में ये तमाम पहचानें मिलकर 'आधुनिकता' का एक नया संस्करण गढ़ रही हैं। यह नेहरू की देन 'सार्वभौम आधुनिकता' नहीं है जो तमाम अन्य पहचानों को निजी के घेरे में डालकर छिपाने की कोशिश करती है बल्कि यह आधुनिकता का मॉडल अपने तमाम अन्तर्विरोधों के साथ हमारे सामने आता है। आप मुम्बई का उदाहरण ही देख सकते हैं जहाँ प्रगतिशील और उदार खेमे से जुड़े माने जाने वाले महेश भट्ट जैसे फ़िल्मकार 'क्षेत्रीय अस्मिता' के सवाल पर राज ठाकरे के समर्थन में खड़े नज़र आते हैं। मराठी अस्मिता के सवाल पर वे कहते हैं,

> "मैं पूरी तरह 'मराठी मानुस', मराठी संस्कृति, मराठा गौरव के पक्ष में हूँ। मेरा मानना है कि एक मुम्बईकर होने के नाते आपमें यहाँ की मूल संस्कृति के प्रति एक असली प्रेमभाव होना ही चाहिए। वैश्वीकरण

के इस युग में यही संस्कृति सराही जायेगी। मैं आपको एक उदाहरण देता हूँ, यह शहर हजारों बॉलीबुड फ़िल्मों का निर्माण स्थल है, लेकिन क्या कोई यहाँ के मूल निवासियों की चिन्ता करता है? फ़िल्म सिटी के स्थानीय लोग जो तकलीफ में हैं? इस मामले में तो मैं शिव सेना तथा राज ठाकरे से भी सहमत हूँ। आखिर कौन यहाँ के स्थानीय निवासी की उन्नति की बात करेगा?''[35]

पवन कुमार वर्मा जैसे विचारकों का कहना है कि नेहरू की 'आधुनिक विश्व-दृष्टि में ही अनुदारवादी धार्मिक विचारों को अपने भीतर समाहित करने के लिए सूराख़ छोड़ा गया था। बहुत से लोग इसे एक भूल कहते हैं और बहुत इसे एक सोची-समझी रणनीति मानते हैं। वर्मा लिखते हैं,

> ''संगठित धर्म के प्रति नेहरू की अरुचि में उनके मध्यवर्गीय अनुयायी पूरी तरह भागीदार नहीं थे। नेहरू की आधुनिकतावादी दृष्टि मध्यवर्ग को आकर्षित तो करती थी, लेकिन इस दृष्टि को कभी रूपान्तरकारी शैली में कार्यान्वित नहीं किया गया। मृत अतीत की जकड़ से मुक्ति की नेहरूवादी दृष्टि के समर्थन का अर्थ था उस सामाजिक आग्रह का अंग बनना जिसके तहत व्यक्ति उदारवादी और प्रगतिशील वैचारिक जगत की ऊर्ध्वगामिता को स्वीकार कर लेता है। मध्यवर्गीय भारतीय अपनी छवि में यह आयाम भी शामिल करना चाहते थे। उन्हें इसमें कोई दिक्कत भी नहीं हुई क्योंकि इसका और धार्मिक परम्परा का मेल आसानी से हो सकता था। व्यक्ति उदार और प्रगतिशील भी बना रह सकता था और कर्मकाण्डों, अंधविश्वासों और पूर्वाग्रहों का पालन भी करता रह सकता था। नेहरू की मृत्यु और गाँधी-नेहरू विरासत के प्रभावहीन हो जाने के पश्चात कथनी और करनी के सार्वजनिक वक्तव्य और दावों को भी तिलांजलि दे दी गयी।''[36]

यहाँ दो बिन्दुओं पर गौर करना ज़रूरी है। एक, नेहरू की आधुनिकतावादी दृष्टि की फाँक को उजागर करने के बावजूद वर्मा बाद के समय में आये धार्मिक, क्षेत्रीय, भाषाई, जातिवादी पहचानों के राष्ट्रीय राजनीति के सार्वजनिक मंच पर उभार को एक नकारात्मक तथ्य की तरह देखते हैं। वर्मा खुद उस अभिजात्य उदारवादी खेमे के प्रतिनिधि स्वर हैं जो नेहरूवियन आधुनिकता के मॉडल से सबसे ज़्यादा जुड़ाव महसूस करता रहा है।

यहाँ आशिस नन्दी जैसे सामाजिक विचारकों का नज़रिया अलग तरह का है।

हालाँकि राष्ट्रवाद की जो विचार प्रणाली भारतीय राष्ट्र-राज्य की स्थापना में काम कर रही थी उसे लेकर नन्दी भी कमोबेश वही मत सामने रखते हैं कि यह 'राष्ट्र-राज्य' का पश्चिम से उधार लिया गया मॉडल था जिसमें सार्वजनिक और निजी का द्वैध कायम कर उसे एक बड़े जनसमुदाय की नज़र में स्वीकृत बनाने का काम किया गया। नन्दी लिखते हैं,

> ''जवाहरलाल नेहरू, वल्लभभाई पटेल, बाबा साहब अम्बेडकर में कितने ही विचारधारात्मक मतभेद रहे हों, लेकिन वह तीनों एक ऐसे राज्य की स्थापना पर एकमत थे जो सत्रहवीं शताब्दी के बाद यूरोप में पनपी राष्ट्र-राज्य की अवधारणा से थोड़ा ही अलग था।... स्वाधीनता के पश्चात् उभरे अभिजात्य वर्ग की राज्य सम्बन्धी अवधारणा राजनीतिक रूप से 'विकसित' समाजों में प्रचलित अवधारणा से उधार ली गयी थी। चूंकि हमारा अभिजात्य वर्ग राज्य के इस विचार में निहित समस्याओं से अनभिज्ञ नहीं था, इसलिए उसने भारत की तथाकथित अभागी और आदम विविधताओं के साथ समझौता करके थोड़ा मिलावटी विचार विकसित किया।.... कुछ लोग इस समझौते को पाखण्ड की ठेठ हिन्दु प्रवृत्ति का परिणाम भी मान सकते हैं।... नये अभिजात्य वर्ग ने शासन कला की आयातित धारणा से काम चलाना चाहा। लेकिन उसने इस कला का उन जरूरतों के साथ तालमेल बिठाने का यत्न किया जो उसकी निगाह में इस देश की जरूरतें थीं। साथ में, उसने वैधता हासिल करने के लिए भारत की महान सांस्कृतिक परम्परा का मुहावरा भी अपनाया।''[37]

लेकिन भारत के सार्वजनिक जीवन में बाद के सालों में आये परिवर्तन को आशिस नन्दी अलग नज़रिये से देखते हैं। वे इसे सीधे वर्मा की तरह 'मूल्यों का ह्रास' के नकारात्मक खाँचे में ना डालकर इन परिवर्तनों को 'आधुनिकता' की वृहद परियोजना के सामने कालीन के नीचे दबा दी गयी पहचानों के सार्वजनिक उभार के तौर पर चिह्नित करते हैं। ज़ाहिर है कि उनकी नज़र में ये ऐसे परिवर्तन हैं जिसके सकारात्मक और नकारात्मक दोनों पहलू हैं। एक ओर उभर कर आ रही ये विभिन्न आस्मिताएँ 'आधुनिक भारतीय राष्ट्र-राज्य' का रूप बदल रही हैं वहीं दूसरी ओर ये उस बहुलता को भारतीय राजनीति तथा सार्वजनिक जीवन का हिस्सा बना रही हैं जो हमारे लोकतन्त्र का सबसे विशेष पहलू बनकर उभरा है। नंदी लिखते हैं,

> ''भारतीय जनता का आधुनिक हिस्सा समझता है कि अन्ततः इस देश को उदारतावादी लोकतन्त्र के पश्चिम यूरोपीय अनुभव की

प्रतिकृति ही बन जाना है, तभी वह सत्रहवीं सदी के ज्ञानोदय से इक्कीसवीं सदी के शुरुआती दौर के प्रौद्योगिकीय पूँजीवाद तक का रास्ता तय कर सकेगा। लेकिन आधुनिकतावादियों के दायरे से बाहर के लोग देश का भविष्य इस तरह पूर्व निर्धारित नहीं मानते। उनके लिए विज्ञान के बढ़ते कदम या विकास के दर्शनीय सोपान ज़्यादा महत्वपूर्ण नहीं हैं, बल्कि वे अपने लोकतान्त्रिक भविष्य की गारंटी को भागीदारी वाले लोकतन्त्र से जोड़ते हैं। भारत में विकास और आधुनिक विज्ञान-सम्बन्धी विचारों के खिलाफ़ बढ़ता हुआ प्रतिरोध असल में इन विचारों और लोकतान्त्रिक प्रक्रिया के बीच अन्तर्विरोधों की ही देन है। आजादी के विचार को वैज्ञानिक तर्कबुद्धि और सफ़ल विकास में पूरी तरह अन्तर्निहित मानने वालों को यह अन्तर्विरोध विनाशकारी लगता है। लेकिन जो लोग इस घिसी-पिटी धारणा की भित्ति को अपने चारों ओर दरकते हुए देख रहे हैं, उनके लिए यह स्वागत योग्य है क्योंकि इससे ज्ञान-प्रणालियों और सामाजिक हस्तक्षेप के तरीकों का विविधीकरण और राजनीतिकरण हो रहा है।"[38]

नंदी जैसे विचारक 'राष्ट्र-राज्य' में टूटते हुए केन्द्रीय प्रभुत्व तथा हाशिए की पहचानों की बढ़ती सक्रियता को एक सकारात्मक परिवर्तन के रूप में ग्रहण कर रहे हैं। दूसरा महत्त्वपूर्ण बिन्दु जो वर्मा के निष्कर्ष में गौर करने का है वो यह है कि वे आधुनिकता के मॉडल में आये इस परिवर्तन का सीधा सम्बन्ध बेतहाशा हुए शहरीकरण से जोड़ते हैं। उनका मानना है कि सामुदायिक पहचानों की वापसी के पीछे एक बड़ा कारण शहरीकरण का वह अनुभव है जिससे हमारी पीढ़ी का सामना हुआ। वे लिखते हैं, "कई मध्यमवर्गीय परिवारों को लगा कि उनकी एक पीढ़ी को ही इतने अधिक और तेज़ परिवर्तन से दो-चार होना पड़ रहा है कि उसे पचाना मुश्किल है। मध्य वर्ग में ऐसे लोगों की कमी नहीं थी जिनकी शिक्षा गाँव के स्कूल और बगल के कस्बाई कॉलेज में हुई, लेकिन नौकरी करने के लिए उन्हें महानगर में जाना पड़ा। एक दशक की अवधि में उन्होंने एक शताब्दी के परिवर्तनों को देखा, एकदम नया माहौल, नयी प्रौद्योगिकी, नयी मान्यताएँ, नया कौशल, नयी उम्मीदें और नयी जीवन शैली से उनका साबका पड़ा।"[39] धर्म तथा समुदायगत पहचानों के सार्वजनिक जीवन में फिर आये उभार के पीछे वर्मा इसे एक प्रमुख कारण मानते हैं।

सवाल बहुत हैं। क्या हमारी 'आधुनिकता की परियोजना' एक चतुर आत्मछलना है? क्या व्यक्तित्व के रूपान्तरण के बिना, बहुलतावादी समाज का सपना एक असम्भाव्य कल्पना है? ये कुछ अनसुलझे सवाल हैं। आज, शहर को देखने का नज़रिया इन्हीं सवालों के गर्भ से निकला है। एक ओर है 'सुदृढ़ राष्ट्र' की कल्पना को

साकार करने का सपना लिये उभरी 'राष्ट्रवादी विचारसरणी' जिसकी दृष्टि से देखने पर दिल्ली शहर का हर रास्ता एक ही केन्द्र की ओर जाता प्रतीत होता है। दूसरी ओर है अनसुनी विरोधाभासी पहचानों से मिलकर बनता शहर का बेनामी स्वप्न और शायद इन सवालों के जवाब इससे निश्चित होते हैं कि हम शहर को कहाँ से खड़े होकर देख रहे हैं? इनमें से हमारा नज़रिया क्या है। आगे के अध्यायों में शहर को देखने के इन्हीं नज़रियों पर नज़र डाली गयी है।

# २

# सत्ता का शहर

*दिल्ली को केन्द्र मानकर*
*कैसे भी नाप-जोख कर खींचा जाए*
*कोई वृत्त*
*उसमें समाएगा नहीं पूरा देश*
*वह या तो छोटा पड़ जाएगा*
*या दूसरे देशों की सीमाओं में चला जाएगा*

*जो भी हो*
*पर सचाई यही है कि देश का केन्द्र है दिल्ली*
*बाकी देश है उसकी परिधि*
*यूँ तो परिधि ही चुनती है अपना केन्द्र*
*पर ज्यामिति के नियमों से नहीं चलती*
*राजनीतियाँ*
*अब केन्द्र और परिधि के बीच*
*दूरियों के रिश्ते के अलावा*
*कुछ नहीं बचा*

*इसीलिए चौकन्नी हो रही हैं परिधियाँ*
*वे अपने अलग-अलग केन्द्र बना रही हैं*
*अपनी-अपनी ताकत आजमा रही हैं*
*चारों ओर फैली हैं जातियों की भी जातियाँ*
*वर्णों के भी वर्णों और वर्गों के भी वर्गों की*
*अहमन्य अराजकता*
*मची हुई है मारकाट, तोड़ फोड़, खून खराबा*
*हत्याएँ और अपराध हो रहे हैं*
*सामान्य घटनाएँ*

*यह केन्द्र और परिधि के बीच*
*स्वाभाविक तनाव की लड़ाई होती तो कुछ*
*और सूरत दिखाई देती प्रजातन्त्र की*
*जड़ता से जड़ता की ओर जाता हुआ प्रजा का यह तन्त्र*
*सिर्फ़ एक मोहरा बनकर रह गया है*
*हल कुछ होता दिख नहीं रहा*
*सिर्फ़ समीकरण बदल रहे हैं*
*मैं भी कैसा मूरख, किससे कह रहा हूँ ये बातें*
*वह भी कविता में*
*आप तो गुणीजन, जानते हैं सब कुछ*
*इसीलिए अक्सर चुप ही रहते हैं*

*बहरहाल मैं तो बात यह कहना चाहता था*
*कि जिस वैश्विक समय में टूटकर बिखर गए*
*बड़े बड़े देश*
*उस समय में पूरी उदारता के साथ*
*बची हुई है हमारी दिल्ली*
*बची हुई है उसकी शानो-शौकत उन करोड़ों-करोड़*
*आँखों के भरोसे*
*जिनमें आज भी जगमगाते तारे की तरह*
*जड़ी हुई है दिल्ली*
*वे बिना तर्क-वितर्क दिल्ली को ही*
*अपनी धड़कन मानते हैं*
*हिमालय, गंगा-जमुना-नर्मदा, कृष्णा-कावेरी की तरह*
*दिल्ली को ही अपनी पहचान मानते हैं*
*वे तमाम-तमाम लोग*
*जिन्होंने कभी अपनी आँखों से*
*देखी नहीं दिल्ली।''[1]*

दिल्ली शहर को समझने के किसी भी प्रयास में यह तथ्य सबसे महत्त्वपूर्ण भूमिका अदा करता है कि दिल्ली आधुनिक भारत की राजधानी है। बहुत बार दिल्ली की यह पहचान शहर की अन्य तमाम पहचानों पर हावी हो जाती है और सत्ता का केन्द्र होना ही दिल्ली शहर की अकेली प्रमुख पहचान बनकर उभरता है। अपनी कहानियों में सत्ता केन्द्र की मुखर आलोचना प्रस्तुत करने वाले लेखक-कहानीकार उदय प्रकाश की

कहानियों में कई बार दिल्ली ऐसे ही निर्मम सत्ता-केन्द्र के रूप में उभरती है। 'दिल्ली की दीवार' जैसी कहानी में शहर के हाशिए पर स्थित समाज और सत्ता-केन्द्रक शहर के बीच का भेद साफ़ है। उनकी एक छोटी कहानी 'विनायक का अकेलापन' दिल्ली शहर के सत्तातन्त्र की क्रूरता को कुछ यूँ सामने रखती है।

> "जो भी दुर्दिनों में घिरता है, दिल्ली उसे त्याग देती है।" विनायक दत्तात्रेय भी दुर्दिनों में थे। दिल्ली ने उन्हें त्याग दिया था। न उनके पास कोई आता था, न कोई उनका हाल पूछता था। टेलीफोन कभी बजता नहीं था। वे अकेले रह गये थे।
>
> अकेलापन और दुर्दिन के दिन बिताने का तरीका विनायक दत्तात्रेय ने खोज निकाला था।
>
> वे अपने कमरे के एक कोने में जाकर खड़े हो जाते और पुकारकर पूछते, "विनायक, कैसे हो?"
>
> फिर दूसरे कोने पर खड़े होकर मुस्कुराते हुए कहते, "मैं ठीक हूँ, विनायक। अपनी सुनाओ। कभी-कभार आ जाया करो यार!"[2]

यहाँ शहर पूरी राज-व्यवस्था का प्रतीक बन जाता है। हरिशंकर परसाई तो बहुत पहले ही अपने व्यंग्य में कह चुके हैं कि दिल्ली का तो मौसम भी अपना नहीं, "चार बार मैं गणतन्त्र-दिवस का जलसा दिल्ली में देख चुका हूँ। पाँचवीं बार देखने का साहस नहीं। आखिर यह क्या बात है कि हर बार जब मैं गणतन्त्र-समारोह देखता, तब मौसम बड़ा क्रूर रहता। छब्बीस जनवरी के पहले ऊपर बर्फ़ पड़ जाती है। शीत-लहर आती है, बादल छा जाते हैं, बूँदाबाँदी होती है और सूर्य छिप जाता है। जैसे दिल्ली की अपनी कोई अर्थनीति नहीं है, वैसे ही अपना मौसम भी नहीं है। अर्थनीति जैसे डॉलर, पौंड, रुपया, अन्तरराष्ट्रीय मुद्रा कोष या भारत सहायता क्लब से तय होती है, वैसे ही दिल्ली का मौसम कश्मीर, सिक्किम, राजस्थान आदि तय करते हैं।" साफ़ है कि दिल्ली केवल आधुनिक भारत का एक शहर भर नहीं, वह यहाँ की राज्य-व्यवस्था का सबसे बड़ा प्रतीक भी है।

दिल्ली को केन्द्र में रखकर बनी बहुत सी फ़िल्में इसी सत्ता संरचना पर अलग-अलग बयान हैं। दिल्ली की सत्ता के बदलते रूप और उससे समाज की बदली उम्मीदें इस 'सत्ता के शहर' का सिनेमाई व्यक्तित्व तय करती हैं। यहाँ राज्य-सत्ता के केन्द्र में रही उस 'राष्ट्रवादी विचार प्रणाली' की भी परख होगी जो बहुल पहचान वाले 'शहर' के विपरीत समरूपीकृत 'राज्य' सत्ता की स्थापना का प्रयास करती रही। पचास के दशक के सिनेमा का एक बड़ा हिस्सा इससे अनुप्राणित रहा।

'अब दिल्ली दूर नहीं' में जो दिल्ली उम्मीदों की किरण है वही सत्तर के दशक का चित्रण करती 'हज़ारों ख्वाहिशें ऐसी' तक अमानवीय सत्ता का प्रतीक बन जाती है। सत्ता का वर्चस्ववादी रवैया इसी रास्ते आगे बढ़ता है। राष्ट्रवाद की परियोजना ऐसा ही समरूपीकृत राष्ट्र गढ़ने की कोशिश करती है जिसे एक पहचान के तले इकट्ठा किया जा सके। इस लिहाज से 'तेरे घर के सामने' और 'चक दे इण्डिया' हमारे सामने इस राष्ट्रवादी परियोजना से जुड़ी फ़िल्में बनकर उभरती हैं। पहली फ़िल्म में इकसार घर समस्या का समाधान हैं तो दूसरी में एक टीम की वृहद पहचान के नीचे अन्य पहचानों का लोप।

लेकिन यह समरूपीकरण की परियोजना जिस भिन्नता को एक समस्या मानकर उसे आधुनिकता की परियोजना में रोड़ा मानती है वही भिन्नता आज के शहर के मानचित्र का सबसे विशेष चिह्न है। सबाल्टर्न इतिहास लेखन की धारा ने राष्ट्रवादी इतिहास लेखन की समस्याओं को हमारे सामने रखा है। जैसा सम्पादकद्वय निम्नवर्गीय विमर्श की भूमिका में लिखते हैं,

> ''अपनी राजनीतिक मजबूरियों के कारण लोग भले ही खुलकर न पूछें, सवाल तो उठता ही है कि क्या राष्ट्र-राज्यों मे बँटकर रहना ही मानवीय कल्पना की चरम सीमा है? इतिहास की छानबीन करने वालों को मानना पड़ा है कि हर राष्ट्र कुछ खास वर्गों, कुछ भाषाई-इलाकाई-सांस्कृतिक समुदायों के हित में बनता है, और कुछ की ही माँगों को पूरा करने की बहुरूपी मुहिम सा बनकर रह जाता है। राष्ट्र अगर कई तरह के तत्त्वों, श्रेणियों और पुरुषों के लिए नये रास्ते खोलता है, तो औरों के लिए कुछ रास्ते बन्द भी कर देता है।''[3]

सत्ता के इस स्वरूप की पहचान में पहला चरण है उम्मीदों भरे ज़माने की फ़िल्म 'अब दिल्ली दूर नहीं' जिसमें सत्ता एक सकारात्मक मूल्य बनकर उभरती है।

‘बड़े नसीबों का शहर है ये, जो इसकी किस्मतों में हम हैं लिखे’

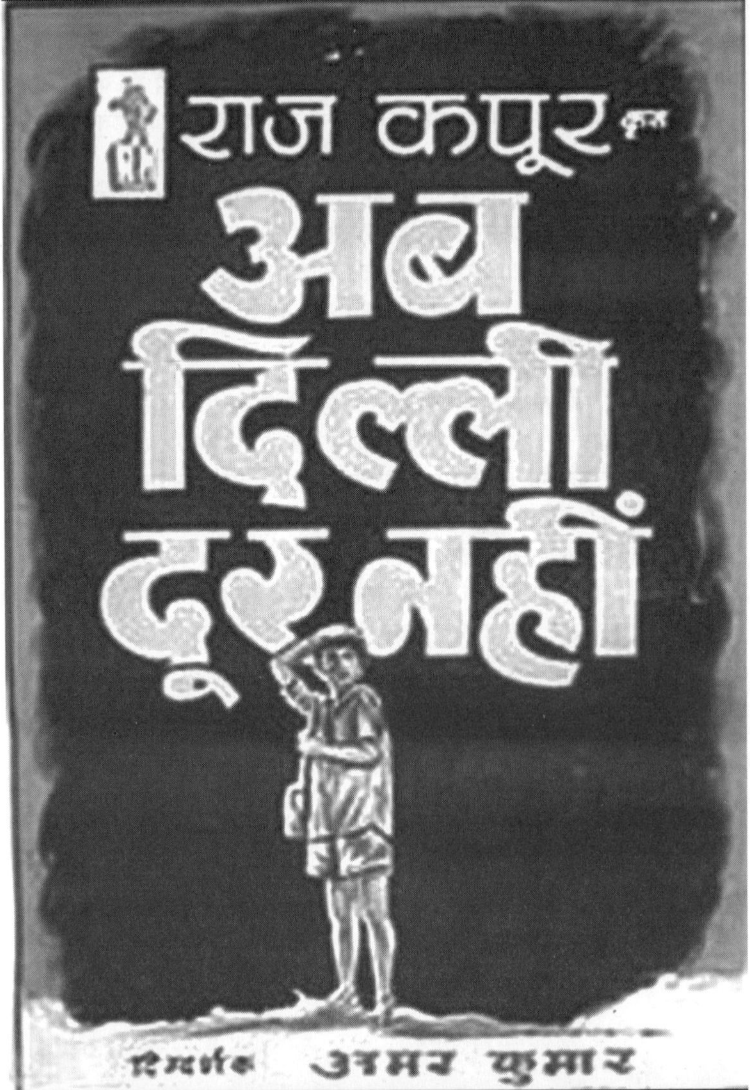

# अब दिल्ली दूर नहीं

*“तीस वर्षों तक जवाहरलाल ने भारत के कोने-कोने की यात्राएँ की थीं– आज़ादी की खोज में। और जब आज़ादी मिल गयी, तो भारत के कोने-कोने में जनता ने यात्राएँ कीं– उस अधार्मिक नेता के दर्शन करने और उसके दो शब्द सुन लेने के लिए। आज़ाद भारत में जब भी और जहाँ भी जवाहरलाल का भाषण हुआ, लोग पैदल चलकर आये, बैलगाड़ियों और ऊँटगाड़ियों में बैठकर आये, बसों में ठूँसकर और ट्रेनों से लटककर आये। उस भीड़ में ना जाने कितने लोग ऐसे होते, जिन्हें इतनी तक समझ नहीं थी कि हमारा यह नेता कह क्या रहा है, कैसा सपना रख रहा है हमारे सामने?*

*इसके बावजूद वे आते थे, समुद्र की तरह उमड़ पड़ते थे। उनके लिए इतना ही पर्याप्त था कि वे जवाहरलाल की सभा में जा रहे हैं। लाखों की भीड़ में खोया एक आम हिन्दुस्तानी केवल इतना देख पाता था कि दूर, बहुत दूर, मंच पर, उधर वह जो छरहरा सा आदमी खड़ा है, वह हमारा जवाहरलाल हैं। न जाने क्या कह रहा है, लेकिन कहने वाला जवाहरलाल है। उस पक्के नास्तिक के दर्शन करने के लिए लोग घोर आस्तिक तरीके से एकत्र होते थे।”*[14]

राजकपूर द्वारा निर्मित और अमर कुमार निर्देशित फ़िल्म ‘अब दिल्ली दूर नहीं’ हिन्दी सिनेमा के ‘सुनहरे दौर’ की फ़िल्म है। 1957 ही वह साल है जब ‘मदर इण्डिया’, ‘नया दौर’, ‘दो आँखें बारह हाथ’ जैसी समाजवाद से सीधे प्रभावित फ़िल्में एक साथ सिनेमा के पर्दे पर देखी गयीं। पचास का दशक हिन्दुस्तान के इतिहास में ‘उम्मीदों भरा ज़माना’ कहा जाता है और एक नया-नया आज़ाद हुआ मुल्क़ यहाँ भविष्य की ओर एक आशा भरी निगाह से देख रहा है। हिन्दी सिनेमा में जहाँ एक

ओर गुरुदत्त ने अपनी फ़िल्मों में इस नयी उभरती राज-व्यवस्था की आलोचना प्रस्तुत की (देखें प्यासा) वहीं दूसरी तरफ़ राजकपूर का सिनेमा नेहरू के इस आशावादी नज़रिये का सबसे अच्छा उदाहरण गिना जाता है। गुरुदत्त और राजकपूर पचास के दशक के सिनेमा के दो ऐसे स्तम्भ हैं जिनके सिनेमा को एक दूसरे का 'एन्टी-थिसिस' कहा जा सकता है। यह दौर इन्हें मिलाकर देखने पर ही अपने सम्पूर्ण रूप में हमारे सामने आता है। जैसा प्रहलाद अग्रवाल राजकपूर पर अपनी किताब में लिखते हैं, "राजकपूर और गुरुदत्त के दृष्टिकोण अलहदा हैं। किन्तु दोनों ही फ़िल्म-कला को प्रत्येक तक पहुँच सकने वाला शक्तिशाली माध्यम मानते हैं। इसीलिए दोनों की ही फि ल्मों में सामान्य जन से जुड़कर उसकी कला रुचि को परिष्कृत कर सकने का बारीक प्रक्रियापूर्ण प्रयास रहा है। 'आवारा' और 'प्यासा' हिन्दी सिनेमा में सदैव दो स्तम्भ की तरह मौजूद रहेंगे।"[5]

नेहरू के जिस 'समाजवादी ढाँचे का समाज' मॉडल को दुनिया भर में पचास के दशक के हिन्दुस्तान की सबसे बड़ी ख़ासियत माना जाता है उसका फ़िल्मी पर्दे पर चित्रण राजकपूर के सिनेमा में हो रहा था। और राजकपूर का सिनेमा ही क्यों, एक पूरी टीम उस दौर के सिनेमा जगत में सक्रिय थी जिन्हें विचारधारात्मक झुकाव के तहत वामपंथी विचारधारा से जुड़ा माना जा सकता है। राजकपूर, गुरुदत्त, ख़्वाजा अहमद अब्बास, शंकर शैलेन्द्र, साहिर लुधियानवी, अख़्तर मिर्जा, राजिन्दर सिंह बेदी, बलराज साहनी, बिमल राय जैसे अनेक नाम तुरंत ही ज़ेहन में उभर आते हैं। और यह सिनेमा अपनी तमाम यथार्थपरकता के बावजूद और गुरुदत्त की एक परेशान उपस्थिति के बाद भी भारतीय राष्ट्रवाद की उसी 'राष्ट्र-निर्माण' की वृहत परियोजना का अंग था जिसके सबसे बड़े नायक थे नेहरू।

जैसा सुनील खिलनानी बम्बई की चर्चा करते हुए लिखते हैं, "पचास के दशक में हुए बम्बई के चित्रण ने भारत से जुड़ी एक खास तरह की अवधारणा का प्रतिनिधित्व किया। राजकपूर और गुरुदत्त जैसे अभिनेता-निर्माता-निर्देशकों की पीढ़ी और ख़्वाजा अहमद अब्बास जैसे वामपंथी पटकथा-लेखकों ने अपनी प्रतिभा से भारत के जिस राष्ट्रवादी बिम्ब को फ़िल्मों में मंचित किया और जिसके गीत गाए, वह साफ़ तौर से नेहरू के विचार से प्रभावित लगता था।"[6] पंचवर्षीय योजनाओं के ताने-बाने से बुनी यह योजना एक नये आज़ाद हुए राष्ट्र के लिए गढ़ी गयी थी। यह सत्ता का केन्द्रीकरण कर दिल्ली को एक सत्ता के प्रतीक का दर्जा दे रही थी जहाँ से सभी कुछ नियन्त्रित किया जाता था। उस दौर में यह 'उम्मीदों का शहर' था। नेहरू ने संविधान सभा में बोलते हुए कहा था, "मैं समाजवाद का समर्थक हूँ और मुझे उम्मीद है कि भारत भी समाजवाद का पक्ष लेगा और समाजवादी राज्य का संविधान बनाने की तरफ़ बढ़ेगा। मुझे यह भी यक़ीन है कि दुनिया को भी यही रास्ता अपनाना होगा।"[7] यह भारतीय राज्य की स्थापना का काल था और ऐसे में सिनेमा इस संस्था की

स्वीकृति को आम नागरिक के दिलो-दिमाग में बैठाने का एक कारगर अस्त्र था। 'अब दिल्ली दूर नहीं' एक बच्चे की कहानी के माध्यम से केन्द्रीय राज्यसत्ता के आम नागरिक के जीवन में सीधे सकारात्मक प्रभाव डालने और उसकी वैधता की स्थापना की कोशिश है।

'अब दिल्ली दूर नहीं' न्याय की तलाश में निकले एक बच्चे की कहानी है। हमने पहले अध्याय में इस पर बात की है कि सर्वप्रथम राष्ट्र का निर्माण कल्पना में होता है। एक नवनिर्मित राष्ट्र में आम नाग़रिक स्वयं को एक राष्ट्रीय पहचान का अंग माने इसके लिए बहुत ज़रूरी है कि उसकी कल्पना में राष्ट्र एक अवधारणा के रूप में स्थापित हो। हिन्दुस्तान जैसे मुल्क में जहाँ नागरिक अपनी पारिवारिक (सामुदायिक और जातीय) पहचानों से अपनी वफ़ादारी को जोड़ते हों वहाँ इस पारिवारिक पहचान का एक वृहद राष्ट्र की पहचान में विलयन कारगर कदम है। 'अब दिल्ली दूर नहीं' ऐसे ही एक गरीब परिवार की कथा को एक नये बनते राष्ट्र की आशाओं का प्रतीक बना देती है और दिल्ली-नेहरू को सकारात्मक परिवर्तन के स्रोत के रूप में चिह्नित करती है। 'राज्य-संस्था' की वैधता उसकी 'न्याय-व्यवस्था' की सुचारु रूप से स्थापना में छिपी है और राजकपूर की अनेक फ़िल्में इस न्याय-व्यवस्था की स्थापना के विचार को अपना केन्द्रीय विषय बनाती है।

सुमिता चक्रवर्ती राजकपूर की फ़िल्म 'आवारा' को इसका एक प्रतिनिधि उदाहरण कहती हैं, 'अब दिल्ली दूर नहीं' का मूल विचार भी इससे ही जुड़ता है वे पचास के दशक के सिनेमा के दर्शकों पर पड़ रहे प्रभाव पर लिखती हैं, "हिन्दी सिनेमा देखने वाली जनता एक नये आज़ाद हुए मुल्क की नागरिक भी थी और यह जनता एक नागरिक के रूप में अपने परिवार और समुदाय की पारम्परिक चौहद्दियों से आगे अपने उत्तरदायित्व समझने में कहीं परेशानी महसूस कर रही थी। नये सन्दर्भों में उन्हें मौजूद मुश्किल परिस्थितियों को भी समझना था और बदलाव और सुधार का वादा भी ध्यान रखना था। यह वादा अब नई एजेंसियों द्वारा किया जा रहा था और यह एजेंसियाँ थी राज्य-सत्ता और उसकी अधिकार प्रणाली। क्योंकि 'कानून-व्यवस्था' आम जनमानस में राज्य की सत्ता का सबसे लोकप्रिय प्रतीक है इसलिए हिन्दी सिनेमा में एक आम नागरिक के जीवन में राज्य की भूमिका दिखाने का यह सबसे माकूल प्रतीक बन गया।"[8]

फ़िल्म की शुरुआत में ही सन्दर्भ आता है कि फ़िल्म का नायक हरिलाल गरीब और कर्ज में डूबा ज़रूर है लेकिन वह अपने परिवार की खुशी को ही अपनी सबसे बड़ी दौलत मानता है। फ़िल्म की शुरुआत में ही नये राष्ट्र के सन्दर्भ आने लगते हैं। यहाँ दीवाली के त्यौंहार के दिन परिवार खुशियाँ मना रहा है। इस प्रसंग में कुछ बातें ख़ास गौर करने की हैं। सबसे ख़ास है बच्चों का दीये की कतार से भारत का नक्शा बना देना। यहाँ एक समुदाय के त्यौंहार में धीरे से एक राष्ट्र की अवधारणा प्रवेश कर जाती है।

*दीवाली के दियों से मिलकर बनता भारत का नक्शा। अब दिल्ली दूर नहीं*

*चाचा के रूप में समाज में मुस्लिम पहचान की मौजूदगी। अब दिल्ली दूर नहीं*

और क्योंकि यह नया बन रहा 'राष्ट्र' एक आधुनिक और धर्मनिरपेक्ष राष्ट्र है इसलिए पूरे प्रसंग में एक मुस्लिम किरदार सदा उपस्थित रहता है। दूसरा, जब रतन एक साथी से झगड़ता है तो उसकी माँ उसे समझाती है कि तुम क्यों लड़ते हो, तुम दोनों एक ही माँ के तो लाल हो। यहाँ बिल्कुल 'मदर इण्डिया' की तरह जन्म देने वाली माँ और 'भारत माँ' के प्रतीक आपस में मिल जाते हैं। यह एक ऐसे मुल्क़ के लोगों को 'आधुनिक राष्ट्र-राज्य' का नागरिक बनाने की कोशिश है जो अपनी धार्मिक और समुदायगत पहचानों को बहुत महत्त्व देते रहे हैं। तीसरा, आगे आने वाला गीत यहाँ जैसे खुद हिन्दुस्तान की बात बन जाता है। एक ओर इसमें नये बनते मुल्क की चेतना है, उत्साह है, उमंग है। वहीं दूसरी ओर वे सारी चिन्ताएँ भी हैं जो उस वक्त हिन्दुस्तान की चिन्ताएँ थीं। गौर करने वाली बात यह है कि धीरे-धीरे हरिलाल का परिवार खुद ही मुल्क का प्रतीक बन जाता है गरीब है लेकिन खुशहाल है। अभी कुछ परेशानी में है लेकिन आज़ाद है। और आगे अपने लिए बड़े सपने सँजोए हुए है।

*"ये चमन हमारा अपना है, इस देश पे अपना राज है।*
*मत कहो कि सर पे टोपी है, कहो सर पे हमारे ताज है।*

*आती थी एक दीवाली, बरसों में कभी खुशहाली*
*अब तो हर एक वार एक त्यौंहार है, ये उभरता-सँवरता समाज है।*

*ये प्राण से प्यारी धरती, दुनिया की दुलारी धरती*
*ये अमन का दिया आँधियों में जला, सारी दुनिया को इसपे नाज़ है।*

*देख लो कहीं ग़म न रहे, रौशनी कहीं कम न रहे*
*सारे संसार की आँख हम पर लगी, अपने हाथों में अपनी लाज है।"*

शंकर शैलेन्द्र का लिखा यह गीत जैसे सीधा नेहरू की विचारधारा को सरल शब्दों में हमारे सामने रख देता है। खुद शंकर शैलेन्द्र प्रखर रूप से समाजवाद के समर्थक रहे हैं और वामपंथी थियेटर संगठन 'इप्टा' से उनका नाता बहुत गहरा है। पहली ही पंक्ति में उस गौरव की बात है जो आज़ाद मुल्क़ का नागरिक होने के नाते हमने पाया है। गीत उस समाजवाद को स्थापित करने की बात करता है जिसके बाद मुल्क़ का कोई कोना अँधेरा ना रहे। और यहाँ नेहरू का 'अन्तरराष्ट्रीयतावाद' साफ़ उभर कर आता है, गीत में दो बार इसका ज़िक्र है कि दुनिया हमें देख रही है। हमें दुनिया के सामने ये साबित करना है, वो हासिल करके दिखाना है। एक ओर शान्ति की बात है, दूसरी ओर सामाजिक समानता की बात कही गयी है। यहाँ ये बच्चे पूरे मुल्क़ का प्रतीक बन जाते हैं। एक नया बनता देश जिसके सामने आने वाली हर मुश्किल उसके लिए एक चुनौती है,

जिसका सामना वह उत्साह से करेगा। शैलेन्द्र के ही राजकपूर के लिए लिखे एक और गीत में भी हम यह प्रवृत्ति देख सकते हैं। 'श्री चार सौ बीस' का यह गीत भी सिर्फ़ एक किरदार का परिचय नहीं, पूरे मुल्क़ की कहानी है।

*''छोटे से घर में गरीब का बेटा,*
*मैं भी हूँ माँ के नसीब का बेटा*
*रंज-ओ-गम बचपन के साथी,*
*आँसुओं में जली जीवन बाती*

*भूख ने है बड़े प्यार से पाला,*
*दिल का हाल सुने दिलवाला।*

*ग़म से अभी आज़ाद नहीं हूँ,*
*खुश हूँ, मगर आबाद नहीं हूँ*
*मंजिल मेरे पास खड़ी है,*
*पाँव में लेकिन बेड़ी पड़ी है*

*टाँग अड़ाता है दौलतवाला,*
*दिल का हाल सुने दिलवाला।''*

यह एक पूरे देश द्वारा देखे जा रहे सपने का गीत में बयान है। जैसा प्रहलाद अग्रवाल लिखते हैं, ''राजू अपना परिचय इस गीत के द्वारा देता है, जिसमें सिर्फ़ उसका अपना नहीं, सबका दुख-दर्द शामिल है। आँसू-मुस्कुराहटें और आशा-आकांक्षाएँ भी। उन सबका अपना, बिल्कुल अपना किस्सा —हारों और जीतों के सपनों का।''[9] यहाँ ग़म के साए हैं लेकिन भविष्य के लिए उम्मीद है। समाजवाद का असर यहाँ दिखता है। यह सिनेमा गीत में ही सांकेतिक रूप से अमीर-गरीब का अन्तर बताकर स्वयं को गरीब के पक्ष में खड़ा करता है।

जैसा मैंने पहले कहा, यह सिनेमा आम नागरिक के जीवन में राज्य द्वारा वैधता प्राप्त करने की कोशिश का एक हिस्सा है। इसके लिए यह परिवार और समुदाय जैसे बने-बनाये ढाँचों का इस्तेमाल करता है। मनोवैज्ञानिक सुधीर कक्कड़ का कहना है कि हिन्दुस्तान में परिवार सामाजिक सम्बन्धों के मध्य केन्द्रीय भूमिका निभाता है और व्यक्ति की पहचान उसकी परिवार में स्थिति तथा पारिवारिक सत्ता से उसके सम्बन्ध से निर्धारित होती है।[10] ऐसे में सिनेमा परिवार के मॉडल को ही राष्ट्र के प्रतीक रूप में इस्तेमाल करता है। यह परिवार में पिता-माता की वैध सत्ता की तरह ही राज्य के कानून को आम नागरिक के जीवन को संचालित करने वाली वैध सत्ता के रूप में

स्थापित करता  है। गौर करने वाली बात है कि राजकपूर की बहुत सी फ़िल्मों में मुख्य किरदार कानून की दूसरी तरफ़ खड़े हैं। आमतौर पर गाँव से शहर को आया ऐसा आदमी जिसे इस कानून-व्यवस्था का पूरा इल्म नहीं। 'श्री चार सौ बीस' इसका उदाहरण है। 'आवारा' में भी नायक कानून तोड़ने वाला है। 'अब दिल्ली दूर नहीं' में भी घासीटा और मसीता दोनों पेशे से जेबकतरे हैं लेकिन उन्हें राजसत्ता और उसके इंसाफ़ पर पूरा भरोसा है। यह सिनेमा आज़ादी के बाद बँटवारे की वजह से और गाँव में उन्नति के सीमित साधन देखकर गाँव से शहर आयी जनता को सीधे अपील करता है।

यह सिनेमा गाँव और शहर की विपरीत दुनिया रचता है। 'अब दिल्ली दूर नहीं' में दिल्ली आख़िरी हिस्से में आती है। दिल्ली की छवि ऐसी है कि गाँव से आया रतन उसमें फ़िट नहीं होता। उसके शुरुआती दो-तीन प्रसंग ही यह साबित करते हैं कि शहर के लोग मददगार नहीं। एक आदमी रतन द्वारा यह पूछने पर कि दरियागंज कहाँ है, यमुना की ओर इशारा कर कहता है कि वो रहा दरिया और फिर अपने सिर पर हाथ रखकर कहता है कि ये रही गंज! जो बच्चों की टोली उसे मिलती है वह भी पहले-पहल उसका मज़ाक उड़ाते हैं। रतन 'भोला-भाला' है और उसे दुनियादारी का कोई इल्म नहीं, जबकि शहर में रहने वाले बच्चे 'दुनियादारी' समझते हैं। उन्हें मालूम है कि पंडित नेहरू से मिलना इतना आसान नहीं। राजकपूर की फ़िल्मों का मुख्य किरदार ऐसा ही गाँव का नायक होता है जिसे शहर में लोग ठगते हैं। 'अनाड़ी', 'जिस देश में गंगा बहती है' और 'श्री चार सौ बीस' इसके अन्य उदाहरण हैं। इन फ़िल्मों में नायक  में एक बालसुलभ भोलापन होता है और 'अब दिल्ली दूर नहीं' में तो केन्द्रीय किरदार ही एक बच्चा है। इसका सम्बन्ध उस आबादी से है जो अब रह तो शहर में रही है लेकिन उसकी यादों में अब भी बचपन का गाँव बसा है। आज़ादी के बाद की यही पीढ़ी उस वक्त के हिन्दी सिनेमा का प्रमुख दर्शक वर्ग है।

राजकपूर की 1956 में बनाई फ़िल्म 'जागते रहो' शहर और गाँव की इन विपरीत छवियों को अपने सबसे कटु अन्दाज में सामने रखती है। यह एक महानगर की 'फ़रेबी दुनिया' में आ फ़ँसे एक ग्रामीण नौजवान की एक रात की आप-बीती है। कलकत्ता महानगर में गाँव से रोज़ी-रोटी की तलाश में आया एक गरीब, मेहनतकश, ईमानदार नवयुवक, कलकत्ता महानगरी में वह कहीं अपनापन नहीं ढूँढ पाता। रात के एक बजे वह अपनी प्यास मिटाने के लिए यहाँ से वहाँ भटक रहा है लेकिन उसे पानी नहीं मिलता। जैसे ही वह अपनी प्यास बुझाने एक इमारत में घुसता है चौकीदार 'चोर-चोर' कहकर उसके पीछे भागता है। दहशत में वह एक फ़्लैट से दूसरे फ़्लैट में जान बचाता भागता है। लेकिन यहाँ इस बड़ी इमारत में उसे एक से बढ़कर एक चोर मिलते हैं। अवैध शराब बनाने वाले, मादक पदार्थों की तस्करी करने वाले, रेस के लिए अपनी बीवी के ज़ेवर चुराने वाले, नकली नोट छापने वाले, लेकिन यह सब इज़्जतदार

आदमी हैं। शहर में बिताई एक ही रात में यह नौजवान दुनिया भर की बेईमानी देख लेता है। आखिर नौजवान लाठी उठा लेता है। वह ईमानदार है, कायर नहीं। यह फ़िल्म शहर को पैसे के पीछे भागने वाली यान्त्रिक, फ़रेबी दुनिया और गाँव से आये नौजवान को ईमानदारी और सच्चाई के प्रतीक के तौर पर विश्लेषित करती है। लेकिन इस फ़िल्म में आखिर में भी शहर में ही नरगिस के रूप में एक उम्मीद की किरण मौजूद है। शहर की अमानवीय परिस्थितियों से थका आदमी सोचता है कि गाँव में एक खुशहाल दुनिया उसका अब भी इन्तजार कर रही है। लेकिन सच्चाई यह है कि अगर गाँव में ऐसी दुनिया अब तक बची होती तो उसे यूँ शहर क्यों आना पड़ता। शहरी जीवन कैसा भी क्यों न हो, अब यही उसकी हक़ीक़त है। राजकपूर का सिनेमा शहर की यान्त्रिक छवि तो हमारे सामने रखता है लेकिन उसमें सत्ता को लेकर एक उम्मीद का भाव तथा आदर्शवादी रवैया हमेशा बना रहता है।

'अब दिल्ली दूर नहीं' आम नागरिक में राज्य का मिथक स्थापित करने के लिए जहाँ परिवार के ताने-बाने को प्रतीक रूप में काम लेती है वहीं यह फ़िल्म दिल्ली और जवाहरलाल नेहरू को सत्ता के और उसके द्वारा 'आधुनिक राष्ट्र-राज्य' के प्रतीक के रूप में स्थापित करती है। आधुनिक राष्ट्र में 'राजसत्ता' सबसे बड़ी है और दिल्ली-नेहरू इसके जीते-जागते प्रतीक हैं। पचास के दशक में राजसत्ता को लेकर उम्मीदें अभी बाकी थीं और इसीलिए सकारात्मक परिवर्तन की उम्मीदें भी बाकी थीं। 'न्याय' पाने का आखिरी दरवाजा अब दिल्ली और नेहरू हैं। फ़िल्म में जब घसीटा रतन के साथ दिल्ली जाने का फैसला करता है तो वहाँ मुकुन्दा के साथ उसके संवाद यह मंशा साफ़ उजागर करते हैं।

> *''चलो बेटा, दिल्ली चलेंगे,*
> *— दिल्ली जायेंगे, अबे वहाँ जानता भी है किसी को?*
> *— हाँ, अपना मसीता जो है वहाँ,*
> *— अबे कहता तो ऐसे है जैसे पंडित नेहरू को जानता है!*
> *— पंडित नेहरू जी को कौन नहीं जानता। वो तो हम सबके माई-बाप हैं। वो हमारी नहीं सुनेंगे तो और किसकी सुनेंगे। मैं सीधा जाकर पैर पकड़ लूँगा उनके और पुकार-पुकार कर इंसाफ़ की भीख मागूँगा। कहूँगा कि आप जैसे इंसाफ़ के देवता के होते हुए आपके एक बच्चे के साथ बेइंसाफी की जा रही है। चलो बेटा, छुड़ा लायेंगे तेरे बापू को और चढ़ा देंगे असली खूनी को फ़ाँसी पर।''?*
>
> *''दिल्ली तो क्या अब भगवान के पास भी जाना पड़े तो जाऊँगा।''*

अब 'न्याय' पाने का आख़िरी दरवाजा 'भगवान' नहीं, राष्ट्र की राजधानी 'दिल्ली' है। इस प्रकार आम जनमानस में 'राज्य' की सत्ता स्थापित होती है। आधुनिकता के साथ 'राज्य' की सत्ता 'धर्म' की सत्ता को प्रतिस्थापित करती है। हिन्दुस्तान में आज़ादी के बाद यह काम नेहरू युग का एक बड़ा लक्ष्य था। जैसा उस युग के बारे में टिप्पणी करते हुए सुनील खिलनानी लिखते हैं,

> "उनका (नेहरू) सबसे बड़ा कारनामा तो यह था कि वे राज्य की संस्था को भारतीय समाज के केन्द्र में सुस्थापित करने में सफल रहे। नेहरू के ज़माने में राज्य का प्रभाव क्षेत्र बढ़ता चला गया। उसकी महत्त्वाकांक्षाएँ आसमान छूने लगीं। भारतवासियों को जो राज्य कभी अजनबी और सुदूर लगता था, वह उनके दैनिक जीवन में घुसपैठ की इच्छा करने लगा। उसने दावा किया कि वह हर चीज़ के लिए ज़िम्मेदार हैद : चाहे वह नौकरियों का मामला हो, राशन कार्ड जारी करने हों, शिक्षा-संस्थानों में दाखिले का सवाल हो, सुरक्षा बन्दोबस्त हो या सांस्कृतिक मान्यता का प्रश्न हो। इस तरह राज्य भारतीय मानस पर पूरी तरह अंकित हो गया। यह काम अतीत की कोई भी राजनीतिक संस्था नहीं कर सकी थी। यही थी नेहरू-युग की स्थायी विरासत।"[11]

लेकिन प्रत्येक सामाजिक दायरे में राज्य सत्ता के इस सीधे हस्तक्षेप के दुष्परिणाम जल्द ही सामने आने थे। सत्ता के इस केन्द्रीकरण का एक भयानक नतीजा सम्भव था जो नेहरू के लोकतान्त्रिक व्यवस्था में गहरे विश्वास की वजह से उनके जीवनकाल में सामने नहीं आया था। सत्ता का यह केन्द्रीकरण किसी ऐसे शासक के हाथ में पड़कर जिसमें निरंकुश प्रवृत्तियाँ हों, स्वयं लोकतन्त्र के लिए खतरा बन सकता था। जैसा सुनील खिलनानी आगे लिखते हैं, "1964 में नेहरू के देहान्त के बाद जल्दी ही लोकतान्त्रिक आचरण खोखले ढर्रे तक सीमित रह गया और केवल दस साल बाद उनकी बेटी ने ही देश को एकदम अलग तरह की राजनीति में ढकेल दिया।"[12] इन्दिरा के राज में बदला सत्ता का यही चेहरा अगली फ़िल्म 'हज़ारों ख्वाहिशें ऐसी' का विषय है।

'सीने में जलन, आँखों में तूफ़ान सा क्यूं है'
HAZAARON
KHWAISHEIN AISI
a film by Sudhir Mishra
Pritish Nandy
Shantanu Moitra

# हज़ारों ख्वाहिशें ऐसी

*"सलीम-जावेद की पटकथाओं में उन गुमसुम उलझनों के गुस्से की झलक होती थी जो नेहरूवादी सपनों के छले जाने और गरीबी हटाओ के खोखले नारे से पैदा हुई थी।"*[13]

नेहरू के दौर का आदर्शवाद और सपने बहुत कुछ तो नेहरू के जीवनकाल के अन्तिम वर्षों में ही बिखरने लगे थे। जिस काँग्रेस को भंग कर दिये जाने के गाँधी के सुझाव को ठुकराकर नेहरू ने सत्ता की बागडोर सँभाली थी वही काँग्रेस आज़ादी के बाद अपना रूप बदलने लगी थी। हिन्दी के कहानीकार भीष्म साहनी जो उन दिनों दिल्ली में ही रहते थे आज़ादी के बाद के दिनों में काँग्रेस की इस बदलती छवि पर अपने संस्मरण में लिखते हैं,

> "उन दिनों की उखड़ी स्थिति, काँग्रेस के लिए आज तक नहीं सँभल पायी। इसमें सन्देह नहीं कि उन्हीं दिनों धीरे-धीरे निष्ठा वाले समाजसेवी कार्यकर्ता जो निःस्वार्थ रूप से गहरी लगन के साथ काम करते रहे थे अब धीरे-धीरे बाहर धकेले जा रहे थे और उनकी जगह तिकड़मी सियासतदान आगे आने लगे थे। पहली तरह की निःस्वार्थ सेवा अब यों भी पिछड़ने लगी थी। क्योंकि ये लोग काम तो लगन से करते थे, वर्षों जेल में भी रहे लेकिन देश की राजनीति तथा आर्थिक-सामाजिक व्यवस्था के निर्धारण में योगदान करने में असमर्थ साबित हो रहे थे। नीति निर्धारण तो सदा ऊपर से होता था, स्थानीय नेता तो उसे केवल अमली जामा पहनाते थे। उसका अनुसरण करते थे। लेकिन देश के सामाजिक –सांस्कृतिक जीवन में ये लोग अहम भूमिका निभाते रहे थे।
>
> पर मध्य वर्ग के पैसे वाले लोग बाढ़ की तरह अन्दर घुस आये और

उसके बीच इन्हीं की चलने लगी। मैं ऐसे ही एक निष्ठावान व्यक्ति के बारे में जानता हूँ जो आजीवन काँग्रेस आन्दोलन के साथ जुड़े रहे, वर्षों तक जेल में रहे, हमारे शहर की काँग्रेस के प्रधान रहे, पर आज़ादी के बाद मक्खन में से बाल की तरह निकाल कर फेंक दिये गये। कुछ ही सालों में उनकी ज़रूरत नहीं रही थी। आज़ादी के कुछ वर्षों बाद अचानक मुलाकात हो जाने पर पता चला कि अब वह घर-घर जाकर लोगों को तम्बाकूनोशी के खिलाफ़ उपदेश देते हैं। सिगरेट पीना छोड़ देने की सीख देते हैं। मेरे लिए बड़ी विचलित करने वाली मुलाकात थी।"[14]

1962 का भारत-चीन युद्ध नेहरू की 'पंचशील' की नीति का त्रासद अन्त बनकर सामने आया। लेकिन इसके बावजूद नेहरू पर लोगों का भरोसा कायम था और वो उनकी मौत तक रहा। भीष्म साहनी के ही शब्दों में, "इप्टा के मंच से शैलेन्द्र का एक गीत उन दिनों गाया जाता था—'वीर जवाहरलाल, अब अपना वचन निभाए दियो। पर जनता की सरकार दिल्ली में बैठाए दियो।' सभी आँखें जवाहरलाल पर लगी थीं। केन्द्रीय सरकार के प्रति किसका क्या रुख होगा... नेहरू का प्रभाव देशव्यापी था और लोगों को उन पर नाज़ था। यह भावना भी थी कि वे जो कुछ करेंगे देश के हित के लिए करेंगे।"[15]

नेहरू ने अपनी ओर से इस बात की पूरी कोशिश की थी कि राज्य नामक संस्था का लोकतान्त्रिक स्वरूप बना रहे और यह लोकतान्त्रिक मूल्य भारतीय जनमानस में अपनी पैठ बना ले। लेकिन इसके बावजूद आज़ादी के बाद के 15 साल की राजनीति और सार्वजनिक जीवन में नेहरू का व्यक्तित्व ही राज-सत्ता का प्रतीक था। नेहरू के ना चाहते हुए भी भविष्य में एक निरंकुश सत्ता के बीज इसी दौर में पड़ चुके थे। सन् 1959 में केरल की चुनी हुई सरकार की बर्खास्तगी इसका एक उदाहरण भर थी। उस वक्त काँग्रेस की अध्यक्ष की कुरसी पर बैठी नेहरू की सुपुत्री इन्दिरा गाँधी ही इस निरंकुश सत्ता के आगमन की सबसे बड़ी वजह बनी। 'हज़ारों ख्वाहिशें ऐसी' इन्हीं इन्दिरा गाँधी के शासनकाल की कहानी है। फ़िल्म सन् 1969 से सन् 1974 तक के दौर में तीन किरदारों के माध्यम से उस दौर की दिल्ली, 'सत्ता का केन्द्र' दिल्ली, की एक बिल्कुल अलग तस्वीर हमारे सामने रखती है। पिछली फ़िल्म 'अब दिल्ली दूर नहीं' की तरह ही यहाँ भी दिल्ली 'सत्ता' का प्रतीक है लेकिन सत्तर आते-आते इस 'सत्ता' के मायने बदल गये हैं। अब यह एक उम्मीद दिलाने वाली सत्ता नहीं रही, अब यह सत्ता एक दमनकारी सत्ता है। आज़ादी के मूल्य कहीं पीछे छूट गये हैं और सत्ता पर काबिज लोगों के चेहरे पर अब कोई मुखौटा भी बाकी नहीं बचा है।

*सिनेमा में दिखाई पड़ते तत्कालीन राजनैतिक संदर्भ। हज़ारों ख्वाहिशें ऐसी*

*सिनेमा में दिखाई पड़ते तत्कालीन राजनैतिक संदर्भ। हज़ारों ख्वाहिशें ऐसी*

यह संयोग नहीं है कि 'हज़ारों ख्वाहिशें ऐसी' की शुरुआत जवाहरलाल नेहरू के आज़ादी की रात को दिये ऐतिहासिक भाषण से होती है। साठ के दशक का अन्त और सत्तर के दशक की शुरुआत हिन्दुस्तान के सार्वजनिक जीवन का सबसे उथल-पुथल भरा दौर है। नेहरू की मौत के बाद धीरे-धीरे उम्मीदें बिखरने लगीं और 'मोहभंग' का दौर आया। यह मोहभंग सत्ता के और उसके तमाम उपकरणों के प्रति था। बहुत से नेहरू को चाहने वाले उनके जाने के साथ ही गुमनामी के अँधेरे में खो

गये। शायद नेहरू के युग के ऊँचे आदर्शवादी मूल्य भी। 'हज़ारों ख्वाहिशें ऐसी' में विक्रम के पिता एक ऐसे ही पुराने गाँधीवादी हैं जो नेहरू युग के खत्म होने के साथ ही 'खत्म' हो गये हैं। इन्दिरा-संजय के नये राज में वे पूरी तरह अप्रासंगिक हैं। वे उदाहरण हैं मूल्यों पर आधारित उस पूरी व्यवस्था का जिसे नेहरू के जाने के बाद जल्द ही तिलांजलि दे दी गयी। फ़िल्म के निर्देशक सुधीर मिश्रा नेहरू के भाषण की शुरुआती पंक्तियों को उद्धृत करने के बाद उस पर एक टिप्पणी करते हैं।

> *''सालों पहले हमने नियति के साथ साक्षात्कार तय किया था। आज उस कसम को पूरा करने का वक्त आ पहुँचा है। रात के बारह बजे जब पूरी दुनिया सो रही है, भारत रौशनी और स्वतन्त्रता के लिए जाग रहा है।''*
> *—जवाहरलाल नेहरू। 14-15 अगस्त की रात बारह बजे संसद के मुख्य सदन में।*
>
> *—पंडित नेहरू उस भाषण में एक समय सम्बन्धी चूक कर रहे थे। उस आधी रात जब भारत 'रौशनी और स्वतन्त्रता' के लिए जागा था, दुनिया सो नहीं रही थी। उदाहरण के लिए उस वक्त न्यू-यॉर्क में दिन के ढाई बज रहे थे।*
>
> *खैर छोड़िए, मेरी पिता की पीढ़ी के लोग उन्हें प्यार करते थे और उनके दिखाए सपने पर यक़ीन करना चाहते थे, 'नियति से साक्षात्कार' का सपना। मैं भी।*
>
> *—और जब साठ के दशक के अन्त में मेरे बड़े भाई और बहनें विश्वविद्यालय की दहलीजों तक पहुँचे, नेहरू गुज़र चुके थे और उनका सपना फ़ीका पड़ चुका था।*
>
> *—अब कमान उनकी सुपुत्री श्रीमती इन्दिरा गाँधी के हाथों में थी।*
>
> *—यह उन वक्तों में मेरे काल्पनिक हम-उम्रों की ज़िन्दगी की कहानी है।*
> *—ऐसा वक्त जब हिन्दुस्तान को हज़ार दिशाओं में धकेला जा रहा था।''*

फ़िल्म सत्ता के विकृत रूप की तस्वीर है। दिल्ली यहाँ पैसे, भ्रष्टाचार, बेईमानी, धोखे का प्रतीक है। फ़िल्म में एक किरदार ऐसा भी है जो संजय गाँधी की तरह दिखता है, हालाँकि उसका नाम नहीं लिया गया है। एक साक्षात्कार में सुधीर मिश्रा ने इस पर कहा था, ''उस वक़्त यूथ काँग्रेस के बहुत से नेता संजय की नकल करते

थे। वो किरदार उनमें से एक हो सकता है या संजय खुद हो सकते हैं। यहाँ उद्देश्य एक ऐसे किरदार को दिखाना है जो सत्ता पर काबिज हो गैर-संविधानेतर शक्तियों का इस्तेमाल कर रहा है... भारत जैसे देश में आपातकाल लगाना खतरनाक है। इससे हुआ यह कि हमारे यहाँ मौजूद सालों पुराने सामन्ती ढाँचे को वैधता मिल गयी। जो ताकतवर थे, और ताकतवर हो गये।"[16] उस वक़्त काँग्रेस जिस सत्ता के ढाँचे से चल रही थी वह यही 'यूथ काँग्रेस' थी। फ़िल्म में जब विक्रम से मिलने यूथ काँग्रेस के कुछ छुटभैये नेता आते हैं तो वह अपने दोस्त को कहता है, "ये यूथ काँग्रेस वाले हैं, इनके पास बहुत ताक़त है।" ये यूथ काँग्रेस संजय गाँधी के बहुत सारे दोस्तों का जमावड़ा थी। सुनील खिलनानी इस दौर की राजनीति पर अपनी टिप्पणी में लिखते हैं,

> "युवा काँग्रेस के अधिकांश सदस्य अमीर तबके के ऐसे नौजवान थे जो अपनी चमचमाती अटैचियों के साथ राजनीति में धन्धा करने आये थे। ये राजनीतिक यप्पी समृद्धि और रंग-रुतबे की सीढ़ियाँ राजनीति के ज़रिये चढ़ना चाहते थे जबकि समाज में उनके लिए अधिकारी तन्त्र और बाज़ार तक पहुँचने की गुंजाइशें सीमित थीं। केन्द्रीय नेतृत्व तक पहुँचने का सबसे आसान ज़रिया बनने में युवा काँग्रेस को देर नहीं लगी। इस संगठन ने लोकतन्त्र की भ्रष्ट व्याख्या की। उसने इस व्यवस्था को खुले दरवाज़ों का लोकतन्त्र करार देते हुए अपने द्वार असामान्य सामाजिक पृष्ठभूमि वाले ऐसे तत्त्वों के लिए खोल दिये जिनमें से कइयों का सिलसिला अपराधियों से भी जुड़ा था।"[17]

'दिल्ली' इस सत्ता की प्रतीक है। फ़िल्म की शुरुआत दिल्ली यूनिवर्सिटी से होती है जहाँ फ़िल्म के तीनों मुख्य किरदार साथ पढ़ते हैं। और यहाँ ही सिद्धार्थ की बातचीत से साफ़ है कि अगर बदलाव लाना है तो दिल्ली से बाहर निकलकर कुछ करना होगा। सिद्धार्थ अपनी विचारधारा के अनुसार परिवर्तन लाने के लिए बिहार के एक गाँव भोजपुर चला जाता है। और विक्रम जो इस सत्ता के खेल में भीतर घुसना चाहता है दिल्ली में रहकर सत्ता पर काबिज लोगों के लिए 'फ़िक्सर' का काम करने लगता है। सत्ता का केन्द्र दिल्ली है और अगर सत्ता का सुख लूटना है तो दिल्ली की इस राजनीतिक गोलबन्दी को तोड़कर भीतर घुसना होगा, यह विक्रम समझ चुका है। फ़िल्म भोजपुर और दिल्ली के अन्तर को दिखाकर उस अन्तर को सामने रखती है जो सत्ता के केन्द्र और हाशिये पर पड़े इलाकों के बीच मौजूद था। एक चिट्ठी में सिद्धार्थ लिखता है कि कैसे भोजपुर जैसी जगहें दिल्ली से पाँच हजार साल पीछे हैं।

*विलोम। दिल्ली और भोजपुर में पाँच हजार साल की दूरी है। हज़ारों ख्वाहिशें ऐसी*

*विलोम। दिल्ली और भोजपुर में पाँच हजार साल की दूरी है। हज़ारों ख्वाहिशें ऐसी*

फ़िल्म अपने शीर्षक के लिए गालिब की एक नज़्म को इस्तेमाल करती है। यहाँ भी आप एक द्वन्द्व देख सकते हैं। एक ओर दिल्ली से जुड़े शायर गालिब की नज़्म है वहीं दूसरी तरफ़ फ़िल्म भोजपुरी के मशहूर नाटककार भिखारी ठाकुर का लोकगीत भी इस्तेमाल करती है। गालिब ना सिर्फ़ अपनी शायरी में 'आधुनिकता' के शुरुआती लक्षणों की झलक देते हैं बल्कि उनकी शायरी में मिलने वाला अन्तर्विरोध उन्हें अपने समय से बहुत आगे रख देता है। गालिब ने अपनी शायरी में दिल्ली की बदलती फिज़ा पर भी लिखा है और दिल्ली में सत्ता के बदलते रूप

उनकी शायरी का हिस्सा हैं। गालिब का समय भी सत्ता के लिए संक्रमण काल था। मुगल अपनी नवाबी खो रहे थे और अंग्रेज नये हाकिम बनने को तैयार थे। ऐसे ही एक दौर में गालिब ने ये शेर लिखा था–

*बादशाही का जहाँ ये हाल हो गालिब! तो फिर,*
*क्यों न दिल्ली में हर इक नाचीज़ नव्वाबी करे।*[18]

ग़ालिब की शायरी और उनके लिखे ख़तों में दिल्ली की बरबादी का पूरा नक्शा कैद है। दिल्ली को लेकर और दिल्ली से जुड़े उनके ख्वाब कभी पूरे नहीं हुए। दिल्ली को लेकर ही उनका एक और शेर है।

*कीजै जूँ अश्क और क़तरा ज़नी,*
*ए 'असद' है हनोज़ दिल्ली दूर।*

दिल्ली एक ऐसी दिलरुबा थी जिसे वो कभी हासिल ना कर सके। उनकी 'हज़ारों ख्वाहिशें' यूँ ही ज़ाया होती रहीं। रिज़वानुल हक़ लिखते हैं, ''जब ग़ालिब जैसा ज़हीन और ख़ल्लाक इंसान देहली जैसे शहर में आया होगा तो उसके दिल में क्या-क्या ख़्वाब होंगे, इसका तसव्वुर आसानी से किया जा सकता है। लेकिन वह ख़्वाब जब पूरे होते नज़र नहीं आये तो ऐसे में यह शेर एक गहरे दर्द की तरफ़ इशारा करता है।''[19] इस शीर्षक के द्वारा दिल्ली की सत्ता की ऐसी ही आत्मालोचना से 'हजारों ख़्वाहिशें ऐसी' स्वयं को जोड़ती है। वहीं भिखारी ठाकुर उस 'सबाल्टर्न परम्परा' के प्रतिनिधि स्वर हैं जिसे दिल्ली की सत्ता हमेशा नज़रअन्दाज़ करती आयी है। भिखारी ठाकुर के गीत में गाँव से शहर की ओर हो रहे पलायन का दर्द छुपा है। यह हाशिए की वो आवाज़ है जिसे दिल्ली की सत्ता दबाने की कोशिश करती रही है। 'हज़ारों ख़्वाहिशें ऐसी' में उसी आक्रोश की आवाज़ है। दिल्ली के सत्तातन्त्र के खिलाफ़ हाशिए पर खड़े लोगों ने सत्तर के दशक के शुरू में अपनी आवाज़ उठाई थी। नक्सलवादी आन्दोलन बहुत हद तक हिन्दुस्तान में लोकतन्त्र की नाकामी का नतीजा था। 'हज़ारों ख़्वाहिशें ऐसी' इसी दुनिया की तस्वीर है।

फ़िल्म में दो कहानियाँ साथ-साथ चलती हैं। एक विक्रम की ज़िन्दगी जिसका घटना स्थल दिल्ली है और दूसरी सिद्धार्थ की ज़िन्दगी जो भोजपुर में नक्सलवादी आन्दोलन से जुड़ा है। गीता इन दोनों कहानियों को आपस में जोड़ती है। इन साथ-साथ चलती कहानियों के माध्यम से ही उस वक्त सत्ता के चरित्र का असली चेहरा हमारे सामने आता है। एक ओर दिल्ली की सत्ता है जहाँ देश को 'समाजवाद'

के पथ पर आगे ले जाने की बात होती है, गरीबों और मज़लूमों के लिए खुशहाली की बात होती है और वहीं उस सत्ता का विकृत रूप भोजपुर में सामने आता है जहाँ मज़लूम जनता पर सत्ता के अंगों (पुलिस, सरकारी अधिकारी) द्वारा अमानवीय जुल्म किये जा रहे हैं। जिस रफ़्तार से दिल्ली में सत्ता का पतन होता है वह विक्रम के माध्यम से हमारे सामने आता है। ठीक ऐसे ही भोजपुर में गीता और सिद्धार्थ के माध्यम से सत्ता का भयावह चेहरा हमारे सामने आता है। यह चेहरा शहरी मध्य वर्ग की नज़रों से हमेशा ओझल ही रहा है। फ़िल्म इन दोनों चेहरों को एक साथ दिखाकर हमारे सामने सत्ता के विकृत चेहरे को उजागर करती है। एक ओर दिल्ली में दस-दस लाल बत्ती वाली गाड़ियों में चलता सत्ता का लवाज़मा है और उसके अगले ही दृश्य में भोजपुर में अपनी जान बचाकर भागते लोग हैं, महिलाओं की इज़्ज़त लूटी जा रही है, झूठे केस बनाये जा रहे हैं। और यह अमानवीय कृत्य सत्ता के उस अंग द्वारा किया जा रहा है जिनका काम लोगों की सुरक्षा करना था। 'हज़ारों ख़्वाहिशें ऐसी' सत्ता का वह विकृत चेहरा है जो शहर को 'अनियन्त्रित सत्ता' के प्रतीक में बदल देता है।

अगर हम उस दौर के लोकप्रिय सिनेमा पर गौर करें तो अवैध सत्ता का समाज पर बढ़ता प्रभाव और समाज की मौजूदा व्यवस्था के प्रति असन्तोष के बीज ही अमिताभ के सिनेमा का मूल तत्त्व हैं। यह अवैध सत्ता 'दीवार' और 'ज़ंजीर' जैसी फ़िल्मों में आयी स्मगलरों की दुनिया में सामने आती है। यहाँ हिन्दी सिनेमा इतिहास की चिरस्मरणीय फ़िल्म 'शोले' भी देखी जानी चाहिए जिसमें वैध सत्ता अपराध से मुकाबले के लिए अवैध सत्ता से मदद लेने के लिए मजबूर है। आमतौर पर अमिताभ के सिनेमा में शशि कपूर द्वारा निभाए भाई के रोल द्वारा आदर्श और यथार्थ का द्वंद्व खड़ा करने की कोशिश की जाती है। लेकिन यहाँ नायक अमिताभ ही है, उसके द्वारा ही शहर का बदलता चेहरा सामने आता है। शहर 'उम्मीदों की पनाहगाह' से 'अनियन्त्रित सत्ता' और धोखे का गढ़ बन जाता है। रवि वासुदेवन लिखते हैं कि अमिताभ बच्चन का किरदार शहर के निर्मित वातावरण को बार-बार एक परायी दुनिया के रूप में देखता है।[20] यह देखना कहीं तो उस व्यवस्था के भीतर घुसने की कोशिश है, और कहीं उस व्यवस्था का नकार है। 'हज़ारों ख्वाहिशें ऐसी' का विक्रम इन्हीं जटिलताओं को अपने में समेटे है।

'हज़ारों ख़्वाहिशें ऐसी' एक टूटा हुआ ख़्वाब है। जिसके बहुत से अंश आपको सत्तर के दशक के सिनेमा में आसानी से मिल जाते हैं। इसका शहर खलनायक के स्वरूप में है, सत्ता के प्रतीक के रूप में भी और बाकी देश के लिए एक यन्त्रणादायक केन्द्रक की भूमिका में भी।

'जब शहर हमारा सोता है'
New Delhi Times
PRODUCED BY P.K.TEWARI DIRECTED BY RAMESH SHARMA

# न्यू डेल्ही टाइम्स

*"जब छोटा था, यहीं पढ़ता था दिल्ली में। ये इमारतें बड़ी शहाना लगती थीं उन दिनों। इनके पीछे मेरे स्कूल की किताबें बोलती थीं। हमारे मौलवी साहब की आवाज़ गूंजती थी, जो हमें तारीख़ पढ़ाते थे। फिर हिन्दुस्तान तक़सीम हो गया। मौलवी साहब पाकिस्तान चले गए। मैं स्कूल से आगे बढ़ गया। आज ये इमारतें कुछ और ही लगती हैं। अब दिल्ली की यही इमारतें देखकर लगता है कि ये सिर्फ़ ईंट गारे से गूंथकर रखी हुई तारीख़ें हैं। इनके पीछे कोई इतिहास नहीं है। ना इस देश का, ना इस देश के लोगों का। हाँ, इस देश के हुकुमरानों की कहानियाँ ज़रूर कहती हैं ये इमारतें।*

*एक और इतिहास भी है। उस वक़्त भी था, आज भी है। लोगों का इतिहास, जो कभी किताबों में लिखा नहीं जाएगा। क्योंकि किताबों में तो सिर्फ़ कुछ तारीख़ें और कुछ हुकुमरानों के नाम दर्ज़ किए जाते हैं। मैंने इस इतिहास को वाकया होते देखा है। लोगों पर गुज़रते देखा है। पल-पल, हर्फ़-ब-हर्फ़, लफ़्ज-ब-लफ़्ज बुनते देखा है।"*

रोमेश शर्मा की 'न्यू डेल्ही टाइम्स' विलोम रचती है। दिल्ली की सत्ता, और उस सत्ता का विलोम 'गाज़ीपुर'। और इसी दिल्ली की सत्ता के बीच रखा पत्रकारिता रूपी आईना 'न्यू डेल्ही टाइम्स', जिसमें सत्ता के विलोम 'गाज़ीपुर' का प्रतिबिम्ब दिखता है। यह फ़िल्म शहर को रात के अंधेरे में सत्ता के एक दहशतनाक विचार में बदल देती है। फ़िल्म के शुरुआती दृश्य से ही देखें तो यह सत्ता और हाशिए के मध्य एक विलोम की रचना करती है। क्रेडिट रोल के ठीक बाद जहाँ हमारा फ़िल्म के मुख्य किरदार, अखबार 'न्यू डेल्ही टाइम्स' के एक्सक्लूसिव एडिटर विकास पाण्डे (शशि कपूर) से परिचय होता है, हम देखते हैं कि उनके पास अपने पत्रकार केदार द्वारा फ़ोन पर यह खबर पहुँचाई जा रही है कि गाज़ियाबाद में नकली शराब का सेवन करने से

पैंतीस मजदूर वर्ग के लोगों की मौत हे गई है। अगर आप इस दृश्य पर गौर करें तो यह आगे फ़िल्म को समझने के कई सूत्र हमें देता है। एक लम्बे बिना संवाद के प्रसंग में, जहाँ दर्शक को अखबार के लेआउट से लेकर छपाई तक के दृश्य दिखाए जाते हैं, हम मुख्यमंत्री के संभावित पदत्याग की खबर को बदलकर गाज़ियाबाद में मजदूरों की मौत की खबर को अखबार के प्रथम पृष्ठ पर लगाए जाते देखते हैं। यहीं मुख्य पृष्ठ पर मुख्यमंत्री पद के संभावित दावेदार 'अजय सिंह' (ओम पुरी) का ज़िक्र है।

यह दृश्य दो उद्देश्य पूरे करता है। पहला तो फ़िल्म की उम्दा पटकथा से जुड़ा है, जिसमें यह पहला दृश्य सीधा संकेत है आगे आनेवाली कहानी का। यहाँ प्रदर्शित यह तीनों खबरें, जिनका आपस में सीधा कोई ताल्लुक प्रतीत नहीं होता, दरअसल आपस में सीधे जुड़ी हुई हैं और आगे जाकर फ़िल्म की मुख्य कथा निर्मित करती हैं। दूसरी बात जो मैं यहाँ पढ़ता हूँ वह शहर की सत्ता और उसके हाशिए के ताल्लुक के बारे में है। यह समाचार चयन सीधा फ़िल्म के मुख्य विचार को हमारे सामने स्पष्ट कर देता है। यह सत्ता और हाशिए के अन्तर्संबंधों की कथा है। और मजेदार बात यह है कि यहाँ शहर के हाशिए और राजनैतिक सत्ता के लिए निर्मित राज्य के भौगोलिक हाशिए एकाकार हो जाते हैं। कथा उत्तर प्रदेश की राजनीति को अपना केन्द्र बनाती है और उत्तर प्रदेश का हिस्सा होने की वजह से गाज़ियाबाद में होनेवाली कोई भी घटना प्रदेश की राजनैतिक धरातल पर हलचल करती है। लेकिन दूसरे नजरिए से देखें तो गाज़ियाबाद राजधानी दिल्ली के लिए भी उसका हाशिया ही है।

यह संयोग नहीं है कि 'न्यू डेल्ही टाइम्स' सत्ता और व्यवस्था से मोहभंग के इस विचार को और तीखेपन से स्थापित करने के लिए स्वतंत्रता आन्दोलन के आदर्शों का एक से ज़्यादा मौकों पर स्मरण करती है। यह प्रक्रिया हम विषय की अन्य फ़िल्मों में भी देखते हैं जहाँ 'हजारों ख्वाहिशें ऐसी' नेहरू और उनके आजादी की रात दिए भाषण को उद्धृत करती है तथा 'रंग दे बसन्ती' भगतसिंह, आजाद तथा गुलाम भारत के क्रांतिकारी आन्दोलन से सीधा रिश्ता बनाती है। 'न्यू डेल्ही टाइम्स' में स्वाधीनता आन्दोलन के आदर्शों और उनसे उपजे विलोम का पहला सीधा संदर्भ वहाँ आता है जहाँ नायक के पिता, जो खुद अपनी जवानी में स्वाधीनता आन्दोलन में सक्रिय रहे थे, अपने शहर गाज़ीपुर में होती हिंसा देखकर कहते हैं,

> *"कुछ नहीं बदला साहब, कुछ नहीं बदला। सब वैसे का वैसा ही है। डिवाइड एंड रूल अंग्रेजों का फार्मूला नहीं था, हुकूमत का फार्मूला है। एक सिस्टम का फार्मूला है। और वो आजतक उसी तरह इस्तेमाल हो रहा है। मैं जब तुम्हारी खींची हुई तस्वीरें अखबारों में देखता हूँ ना तो मुझे कोई नई चीज नहीं लगती। वो ही लाठीचार्ज, वो ही फटे हुए सर, वो ही डरे-सहमे हुए चेहरे। यहाँ तक कि पुलिस की वर्दियाँ तक नहीं बदलीं। अब तुम्हीं बताओ, कहीं बदला है कुछ?"*

*स्याह सफ़ेद तस्वीरों में दंगों की विभीषिका। न्यू डेल्ही टाइम्स*

*स्याह सफ़ेद तस्वीरों में दंगों की विभीषिका। न्यू डेल्ही टाइम्स*

यह संवाद नायक के पिता और नायक के फोटोग्राफर दोस्त के मध्य है। यहाँ दो और तथ्यों पर गौर करें। पहला तो उन तस्वीरों को देखें जिनका संदर्भ ऊपर के संवाद में आया है। यह साम्प्रदायिक हिंसा की तस्वीरें हैं, लेकिन सायास इन्हें देखते हुए बंटवारे के दौरान की ऐतिहासिक तस्वीरें याद आती हैं। यह असर पैदा करने के लिए ही शायद, फ़िल्म भी रंगीन परदे पर इन्हें ख़ास 'ब्लैक एंड व्हाइट' स्टिल्स के बतौर दिखाती है।

इस विलोम को और तीखा फोटोग्राफर दोस्त का जवाबी संवाद करता है, "बदला है अंकल। बहुत कुछ बदला है। पहले बाहर के लोग हुआ करते थे। अब अपने घर के लोग हैं।"

दूसरा सीधा संदर्भ फ़िल्म के अंत का वो मोनोलॉग है जिसपर फ़िल्म खत्म होती है। यहाँ भी नायक द्वारा समकालीन समय की विसंगति और अमानवीयता दिखाने के लिए स्वाधीनता आन्दोलन की विरासत को उद्धृत किया जाता है,

> "मेरा लिखना कोई कानूनी दलील नहीं है। राजनीति जैसे उलझे हुए ताने-बाने से कहानी का एक सिरा निकालना बहुत मुश्किल काम है। लेकिन इन सिरों को ढूंढना या ढूंढते रहना बहैसियत जर्नलिस्ट, मैं अपना फ़र्ज़ समझता हूँ। इस कहानी के तमाम नक़ूश जो मैंने जमा किए हैं, अगर इन्हें जोड़ूं तो जुर्म और सियासत का एक मिला-जुला चेहरा बनता है।
>
> जब तारीख़ लिखी जाएगी तो भलेराम, अजय सिंह और त्रिवेदी का ज़िक्र शायद किसी भी हाशिए में न हो। लेकिन उनकी दी हुई सियासी विरासत तारीख़ को और ही मोड़ दे चुकी होगी। और जबतक अवाम को खबर हो, शायद बहुत देर हो चुकी होगी। यक़ीन नहीं आता कि यह वही देश है जहाँ पचास साल पहले लीडर और अवाम एक साथ आज़ादी की लड़ाई लड़ रहे थे। पता नहीं कब, कहाँ ये तारीख़ आवाम को पीछे छोड़कर आगे बढ़ गई।"

इस अंतिम संवाद के साथ, जो कथानायक विकास पांडे के किसी आगामी लेख का हिस्सा लगता है, यह अंतिम वाक्यांश भी देखें जिसे फ़िल्म अंत में क्रेडिट रोल के ठीक पहले प्रदर्शित करती है,

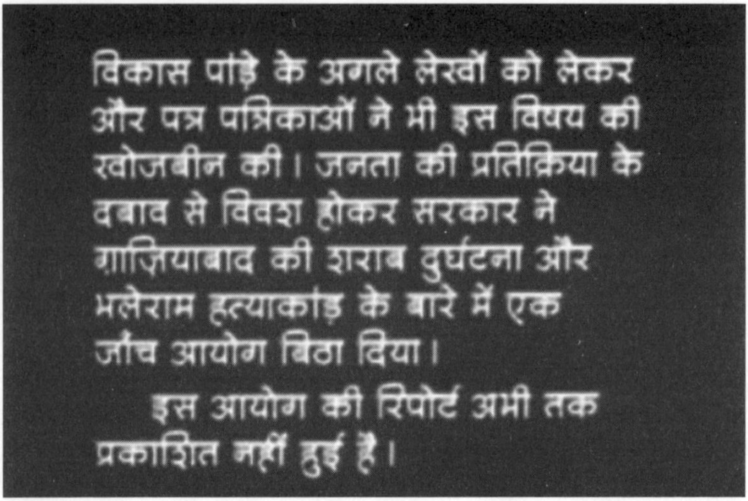


*अंतिम वक्तव्य। उम्मीदों का अंत। न्यू डेल्ही टाइम्स*

अस्सी का दशक सत्ता के अमानवीय चेहरे और एक तीखे मोहभंग का समय है। यह उस समय के सिनेमा में फ़िल्मों का एक ऐसा वृहत फलक निर्मित करता है जहाँ मध्यवर्ग का बौद्धिक और पढ़ा-लिखा हिस्सा इस सच्चाई से सीधा रूबरू होता है। यही हिन्दी सिनेमा में 'समांतर सिनेमा' आन्दोलन के उठान का भी समय है और आप सिनेमा में एक ऐसा इंटेलेक्चुअल देख पाते हैं जिसका व्यवस्था से मोहभंग तीखा होता जा रहा है। उन्नीस सौ तेरासी में आई गोविन्द निहलाणी की फ़िल्म 'अर्ध सत्य' इसका प्रतिनिधि उदाहरण है। लेकिन यहाँ यह देखना समीचीन है कि किस तरह 'न्यू डेल्ही टाइम्स' (1986) को समझने के बहुत सारे तार हमें कुंदन शाह की उन्नीस सौ तेरासी में आई कल्ट क्लासिक फ़िल्म 'जाने भी दो यारों' से मिल सकते हैं। और यह संयोग नहीं कि कुंदन शाह की 'जाने भी दो यारों' की तरह ही मोहभंग की फ़िल्म 'न्यू डेल्ही टाइम्स' में भी मुख्य किरदार पत्रकारिता के पेशे से जुड़ा हुआ है।

'न्यू डेल्ही टाइम्स' में कथा के केन्द्र में एक हत्या है। स्थानीय एमएलए भलेराम की हत्या। यह घटना ही है जिससे फ़िल्म शुरु होती हैं और यही घटना है जो फ़िल्म के क्लाईमैक्स में लौटकर आती है। ठीक इसी तरह 'जाने भी दो यारों' की कथा संरचना के केन्द्र में भी एक हत्या है, कमिश्नर डिमैलो की हत्या। अंततः यह स्पष्ट होता है कि दोनों ही शिकार राजनीति और अपराध के संधिस्थल पर घटित घटनाचक्र के मोहरे थे जिन्हें अपना पक्ष एक हित समूह से दूसरे हित समूह की ओर बदलने की

वजह से मार डाला गया। दोनों ही फ़िल्मों में कथानायक पत्रकारिता के पेशे से जुड़े हैं और उसके उच्च आदर्शों में यक़ीन करते हैं। और दोनों ही हत्याओं की गुत्थियाँ सुलझाने के लिए जान की परवाह किए बिना संलग्न हैं। लेकिन मेरा ध्यान जिस समानता की ओर सबसे ज़्यादा है वह है फ़िल्म में इन घटनाओं के दौरान रचा गया वातावरण, जिसमें गहरी समानताएं दिखती हैं।

*खौफ़ की स्थापना। रात का शहर। न्यू डेल्ही टाइम्स*

यह दोनों घटनाएं रात के सन्नाटे में घटित होती हैं। 'न्यू डेल्ही टाइम्स' में आप सर्किट हाउस में अजय सिंह और भलेराम की मुलाकात का समय 7.45p.m. लिखा पाते हैं तो उसके ठीक बाद भलेराम के घर के दृश्य में, जहाँ उसकी हत्या होती है, समय रात ग्यारह बजे का लिखा पाते हैं। इसके अलावा भी आप गौर से देखें तो फ़िल्म में ज़्यादातर महत्वपूर्ण वाकयात रात में घटित होते हैं। इनमें एक लम्बे प्रसंग में दिल्ली की सड़कों पर ट्रक द्वारा कुचलकर की गई पत्रकार केदार की हत्या के दृश्य, और रात के ही समय में विकास पाण्डे के घर पर हुआ हमला और उनकी बिल्ली का क़त्ल महत्वपूर्ण हैं।

ठीक इसी तरह 'जाने भी दो यारों' में आप ज़्यादातर महत्वपूर्ण घटनाक्रम रात में घटित होता पाते हैं। चाहे वह डिमैलो के बंगले पर अवैध सौदेबाजी हो, चाहे आधी रात 'अंतोनियोनी पार्क' में लाश की तलाश। चाहे वह पुल के नीचे कथानायकों पर चला हवलदार का डंडा हो, चाहे लाश के साथ आहूजा की लम्बी बातचीत। और उस अविस्मरणीय दृश्य को हम कैसे भूल सकते हैं जहाँ मरीन ड्राइव की किसी निर्माणाधीन

बहुमंजिला इमारत की सबसे ऊपरी मंजिल पर खड़े कमिश्नर डिमैलो, और उनसे बांद्रा के कब्रिस्तान पर बनने वाली ऊँची इमारत की सौदेबाजी करते तरनेजा और उसके गुर्गे सामने से आती डूबते सूरज की रौशनी में स्याह परछाइयों में बदल जाते हैं। जैसे उनके 'काले कारनामों' को फ़िल्म एक और चाक्षुष अर्थ दे रही हो।

*तरनेजा और डिमैलो के 'काले कारनामों' की चाक्षुष अभिव्यक्ति। जाने भी दो यारों*

यह अवैध सत्ता के वैध सत्ता हो जाने का शहर है, यह 'रात का शहर' है। इसके उदाहरण हम जावेद अख़्तर द्वारा लिखी फ़िल्म 'मैं आज़ाद हूँ' (1989) तथा सुधीर मिश्रा की शुरुआती फ़िल्मों 'ये वो मंजिल तो नहीं' (1986) और 'इस रात की सुबह नहीं' (1996) में भी साफ़ पढ़ सकते हैं। 'न्यू डेल्ही टाइम्स' की समकालीन दो और फ़िल्में 'रात के शहर' रूपी इस विचार की स्थापना में आधारभूत कार्य करती हैं। एन. चन्द्रा की 1988 में आई फ़िल्म 'तेज़ाब' और विधु विनोद चोपड़ा की 1989 में आई फ़िल्म 'परिन्दा'। रंजनी मजूमदार और मदन गोपाल सिंह जैसे आलोचकों ने इन्हें अपने अध्ययनों में रेखांकित किया है। 'तेज़ाब' में आया शहर साक्षात खलनायक है और उसने नायक महेश देशमुख को उचक्के 'मुन्ना' में बदल तड़ीपार कर दिया है। 'परिंदा' में भी शहर एक नकारात्मक विचार है। दोनों ही फ़िल्मों में शहर का असल किरदार रात में उभरता है। यह 'रात का शहर' है जिसमें अवैध सत्ता ही असल सत्ता

है। उसके तमाम कुरूप खेलों के आगे ईमानदारी आत्महत्या सरीखी है। यह मासूमियत की मौत है। रंजनी मजूमदार 'परिंदा' में आए शहर के बारे में लिखती हैं, "यहाँ सभी छवियाँ अंधेरों से निकलती हैं और परछाइयाँ किरदारों के रूप गढ़ती हैं। शायद ही आप कहीं रंगों का चटख़ इस्तेमाल देखें। यहाँ रात को लेकर एक अजीब सा आकर्षण है। जैसा सार्त्र ने आधुनिक जीवन के बारे में कहा है कि यह ऐसे रास्ते, दरवाजे और सीढ़ियाँ हैं जो कहीं नहीं पहुंचतीं। ऐसे विशाल चिह्न जिनका कोई अर्थ नहीं। परिंदा का शहर अंधेरा, भीड़ भरा और निर्मम है।"[21]

शहर में आभासी विभाजन किस तरह वर्ग संरचना में विभाजित होकर कार्य करते हैं, यह हिंसा और खौफ की स्थापना के घटनास्थलों की परख द्वारा देखा जा सकता है। यहाँ हिंसा राजधानी में, मुख्य शहर में न होकर हाशिए के शहर (गाज़ीपुर) में घटित हो रही है। नायक यहाँ अकेला आया है और संदर्भ आता है कि उसकी पत्नी अपनी इकलौती संतान के पास शिमला चली गई है। यहाँ गाज़ीपुर में भी नायक को सत्ता द्वारा पूरा संरक्षण हासिल है और उसकी जान को कभी कोई खतरा प्रतीत नहीं होता। आप फ़िल्म में परिवार रूपी संस्था और सार्वजनिक हिंसा और खौफ के मध्य साफ बंटवारा देख पाते हैं। हिंसा 'बाहर' है, घर की चारदीवारी के 'भीतर' नहीं।

अगर इसे सिद्धांत के रूप में परिभाषित किया जाए तो कहा जाएगा कि हिंसा और खौफ़ की स्थापना के क्षेत्र 'सार्वजनिक' क्षेत्र हैं और उनसे 'निजी' स्पेस को बचाने की जद्दोज़हद पूरी फ़िल्म में दिखाई देती हैं। उदाहरण रूप में समझें तो 'न्यू डेल्ही टाइम्स' में शुरु से ही यह स्पष्ट है कि कथानायक के लिए सबसे आश्वस्तिदायक स्थान घर का शयनकक्ष है तथा सबसे दहशतनाक स्थान शहर की सार्वजनिक सड़कें। फ़िल्म आरंभ से ही यह द्वैत स्थापित करती है तथा एक ओर आप नायक को दिन भर के तनाव के बाद घर के बिस्तर पर निश्चिंतता पाते देखते हैं वहीं दूसरी ओर आप सड़कों पर हत्याएं होते देखते हैं।

इस संदर्भ में फ़िल्म का सबसे महत्वपूर्ण प्रसंग वहाँ हमारे सामने आता है जहाँ यह 'निजी' और 'सार्वजनिक' का पृथक दायरा भंग हो जाने का भय पहली बार फ़िल्म में प्रवेश करता है। नायक-नायिका की शादी की सालगिरह के दिन, जब वे दोनों बड़ी मेहनत से रचे खूबसूरत माहौल में 'कैंडललाइट डिनर' की तैयारी में हैं, उन्हें घर की नौकरानी की चीख सुनाई पड़ती है। देखने पर पता चलता है कि किसी अनजान व्यक्ति ने घर की पालतू बिल्ली का बड़ी बेरहमी से क़त्ल कर कार के बोनट पर डाल दिया है। यहाँ शहर में व्याप्त 'खौफ़', जो अभी तक 'घर' के दायरे से बाहर था, पहली बार एक अदृश्य शक्ल धरकर 'घर' की चारदीवारी के भीतर प्रवेश कर जाता है। ठीक इसके बाद घर पर धमकी भरे फोन आते हैं। देखिए, नायक-नायिका पर इसके पहले भी हमला हो चुका है, लेकिन वह घर की 'सुरक्षित' चारदीवारी के

भीतर नहीं, बाहर सार्वजनिक रास्ते पर हुआ था। यहाँ फ़िल्म में पहली बार आप हिंसा और दहशत को नायक-नायिका की निजी ज़िन्दगी में प्रवेश करते देखते हैं।

ठीक इसके बाद वही हिंसा और आगज़नी का खौफ़नाक दृश्य पुनः फ़िल्म में आता है जिसे गाज़ीपुर की हिंसा के समय दिखाया गया था। लेकिन इसबार आप एक जलते शहरी परिदृश्य पर अकेले नायक को बदहवासी में भागते देखते हैं। पुलिस का रूप भी बदल गया है। जहाँ पहले दृश्य में आपने पुलिस को नायक के साथ चलते और उसे सुरक्षा देते देखा था, यहाँ पुलिसवाले क्लोज-अप शॉट में नायक पर बन्दूक ताने दिखाए जाते हैं। नायक बदहवासी में भागता हुआ अपनी पत्नी का नाम पुकारता है, और ठीक इसी क्षण उसकी नींद खुल जाती है। जैसा आप देखते हैं, यह एक स्वप्न दृश्य था। लेकिन इस स्वप्न दृश्य के माध्यम से अदृश्य सत्ता का खौफ नायक की पनाहगाह, उसके शयनकक्ष के भीतर प्रवेश कर जाता है।

तत्कालीन सिनेमा विमर्श में यह विचार महत्वपूर्ण कारक बनकर उभरता है। शहर के सार्वजनिक पटल पर मौजूद हिंसा का घर, परिवार, प्रेम के लिए सुरक्षित निजी स्पेस में प्रवेश, यह अस्सी के दशक के बीत रहे और नब्बे के दशक के शुरुआती समय में बन रहे सिनेमा का मुख्य विमर्श है। गौर करें, यही वो समय है जब हमारे शहरों के सार्वजनिक पटल पर समकालीन राजनीति उथल-पुथल मचा रही है और हिन्दुस्तान का इतिहास संक्रमण काल से गुजर रहा है। शहर के रंगमंच पर अपने-अपने हिस्से के लिए लड़ाइयाँ जारी हैं और इससे 'व्यवस्था' डांवाडोल हो रही है। 'न्यू डेल्ही टाइम्स' में उस भय की पहली झलक मिलती है जो सत्ता के नवीन और विकृत रूप द्वारा नेहरूवियन आधुनिकता और उससे उपजी जीवनशैली को खा लिए जाने का भय है। यह मूलतः शहरी परिदृश्य पर सत्ता और पहचान की लड़ाइयों के चलते हो रही निरंतर उठापटक से उपजा भय है जिसे पूर्वनिर्मित व्यवस्था के नष्ट होने का असर अब सीधे अपनी व्यक्तिगत ज़िन्दगियों में पसरता दिखाई दे रहा है। अध्ययन की आगामी दो फ़िल्में, 'रंग दे बसन्ती' और 'नो वन किल्ड जेसिका' इस विचार को अपने विस्तार में दिखाती हैं।

'ये दुनिया अगर मिल भी जाए तो क्या है'
UTV MOTION PICTURES PRESENTS
RAKEYSH OMPRAKASH MEHRA'S
Rang De Basanti
a generation awakens

## रंग दे बसंती

*"दोनों ही दिल्ली में मुझे जिन चीज़ों ने सबसे ज़्यादा आकर्षित किया वह थे भग्नावशेष। दिल्ली का नक्शा बनाने वालों ने चाहे कितनी ही कोशिश की हो चमकते कंक्रीट से नयी कालोनियाँ बनाने की, ऊँचे गुम्बदों के साथ मीनारें बनाने की, पुरानी मस्जिदों और मदरसों के पीछे कहीं से अचानक एक भग्नावशेष निकल आता है। सीधे रास्ते में घुमाव पैदा करता, गोल्फ़ कोर्स में बाधा बनता। नई दिल्ली बिल्कुल नई नहीं है। इसके चौड़े रास्तों के नीचे न जाने कितनी सल्तनतों की कब्रगाह है। कुछ कहते हैं कि दिल्ली में सात मृत शहर मौजूद हैं। और यह शहर जिसमें हम रह रहे हैं उस गिनती में आठवाँ है। कुछ और यह संख्या पन्द्रह से इक्कीस तक बताते हैं। सभी इस बात पर सहमत हैं कि इन उजड़े शहरों के भग्नावशेष दिल्ली में अनगिनत संख्या में मौजूद हैं।"*[22]

'रंग दे बसंती' के यह शहरी लड़के-लड़कियाँ शहर की चकाचौंध से भागकर एक ऐसे ही भग्नावशेष में जा बैठते हैं। इसे पलायन कहा जा सकता है। सत्ता का, व्यवस्था का नकार कहा जा सकता है। यह उस इतिहास से एक पुनः साक्षात्कार कहा जा सकता है जिससे 'रंग दे बसंती' अपना सम्बन्ध जोड़ने की कोशिश करती है। 'रंग दे बसंती' में दो कहानियाँ एक साथ चलती हैं। एक कहानी है उन्नीस सौ तीस में ब्रिटिश साम्राज्य से संघर्ष करते भगत सिंह और उनके साथियों की और दूसरी कहानी आज की दिल्ली में सत्ता के सामने खड़े कुछ नौजवानों की। 'रंग दे बसंती' का शहरी युवा ऐसे वर्ग का प्रतिनिधि है जिसका अपने इतिहास से सम्बन्ध टूट चुका है। ये एक बहुत ही तात्कालिक सी दुनिया है जिसमें हर नया दिन पिछले दिन का दोहराव-सा लगता है। शहर भी एक उदास सा ठिकाना है। यह दुनिया ऐसी दुनिया है जिसका अपने आस-पास से भी सन्बन्ध टूट चुका है। एक ऐसा वर्तमान प्रतीत होता है जिसका न कोई भूत है, न कोई भविष्य। फ़िल्म का मुख्य किरदार डी.जे. (आमिर

खान) कार में जो कुछ बोलता है शायद वह इस दुनिया को हमारे सामने कुछ खोल पाता है।

— *एक दिन यह सब कुछ नहीं रहेगा, सब अपने-अपने रस्ते निकल जायेंगे।*
— *फिर भी, कभी-कभी मिल ही सकते हैं।*
— *ओ होता नहीं जी, वही दुनिया दे झमेले। नौकरी ढूँढो, पैसे कमाओ, घर बसाओ। ते लाइफ़ दे इशारों पर नचते जाओ।*
— *गेट दे इस तरफ़ हम लाइफ़ को नचाते हैं, ते दूजी तरफ़ लाइफ़ हमको नचाती है।*
— *यूनिवर्सिटी से पास-आउट हुए मैनूँ पाँच साल हो गये, फिर भी आई एम हियर ओनली।*
— *मैं समझी नहीं।*
— *मैनूँ बस यूनिवर्सिटी में ही रहना है। इधर कैम्पस में लोग जानते हैं मेरे को, डी.जे. दी इत्थे कोई औकात है। लोग कहते हैं डी.जे. में बड़ी बात है, कुछ करेगा डी.जे.। लेकिन बाहर दुनिया में अच्छे-अच्छे डी.जे. पिस गये लाखों की भीड़ में।*

यह एक अनजाने शहर में खो जाने का अहसास है। इसे अनिश्चितता का डर भी कह सकते हैं। यह शहर की संरचना को एक दहशतनाक दुनिया में तब्दील कर देती है। इसमें ख़ास मदद कथानायकों का पारिवारिक परिवेश भी करता है। यह पारिवारिक परिवेश उस दबाव का रूपक है जो शहर की विभिन्न संरचनाएँ कथानायकों पर डाल रही हैं। 'रंग दे बसंती' भगत सिंह और आज के युवाओं के संघर्ष के बीच एक समान रिश्ता कायम कर उस युग के माध्यम से आज में हस्तक्षेप करना चाहती है।

'रंग दे बसंती' अपने सबसे आइकॉनिक शॉट के लिए दिल्ली के सबसे मुख्य प्रतीक को चुनती है, इण्डिया गेट। शहर और उसके स्मारकों के रिश्ते को समझने के लिए पहले वाल्टर बेंजामिन को देखें। वे कहते हैं कि स्मारक एक विरोधाभासी जगह होती है। आमतौर पर यह शहर की ऐतिहासिकता का केन्द्र बन जाता है। एक शानदार स्थान के रूप में यह स्मारक दुनिया भर में शहर की तस्वीर बन जाता है लेकिन इसके साथ ही वह रोज़मर्रा के जीवन से जुड़ी जगहों की स्मृतियों को स्थानान्तरित भी कर देता है।[23] रंजनी मजूमदार ने 'परिन्दा' के सन्दर्भ में यह बात की है कि किस तरह परिन्दा में बम्बई के जाने-माने प्रतीकों जैसे गेटवे ऑफ़ इण्डिया और बाबुलनाथ मन्दिर को वहाँ हुई हिंसा द्वारा दहशत के प्रतीको में बदल दिया जाता है। 'रंग दे बसंती' ऐसे ही एक प्रसंग में राज्य द्वारा आम नागरिक पर हिंसा के सार्वजनिक प्रदर्शन के लिए दिल्ली का एक मुख्य स्मारक चुनती है। सचेत कैमरा संचालन द्वारा

हम देखते हैं कि प्रदर्शन को दिखाने के लिए कैमरा जहाँ एरियल शॉट काम में लेता है वहीं लाठीचार्ज के सभी दृश्य स्लोमोशन में फ़िल्माए गये हैं।

*इंडिया गेट पर लाठीचार्ज। रंग दे बंसती*

रात की जलाई मोमबत्तियाँ अब बुझ रही हैं और इन बुझती मोमबत्तियों की लौ के बीच होता निर्मम लाठीचार्ज सत्ता की ओर से आखिरी उम्मीद की लौ भी बुझ जाने का संकेत दे देता है। इसके बाद ही कथानायकों की टोली रक्षामन्त्री की हत्या का विचार बनाती है। रोते हुए बच्चों की छवियाँ हैं और बीमार माँ को लाठी से मारे जाने की छवियाँ हैं। यहाँ किरदारों पर केन्द्रित ऐसे शॉट हैं जिनमें पीछे धुँधली परछाइयाँ (ब्लर इमेजेस) नज़र आती हैं।

*इंडिया गेट पर लाठीचार्ज। रंग दे बंसती*

*इंडिया गेट पर लाठीचार्ज। रंग दे बंसती*

'खून' इस लाठीचार्ज में एक आइकॉनिक छवि बनकर उभरता है। बैकग्राउंड में चलने वाला प्रसून जोशी का लिखा गीत भी इसी छवि को आगे बढ़ाता है।

*कुछ कर गुज़रने को ख़ून चला ख़ून चला*
*आँखों के शीशे में उतरने को ख़ून चला*

*बदन से टपककर, ज़मीं से लिपटकर*
*गलियों से रस्तों से उभरकर, उमड़कर*
*नये रंग भरने को ख़ून चला, ख़ून चला*

*खुली सी चोट लेकर, बढ़ी सी टीस लेकर*
*आहिस्ता-आहिस्ता*
*सवालों की उँगली, जवाबों की मुट्ठी*
*संग लेकर ख़ून चला*

*कुछ कर गुज़रने को ख़ून चला ख़ून चला*
*आँखों के शीशे में उतरने को ख़ून चला*

यहाँ इण्डिया गेट पर खून का बहना इस शहर की संरचना में भय का और आक्रोश का एक गहरा बिम्ब जोड़ देता है। सत्ता के सारे मुखौटे उतर चुके हैं और

इसके साथ ही उससे जो भी उम्मीदें बाकी थीं वह इस आइकॉनिक शॉट के साथ ख़त्म हो जाती हैं। 'परिन्दा' में मुम्बई में आइकन गेटवे ऑफ़ इण्डिया के बाहर नायक-नायिका की हत्या के दृश्य को व्याख्यायित करते हुए मजूमदार लिखती हैं, "शहर की सुन्दरता के प्रतीक के रूप में इस स्मारक की ताकत को व्यवस्थित तरीके से नष्ट किया जाता है और मुम्बई स्याह और डरावनी लगने लगती है। जैसे यह मौत की नगरी हो।"[24] ठीक इसी प्रकार दिल्ली की सत्ता के प्रतीक राजपथ पर दिन के उजाले में हुआ लाठीचार्ज दिल्ली शहर को एक निर्मम सत्ता के प्रतीक में बदल देता है। सत्ता जिससे मुकाबला असम्भव है।

फ़िल्म में बार-बार कैमरा एरियल शॉट लेता है। एक बड़े, विशाल लैण्डस्केप को दिखाने की कोशिश करता है। आमतौर पर कैमरा एक विशाल लैण्डस्केप से ज़ूम-इन करता हुआ किरदार पर आकर टिकता है। पहाड़ी पर किले/बावड़ी के दृश्य तथा वो खँडहर जहाँ सब दोस्त साथ आते हैं, इसका उदाहरण हैं। और बाद में रेडियो प्रसारण के समय तो पूरे शहर के यह एरियल शॉट्स ख़ास नोटिस करने वाले हैं। जैसा राधू करमाकर अपने संस्मरण में कहते हैं– यह कैमरा एंगल आधिपत्य का प्रतीक है।[25] सत्ता का आधिपत्य दिखाने के लिए 'रंग दे बसंती' इसका बहुत उपयोग करती है। लेकिन इस प्रयोग के पीछे एक और बात है। 'खोसला का घोंसला' जैसी फ़िल्म अपने आई-लेवल से नीचे के छायांकन द्वारा एक रोज़मर्रा के नज़रिये से अपना सम्बन्ध जोड़ती है। 'रंग दे बसंती' के साथ शुरू से ही यह तथ्य जुड़ा रहा कि यह एक बड़ी बात कह रही है और बाद में तो इसे मीडिया द्वारा एक 'इफैक्ट' का नाम दिया गया। फ़िल्म को खासतौर से एक विशेष राष्ट्रीय पर्व छब्बीस जनवरी (गणतन्त्र दिवस) के दिन प्रदर्शित किया गया। यह एक वृहद राष्ट्रीय पहचान से खुद को जोड़ने की कोशिश है। यह बड़ी बात कहने की चाह ही कैमरे की भाषा में ऐसे टॉप एंगल शॉट द्वारा अभिव्यक्त होती है।

यह कहानी एक यात्रा है। अपने समय को झेलना इन युवाओं के लिए सम्भव नहीं हो पा रहा है। सुक्खी और करण के संवादों से यह साफ़ है। सुक्खी कहता है, "यार यह हमारे साथ क्या हो रहा है?" और करण बार-बार यह दोहराता है कि कुछ समझ में नहीं आ रहा है। यहाँ इस वक्त और पात्रों की मनःस्थिति को समझने के लिए एक बार फिर डी.जे. के संवाद देखने चाहिए जो वह लाठीचार्ज के बाद अगले दृश्य में बोलता है।

– *हर तरफ़ सब कुछ बिखर रहा है और मैं खड़ा तमाशा देख रहा हूँ।*
– *हम जैसों की कोई औकात ही नहीं है यार, अजय जैसे लाखों मर जायें ना फिर भी कोई फ़र्क़ नहीं पड़ेगा।*
– *कुछ नहीं बदलेगा।*

'रंग दे बसंती' का शहर एक ऐसी यन्त्रवत व्यवस्था है जिसके पुर्जों के रूप में काम करते हुए भी कथानायक उसके असल रूप से अपरिचित हैं। और यह पुर्जे स्वयं को इस व्यवस्था में बदलाव लाने में असमर्थ पाते हैं। यही असहायता इन संवादों में अभिव्यक्त होती है।

फ़िल्म के अन्त में सभी कथानायक रेडियो के माध्यम से सारे शहर को अपनी बात कहते हैं। यहाँ देखिए, आधुनिक तकनीक किस तरह भौतिक दूरियों को पाटकर भिन्न-भिन्न हिस्सों में बँटे शहर को आपस में जोड़ देती है। इस प्रक्रिया को दिखाने के लिए फिर से फ़िल्म शहर के विशाल लैण्डस्केप को दिखाते एरियल शॉट्स का सहारा लेती है।

*तकनीक की ज़द में पूरा शहर। रंग दे बंसती*

'सत्या' के एक प्रसंग पर बात करते हुए रवि वासुदेवन तकनीकी के इसी पहलू का उल्लेख करते हैं। कैसे मोबाइल जैसे संचार के नये उपकरण हमें शहर के दायरों को नये तरीकों से परिभाषित करने के लिए मजबूर कर रहे हैं। वे लिखते हैं, "यह तकनीकी को हमारे सामने खड़ा करती है जिसके ज़रिये हमारी नज़र संगठित होती है। अलग-अलग स्थानों को समकालीन संचार के सबसे अहम उपकरण, मोबाइल फ़ोन, के माध्यम से बिल्कुल सटे हुए, मानो एक दूसरे में विलीन हो जाने वाले दायरों के रूप में देखा जा सकता है।"[26] इस फ़िल्म में संचार का उपकरण एफ.एम. रेडियो बना है और तकनीकी अगले ही प्रसंग में एक और नये रूप में हमारे सामने आती है। आज

के समय में मीडिया का प्रभाव हमारे दैनिक जीवन पर भी बढ़ता जा रहा है और फ़िल्म के अन्त में यह मीडिया अपने 'लाइव कवरेज' द्वारा तमाम मुल्क को एक साथ उपस्थित करने का आभास पैदा कर देता है। यह आभासी उपस्थिति शहर के दायरों से भी बड़ी है और देश के तमाम हिस्सों से लोग फ़िल्म में हुई गोलीबारी पर राय दे रहे हैं। यह न सिर्फ़ तकनीक के साथ बदलते शहरी जीवन की तस्वीर है बल्कि यह दिल्ली को सिर्फ़ एक शहर से ज्यादा गतिविधियों के केन्द्रक की संज्ञा दे देती है।

'हम हिन्दुस्तानी, हम हिन्दुस्तानी'

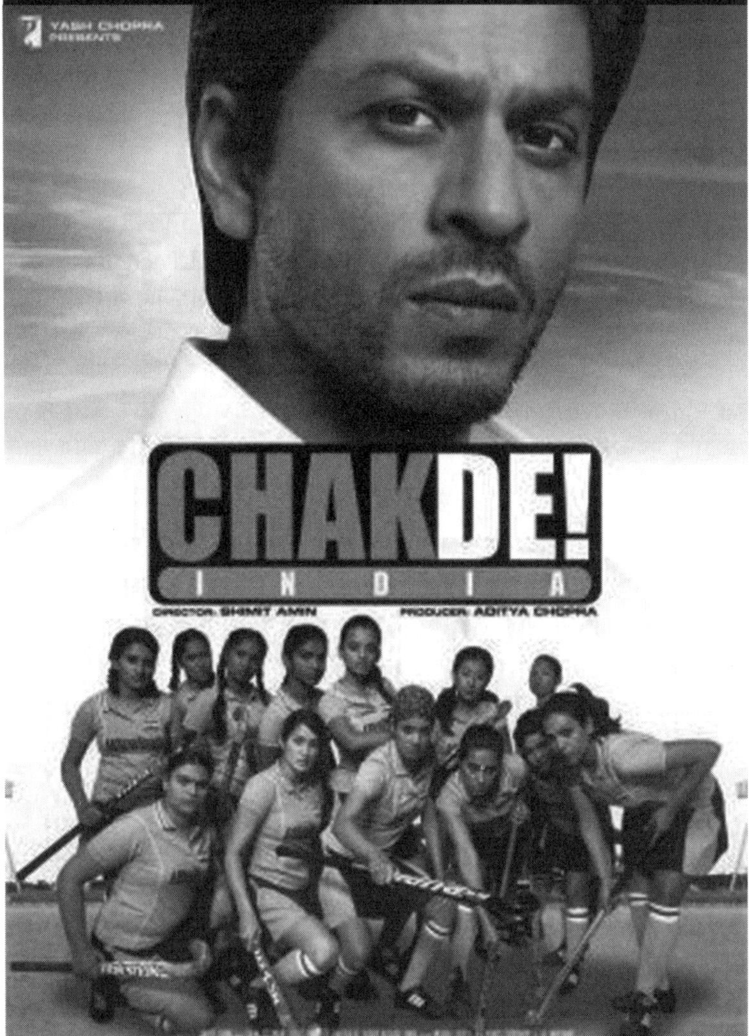

## चक दे इंडिया

'चक दे इण्डिया' उन्हीं जयदीप साहनी की लिखी फ़िल्म है जिन्होंने 'खोसला का घोंसला' में दिल्ली की एक बिल्कुल अलहदा तस्वीर पेश की थी। 'चक दे इण्डिया' में दिल्ली से जुड़ा सबसे महत्त्वपूर्ण प्रतीक फ़िल्म की शुरुआत में ही उभरकर आता है। यह प्रतीक है हिन्दुस्तान की राजधानी के हृदयस्थल राजपथ के ठीक सामने खड़ी ध्यानचन्द की मूर्ति। यह मूर्ति नेशनल स्टेडियम के ठीक बाहर स्थापित है और इस मूर्ति के साथ खड़े होकर देखने पर सामने इण्डिया गेट और उसके बीच से दूर राष्ट्रपति भवन का गोल गुम्बद नज़र आता है। यह प्रतीक बहुत सारे अर्थ अपने भीतर समेटे है।

हॉकी हमारा राष्ट्रीय खेल रहा है और उसके सबसे बड़े सितारे की इस केन्द्रीय जगह पर उपस्थिति हमारे देश में हॉकी की क्या जगह रही है, इसे स्पष्ट कर देती है। सुबह-सुबह नायक का अपने खटारा स्कूटर पर इस मैदान से निकलना इस फ़िल्म को इसके मूल विचार से जोड़ देता है।

*इंडिया गेट पर ध्यानचंद की मूरत। चक दे इंडिया*

मूल विचार है नेहरूवियन भारतीयता का मॉडल, 'अनेकता में एकता' का विचार जिसे एक हॉकी टीम की कहानी के माध्यम से बताया गया है। फ़िल्म कमज़ोर की जीत की मूल कहानी में भारत में पाये जाने वाले तमाम तरह के विभेद जोड़ती चलती है जैसे भाषा, इलाकाई असमानता, आर्थिक असमानता, धर्म, जेंडर और इन्हें एक साथ सम्बोधित करती है।

यहाँ एक कोच कबीर खान अलग-अलग टुकड़ों में बँटी टीम को एक साथ जोड़ने का प्रयास कर रहा है। यह टीम भी एक लघु-हिन्दुस्तान का रूपक है। देश के अलग-अलग हिस्सों से आयी सोलह खिलाड़ी जिनके लिए अपनी पहचान सबसे महत्त्वपूर्ण है। राज्य से जुड़ी पहचान, भाषा से जुड़ी पहचान, और इस बाधा को पार करना ही कोच कबीर खान के लिए सबसे ज़रूरी है। उसके फ़िल्म की शुरुआत में ही, टीम की लड़कियों से पहली मुलाकात के वक्त ही यह संवाद है।

> – *मुझे स्टेट्स के नाम ना सुनाई देते हैं और ना दिखाई देते हैं। मुझे सिर्फ़ एक मुल्क़ का नाम सुनाई देता है, 'इण्डिया'।*

कबीर खान टीम को एक धागे में बाँधने के लिए उन्हें दुश्मन के सामने खड़ा कर देता है। रेस्तराँ में लड़कों की भीड़ के सामने पहली बार सारी लड़कियाँ एक साथ मिलकर उनका मुकाबला करती हैं। उनके बीच के अन्तर मिट जाते हैं और उनकी एक पहचान, कि वे एक टीम की खिलाड़ी हैं, सामने आती है। इस रूपक को भी सीधा 'राष्ट्र' के विचार से जोड़ा जा सकता है। सबसे ज़्यादा राष्ट्रवाद का उफ़ान उन वक्तों में ही देखा जाता है जब किसी आसन्न दुश्मन का खतरा सामने हो। ऐसे में आपसी अन्तर और भेद मिट जाते हैं और एक साथ मुकाबला करने का भाव सामने उभरकर आता है। कबीर खान का संवाद है।

*कबीर ख़ान और पृष्ठभूमि में राजधानी का हृदयस्थल। चक दे इंडिया*

— *टीम बनाने के लिए ताकत की नहीं, नीयत की ज़रूरत होती है।*
— *आज मुझे वो नीयत नज़र आयी है।*

कबीर खान खुद पुरानी दिल्ली का रहने वाला है। उसके घर और रहन-सहन से वो एक निम्न-मध्यमवर्गीय मुस्लिम परिवार का आदमी लगता है। फ़िल्म में उसका घर दो बार परदे पर आता है। एक, फ़िल्म की शुरुआत में पाकिस्तान के खिलाफ़ हॉकी मैच में हार के बाद उसके घर वापिस आने पर और दूसरा सात साल बाद महिला हॉकी के विश्वकप में उसकी टीम की जीत के बाद उसके लौटकर वापिस उसी मोहल्ले में आने पर। पहला दृश्य ही एक सामुदायिक जीवन की छवि हमारे सामने रखता है जिसमें मोहल्ले वालों का उसे 'गद्दार' कहना उसके मोहल्ला छोड़कर जाने की वजह बनता है। इसे आप समुदाय का दबाव भी कह सकते हैं जिसमें व्यक्ति अपने आस-पास मौजूद समाज द्वारा तय मानदण्डों के अनुसार चलता है और समुदाय की नज़र में सही या गलत होना बहुत मायने रखता है।

रंजना सेनगुप्ता दिल्ली के भीतर मौजूद गाँवों पर लिखते हुए बताती हैं, "जाति-व्यवस्था यहाँ एकदम खुले तौर पर मौजूद है। इन शहरी गाँवों में यह रहने के सिद्धान्तों से जुड़ा है।"[27] दिल्ली में मौजूद यह हिस्सा, जहाँ देश की राजधानी में स्थित होने के बावजूद 'कस्बे' की मानसिकता अभी भी मौजूद है, इस दृश्य में दिख जाता है। मोहल्ला छोड़कर जाने के बाद वो सात साल कहाँ रहा इसका फ़िल्म में कोई उल्लेख नहीं है। आखिर में भी जीत के बाद फ़िल्म का अन्त उस दृश्य में होता है जहाँ पूरा मोहल्ला कबीर खान को ससम्मान स्वीकार कर लेता है।

यह फ़िल्म 'राष्ट्र' की नेहरूवियन अवधारणा को एक टीम के बनने की कहानी के माध्यम से हमारे सामने लाती है। नेहरूवियन आधुनिकता की तरह ही वर्ग, जाति, धर्म, जेंडर, इलाकाई, भाषाई भेद इसके लिए नकारात्मक तथ्य हैं। लेकिन यह भेद हिन्दुस्तान की सच्चाई भी हैं। एक टीम के तौर पर या एक 'राष्ट्र' के तौर पर स्थापित होने के लिए इन तमाम भेदों को मिटाकर 'एक पहचान' के तौर पर सामने आना जरूरी है। टीम की जीत में ही इसका राज़ छुपा है।

गौरतलब है कि इस फ़िल्म का विश्लेषण अगर 'राष्ट्रवाद की शव परीक्षा' के मुहावरे में बाँध कर किया जाये तो साफ़ होगा कि इसमें दिल्ली शहर के परिवेश की ही तरह दिल्ली के आस-पास के इलाकों और 'ऊँचे' बैकग्राउंड से आयी लड़कियाँ ही फ़िल्म के केन्द्र में हैं। जिस तरह पंजाब-चंडीगढ़-हरियाणा, दिल्ली के मुख्य विमर्श को रचते हैं उसी तरह इस फ़िल्म में भी मुख्य किरदार और उपस्थिति इन्हीं किरदारों ने

दर्ज करवाई है। दिल्ली के लिए हाशिए पर रहने वाले इलाकों को जगह तो दी गयी है लेकिन पूरी फ़िल्म में वे किरदार हाशिए पर ही रहे हैं। क्या यह फ़िल्म अनजाने में ही हमारी 'सर्वमान्य राष्ट्रवादी विचार प्रणाली' की मुख्य समस्या हमारे सामने नहीं रख देती है? जैसे दिल्ली में केन्द्र से दूरी के साथ आपका महत्त्व निर्धारित होता है और जैसे राष्ट्रवादी परियोजना में हाशिए की और असुविधाजनक पहचानों के साथ होता है वैसा ही कुछ इस फ़िल्म में किरदारों के साथ हो रहा है।

'एक लौ इस तरह क्यूं बुझी मेरे मौला'

# नो वन किल्ड जेसिका

*"राष्ट्रपति कलाम महोदय,*
*यह दरख्वास्त पत्र भारत के नागरिकों की तरफ से लिखा जा रहा है। हम जेसिका लाल के हत्या के मुकदमे में आपकी सहायता चाहते हैं। हाँ, जेसिका लाल एक सामान्य मध्यवर्गीय लड़की थी जो अपना करियर बनाने की कोशिश में लगी थी, ठीक हम लाखों की तरह। उसे बस एक निहायत ही औसत मध्यवर्गीय कामकाजी ज़िन्दगी की चाहत थी। लेकिन अफ़सोस, ऐसा हो न सका। उसकी ज़िन्दगी उस गोली ने ले ली जिसे उस लालची और उजड्ड लड़के ने चलाया था। लड़का, जो उस नए-नए अमीर हुए परिवार से आता है। वर्तमान भारतीय समाज का सबसे भद्दा हिस्सा। या जिसे हम कहते हैं – आधुनिक भारत का कचरा।"*[28]

पच्चीस फरवरी दो हजार छः का 'द टाइम्स ऑफ इंडिया' अपने तीसरे पृष्ठ पर 'ब्लॉग बाई अन्नोन इंडियन सीक्स जस्टिस' शीर्षक से यह खबर प्रकाशित करता है। इस खबर में दो दिन पहले आए जेसिका लाल मामले में हुए अन्यायपूर्ण फैसले को लेकर बनाए गए ब्लॉग और राष्ट्रपति को लिखे गए सार्वजनिक पत्र का उल्लेख है। खबर की शुरुआत इस पत्र के उल्लेख से होती है, और फिर किसी अद्भुत संयोग के तहत लिखा जाता है कि, 'नहीं, यह किसी नई फ़िल्म का नाम नहीं है'। अद्भुत संयोग इसलिए कि इसी अखबार की दो दिन पहले की शीर्षक हेडलाइन 'नो वन किल्ड जेसिका' को लेकर राज कुमार गुप्ता अपनी फ़िल्म का निर्माण करते हैं जिसका इस घटना के पांच साल बाद उसी शहर के सिनेमाघरों में सार्वजनिक प्रदर्शन होता है।

हिन्दोस्तान में समकालीन इतिहास को लेकर सिनेमा निर्माण की परम्परा नहीं रही है। जीवित किरदार, जीवंत घटनाएं सुरक्षित सिनेमा निर्माण के लिए मुफ़ीद नहीं

मानी जाती हैं। इस परिप्रेक्ष्य में राज कुमार गुप्ता की 'नो वन किल्ड जेसिका' मुख्यधारा से विचलन है।

बेशक 'नो वन किल्ड जेसिका' शहर में मौजूद क्रूर और अमानवीय सत्ता का विमर्श गढ़ती है। लेकिन इसके साथ ही यह शहर के आभासी दायरों को भी हमारे सामने लेकर आती है। जेसिका लाल मर्डर केस सिर्फ इस अमानवीय घटना की वजह से हिन्दोस्तान के सार्वजनिक इतिहास का हिस्सा नहीं है। यह इसलिए भी महत्वपूर्ण है कि इसके माध्यम से हम हिन्दोस्तान के शहरी मध्यवर्ग के बारे में बहुत सारी बातें समझ सकते हैं। जेसिका लाल की हत्या का साल है 1999। दो हजार छः में जब इस केस का फैसला आता है और सभी अभियुक्त बरी कर दिए जाते हैं तो हिन्दोस्तान का शहरी मध्यवर्ग गुस्से और प्रतिरोध से जैसे उबल पड़ता है। आगे देखा गया साल इस केस के इतिहास में, और हिन्दोस्तान के सार्वजनिक जीवन के इतिहास में भी महत्वपूर्ण स्थान रखता है और यही फ़िल्म 'नो वन किल्ड जेसिका' का मूल कथ्य बनता है।

'नो वन किल्ड जेसिका' में हमारे अध्ययन की पूर्व उल्लिखित फ़िल्म 'रंग दे बसन्ती' बड़ी मजेदार समान्तर भूमिका निभाती है। 'रंग दे बसन्ती' की प्रदर्शन तारीख है 26 जनवरी 2006 और 21 फरवरी 2006 को जेसिका लाल हत्या के मुकदमे का फैसला आता है। 'रंग दे बसन्ती', जो अब तक एक बड़ी हिट और शहरी युवा के लिए एक आईकॉनिक फ़िल्म बन चुकी थी, जैसे रास्ता दिखाने का काम करती है। 'नो वन किल्ड जेसिका' में दिखाया गया है कि एक लड़की थियेटर से 'रंग दे बसन्ती' देखकर निकलती है और उसे देखते हुए ही उसे फ़िल्म में दिखाए गए तरीके से जेसिका लाल के लिए भी कैंडल लाइट मार्च निकालने की प्रेरणा मिलती है। वह एसएमएस के जरिए जागरुकता अभियान की शुरुआत करती है, जिसे बाद में एक राष्ट्रीय टीवी चैनल अपना लेता है और सफल बनाता है।

इस सम्पूर्ण प्रसंग के दौरान कुछ विशेषज्ञों ने इस बात को रेखांकित किया कि जिस देश में सैंकड़ों अपराध और हजारों हत्याएं हर रोज़ होते हों, आखिर क्यों जेसिका लाल का मुकदमा ही शहरी मध्यवर्ग के लिए एक प्रतिनिधि मुकदमा बनकर उभरता है? मेरा मानना है कि इसके सूत्र दिल्ली जैसे शहर की समकालीन राजनीति और वास्तविक संघर्षों को आपके सामने खोल देते हैं। यहाँ किरदारों का बंटवारा साफ़ है। यह नब्बे के बाद का हिन्दोस्तान है जिसमें क्षेत्रीय क्षत्रपों ने राष्ट्रीय राजनीति पर अपनी मजबूत पकड़ बना ली है। 'सार्वभौम नागरिक' की पहचान जैसे मूल्यों को, जिन्हें नेहरूवियन आधुनिकता ने आज़ाद भारत में बड़े सहेजकर स्थापित किया था, पहचान के सवालों को बढ़-चढ़कर उठाने वाली अस्मितावादी राजनीति अपने साए में ले रही है। यहाँ शहर दिल्ली इस राष्ट्रीय विमर्श की बदलती तस्वीर के लिए एक घटनास्थल बनता है। ज़मीनी स्तर पर नाम देना चाहें तो इसे आधुनिक महानगर

दिल्ली को चारों ओर से घेरे हरियाणा और उत्तर प्रदेश से आती उन तरंगों के रूप में चिह्नित किया जा सकता है जिससे दिल्ली का 'आधुनिकता' का सपना सीधे खतरा महसूस कर रहा है।

शहरी विमर्श में इसे उन आभासी विभाजनों से जोड़कर देखा जाना चाहिए जिन्हें समझे बिना दिल्ली के वर्तमान चेहरे को समझना असंभव है। फ़िल्म में आप मुख्य किरदार मीरा गेटी को एक अंग्रेजीदां, बोल्ड और इंडिपेंडेंट लड़की के किरदार में पाते हैं, वहीं अभियुक्त की भूमिका में मनीष नामक लड़का हरियाणवी लहजे में हिन्दी बोलता है। यह विलोम एक महत्वपूर्ण कारक है। और देखेंगे कि कैसे इस विलोम का एक और तीखा पहलू भी फ़िल्म में उभरकर आता है, जिसके बारे में हम इस लेख के अन्त में बात करेंगे।

यहाँ मैं यह भी जानता हूँ कि यह तर्कश्रृंखला खुद मेरे लिए किसी महीन तागे पर चलने समान है। मैं शहर में मौजूद आभासी दायरों को इस तरह की घटना के माध्यम से परखने में यह खतरा महसूस करता हूँ कि ज़रा सी असावधानी और आपको न्याय के लिए संघर्ष करते साथियों के विरोध में और अपराधियों के पक्ष में पढ़ा जा सकता है। मैं फिर यह स्पष्ट करना चाहता हूँ कि जेसिका लाल की हत्या, और उसके कुछ साल बाद आए फैसले के बाद होनेवाला व्यापक मध्यवर्गीय जन उभार, दो नितांत भिन्न परिघटनाएं है जिन्हें पृथक तौर पर पढ़े जाने की जरूरत है। जहाँ पहली बात पर आपका पक्ष स्पष्ट तौर पर तय है और उसमें कोई असमंजस नहीं, वहीं दूसरी बात को उसके तमाम सामाजिक-आर्थिक संदर्भों के साथ पढ़े जाने की आवश्यकता है।

फिर, मेरी भाषा में हुए सबसे बड़े आधुनिक कवि ने कहा है,

> *"अब अभिव्यक्ति के सारे खतरे उठाने ही होंगे,*
> *तोड़ने ही होंगे मठ और गढ़ सब"*

शायद यही अभिव्यक्ति के खतरे हैं जिनसे अमित सेनगुप्ता जूझते हैं, जब वे 'तहलका' में 'मिडिल क्लास को गुस्सा क्यों आता है' शीर्षक से यह संपादकीय लिखते हैं,

> "जेसिका की हत्या और मुकदमे का फैसला किसी स्याह यथार्थ की तरह सामने आता है। 'द अनबीयरेबल लाइटनेस ऑफ बीइंग मिडिल क्लास'। "अगर आपको परवाह है, तो आएं। जस्टिस फॉर जेसिका" एक एसएमएस हमारे अवचेतन को झकझोर देता है, ब्रेकिंग न्यूज दिखाने वाले चैनल अचानक आत्मा की आवाज के प्रतिनिधि हो जाते हैं, भले ही उनकी टीआरपी पर विज्ञापनों से होनेवाली आमदनी की

नजर है। और समाचारपत्र? वह अखबार भी, जो 'सिर्फ एक ब्रांड, और ब्रांड के सिवा कुछ नहीं' होने में गर्व महसूस करता है, अचानक विस्फोटक और राजनैतिक रूप से एकदम सही हो जाता है।

लेकिन यह जुनून और जज़्बा आखिर कितना गहरा है? क्या यह ऐतिहासिक रूप से चले आए नियमित 'क्या फर्क पड़ता है' रुख को बदल सकता है? क्या 'जस्टिस फॉर जेसिका' एक असमान और शोषणकारी समाज व्यवस्था को बदलने की क्षमता रखता है? क्या यह कृत्रिम और आभासी सफलता, झूठे महानायकों, उथले व्यक्तित्वों, उस गरजते सेंसेक्स (जो तीन प्रतिशत भारत को भी नहीं छूता) और उस दस प्रतिशत विकास दर के सपने के मायाजाल को तोड़ने की कुव्वत रखता है? उस 'भारत उदय' को जो सिर्फ कुछ मुठ्ठी भर, अमानवीय उच्च वर्ग वालों के लिए है?

इस विस्फोटक गुस्से के साथ जुड़ी स्याह विडम्बना पर गौर कीजिए। तहलका पंजाब में हो रहे दलित जनउभार पर एक के बाद एक खबरें कर रहा है। लेकिन एक भी मीडिया समूह ने इस खबर को नहीं उठाया। क्यों? क्या दलितों, आदिवासियों, भूखे मरते किसानों और क़त्ल किए जाते मुसलमानों के बारे में लिखा जाना अपराध है? क्या वह भारत के नागरिक नहीं, आपकी और मेरी तरह? कहाँ है अन्याय का वह शुरुआती आधार, जहाँ बन्त सिंह और जेसिका की मुलाकात संभव है? मुख्यधारा के किस हाशिए पर? इस महान भारतीय स्वप्न में मौजूद किस 'टैमेरिंड कोर्ट' में?"[29]

मेरा मानना है कि यहाँ पक्ष तय करते हुए यह देखा जाना चाहिए कि ठीक-ठीक इस व्यापक गुस्से और विरोध की वजह क्या है। क्या वह सिर्फ 'अन्याय' होना भर है, या फिर यहाँ भी एक खास तरह की 'पहचान' से जुड़ी प्रक्रिया काम कर रही है जिसमें अन्याय से ज़्यादा महत्वपूर्ण शिकार होने वाले की पहचान से समानता और अन्यायी की पहचान से तीखा विलोम काम कर रहे हैं। आप फ़िल्म की शुरुआत पर गौर करें, जिसको आधार बनाकर फ़िल्म का मूल कथ्य स्थापित किया जाता है। यह एक लम्बे मोनोलॉग के साथ शुरु होती है जिसके केन्द्र में शहर दिल्ली है। यह मोनोलॉग जेसिका लाल की हत्या का ज़िक्र शहर की सभ्यता और सम्पूर्ण विमर्श के वृहत परिप्रेक्ष्य में करता है और यहीं से हमें फ़िल्म को समझने की महत्वपूर्ण चाबी मिलती है।

*"दिल्ली। 1999। एक साल पहले इंडिया पोकरण में अपना दूसरा न्यूक्लियर टेस्ट करके न्यूक्लियर क्लब के दरवाजे पे दस्तक दे रहा था। दुनिया आने वाले नए मिलेनियम के दरवाजे पर दस्तक दे रही थी। और मैं एक न्यूज चैनल के दरवाजे पर दस्तक देने के बाद रिपोर्टिंग शुरु कर चुकी थी। पोस्टिंग दिल्ली में थी।*

*दिल्ली। जहाँ मैं पैदा हुई। जहाँ मैं पली-बढ़ी। और जिसे मैं आज तक समझ नहीं पाई। लोग कहते हैं कि मुम्बई इज़ अबाउट मनी एंड डेल्ही इज़ अबाउट पावर। पहचान लगाओ, जैक लगाओ। उसके बगैर सरकारी ऑफिस में कोई एक एप्लीकेशन भी नहीं देता। हर झगड़े के शुरु में हर आदमी कहता है, 'जानता नहीं मैं कौन हूँ'। एवरीबडी इज़ समबडी इन देल्ही, एंड नोबडी इज़ ए नोबडी।*

*पर्ल्स ऑफ़ विज़डम हैं या ओवर सिम्पलीफिकेशन, मैं आजतक डिसाइड नहीं कर पाई। इसलिए अपने तरीके से दिल्ली को समझने की कोशिश की। I Fail । फिर सोचा हर बड़े शहर जैसा एक और शहर है। लेकिन जितना क़रीब से देखा, उतना ही इसकी कॉम्प्लेक्सिटी में खोने लगी। इसलिए समझने की कोशिश ही बंद कर दी।*

*कूलर में पानी भरकर दिल्ली गर्मियों के लिए तैयार हो रही थी। क्रिकेट वर्ल्डकप के लिए एक्सचेंज ऑफ़र में हजारों टीवी खरीद लिए गए थे। तभी अचानक डिसकशन गर्मी और क्रिकेट से हटकर एक और बड़ी खबर पर आ गया। कारगिल की पीक्स पर पाकिस्तानी आर्मी रेगुलर्स और मिलिटेन्टस ने कब्ज़ा कर लिया था। भारत सरकार ने कब्ज़ा छुड़ाने के लिए मेजर मिलिट्री ऑपरेशन शुरु कर दिया। कारगिल की जंग शुरु हो गई। हिन्दुस्तानी और हिन्दुस्तानी हो गए। पहले क्रिकेट मैचेज़ के दौरान इंडिया एक हुआ था, और अब लड़ाई के दौरान इंडिया दोबारा एक हुआ। मैं कारगिल चली गई। कारगिल से मैं रिपोर्टिंग कर ही रही थी कि एक और घटना हो गई। ऐसी घटना, जो दिल्ली की शक्ल और पावर के मतलब, दोनों को बदलने वाली थी।"*

क्या यह अपने आप में संकेत नहीं कि बिना किसी ठीक-ठीक वजह के, 'नो वन किल्ड जेसिका' न सिर्फ पोकरण परमाणु विस्फोट के ज़िक्र से अपनी कहानी शुरु

करती है, एक ऐसे राष्ट्रवाद को स्थापित करती है जिसका आधार क्रिकेट मैचों और कारगिल युद्ध से मिलकर बनता है। 'नो वन किल्ड जेसिका' यह स्थापित करती है कि पहले जेसिका लाल की हत्या से अप्रभावित रहने वाली, और फिर बाद में विस्फोटक जनउभार का निर्माण करने वाली 'जनता' आखिर कौनसी है? यह वही 'जनता' है जिसके लिए पोकरण के न्यूक्लियर टेस्ट गर्व का विषय हैं। जो उपभोक्ता संस्कृति की असल वाहक है और जिसका राष्ट्रवाद पाकिस्तान से क्रिकेट मैच के दौरान और कारगिल की सीमा पर युद्ध के दौरान, समान रूप से जागता है।

बीते दिनों ब्रिटिश लेखक पैट्रिक फ्रैंच की महत्वाकांक्षी किताब "इंडिया : एन इंटिमेट बायोग्राफी ऑफ 1.2 बिलियन पीपल" पढ़ते हुए मेरा ध्यान इस बात की ओर जाता है कि जहाँ वह बीते दिनों हिन्दोस्तान के सार्वजनिक पटल पर चर्चित रहे आरुषि और हेमराज हत्याकांड की बात शुरु करते हैं, उनका शुरुआती संदर्भ क्या है। वे पहले अध्याय के शुरुआती पन्नों में हिन्दुस्तान में पाए जानेवाले शहरी मध्यवर्ग और उसके अपने घरेलू नौकरों से संबंध की बात करते हैं और बताते हैं कि आमतौर पर ये नौकर, मालिक से नितांत भिन्न वर्ग, स्थान और संस्कृतियों से आते हैं और मालिक समुदाय में इनके प्रति अपरिचय का भाव ही रहता है। फिर जिस वाक्य में पहली बार तलवार दंपत्ति का जिक्र आता है वह है,

> "आमतौर पर लोग ऐसे नौकरों को काम देते पाए जाते हैं जो सुदूर कहीं से आए हैं, दक्षिण में सुदूर उत्तर से, या फिर उत्तर में सुदूर दक्षिण से। कुछ मामलों में यह देश के बाहर से भी आए होते हैं। नई तकनीकों और संचार के नवीन साधनों के आने के बावजूद ऐसे साधन जो उनकी पहचान के बारे में पता करना सरल बनाएं, या यह पता करना कि क्या वे विश्वासयोग्य हैं, अस्तित्व में नहीं हैं। राजेश और नूपुर तलवार के लिए, एक मध्यवर्गीय परिवार जिसने एक खानसामा और एक नौकरानी को काम पर रखा हुआ था, अपने घर में मौजूद व्यक्तियों के बारे में पूरी जानकारी का अभाव ज़िन्दगी तबाह करनेवाला साबित हुआ।"[30]

आरुषि और हेमराज हत्याकांड कई मायनों में हमारे इस युद्धक्षेत्र में बदलते शहरी परिदृश्य को समझने का ठीक उसी तरह का प्रतिनिधि उदाहरण है जैसा कुछ साल पहले जेसिका लाल हत्याकांड बना था। इस तथ्य की ओर इशारा सबरीना अपने 'नो वन किल्ड जेसिका' के प्रदर्शन के दौरान लिए गए उस साक्षात्कार में भी करती हैं जहाँ वे जेसिका लाल, प्रियदर्शिनी मट्टू और आरुषि हत्याकांड का नाम एक क्रम में लेती हैं।[31] शायद यह ज़्यादा बेहतर उदाहरण है क्योंकि यहाँ क़ातिल अभी तक अदृश्य है। और इसकी वजह से यहाँ किसी भी व्यक्ति द्वारा लिया गया पक्ष मामले पर रौशनी डालने

से ज़्यादा खुद उनकी पहचान को और उनकी सोच को उजागर करने वाला है।

मेरा इशारा यहाँ दो तथ्यों की ओर है। पहला यह कि पूँजीवादी व्यवस्था, उदारीकरण की पैरोकार और कुछ दक्षिणपंथी राजनीतिक सोच की तरफ झुकी "इंडिया : एन इंटिमेट बायोग्राफी ऑफ 1.2 बिलियन पीपल" जिस हत्याकांड का परिचय देती है, वह अभी तक सुलझा नहीं है और सार्वजनिक पटल पर ठीक-ठीक किसी को नहीं मालूम कि आरुषि और हेमराज का क़त्ल किन परिस्थितियों में और किसने किया। इसके बावजूद आप किताब द्वारा एक तथ्य बखूबी जान सकते हैं और वह है इस शहरी रणक्षेत्र में खुद लेखक का पक्ष। उसे पढ़कर आप असल घटना के बारे में चाहे जितना जानें न जानें, खुद पैट्रिक फ्रैंच की पहचान को बखूबी जान सकते हैं। यहाँ उनका पक्ष साफ है। एक ऐसे मामले में जहाँ घर का नौकर खुद हत्याकांड में मारा गया और घटना की शिकार लड़की के माता-पिता भी संभावित अभियुक्तों में से एक हैं, फ्रैंच की कथा में वे सदा मुख्य किरदार बने रहते हैं और उनके नजरिए से देखते हुए पुस्तक 'दूसरे समुदाय' याने घर के नौकरों को इस घटना का जिम्मेदार ठहराती है।

मैं फिर वापस 'रंग दे बसन्ती' पर जाता हूँ। दो हजार छः वह साल है जिसे राजधानी के अव्वल विश्वविद्यालय में पढ़ते मैंने खुद जिया है। और साथ ही वह सारा सार्वजनिक इतिहास अपनी व्यक्तिगत ज़िन्दगी में जिया है जिससे मिलकर 'रंग दे बसन्ती' एक सामान्य फ़िल्म से एक फेनॉमिना बनती है। इसी दिल्ली की सड़कों पर मोमबतियाँ लेकर निकलते जुलूस देखे हैं और इसी साल दो हजार छः में सेंट स्टीफेंस अस्पताल के रिहैबिलिटेशन वार्ड में उम्मीद के दूसरे नाम बन्त सिंह से मिलना हुआ। विलोम अपनी आँखों से देखे हैं। यहाँ मैं एक ऐसा काम कर रहा हूँ जो मैंने इस अकादमिक पुस्तक में जानकर अब तक एक बार भी नहीं किया। मैं अपनी निजी डायरी का एक पन्ना यहाँ उद्धृत कर रहा हूँ। यह 'रंग दे बसन्ती' के बारे में है। लेकिन उससे ज़्यादा यह खुद मेरे बारे में है। ज्ञात हो कि डायरी में यह सवाल दर्ज किए जाने के कुछ समय पहले मैंने ही 'रंग दे बसन्ती' की प्रशंसा में लम्बा आलेख लिखा था। यह स्वयं से पूछे गए कुछ सवाल और कुछ समझदारियाँ हैं, जिन्हें मैं पहली बार यहाँ सार्वजनिक कर रहा हूँ,

> "She is one of us!" क्या यही कारण है जेसिका लाल के केस के फैसले के बाद उभरे जनविरोध का? बन्त सिंह को कोई जानता है आज भी? आज गोधरा को चार साल हुए और साथ ही उस जनसंहार को भी। 12,000 से ज़्यादा केस बंद कर दिए गए और किसी ने विरोध नहीं किया। यह जनविरोध दलित उत्पीड़न और दंगों में क्यों नहीं उभरता? रंग दे बसन्ती में भी यही दिक्कत है। एक ऐसी पीढ़ी जिसके

लिए सबसे बड़ी समस्या 'भ्रष्टाचार' है। कास्ट, जेन्डर के सवालों पर वो चुप है। समाधान भी IAS, Police बताए गए हैं।

रंग दे बसन्ती कहीं भी 'राष्ट्रवाद' को question नहीं करती और युद्ध की मानसिकता को भी नहीं। रंग दे बसन्ती सवाल उठाती है कि हथियारों के खराब पुरजे क्यों खरीदे जा रहे हैं पर हथियार ही क्यों खरीदे जा रहे हैं इस सवाल तक नहीं पहुँच पाती। और क्या लक्ष्मण पाण्डे transform होता है? वो हिन्दुत्ववादी पार्टी से सेकुलर होने की तरफ नहीं आता बल्कि शायद अन्त तक अपने आदर्शों पर बना रहता है। बदलती तो उसकी पार्टी है जो 'शहीद' की कद्र नहीं करती और उसका अपमान करती है।

क्या मेरा review बकवास था?"

मैं यहाँ 'नो वन किल्ड जेसिका' में वे सब तरफदारियाँ और नहीं तलाशना चाहता जिसे किसी आत्मसाक्षात्कार के समय मैंने 'रंग दे बसन्ती' में पढ़ा था। वह रास्ता भविष्य के अध्येताओं के लिए खुला है और ऊपर उद्धृत अंश की रोशनी में फिर से उल्लेखित फ़िल्म को पढ़ा जाना चाहिए। लेकिन अंतिम इशारा छोड़ जाता हूँ। हम यहाँ एक ऐसी फ़िल्म की बात कर कर रहे हैं, जिसका आधार दो आज़ादख्याल और आधुनिक महिलाएं बनाती हैं। मीरा गेती और सबरीना लाल। इसे आधार बनाकर इस फ़िल्म को महिला सशक्तिकरण की तरफ़दारी करनेवाली फ़िल्म के बतौर भी पढ़ा गया। लेकिन क्या यह आश्चर्यजनक नहीं कि यही फ़िल्म एक अन्य भूमिका में एक अन्य स्त्री को कैरीकेचर की हद तक वाहियात बना देती है। फ़िल्म में हत्या के दोषी लड़के मनीष की माँ की भूमिका में जो महिला दिखाई गई हैं उन्हें आप सदा किसी दरवाजे की ओट से घूंघट हटाकर घर के पुरुषों को संबोधित करता हुआ बस एक ही संवाद बोलता पाते हैं, "मेरे मोनू को कुछ नहीं होना चाहिए, बस।" क्या यह आश्चर्यजनक नहीं कि स्त्री चेतना की बात करती फ़िल्म में एक महिला को पूरी तरह गैरविचारवान और अपनी मर्जी से पुरुष पर निर्भर दिखाया गया है?

मेरा यही कहना है कि यह आश्चर्यजनक नहीं है और अगर आप उस विभाजन को समझना चाहते हैं जिससे यह विलोम किरदार निकलते हैं तो आपको मुख्य घटना से अपना ध्यान हटाकर उसे देखे जाने के भिन्न नजरियों पर और उनके विश्लेषण पर अपना ध्यान केन्द्रित करना होगा। क्योंकि उन्हीं भिन्न नज़रियों की वजह से 'नो वन किल्ड जेसिका' जैसी फ़िल्मों में यह विलोम किरदार पैदा होते है। फ़िल्म अपना पक्ष तय कर चुकी है और उसके बाद ही वह 'न्याय' की मांग की तरफ बढ़ती है। इसीलिए विपक्षी खेमे, या खलनायक खेमे के किरदार यहाँ विचार के दायरे से बाहर हो जाते हैं।

# ३

# रोज़मर्रा का शहर

*फतह और शिकस्त के जाहिराना सिरों के बीच भी*
*कितनी ही बूँदों ने लगातार टपक कर जगह तलाशी है*
*इन जगहों का कोई तूर्यनाद नहीं हुआ*
*पर वे स्वप्नचित्र भी नहीं*
*सैकड़ों वर्षों से उन जगहों पर वक्त चला है*
*दिन ढले हैं,*
*तकलीफ में भी नींद मौजूं रही है*
*और सुबहें कभी कभी सादिक की तरह धुली धुली भी लगी हैं।*

*उन्हीं जगहों पर इबादत हुई है, खुदा को कोसा भी गया है*
*होड़ में लोग दौड़े हैं, हताशा में मन बैठा भी है*
*फ़ख्र भी रहे हैं, कोफ्त भी हुई है।*
*शगल भी रहे हैं, बीमारी भी*
*फरामोशी भी हुई है, वफादारी भी।*

*बदलते इलाकों में भी यह सब बदस्तूर जारी रहा है*
*जैसे जन्म और मृत्यु*
*और उनके बीच कायदों से बँधती, उसे तोड़ती*
*कभी झूलती, कभी झुलाती*
*पूरी की पूरी जिन्दगी।*

*दिल्ली को खोजना है तो ऐसी जगहों पर भी जाना होगा*
*शहर सिर्फ़ महामहिम नहीं, बहुत से मामूली लोग भी बसाते है*
*दिल्ली, शहर दर शहर, सिर्फ़ निगहबानों की नहीं*
*इंसानों की भी कहानी है।"[1]*

'गॉड ऑफ़ स्मॉल थिंग्स' से बहुत पहले की बात है। प्रदीप कृष्ण और अरुंधति राय ने एक फ़िल्म बनाई थी, 'इन विच एनी गिव्स इट दोज़ वन्स'। कहानी थी दिल्ली में बसे आर्किटेक्चर स्कूल के एक सालाना बैच की। उसी फ़िल्म के क्लाइमैक्स में यह

बयान आता है जिससे हमारे आधुनिक हिन्दुस्तानी शहर के जीवन अनुभव पर बात की शुरुआत होती है। और जिस साक्षात्कार में राधा यह कहती है उसका अन्त उसके आर्किटेक्ट न बनने के फ़ैसले में होता है। शहर की सत्ता संरचना के साथ इसमें शहर के हाशिए पर हमेशा से मौजूद रहे उस अवैध हिस्से का सन्दर्भ भी आता है जिसका ज़िक्र आगे इस अध्याय में हम करने वाले हैं।

> *"तीसरी दुनिया का हर शहर दो मुख़्तलिफ शहरों से मिलकर बनता है। एक वैध शहर और दूसरा अवैध शहर। और ये दोनों शहर एक-दूसरे के खिलाफ युद्ध की मुद्रा में रहते हैं। वैध शहर अनेक संस्थाओं, इमारतों, प्रतिष्ठानों से मिलकर बनता है जिनमें घर, दफ्तर, दुकानें, सड़कें, सफ़ाई व्यवस्था शामिल है। इस वैध शहर के लिए यह सारी व्यवस्थाएँ आर्किटेक्ट और इंजीनियर तैयार करते हैं। इसके विपरीत अवैध शहर के बाशिन्दे के लिए ऐसी कोई संस्थाएँ नहीं होतीं। वह तो इन संस्थाओं के बीच की ख़ाली जगह में रहता है और काम करता है।*
>
> *वह (आर्किटेक्ट) इन संस्थाओं को ऐसे रचता है कि उनके माध्यम से अवैध शहर के बाशिन्दे को ये कहा जा सके कि तुम यहाँ से दूर रहो, यह तुम्हारा इलाका नहीं। यह अपने इलाके पर अपना राज कायम करने की तरह है। यह जानवरों की ही तरह है जैसे भालू पेड़ों के तनों पर अपने नाखूनों के निशान छोड़ देता है और जैसे शेर अपने पेशाब में मिले रसायन द्वारा यह संकेत छोड़ता है कि यह मेरा इलाका है। लेकिन इंसानों के लिए इस रसायन मिले पेशाब का स्थान आर्किटेक्ट ले लेता है। आर्किटेक्ट प्रकृति को नियन्त्रित कर उस इलाके पर अपना प्रभुत्व स्थापित करता है। अपनी बनाई संरचना के माध्यम से वह कहता है कि यह मेरा इलाका है, यह तुम्हारा इलाका है। तुम यहाँ तक तो आ सकते हो लेकिन इसके आगे नहीं।"*

जैसे यह कथन सीधा दिल्ली पर ही लक्षित हो। दिल्ली शहर केवल बनती-उजड़ती राज्य सत्ताओं की कहानी भर नहीं है। जिस तरह इतिहास को देखने का एक 'सबाल्टर्न नज़रिया' होता है उसी तरह शहर को देखने का भी एक 'सबाल्टर्न नज़रिया' है। हमारे शुरुआती दौर के सिनेमा में आमतौर पर दिल्ली शहर को 'राष्ट्र राज्य' की राजधानी के तौर पर देखा गया और सिनेमा में उसकी वही पहचान हावी रही। जैसे-जैसे सत्ता के रूप बदले और उससे लोगों की उम्मीदें बदलीं वैसे-वैसे सिनेमा में शहर दिल्ली की छवि बदलती रही। कभी जो शहर लोगों के दिलों में उम्मीदों की

ज्योत जलाता था आगे चलकर उसका चरित्र खलनायक का सा हो गया। लेकिन इस सत्ता संरचना और उसके बदलते चरित्र से अलग भी एक शहर का अस्तित्व सदा मौजूद रहता है जो इन 'महा-वृत्तान्तों' के दायरे में कहीं खो जाता है। यह है आम आदमी का शहर या रोज़मर्रा का शहर जिसे आमतौर पर हाशिए पर खड़ा आदमी रचता है। मुम्बई की अन्दरूनी बस्ती डोंगरी की गलियों में भटकता 'आमिर' इसी 'रोज़मर्रा के शहर' में अपनी राह तलाश रहा है। 'ओए लक्की! लक्की ओए!' का लक्की सिंह इस 'हाशिए के शहर' से निकल कर आता है और हमारे 'अधिकृत शहर' में घुसपैठ की कोशिश करता है। आगे हम इस पर भी बात करेंगे कि किस तरह लोकप्रिय हिन्दी सिनेमा ने अपने शुरुआती दौर से ही इस 'रोज़मर्रा के शहर' को किसी न किसी बहाने से अपने भीतर जगह दी है। आशिस नन्दी अपने चर्चित लेख, ''इण्डियन पॉपुलर सिनेमा एज़ ए स्लम्स आई व्यू ऑफ़ पॉलिटिक्स'' में हिन्दी के लोकप्रिय सिनेमा के लिए शहरी झोंपड़पट्टी का प्रतीक काम में लेते हैं। यह ऐसे शहर का नज़रिया है जो कभी शहर के आधिकारिक 'मास्टर प्लान' का हिस्सा नहीं रहा लेकिन उसमें हमेशा अन्तर्निहित रहा।[2]

नब्बे के बाद के दशक में हमारे समाज में एक समरूपीकृत 'राष्ट्र-राज्य' की अवधारणा के बन्धन कुछ ढीले पड़े हैं और विभिन्न जातीय अस्मिताओं ने तेज़ी से अपनी जगह बनाई है। इस परिवर्तन का व्यापक प्रभाव समाज के विभिन्न हिस्सों पर देखा जा सकता है। इसी दौर में शहर को देखने के नज़रिये में भी बदलाव आया है और सिनेमा भी इससे अछूता नहीं रहा है। हालिया दौर के सिनेमा में अनुराग कश्यप, राजकुमार गुप्ता और दिबाकर बनर्जी ने अपनी फ़िल्मों के माध्यम से उसी 'हाशिए के शहर'को पकड़ने की कोशिश की है। हालाँकि इस दौर की शुरुआत का श्रेय रामगोपाल वर्मा को जाना चाहिए जिन्होंने नब्बे के दशक के मध्य में आयी 'रंगीला' और 'सत्या' जैसी फ़िल्मों के साथ हिन्दी सिनेमा में एक नए दौर की शुरुआत की। इन निर्देशकों के सिनेमा में 'शहर' एक मुख्य किरदार के तौर पर उभरता है। इसकी तस्दीक अनुराग कश्यप ने ग्याहरवें ओशियंस समारोह में की जहाँ उन्होंने अपने भाषण में कहा कि फ़िल्म निर्माण में लोकेशन उनके लिए सबसे महत्त्वपूर्ण किरदार है और उनका आधा काम सही लोकेशन मिलने के साथ ही पूरा हो जाता है।[3]

लेकिन यह सिर्फ़ सिनेमा निर्माण में आया परिवर्तन नहीं है। यह सिनेमा अध्ययन की दिशा में आया बदलाव भी है। लोकप्रिय हिन्दी सिनेमा के अध्ययन के शुरुआती दौर में उसे 'राष्ट्रीय सिनेमा' की तरह पढ़ा गया। सुमिता चक्रवर्ती तथा माधव प्रसाद के अध्ययन इसका उदाहरण हैं। लेकिन बाद में आये आशिस नन्दी और उनकी बाद की पीढ़ी के रंजनी मजूमदार तथा रवि वासुदेवन जैसे अध्ययनकर्ताओं ने हिन्दी सिनेमा को केवल एक 'वृहत राष्ट्रीय आख्यान का लोकप्रिय तरीके से निरूपण' तक सीमित

मानकर पढ़ने की प्रवृत्ति को गलत कहा। इससे अन्य बहुत सारी पहचानें जो हमारे सिनेमा में सदा से मौजूद रही हैं, उन्हें हम असुविधाजनक अन्तराल मानकर अपने अध्ययन क्षेत्र से बाहर कर देते हैं। ज़रूरी है कि हम पुराने दौर के सिनेमा को भी इस नये नज़रिये के साथ फिर से विश्लेषित करें। ये नये अध्येता सिनेमा में अपनी बहस को आगे बढ़ाने के लिए 'राष्ट्र' की बजाय 'शहर' को अपना आधार बिन्दु बनाते हैं।

जैसा रंजनी मजूमदार अपनी पुस्तक 'बाँम्बे सिनेमा' की प्रस्तावना में लिखती हैं,

> "यह किताब हिन्दुस्तान में लोकप्रिय सिनेमा के प्रभाव और उसके महत्त्व के बारे में है। उन तमाम जटिलताओं से मध्यस्थता करते हुए जिन्होंने हिन्दुस्तानी सिनेमा अध्ययन की तमाम धाराओं को आकार दिया है, मेरा सचेत प्रयास है कि मैं इनसे अलग लोकप्रिय सिनेमा की एक अलग प्रकार की जाँच-पड़ताल के लिए जगह बना पाऊँ। हिन्दुस्तानी सिनेमा के मौजूदा अध्ययन क्षेत्र मुख्य रूप से तीन धाराओं में बँटे हुए हैं। राष्ट्रवादी, विचारधारा आधारित और ऐतिहासिक/वृत्तचित्रात्मक... मेरी पुस्तक 'बाँम्बे सिनेमा' इन पूर्ववर्ती अध्ययनों का योगदान रेखांकित करती है लेकिन यह लोकप्रिय सिनेमा और शहरी जीवन के साथ इसके सम्बन्ध पर विशेष ध्यान देगी।"[4]

नये दौर के सिनेमा पर आने से पहले इस नये नज़रिये को कुछ पुरानी फ़िल्मों पर आज़माना बेहतर रास्ता साबित होगा। विजय आनन्द की 'तेरे घर के सामने' इस बात का सुन्दर उदाहरण है कि किस प्रकार 'राष्ट्रवादी' सोच में रची एक प्रेम कहानी भी एक नये बनते उम्मीदों के शहर की पहचान को हमारे सामने उजागर करने का माध्यम बन सकती है। 'तेरे घर के सामने' तथा 'न्यू डेल्ही' जैसी फ़िल्में बहुलतावादी समाज में समरूपीकरण की कोशिश का नतीजा है।

‘दूर कहीं जायेंगे, नई दुनिया बसायेंगे’

## न्यू डेल्ही

*"मूल सवाल अब भी वही है : क्या हिन्दोस्तान साबुत रह पाएगा या बिखर जाएगा? जब हम इस विशाल राष्ट्र और इसके 524 मिलियन लोगों, काम में आने वाली पन्द्रह मुख्य भाषाओं, आपस में विरोधी दिखते धर्मों, और अनेक रंगों के लोगों को देखते हैं तो विश्वास करना मुश्किल है कि इनसे मिलकर एक राष्ट्र उभरता है।*
*इस राष्ट्र की परिकल्पना तो मस्तिष्क में कर पाना भी मुश्किल है – महान हिमालय, विशाल सिंधु-गंगा का मैदान जिसे सूर्य अपनी तपन से जलाता है और मॉनसून अपनी बारिशों से तर करता है, हरियाली से भरा पूर्वी डेल्टा, कलकत्ता, बॉम्बे और मद्रास जैसे महान शहर। यह आमतौर पर 'एक' राष्ट्र नहीं लगता। इसके बावजूद एक अद्भुत प्रतिरोध क्षमता है हिन्दोस्तान में जो इसके भविष्य को लेकर आश्वस्त करती है। कुछ है जिसे सिर्फ 'हिन्दुस्तानी जिजीविषा' कहकर समझाया जा सकता है।"*[5]

'न्यू डेल्ही' फ़िल्म का सबसे उल्लेखनीय तत्व, जिसे आप फ़िल्म में भी बार-बार नोटिस करते हैं, इसके नाम में ही छिपा है। 'न्यू', याने नया। महत्वपूर्ण घटनास्थल के तौर पर दिखाए गए "न्यू देहली प्रोविजन स्टोर" के अलावा भी फ़िल्म में खटकने की हद तक 'दिल्ली' के लिए 'नई दिल्ली' शब्द का प्रयोग होता है। कुछ प्रतिनिधि संवाद देखिए,

*"लो सुनो, लड़के जैसे नई दिल्ली की सड़कों पे उग रए हैं।"*
*"शनिचरवार की शाम को नई दिल्ली पहुँच जाऊँगी।"*
*"बस जरा नई दिल्ली के नजारे देख रहा हूँ।"*

क्या यह कहना हिमाकत होगी कि पचास के दशक की कई फ़िल्में आधुनिकता का वही लबादा ओढ़ने की कोशिश करती हैं जिन्हें नवस्वतंत्र राष्ट्र-राज्य के मुख्य

कर्ताधर्ता की भूमिका में जवाहरलाल नेहरू गढ़ रहे थे। क्यों 'नई दिल्ली' जैसी फ़िल्म खासकर दिल्ली जैसे अपने इतिहास की मातहती में जीने वाले शहर को बार-बार एक नवीन पहचान देने की कोशिश करती है? बेशक फ़िल्म में दरियागंज का एक वृहत बाज़ार के तौर पर ज़िक्र आता है और आप गोलछा सिनेमा का आड़ा चमकता बोर्ड भी देख पाते हैं, लेकिन यहाँ दिल्ली शहर के लोकेल को जिस तरह से फोकस किया गया है उसमें 'पुरानी दिल्ली' की जकड़बन्दी से बाहर निकलने की तड़प साफ़ नज़र आती है।

'नई दिल्ली' जिस भेद को अपनी कहानी का आधार बनाती है, वह भाषा और क्षेत्र से जुड़ा भेद है। कहानी लुधियाना, पंजाब से दिल्ली शहर में नए-नए रहने आए रेडियो इंजीनियर आनंद की है जिसे राजधानी में रहने के लिए एक अदद किराए के कमरे की तलाश है। उसका सफ़र एक इश्तेहार से दूसरे और एक से दूसरे मकान में घूमता है, लेकिन उसकी तलाश पूरी नहीं होती। वजह, शहर में प्रत्येक क्षेत्र विशेष का बाशिन्दा सिर्फ अपने क्षेत्र वाले को ही किराएदार रखना चाहता है। मजबूरन वह एक मद्रासी परिवार के यहाँ धोखे से मद्रासी नवयुवक 'आनंद कुमारस्वामी' का भेस धरकर रहने लगता है। नायिका, जो खुद एक मद्रासी परिवार से है, जल्द ही उसका राज़ जान जाती है। भविष्य की परेशानियाँ यहीं से पैदा होती हैं, क्योंकि नायक का पंजाबी परिवार एक दक्षिण भारतीय बहू को और नायिका का मद्रासी परिवार एक पंजाबी दामाद को स्वीकार करने के लिए तैयार नहीं है।

क्षेत्र के बंटवारों को आज़ादी के बाद बने हिन्दी सिनेमा में एकाधिक बार संबोधित किया गया है। वी. शांताराम की सन उन्नीस सौ तिरेपन में आई फ़िल्म 'तीन बत्ती, चार रास्ता' में पंजाब के लाला गुलाबचंद, जिनकी शादी उत्तर प्रदेश में हुई है, अपने चार लड़कों की शादी सिंधी, मराठी, बंगाली और गुजराती लड़कियों से करवाते हैं जिससे उनका घर सामुदायिक सद्‌भाव का अनुपम उदाहरण बन सके। यहाँ साठ के दशक में आई ख्वाजा अहमद अब्बास की 'सात हिन्दुस्तानी' को भी देखा जा सकता है जिसमें युद्ध के माहौल में पनपा सघन राष्ट्रवाद भारत के भिन्न इलाकों से आनेवाले नायकों के मध्य भाषाई और धार्मिक विवादों को ठंडा कर एकता और भाईचारा स्थापित करने में सबसे महत्वपूर्ण भूमिका निभाता है।

दिक्कत यह है कि इस 'आधुनिकता' के स्वप्न के पेंच भी इन्हीं फ़िल्मों के सहारे खुलते हैं। अगर आप 'तीन बत्ती, चार रास्ता' को उसी विचारसरणी में निर्मित समकालीन फ़िल्म 'न्यू डेल्ही' के समांतर रखकर देखें, तो एक मज़ेदार नज़ारा सामने आता है। फ़िल्म की शुरुआत में ही, जहाँ आप फ़िल्म के मुख्य किरदारों और उनके मध्य मौजूद मुख्य द्वंद्व से परिचित होते हैं, यह संवाद फ़िल्म के विचार को आगे बढ़कर स्पष्ट करता है,

*"क्यों बनारसी बहू, कैसी अजीब लड़की है श्यामा। यह अपने यहाँ जरूर टिक रहेगी। इसने खुश कर लिया है बहुरानियों को।*

*अजी बहुरानियाँ भी कभी खुश हुई हैं किसी से। इनके मन में तो अभी तक प्रान्तीय विचार घर किए हुए हैं।*

*उन्हीं विचारों को दूर करने के लिए श्यामा जैसी लड़की की जरूरत है। जो हरेक को उसी की बोली में समझा-बुझा सके, उनमें मिलाप पैदा कर सके। देख लेना, सब ठीक हो जाएगा धीरे धीरे।*

*जब तक तो मेरा दम ही निकल जाएगा। खैर, तुम्हारी हठ तो पूरी हो गई।*

*तुम भी इसे हठ कहती हो बनारसी बहू? हमारा घर प्रान्तों के मिलाप का एक रंगीन चित्र बने, यही मेरी ज़िन्दगी का आदर्श रहा है। जिस तरह हमारे-तुम्हारे प्यार से पंजाब और उत्तर प्रान्त का मिलाप हुआ, उसी तरह एक दिन हमारा घर सारे प्रान्तों के मेलजोल का नमूना बन जाएगा नमूना।*

*जी हाँ नमूना! अन्दर मट्टी और बाहर चूना। आखिर इस मुलम्मे का नतीजा क्या होगा।*

*नतीजा? अपने देश के लिए एक संस्कृति। एक तहज़ीब।"*

यह घर के बड़े, पति-पत्नी के बीच का आपसी वार्तालाप है जिसमें इस तत्कालीन प्रयास, 'आधुनिक भारत' गढ़ने की 'अति' क्या हो सकती है, संवाद के अंत में 'अपने देश के लिए एक संस्कृति, एक तहज़ीब' के साथ अचानक सामने आ जाता है। स्पष्ट है कि कैसे आगे जाकर यह 'सार्वभौम नागरिक' गढ़ने की कोशिश तमाम 'अन्य' पहचानों पर हावी होने की कोशिश करती है और यही अतिवादी रवैया भविष्य में उभरे पहचान के सवालों के लिए सीधा खाद-पानी का काम करता है। यह समझना मुश्किल नहीं कि जब भी हिन्दोस्तान जैसे विविधरंगी मुल्क में 'एक संस्कृति, एक तहज़ीब' का निर्माण करने की कोशिश होती है, चेतन अवचेतन दोनों ही रूपों में अन्ततः वह विचार किस संस्कृति की स्थापना की तरफ अग्रसर होता है।

यहाँ यह भी देखा जाना चाहिए कि किस तरह एक 'मिनी भारत' की स्थापना के फेर में व्यक्तिगत पसन्दों का लोप हो जाता है। पिता अपनी 'आधुनिक' सोच के चलते अपने हर बेटे की शादी भिन्न प्रान्त से आनेवाली लड़की से करवाते हैं, और इसमें लड़कों की भूमिका सिर्फ एक सहायक किरदार के बराबर रह जाती है जिनके

हाथ में कुछ नहीं। इसी के बरक्स 'न्यू डेल्ही' में लड़का और लड़की की अपने माता-पिता से भिन्न सोच और पसन्द ही समस्या की मुख्य जड़ है। देखें कि कैसे एक ही विचारसरणी से निकली दो फ़िल्मों में एक में मौजूद समस्या दूसरी फ़िल्म के लिए गौण विषय बन जाता है। यही हिन्दोस्तान के राष्ट्रवाद का मुख्य विमर्श है, जहाँ किसी वृहत विमर्श के आगे 'अन्य' विमर्शों को आखिर गौण हो जाना है।

फ़िल्म में कला नायक नायिका के मिलन का मुख्य आधार बनती है। सिर्फ नायक नायिका ही क्यों, कहानी में मौजूद दोनों प्रेम कथाओं के लिए दो भिन्न कलारूप आधार उत्पन्न करवाते हैं। नायक नायिका के लिए वह संगीत है तो दूसरे प्रेमी जोड़े के लिए वह चित्रकला है। वृहत अर्थों में देखें तो यह नवनिर्मित मुल्क की राजधानी दिल्ली शहर को भिन्न कलारूपों के विकास और संवर्धन के लिए राजधानी की भूमिका निभाते देखने की चाह है। पचास का दौर ही राजधानी में भिन्न संस्थाओं की स्थापना और विकास का दौर भी है और यही तथ्य यहाँ उल्लेखनीय है। इसका असर आप अस्सी के दशक तक देखते हैं जहाँ नायिका 'सरगम संगीत विद्यालय' में संगीत की शिक्षा लेती पाई जाती हैं। विचलन तो 'डेल्ही बेली' में आकर ही देखने को मिलता है।

यह भी उल्लेखनीय है कि फ़िल्म में मौजूद आधुनिक मानसिकता और पुरातन मानसिकता के बीच बंटवारे को साफ पीढ़ीगत बंटवारे में भी देखा जा सकता है। यहाँ प्रेमियों के दो भिन्न जोड़े अपनी प्रेम कहानियों के लिए सामाजिक स्वीकार्यता के आकांक्षी हैं और दोनों ही मामलों में अभिभावक पीढ़ी क्षेत्र और भाषा का सवाल खड़ा कर बाधक बनती है। ठीक इसी तरह का उदाहरण आप दिल्ली की ही पृष्ठभूमि पर बनी 'तेरे घर के सामने' में भी देख सकते हैं जिसकी चर्चा हम अगले अध्याय में करेंगे। यहाँ इसे दो तरह से पढ़ा जा सकता है। पहला तो यह संकेत है कि राज्य आधुनिक मूल्यों की स्थापना के लिए अपने युवा नागरिकों के प्रति ज़्यादा आशावान है। और दूसरा यह कि ये नई पीढ़ी दिल्ली जैसे शहर को, जिसे राज्य सत्ता का केन्द्र होने के चलते आधुनिक समाज व्यवस्था की स्थापना के लिए मुख्य गंगोत्री होना है, अपनी आकांक्षाओं का मुख्य घटनास्थल बनाती है।

*"भइया, एक बात तो बताओ।*
*"का बात है बाबूजी?"*

*"ये हिन्दोस्तान कहाँ है?"*

*"हाँए! बाबूजी कोई नसा-वसा खाए के तो नहीं आए हो। ये हिन्दोस्तान नहीं तो क्या विलायत है?"*

*"नहीं भइया। मुझे तो यहाँ मद्रास, गुजरात, पंजाब, बंगाल, महाराष्ट्र,*

*सब नजर आए। मगर हिन्दोस्तान कहीं नजर नहीं आया।''*

*''हा हा हा हा। का बात करत हो बाबूजी। ये हिन्दोस्तान ही तो है। ये देखो बंगाली भाई, ये गुजराती भाई, ये हैं मद्रासी, ये हैं मराठी, ये हैं पंजाबी। सभी तो बैठे हैं। हैं कि नहीं?''*

*''हाँ हैं तो। लेकिन हिन्दोस्तान है तो तुम्हारी सराय के अन्दर ही है। जरा दरवाजे से बाहर निकलकर देखो...''*

आगे आनेवाले गीत ''अरे भाई निकल के आ घर से'' में भी नवस्वतंत्र राष्ट्र-राज्य द्वारा आधुनिकता के प्रति आग्रह देखा जा सकता है। यह एक ऐसा 'आधुनिक नागरिक' गढ़ने की कोशिश है जिसकी प्रथम वफ़ादारी अपने समुदाय के प्रति न होकर राज्य के प्रति हो। गीत में इसके अलावा भी अन्य कई राष्ट्रीय, अन्तरराष्ट्रीय मन्तव्य पढ़े जा सकते हैं।

*''दुनिया बदल गई प्यारे*
*आगे निकल गई प्यारे*
*अन्धे कुएं में छुप के क्यूं*
*बैठा हुआ है मन मारे*

*पानी को, तेल को छोड़ा*
*बिजली की रेल को छोड़ा*
*कल चाँद और तारों में*
*पहुँचेगा एटमी घोड़ा*

*कल जो था कल रहा होगा*
*आगे की सोच क्या होगा*
*टूटी पुरानी ढपली पे*
*तू कल का मर्सिया मत गा''*

यह संयोग नहीं है कि किसी हिन्दी सिनेमा के गीत में परमाणु विस्फोट जैसी अन्तरराष्ट्रीय परिघटना का संदर्भ आए। और भी ऐसे उदाहरण मौजूद हैं जिनमें हिन्दी सिनेमा के गीत अपनी फ़िल्म की कहानी से आगे निकलकर समय, समाज पर टिप्पणी करने की मुद्रा में आ जाते हैं। यहाँ यह भी गौर करें कि जहाँन्यू डेल्ही' में नायक को पेशे से रेडियो इंजीनियर बताया गया है वहीं'तेरे घर के सामने' में वह अमेरिका से पढ़कर आया वास्तुकार है। आधुनिकता की चाह यहाँ नायकों के पेशे से भी साफ झलकती है।

यहाँ क्षेत्रीय वफादारियों के ऊपर राष्ट्रवाद की भावना स्थापित करने का नवनिर्मित राष्ट्र-राज्य का सपना साफ दिखता है। और यह सपना इसलिए महत्वपूर्ण है क्योंकि इसी के सहारे राज्य अपने नागरिक की स्वयं के प्रति वफादारी सुनिश्चित करना चाहता था। ठीक अपनी समकालीन फ़िल्म 'अब दिल्ली दूर नहीं' की तरह यहाँ भी दिल्ली वह केन्द्रक है जिससे होकर आधुनिकता का यह नेहरूवियन स्वप्न परवान चढ़ना था और सम्पूर्ण देश में फैल जाना था।

‘ये तेरा घर ये मेरा घर, ये घर बहुत हसीन है’

# तेरे घर के सामने

*"इसी उद्देश्य से शहर को आठ योजना प्रखंडों में विभाजित किया गया है, जो रोजगार, रिहायशी इलाके, मनोरंजन और खरीददारी जैसी जरूरतों के संदर्भ में आत्म निर्भर होंगे। इन पृथक कार्यात्मिक इकाइयों का भूमि प्रयोग और विकास का स्वयं अपना तरीका होगा, जिनमें उनकी व्यक्तिगत खासियतें दिखाई देंगी, और खुद की सामाजिक और सांस्कृतिक विशेषताएं होंगी। जहाँ वर्तमान 'पुराना शहर' भूमि के इस्तेमाल में एक अव्यवस्थित और नितांत असंगत व्यवस्था बनाता है, 'नई दिल्ली' में गठी हुई सामाजिक प्रणाली का अभाव है। योजना ने उद्योग, व्यापार, रिहाईश, खेल जैसी तमाम मुख्य शहरी जरूरतों के लिए ज़मीन उपलब्ध करवाई है। यह ज़मीन हर उपयोग के लिए यथोचित स्थानों पर उपलब्ध करवाई गई है जिससे आपस में उनकी संगतता बैठे और एक नियमितता और सुचारू कार्यव्यवस्था कायम हो पाए।*

*शहर जैसे एक जीवित शरीर व्यवस्था की तरह है। एक सुचारू और स्वस्थ समाज संरचना की स्थापना के लिए, शहर की पदानुक्रम व्यवस्था का निर्माण नीचे से ऊपर की तरफ किया जाना चहिए। घरों के समुच्च्यों का निर्माण बच्चों के विद्यालय और शिशुगृहों के इर्द-गिर्द होना चाहिए। प्राथमिक विद्यालय, माध्यमिक विद्यालय, सामुदायिक केन्द्र तथा जिला केन्द्र वह क्रमबद्ध व्यवस्थाएं हैं जिनके चारों ओर सामुदायिक ढांचे का निर्माण होगा। केन्द्रीय व्यापार संघ, मुख्य शैक्षिक, मनोरंजक, सांस्कृतिक, नागरिक केन्द्र एकीकृत, समान रुचियों पर निर्मित व्यवस्था प्रदान करेंगे। भविष्य के महानगर में स्वस्थ वातावरण में ही आम आदमी का जीवन विविधतापूर्ण, समृद्ध और संतुष्टिदायक बन सकता है।"*[6]

नये बने भारतीय 'राष्ट्र-राज्य' में उसके शहर उसके नागरिकों की उम्मीदों और आकांक्षाओं का मुख्य दरवाज़ा थे। ऐसे में 'तेरे घर के सामने' में दिल्ली का नया बनता शहरी लैण्डस्केप फ़िल्म के सबसे सकारात्मक पहलू के रूप में उभरता है। यह आधुनिकता के तमाम मूल्य अपने भीतर समेटे है और अपने नागरिकों को एक नया समतावादी और स्वतन्त्र समाज देने का आश्वासन देता है। नेहरू की स्वप्न परियोजना चंडीगढ़ की तरह ही 'तेरे घर के सामने' में भी नेहरूवियन आधुनिकता और 'आदर्श सार्वभौम मनुष्य' गढ़ने के तमाम सूत्र उसकी वास्तु में अन्तर्निहित हैं।

'तेरे घर के सामने' की सीधी-सरल व्याख्या तो यह हो सकती है कि यह दो परिवारों में टकराव का रूपक के रूप में इस्तेमाल कर नेहरू के 'पंचशील' के सिद्धान्त को व्याख्यायित करती है। उन्नीस सौ बासठ में भारत-चीन युद्ध के वक़्त इस सिद्धान्त और इससे जुड़े आदर्शों को गहरा धक्का पहुँचा था। 'तेरे घर के सामने' का प्रदर्शन साल भी यही है। फ़िल्म नेहरूवियन आधुनिकता को परम्परा के ऊपर तरजीह देती है। फ़िल्म में सीधे नायक-नायिका के संवाद के माध्यम से 'पंचशील' का सन्दर्भ आता है –

– *देखो राकेश कुछ भी हो, माँ-बाप की इजाज़त के बगैर मैं तुमसे शादी नहीं कर सकूँगी।*
– *सुलेख, तुमने महात्मा बुद्ध का नाम सुना है, और महात्मा गाँधी का, और ईसा मसीह का?*
– *हाँ।*
– *जानती हो इन सबने सबसे ज्यादा पते की बात क्या कही है?*
– *क्या?*
– *कि प्यार में बड़ी ताकत है!*
– *फिर मज़ाक...*
– *देखो, झगड़ा तय करने के दो तरीके हैं। एक चीनी तरीका और एक हिन्दुस्तानी तरीका।*
– *चीनी तरीका?*
– *मसले कि मैं बन्दूक लेकर तुम्हारे घर में घुस आऊँ... ठाँ ठाँ ठाँ ठाँ ठाँ...और जबरदस्ती तुम्हें तुम्हारे माँ-बाप से छीनकर ले आऊँ ...वो चीनी तरीका।*
– *और हिन्दुस्तानी तरीका?*
– *हिन्दुस्तानी तरीका पंचशील का तरीका है। पाँच बातें हैं प्यार की, नम्बर एक तुम्हारे माँ-बाप तुमसे बहुत प्यार करते हैं, नम्बर दो मेरे माँ-बाप मुझसे बहुत प्यार करते हैं नम्बर तीन मैं तुमसे बहुत प्यार करता हूँ नम्बर चार तुम मुझसे बहुत प्यार करती हो...*

*— नम्बर पाँच?*

*— नम्बर पाँच ये कि अन्दर-अन्दर से मेरे माँ-बाप तुमसे और तुम्हारे माँ-बाप मुझसे बहुत प्यार करते हैं।*

*— तो नतीजा?*

*नतीजा ये है कि प्यार से प्यार सजाया जायेगा, शादी होगी!*

लेकिन 'तेरे घर के सामने' को समझने के लिए केवल इतना काफी नहीं। हमारे लिए यह फ़िल्म इसलिए महत्त्वपूर्ण है क्योंकि यह हिन्दुस्तान में हुए शहरीकरण के एक ख़ास दौर को हमारे सामने बहुत खूबसूरती से एक प्रेम कथा में पिरोकर पेश करती है। यहाँ शहर एक बनता हुआ शहर है और निर्माण स्थल यहाँ एक सकारात्मक चिह्न के रूप में उपस्थित है।

इस फ़िल्म में बनते शहर को अमिताभ के दौर के शहर के साथ रखकर देखने से यह तथ्य और ज़्यादा अच्छी तरह से हमारे सामने आता है कि इस दस साल की अवधि में शहरी जीवन किस तेज़ी से बदला है। उम्मीद धीरे-धीरे असन्तोष में बदलती है और असन्तोष उन्माद में। 'तेरे घर के सामने' में निर्माण स्थल हमेशा एक सकारात्मक बिन्दु के रूप में सामने आता है। लेकिन जैसा रवि वासुदेवन लिखते हैं कि अमिताभ के दौर की फ़िल्मों में औद्योगिक नगरी में हो रहा निर्माण कार्य अमिताभ के गुस्से और असन्तोष का प्रतीक बन जाता है, ''जैसे 'दीवार' में विजय नामक प्रवासी मज़दूर अपनी माँ के अपमान से तिलमिला रहा है। यहाँ उसका गुस्सा ज़मीन तोड़ने वाली ड्रिल मशीन के कम्पनों में अभिव्यक्त होता है।''[7]

इसी तरह का रूपक 'कभी-कभी' में भी प्रयोग में आता है। अमिताभ एक बिल्डर है और उसके आस-पास मौजूद विस्फ़ोटों की दुनिया उसके भीतर के ध्वंस को व्यंजित करती है। वहीं दूसरी ओर शशि कपूर एक वास्तुकार/इंटीरियर डिज़ायनर की भूमिका में है। उसका पेशा ही उसके भीतर की रचनात्मकता का व्यंजक बन जाता है। अमिताभ का किरदार अर्न्तमुखी है, अपनी दुनिया में खोया रहता है। शशि कपूर का किरदार बातूनी है, हाज़िर जवाब है, वर्तमान में जीता है।[8] ये दोनों उदाहरण दो बातें हमारे सामने रखते हैं। पहली तो ये कि किस तरह शहर की संरचना कहानी में विभिन्न माध्यमों से अपने अलग-अलग रूपों में सामने आती है और दूसरा यह तथ्य कि किस तरह 'शहर' का अर्थ सिर्फ़ दस सालों के भीतर 'नायक से खलनायक' में बदल गया। 'तेरे घर के सामने' में भी नायक एक वास्तुकार है और यहाँ एक बनता हुआ शहर ही नयी पीढ़ी को तमाम उम्मीदें उपलब्ध करवा रहा है।

फ़िल्म अपनी शुरुआत में ही टाइटल्स के साथ दिल्ली की विभिन्न छवियाँ प्रस्तुत करती है। इस रैंडम से चयन में नई दिल्ली और पुरानी दिल्ली दोनों की छवियाँ शामिल हैं। कुतुब मीनार आता है, लाल किला आता है, जामा मस्जिद आती है, कनॉट प्लेस

आता है, संसद भवन आता है, राष्ट्रपति भवन आता है, ब्रिटिश एम्बेसी आती है, तो सफ़दरजंग का मकबरा भी नज़र आता है। लेकिन इसके साथ यहाँ शुरुआत में ही दिल्ली के आम जन-जीवन की तस्वीरें भी नज़र आती हैं। आम लोग जैसे ताँगेवाला, मालिशवाला, ट्रैफ़िक हवलदार नज़र आते हैं। टैक्सियाँ नज़र आती हैं तो बसें भी नज़र आती हैं। यह फ़िल्म दिल्ली के जिन नये बनते इलाकों की दुनिया रचती है वो न तो सीधे-साधे मुगलों के बनाये 'शाहजहाँनाबाद' का हिस्सा है ना लुटियंस की रची 'नई दिल्ली' का।

आज़ादी के बाद दिल्ली का रूप एकदम से बदला और एक बड़ी आबादी का दबाव उसे सहना पड़ा। इसका एक कारण तो राजधानी के रूप में उसका सत्ता का केन्द्र बनना था और दूसरा बड़ा कारण था बँटवारा। बँटवारे की वजह से एक बड़ी आबादी विस्थापित होकर इस शहर में आयी जिसमें सबसे बड़ी संख्या पंजाबियों की थी। ''बँटवारे ने दिल्ली की जनसाँख्यिकी को तेज़ी से बदला, 1941 में इसकी जनसंख्या 6.95 लाख थी जो बँटवारे के बाद 1951 में बढ़कर 14.37 लाख हो गयी। सिख जो सन् उन्नीस सौ एक में शहर की 0.64 प्रतिशत आबादी थे बढ़कर 1961 में 7.7 प्रतिशत हो गये थे।''[9] यह सभी वजहें आज़ादी के बाद के सालों में दिल्ली में तेज़ी से बढ़ी नवनिर्माण गतिविधियों की वजह बनीं। एक तरफ़ थीं लोधी कॉलोनी, पंडारा पार्क, चाणक्यपुरी जैसी सरकारी कॉलोनियाँ और दूसरी ओर थीं मॉडल टाउन, साउथ एक्स, ग्रेटर कैलाश, बसन्त विहार जैसी निजी कॉलोनियाँ।

यह आबादी का उफ़ान दिल्ली के लिए एक चुनौती था तो एक नये शहर की रचना का मौका भी। सरकार द्वारा इस समस्या से निपटने के लिए शहर का मास्टरप्लान तैयार किया गया। यह मास्टरप्लान भी ठीक उसी साल पास हुआ जिस साल 'तेरे घर के सामने' का निर्माण हो रहा था, 1962।

यहाँ यह देखना बड़ा मजेदार है कि इस मास्टरप्लान की शुरुआती पंक्तियों में ही हमें बंटवारे के संदर्भ और उससे दिल्ली शहर पर पड़ने वाले आबादी के दबाव की झलक मिल जाती है।

> ''देश के बंटवारे के बाद हुई दिल्ली की अस्तव्यस्त और गैरयोजनाबद्ध वृद्धि को जांचने के लिए, जिसकी वजह से शहर की जनसंख्या में अभूतपूर्व वृद्धि हुई और बेतरतीब तरह से रिहायशी कॉलोनियों का निर्माण हुआ, बिना किसी नक्शे और सुविधापूर्ण जीवन जीने की व्यवस्था की स्थापना के और शहर के विकास की संभावना के बिना, केन्द्रीय सरकार ने नवम्बर 1955 में देल्ही विकास (अस्थायी) प्राधिकरण की स्थापना की।''

यह उन्नीस सौ बासठ में अस्तित्व में आए आजाद भारत में निर्मित नई दिल्ली के पहले मास्टर प्लान की उद्घाटन पंक्तियाँ हैं।[10]

मास्टरप्लान की योजना पर बात करते हुए रंजना सेनगुप्ता इसे बनाने वाले लोगों का नज़रिया उद्धृत करती हैं, "इस मास्टरप्लान के पीछे विचार कॉलोनियों के अलग-अलग विकास का ना होकर पूरे इलाके के समग्र विकास का था। इरादा यह था कि हर इलाका अपने आप में आत्मनिर्भर हो और उसका अपना सामाजिक, शैक्षिक और स्वास्थ्य सम्बन्धी ढाँचा हो।"[11]

फ़िल्म में नायक का आर्किटेक्ट होना उसे सीधे विकास और निर्माण के इस पूरे ढाँचे से जोड़ देता है, और फ़िल्म अपने शुरुआती प्रसंग से ही यह साफ़ कर देती है कि इस नये बनते शहर ने 'नयेपन' को एक मूल्य के तौर पर अपनाया है। नायिका नायक से पहली मुलाकात में उसके जवान होने की वजह से उसे नौसिखिया समझकर उसे अपने मकान का आर्किटेक्ट बनाने से इनकार कर देती है। इसके बाद जब वो अपनी पसन्द का आर्किटेक्ट चुनने नायक के दफ्तर जाती है तो वहाँ नायक के बॉस से उसके संवादों से आप इस बात को अच्छी तरह समझ सकते हैं –

– *अब तुम बताओ, तुम कैसा मकान बनवाना चाहती हो?*

– *पहले मुझे यह बताइए कि लिंक रोड पर सात नम्बर की कोठी और डिफ़ेंस कॉलोनी में सत्रह नम्बर का मकान आपके कौन से आर्किटेक्ट ने डिज़ाइन किया था?*

– *वो दोनों एक ही आर्किटेक्ट के बनाये हुए हैं।*

– *बेटी शायद तुम यह समझती हो कि जब तक खोपड़ी गंजी ना हो जाये, दाढ़ी और मूँछ के बाल सफ़ेद ना हो जाये तब तक आदमी नौसिखिया ही रहता है। लेकिन ज़माना नौजवानों का है, नये खून का है। (नायक का आगमन) आओ राकेश, इसी नौजवान ने दोनों कोठियाँ ड़िजाइन की थीं। अमेरिका से आये अभी दो साल हुए हैं।*

यहाँ न सिर्फ़ 'नयापन' एक सकारात्मक मूल्य के तौर पर स्थापित होता दिख रहा है बल्कि नायक अमेरिका में शिक्षा प्राप्त कर आया है यह तथ्य भी एक से ज़्यादा बार बताया गया है। अमेरिका का नाम ही खुद बहुत सारे नये विचार साथ लेकर आता है और ब्रिटिश कैद से आज़ाद हुआ मुल्क अमेरिका और ब्रिटेन की आधुनिकता में एक विलोम देखता है। एक ओर ब्रिटिश सोच है जिससे हिन्दुस्तान दो सौ साल जुड़ा रहा है। यहाँ परम्पराएँ हैं, जहाँ इतिहास और पुराने रिवाज बहुत महत्त्व रखते हैं। वहीं दूसरी ओर अमेरिकी सोच है जो 'आज' में जीने में और सुख की प्राप्ति को ही लक्ष्य बनाने में ही विश्वास करती है। यहाँ अमेरिकी विचार प्रणाली को एक खास सन्दर्भ

में, नये को एक अच्छे मूल्य के तौर पर स्वीकार करने के सन्दर्भ में, विशेष महत्त्व दिया गया है। नायक आधुनिक विचार प्रणाली में ढला है। शराब पीता है, नशा करता है, उसके पिता की सोच के हिसाब से वो बिगड़ गया है, लेकिन फ़िल्म उसे उसकी योग्यता और आधुनिक विचारों के साथ जोड़कर एक नायकत्व की छवि प्रदान करती है। उसके व्यक्तित्व की यह खासियतें उसके माता-पिता के बीच एक मज़ाकिया संवाद में यूँ सामने आती हैं–

*– ज़मीन का प्लान तो आ गया। अब सोचना ये है कि मकान किससे बनवाया जाये।*

*– अगर आप मकान सिर्फ़ अपने लिए बनवा रहे हैं तो बेशक काले चोर से बनवा लें। अगर उस मकान पर मेरा भी कोई हक है तो उसे सिर्फ़ मेरा बेटा ही बनायेगा, और कोई नहीं।*

*– तुमने फिर मेरे सामने उसका नाम लिया। मेरा कोई बेटा नहीं, मेरे लिए वो मर चुका है।*

*– हाय आपकी काली ज़बान, मरें उसके दुश्मन। सारा शहर मकान बनवाने के लिए उसके पीछे दौड़ रहा है और बाप ने उसे सिर्फ़ घर से ही नहीं निकाल रखा, मार ही रहा है।*

*– वो अगर मुझे अपना बाप समझता तो यूँ सरेआम मेरी पगड़ी नहीं उछालता।*

*– हाय आप भी बात का बतंगड़ बना कर बैठ गये हैं। कहाँ और कब उछाली है उसने आपकी पगड़ी?*

*– क्यों खाओ मेरी कसम... क्या वो नशा नहीं करता? हमारे खानदान में आज तक किसी ने तम्बाकू का नशा नहीं किया, और वो नामुराद, हद होती है बदतमीज़ी की, मेरे सामने बैठकर इतना लम्बा चुरूट मुँह में रखकर फ्रंटियर मेल की तरह भक-भक धुआँ उड़ाता था।*

*– आप भी जाने किस सतयुग के औतार हैं। ऐ जी, आजकल तो बड़े-बड़े महापुरुष भी दाँव लगने पर सिगरेट का शौक कर लेते हैं!*

*– अच्छा चलो माना। लेकिन ये ब्रांडी, व्हिस्की, जिन... तुम्हारे*

*पिताजी ज़िन्दा होते तो उनका सुनकर ही हार्टफेल हो जाता।*

*– ठर्रा तो नहीं पीता ना, अंग्रेजी ही पीता है। और वो भी कभी-कभार, वो क्या कहते हैं उसे पैग-आधा पैग, उससे कहीं नशा होता है।*

*– तुम्हें कैसे मालूम है जी? तुमने कभी पी है क्या?*

*– मैंने नहीं पी तो क्या हुआ। क्लब में हर रोज़ औरतें पीती हैं। एक-आध बार तो मेरा भी जी कर आया था!*

*– रूपदेई! कहीं तू भी तो नशा करके नहीं बैठी है?*

*– मैंने तो सिर्फ़ बात की थी जी।*

*– अरे ये भी कोई करने की बात है। राम-राम। हमारे बुजुर्ग जब रामायण की कथा करते थे तो हम बच्चे सब मिलकर कहा करते थे कि बोल सियापति रामचन्द्र की जय। और आजकल जब हम मंदिर में कीर्तन कर रहे होते हैं तो हमारे साहबज़ादे आवारा लड़की को लेकर उसके साथ चिमटकर कर रहे होते हैं चा चा चा... चा चा चा... छी! छी! छी!*

*– कसूर किसका है? कितना रोई थी कि बेटे को विदेश ना भेजो, ना भेजो। लेकिन अकड़ थी कि बेटा अमरीका में तालीम लेगा।*

*– मैंने तो उसे आर्किटेक्ट बनने के लिए भेजा था। मुझे क्या मालूम था कि वापिस लौटते ही वो बाप को 'पप्पा' कहेगा और जहाँ देवी-देवताओं की तस्वीरें होनी चाहिए वहाँ कोका-कोला पीती हुई अधनंगी लड़कियों के कैलेन्डर टाँगेगा!*

पूरा संवाद एक जीवन शैली पर टिप्पणी बन जाता है। इस संवाद से बहुत सी बातें उजागर होती हैं। जहाँ पिता उसके इस 'बिगड़े हुए' चाल-चलन से अपनी नाराज़गी ज़ाहिर करता है वहीं यह भी साफ है कि उसने ही अपनी मर्जी से अपने बेटे को तालीम हासिल करने अमेरिका भेजा था। यहाँ बेटे की उपलब्धियों के प्रति एक छिपा हुआ गर्व भी है और ऊपरी नाराज़गी भी। यही सोच आप दिबाकर बनर्जी की 'खोसला का घोंसला' में खोसला साहब के अपने बेटे शैरी के प्रति व्यवहार में देख सकते हैं, जब तक शैरी अपनी दुनिया में व्यस्त रहता है और खोसला साहब की समस्याओं पर ध्यान नहीं देता तब तक वो उससे नाराज़ रहते हैं लेकिन उसे अपनी

मदद के लिए आता देखकर वो उसकी समझदारी पर ही शक करने लगते हैं। गौरतलब है कि दोनों ही संवादों में 'अमेरिका' नायक के साथ जुड़े हुए सबसे मुख्य प्रतीक के रूप में सामने आता है। खोसला साहब और उनके दोस्त साहनी साहब के बीच इन संवादों पर गौर करें।

— *अगर वो कुछ कह रहा है तो उसको सुनने में कुछ नुकसान तो नहीं।*

— *नुकसान मुझे नहीं साहनी साहब नुकसान उसको हो रहा है। सारा बचपन पढ़ाई-लिखाई करके यहाँ तक पहुँचा है, अब अमरीका जाना चाह रहा है और दिमाग में देखो क्या चल रहा है। प्लॉट गया चलो मैं भूल गया, पर अब अपनी आँखों के सामने उसका कैरियर भी जाते हुए देखूँ।*

— *ओये कहीं नहीं जा रहा उसका कैरियर।*

— *जा रहा है साहनी साहब। एक बार सर्विस क्लास का आदमी ऐसी हरकतें करता पकड़ा जाए तो पूरी उमर के लिए दाग़ लग जाता है।*

— *ओये क्या दाग़-वाग़? और अपनी चीज़ निकलवाने में कैसा दाग़। और आजकल कोई दाग़-वाग़ नहीं देखता। सब अपना मतलब देखते हैं।*

— *साहनी साहब उसको नहीं पता ये लोग क्या चीज़ हैं। मुझे पता है।*

— *खोसला साहब, आपको सारी उमर यही शिकायत रही न कि आपका लड़का आपके सुख-दुख में साथ नहीं देता। अब जब वो दे रहा है तो आप उसकी समझदारी पर भी डाउट कर रहे हो?*

यह एक ख़ास मध्यमवर्गीय सोच है जो एक ओर अपने बेटे को समाज में नये-नये रास्तों पर आगे बढ़ते देखकर मन ही मन खुश होती है लेकिन ऊपर से अपनी परम्पराओं की दुहाई देती रहती है। इस दोगलेपन का अस्तित्व आज़ाद हिन्दुस्तान के नौकरी-पेशा मध्यम वर्ग में हमेशा से विद्यमान रहा है।

धर्म को भी यह संवाद पुरानी सोच से जुड़ा मानता है। नयी आयी आधुनिकता के लिए धर्म एक निजी विषय है, उसका कोई सार्वजनिक महत्त्व नहीं। यह 'सार्वभौम

मनुष्य' गढ़ने की कोशिश है जो नेहरूवियन आधुनिकता कर रही थी।

फ़िल्म दिल्ली के लैण्डस्केप को अलग-अलग मौकों पर अपने भीतर समेटती है। सबसे मशहूर और शायद दिल्ली के कुतुबमीनार के भीतर फ़िल्माया गया एकमात्र गीत है 'दिल का भँवर करे पुकार'। इस गीत के दौरान कुतुब की सारी मंजिलों से कैमरा नीचे के शॉट दिखाता है। इस पूरे गीत का मंजर बहुत खुशनुमा है और इस गीत में एक नहीं दो प्रेम कहानियाँ परवान चढ़ रही हैं। गौर करने वाली बात यह है कि ये दोनों ही प्रेम कहानियाँ (राकेश-सुलेख और रानी-जिनी) सामाजिक रूप से अस्वीकार्य प्रेम कहानियाँ हैं। एक में दो परिवारों की खानदानी रंजिश बाधा है तो दूसरी में धर्म। ऐसे में इन सामाजिक रूप से अस्वीकार्य प्रेम कहानियों के लिए दिल्ली के खँडहर एक ऐसी जगह (स्पेस) का निर्माण करते हैं जहाँ उन्हें अपने सामाजिक दायरे और उसके बन्धनों का अहसास ना हो। कुतुबमीनार में प्रेम प्रस्ताव दिया जाता है और उसके पीछे फ़ैले अरावली के पहाड़ों (पार्थसारथी रॉक) के नज़दीक एक ऐसे ही गीत के साथ नायिका उस प्रणय प्रस्ताव को स्वीकार करती है। ''ये तनहाई हाय रे हाय जाने फिर आये ना आये, थाम लो बाँहें थाम लो बाँहें।'' हसरत जयपुरी का लिखा यह गीत इस सामाजिक दबाव की ओर स्वतः ही इशारा कर देता है जिससे मुक्ति का एक ज़रिया ये उजाड़ बियाबान बनते हैं। यहाँ यह जोड़ना समीचीन होगा कि आज भी कुतुबमीनार के पास फ़ैली अरावली के उस इलाके में सन् 1973-74 में स्थापित हुए विश्वविद्यालय जे.एन.यू. में नये प्रेमी जोड़े इस 'तनहाई' की तलाश में इन्हीं सुदूर चट्टानों का रुख़ करते हैं जिन्हें 'पार्थसारथी रॉक' का नाम दिया गया है।[12]

गौर कीजिए, आधुनिकता के साथ आयी शहरीकरण की यह प्रक्रिया बहुत बार इंसान में एक अजीब सी बेचैनी भर देती है। वह अपने आप को जड़ सामूहिकता के बीच घिरा पाता है। यूरोप के 'रोमंटिक काव्य' को और भारत में छायावाद को इस क्रम में देखाजा सकता है। वड्र्सवर्थ का यह कथन यहाँ समीचीन बैठता है, ''दि वर्ल्ड इज़ टू मच विथ अस''। और ऐसे में प्रकृति का साथ इस जड़ सामूहिकता से मुक्ति पाने का सबसे सहज उपाय बनता है। लेकिन प्रकृति के इस साहचर्य को यहाँ आधुनिकता के मूल्यों और विज्ञान का विरोधी नहीं माना जाना चाहिए। जैसा इस मुद्दे पर बात करते हुए नामवर सिंह अपनी पुस्तक 'छायावाद' में लिखते हैं, ''छायावादी कवियों का प्रकृति की ओर झुकना, प्रकृति को इतना महत्त्व देना, प्रकृति की स्वतन्त्र सत्ता को काव्य में प्रतिष्ठित करना और प्रकृति के सौन्दर्य को उद्घाटित करना, यह सब आधुनिक विज्ञान का परिणाम है। विज्ञान ने प्रकृति के रहस्यों को जानने की चेष्टा की। धर्म ने प्रकृति के प्रति अन्धश्रद्धा का भाव जगाकर जहाँ प्रकृति को जानने से रोका, वहाँ विज्ञान ने विवेक के द्वारा उसका रहस्योद्घाटन किया। धार्मिक अन्धविश्वास ने जिस प्रकृति से मानव को बाँध रखा था, विज्ञान ने उसी को

बन्धन से मुक्त किया। विज्ञान ने मनुष्य को प्रकृति से अलगा कर फिर उसे प्रकृति के साथ अच्छी तरह से लगा दिया।"[13]

फ़िल्म में दोनों घरों का निर्माण और नायक-नायिका के बीच प्रेम सम्बन्ध का निर्माण एक साथ चल रहा है। यहाँ निर्माण कार्य एक ऐसा प्रतीक बनकर उभरता है जो दोनों परिवारों के बीच फिर से एका लाने का ज़रिया बनेगा। नायिका को उसके पिता द्वारा शिमला भेज दिये जाने पर वह शिमला से नायक को चिट्ठी लिखती है। वह चिट्ठी में नायक से अपने घर में एक ऐसा कमरा बनाने की फ़रमाइश करती है जिसमें सूरज की पहली किरणें उसे जगायें, और शाम की मन्द हवा रातों को मुझे सुलाए। नायक इस चिट्ठी को घर में चल रहे निर्माण कार्य के बीच ही बैठकर पढ़ रहा है। यह दृश्य प्रतीक है एक नये बनते शहर से जुड़ी नयी पीढ़ी की उम्मीदों का।

*निर्माणाधीन इमारत में बैठकर प्रेमपत्र पढ़ता नायक। तेरे घर के सामने*

यहाँ नया बनता शहर नयी पीढ़ी के लिए एक ऐसा काल्पनिक नायक है जो उन्हें वह जगह उपलब्ध करवाएगा जिसमें उन्हें अपने प्यार को छिपाना ना पड़े और सामाजिक दबाव जहाँ उनका जीवन कुंठित ना करते रहे। वे इस नये बनते 'उम्मीदों के शहर' में अपनी ज़िन्दगी अपनी मर्जी से बिताने के लिए स्वतन्त्र होंगे ऐसी उनकी आशा है इस नये शहर से। यह नया शहर ही उनके सपनों का घटनास्थल है। इसके अगले ही दृश्य में नायक द्वारा बनाया स्कैच उनके प्रेम और इन दोनों घरों की इमारतों को एकाकार कर देता है।

*नए बनते शहर का स्थापत्य और युवा प्रेम। तेरे घर के सामने*

आखिर तक दोनों घर परदों द्वारा एक-दूसरे की नज़र से ओझल बने रहते हैं। नायक का 'सब ठीक हो जाने' का दाँव इन्हीं घरों पर निर्भर है। नायक का दोस्त बाँसुरी बजाता हुआ कहता है कि जिस दिन ये परदे खुल जायेंगे उस दिन सब परदे खुल जायेंगे। आखिर में परदे खुल जाते हैं और दो बिल्कुल एक जैसे घर सामने नजर आते हैं।

*इकसार घर। आधुनिकता के दावे की पराकाष्ठा। तेरे घर के सामने*

यह शहर के निर्माण में 'आधुनिकता' के दावे की पराकाष्ठा है। जहाँ सभी व्यक्तिगत संरचनाओं का लोप हो जाता है। यही कोशिश चंडीगढ़ की रचना में नेहरू ने की थी। एक ऐसा शहर जो किसी धर्म, जाति, समुदाय की पहचान से बँधा न हो और अन्तरराष्ट्रीय मंच पर भारत का आधुनिक चेहरा प्रस्तुत करे।[14] पचास के दशक में शहर को लेकर यह सपना देखा जाता रहा। अमिताभ का सिनेमा आने पर हम ऊँची-ऊँची इमारतों के नीचे इस 'शहर' रूपी सपने का ध्वंस देखते हैं। रंजनी मजूमदार के शब्दों में, ''और उसके बाद निराशा का दौर आता हैं। चीजें अपनी जगह पर ठहरी हुई हैं। उम्मीदें पूरी नहीं होतीं और कानून अपना काम ठीक से नहीं करता। यह वह समय है जब 'एंग्री यंग मैन' में प्रतिशोध अपना सर उठाता है।''[15]

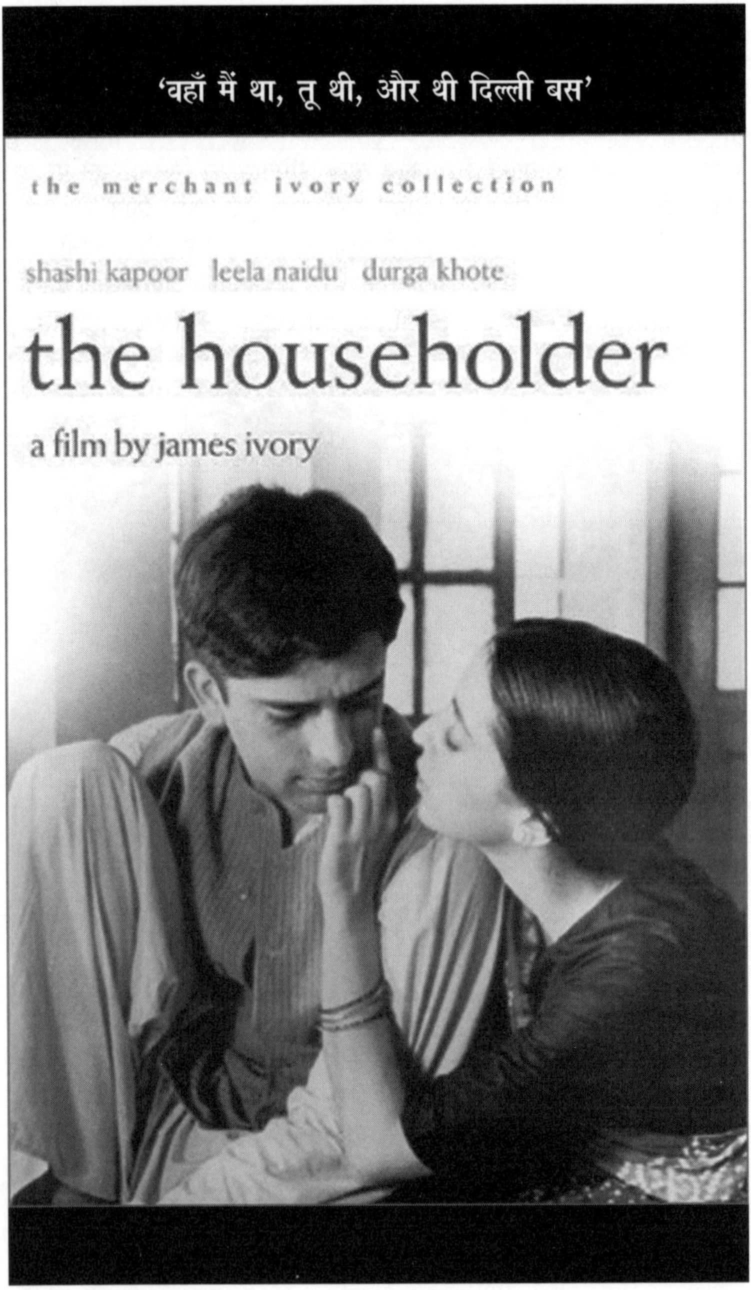
‘वहाँ मैं था, तू थी, और थी दिल्ली बस’
the merchant ivory collection
shashi kapoor leela naidu durga khote
the householder
a film by james ivory

# हाउस होल्डर

*"उन्नीस सौ सत्तासी में मैंने 'हाउसहोल्डर' देखी, मर्चेंट-आईवरी की साथ बनाई फ़िल्मों में पहली। दिल्ली को लेकर मेरी सबसे शुरुआती शार्प इमेजस इसी वीडियो से जुड़ी हैं। और यह शहर मेरे दिमाग़ में कुछ ज्यादा ठोस आकार लेने लगा। 'हाउसहोल्डर' फ़िल्म में एक नये शादीशुदा जोड़े का चित्रण है, धीमा, मर्मस्पर्शी और कुछ मजाकिया। कैसे एक अरेंज्ड मैरिज में वे दोनों समझौतों के साथ खुश रहना सीखते हैं और अन्त में उनमें प्रेम भी हो जाता है।"*[16]

इस्माइल मर्चेंट द्वारा निर्मित और जेम्स आइवरी द्वारा निर्देशित 'हाउसहोल्डर' पुरानी फ़िल्म है। साठ के दशक के शुरुआती हिस्से में बनी। लेकिन मैं इस फ़िल्म तक थोड़ा देर से, बारास्ता एक किताब होता हुआ पहुँचा। बीबीसी के पत्रकार सैम मिलर अपनी हालिया प्रकाशित किताब 'डेलही : एडवेंचर्स इन ए मेगासिटी' की शुरुआत में दिल्ली को लेकर अपनी शुरुआती इमेज, पहली याद का ज़िक्र करते हुए 'हाउसहोल्डर' का उल्लेख करते हैं, जिसे हमने ऊपर उद्धृत किया।

'हाउसहोल्डर' अपने समय की फ़िल्म है। दिल्ली की छवियाँ अभी भी पुरानी दिल्ली की छवियाँ हैं। प्राथमिक स्तर पर 'हाउसहोल्डर' एक प्रेम कहानी है जिसमें नया बनता महानगर एक सकारात्मक भूमिका निभा रहा है। तकरीबन पूरी फ़िल्म फ्लैश-बैक में कही गई है। फ़िल्म की शुरुआत में नायक-नायिका को शादी में जाने का न्यौता आया है, शादी महरौली में होनी है। इस तरह फ़िल्म महरौली के खँडहरों से शुरू होती है। शुरुआत में टाइटल्स के साथ नायक-नायिका के बीच का यह संवाद देखिए—

> "कितना सुन्दर है सब यहाँ। क्या तुम यहाँ रहना पसन्द करोगी? कितनी शान्ति और सुन्दरता है यहाँ। घरों के किराये भी कम न हों शायद। हमारे लिए यहाँ रहना आर्थिक रूप से मुनासिब न हो।"

"और फ़ीका भी।"
"ओह, तो अब तुम बड़े शहर की लड़की हो गयी हो!"
"मैंने गाय-भैंसें बहुत देखी हैं। अब मैं लोगों को देखना चाहती हूँ। बहुत सारे लोग, कारें, बसें।"

धीरे से एक शहर अस्तित्व में आता है। नया बनता शहर। जिसके बाशिन्दे नयी ज़िन्दगियों की तलाश में हैं। नये रिश्तों की तलाश में हैं। जीवन जीने के नये तरीकों की तलाश में हैं। ठीक अपनी पूर्ववर्ती फ़िल्म 'तेरे घर के सामने' की तरह यह शहर भी सम्भावना का शहर है। एक नये शादीशुदा जोड़े की शुरुआती नादानियाँ, रूठना-मनाना, शिकायत करना, परेशान होना, एक-दूसरे को पहचानना, प्यार करना ये सभी नये बनते शहर के शुरुआती जीवन की कठिनाइयों से निकले वो प्यार भरे पल हैं जिन्हें एक बहुत ही व्यक्तिगत सी दिखती कहानी में समेटा गया है। यहाँ भी पीढ़ीगत सोच का अन्तर एक बड़ा मसला है। नये नज़रिये वाली पीढ़ी का (कुछ देर से ही सही) आपस में विचारों का साथ है और पुरानी सोच वाली माँ इनके बीच अनफिट है। अन्त में उसे वापस घर भेज दिया जाता है।

हिन्दुस्तान की आज़ादी को अभी बहुत साल नहीं बीते थे। देश की राजधानी बना दिल्ली शहर बँटवारे के साथ ही इतना तेजी से बदला कि उसे नये सिरे से अपने रिश्ते, पहचानें तलाशनी पड़ीं। लेकिन शहरों के साथ जुड़े कुछ चिह्न हमेशा अगले दौर में भी साथ चले आते हैं। दिल्ली लम्बे समय तक देश की राजधानी रही है। मुगल सल्तनत के काल से लेकर अंग्रेजी शासन तक। दिल्ली की ख़ास अदबी पहचान रही है। दिल्ली के साथ लम्बा औपनिवेशिक इतिहास जुड़ा है जिसकी गूँज आपको 'हाउसहोल्डर' में बार-बार सुनाई देती है। कहानी के नायक प्रेम (शशि कपूर) के कॉलेज प्रिंसिपल के घर चाय पार्टी में नायिका इन्दु (लीला नायडू) के खाने का तरीका प्रेम को बहुत अखरता है। प्रेम इसलिए दुखी है क्योंकि उसकी नवब्याहता अभी बड़े शहर के बड़े घरों में ठीक से उठने-बैठने के तरीके नहीं जानती है। यह बहस उस साँस्कृतिक भेद से उपजी है जिसे दिल्ली शहर में बँटवारे के बाद बड़ी संख्या में आयी पंजाबी आबादी ने बहुत बदला है। लेकिन अब भी दिल्ली का अदब कहीं-कहीं नजर आता है, ख़ासकर पुरानी दिल्ली की गलियों, मोहल्लों, हवेलियों में।

फिर एक बार सैम मिलर की किताब पर लौटते हैं। अपनी अनवरत चलती किताबी यात्रा में जब सैम मिलर जंतर-मंतर पहुँचते हैं तो वे 'हाउसहोल्डर' में आयी उस मुलाकात को याद करते हैं जिसका घटनास्थल जंतर-मंतर की यही इमारत थी। नायक प्रेम की मुलाकात जंतर-मंतर की इमारत में दौड़ लगाते अर्नेस्ट से होती है। अर्नेस्ट अमेरिकन है। यह पहली मुलाकात का किस्सा बहुत मज़ेदार है और संयोग से यही मुलाकात का प्रसंग हमारे लिए इस फ़िल्म का सबसे महत्त्वपूर्ण बिन्दु है।

**अर्नेस्ट**—क्या तुम जानते हो मैं ये क्या कर रहा हूँ? मैं एकाकार हो रहा हूँ। देखो, वो आकाश है और यह धरती है। और ये रहा मैं। मैं सभी चीजों में हूँ और सभी चीजें मुझमें हैं। मुझे महसूस करो। यहाँ (अर्नेस्ट प्रेम का हाथ अपने हाथ में लेकर अपने सीने पर लगाता है। प्रेम हतप्रभ है।) समझ आया? यह ब्रह्माण्डीय ऊर्जा है। कमाल है। मेरा मतलब है और कहाँ ऐसे विचार पैदा होते हैं? सिर्फ़ भारत में. .. भारत ने हमेशा अनंत की ओर अपनी उँगली को उठाए रखा है। कुछ ऐसा ही। क्या देश है। अद्‌भुत ज्ञान, अद्‌भुत धैर्य।

**प्रेम**—सच बात है। हमने अपने राष्ट्रीय विकास में लम्बी छलाँग लगाई है।

**अर्नेस्ट**—आत्मा का विकास, वो महत्त्वूपर्ण चीज़ है। और आपको वो हमेशा से मालूम रहा है।

**प्रेम**—हमारे पास हमारी पंचवर्षीय योजनाएँ हैं जिन्होंने हमारी भौतिक प्रगति को बहुत आगे बढ़ाया है।

**अर्नेस्ट**—'भौतिकता', लो तुमने कह दिया। भौतिकवाद, यही तो है जो आज विश्व भर में गलत हो रहा है। यही है हमारे पास पश्चिम में बस।

**प्रेम**—हमारे पास हमारे इस्पात संयंत्र हैं जिनकी वजह से हमारा देश तेज़ी से तरक्की करेगा। हमारे देश में कृषि भी फल-फूल रही है।

**अर्नेस्ट**—हाँ, लेकिन मुझे ठीक से पता नहीं। यहाँ सब पल्लवित होता नज़र आता है। और मुझे पता है कि मुझे जिसकी तलाश है उसे मैं ढूँढ लूँगा, क्योंकि आप यहाँ आत्मा का निर्माण करते हैं। जैसे हम गगनचुम्बी इमारतें बनाते हैं या आलू उगाते हैं, वैसे आप यहाँ आत्मा का निर्माण करते हैं।

**प्रेम**—हमारा इस्पात उत्पादन हमारे महान औद्योगिक विकास का परिणाम है।

**अर्नेस्ट**—आपके पास आत्मा है और हमारे पास सिर्फ़ शरीर। वैसे, मेरा नाम अर्नेस्ट कैस्टाल्डो है।

और इस मुलाकात के साथ ही प्रेम और अर्नेस्ट दोस्त हो जाते हैं। शुरुआत में इस बातचीत को पढ़ते हुए आप महसूस करेंगे कि दोनों ही एक-दूसरे की बात को समझ नहीं पा रहे हैं। लेकिन मेरा मानना है कि वास्तविकता इससे अलग है। यह दो अलग-अलग दृष्टियों का प्रतिनिधित्व करता हुआ प्रसंग है। और नये-नये आज़ाद हुए

मुल्क, हिन्दुस्तान के नवयुवक की मानसिकता को समझने के लिए प्रेम की कही बातों को समझना बहुत प्रासंगिक है।

सैम मिलर इस मुलाकात के उल्लेख के बाद लिखते हैं,

> "हाउसहोल्डर की पटकथा आज से तकरीबन चालीस साल पहले लिखी गयी थी, लेकिन इसमें पश्चिम का भारत के प्रति और भारतीयों का पश्चिम के प्रति दिखाई देता नज़रिया आज भी प्रासंगिक है। आधुनिक दिल्ली में आज भी अर्नेस्ट जैसे अनेक विदेशी आगन्तुक हैं जो हिन्दुस्तान यह मानकर आते हैं कि यहाँ वे अपनी खोई हुई आत्मा पा लेंगे और वे यहाँ उस 'खुशमिजाज़ गरीब' से मिल पायेंगे जो अपनी गरीबी के बावजूद मज़े में है। और इसके विपरीत, आज दिल्ली में ऐसे लोगों की बहुतायत है जो पश्चिम को प्रगति और विकास के आदर्श के रूप में देखता है। जो लग्ज़री कार और यूरोप में छुट्टियाँ चाहता है, जो अपने बच्चों के लिए अमेरिका के किसी कॉलेज में शिक्षा चाहता है, या और कुछ नहीं तो सिर्फ अपने लिए भरोसेमंद पानी और बिजली की सुविधाएं चाहता है।"[17]

*पूरब और पश्चिम का द्वंद्व। हाउस होल्डर*

यहाँ यह उल्लेख भी बहुत मजेदार है कि इस दृश्य की शुरुआत 'जंतर-मंतर' से होती है जो अपने आप में आदिकालीन हिन्दुस्तानी ज्ञान और आधुनिक विज्ञान के मेल का अद्‌भुत प्रतीक है। जयपुर के राजा सवाई जयसिंह द्वारा अट्ठारहवीं सदी में बनवाई ये वेधशालाएं दरअसल विशालकाय वैज्ञानिक उपकरण हैं। दिल्ली के ऐन हृदय में बसे जंतर-मंतर को आधुनिकता और परम्परा के मेल का सबसे सुन्दर प्रतीक कहा जा सकता है। निर्देशक द्वारा इस मुलाकात के विरोधाभासी आदान-प्रदान के लिए इस खूबसूरत प्रतीक का चुनाव अपने आप में बहुत महत्वपूर्ण है। यह नेहरुवियन आधुनिकता है जिसे आप प्रेम के बयानों में देख सकते हैं। यह आधुनिकता पश्चिम के भौतिक ज्ञान को सम्मोहित होकर देखती है और विकास का सही और एकमात्र रास्ता उसी औद्योगिक प्रगति के पथ को मानती है जिसपर चलकर पश्चिम ने इतनी तरक्की की है।

फ़िल्म में दिल्ली के चिह्न बार-बार दिखाई देते हैं, खासकर पुरानी दिल्ली के जहाँ इस फ़िल्म का ज़्यादातर हिस्सा शूट हुआ है। एक अत्यंत नाटकीय प्रसंग में जहाँ आपसी मनमुटाव और बहस के बीच नायक-नायिका अपने घर की छत पर हैं और नायिका आवेश में रस्सी से कपड़े उतार रही है। इस दृश्य की पृष्ठभूमि में पुरानी दिल्ली में बसी जीनत मस्जिद के गुंबदों का बड़ा नाटकीय अनावरण होता है। इस दृश्य का उल्लेख सैम मिलर ने भी अपनी किताब में किया है।[18]

*पुरानी दिल्ली के लोकेल। हाउस होल्डर*

एक और दृश्य में प्रेम और अर्नेस्ट बातचीत करते एक सुनसान से रास्ते पर आगे बढ़ रहे हैं। यहाँ हम लाल किले की उस प्राचीर को पृष्ठभूमि में देख पाते हैं जिसके नीचे से होकर आजकल दिल्ली की व्यस्ततम सड़क रिंग रोड गुजरती है।

*पुरानी दिल्ली के लोकेल। हाउस होल्डर*

'हाउसहोल्डर' एक प्रेम कथा है। व्यक्तिगत स्तर पर भी और शहरी जीवन के अनुभव के संदर्भ में भी। यह आधुनिक शहराती जीवन से प्यार की कथा है, लड़कपन का अनछुआ, नया-नवेला प्यार, ठीक वैसा जैसा प्रेम और इन्दु के बीच पनपता है। साठ के दशक तक शहरी आधुनिकता के प्रति एक अजब उत्सुकता और आकर्षण बना हुआ है। यहाँ स्वीकार का भाव है, नकार का नहीं। बेशक पुराने छूटे के प्रति मोह है लेकिन नज़रें अब भी भविष्य की ओर हैं। सकारात्मकता का यह भाव सत्तर के दशक के आते-आते ध्वस्त होता है।

'चाँद चुरा के लाया हूँ, चल बैठें चर्च के पीछे'

## चश्मे बद्दूर

*"उतना ही शोर है इस शहर में वैसा ही ट्रैफिक जाम है।*
*भीड़-भाड़ धक्का-मुक्का ठेल-पेल ताम-झाम है।*
*ट्यूब रेल बन रही चल रही ट्राम है।*
*विकल है कलकत्ता दौड़ता अनवरत अविराम है।*

*इस महावन में फिर भी एक गोरैया की जगह खाली है।*
*एक छोटी चिड़िया से एक नन्हीं पत्ती से सूनी डाली है।*
*महानगर के महाअट्टाहास में एक हंसी कम है।*
*विराट धक-धक में एक धड़कन कम है।*
*कोरस में एक कंठ कम है।*
*तुम्हारे दो तलुवे जितनी जगह लेते हैं उतनी जगह खाली है।*
*वहाँ उगी है घास वहाँ चुई है ओस।*
*वहाँ किसी ने निगाह तक नहीं डाली है।*

*फिर आया हूँ इस नगर में चश्मा पोंछ-पोंछ देखता हूँ।*
*आदमियों को किताबों को निरखता लेखता हूँ।*
*रंग-बिरंगी बस-ट्राम रंग-बिरंगे लोग।*
*रोग-शोक हँसी-खुशी योग और वियोग।*
*देखता हूँ अबके शहर में भीड़ दूनी है।*
*देखता हूँ तुम्हारे आकार के बराबर जगह सूनी है।*

*चेतना पारीक, कहाँ हो कैसी हो?*
*बोलो, बोलो, पहले जैसी हो?"*[19]

नवें दशक की सर्वाधिक चर्चित और चाही गई कविताओं में से एक ज्ञानेन्द्रपति की 'ट्राम में एक याद' जितनी प्रेम के बारे में है, उतनी ही समकालीन शहर के अनुभव के बारे में है। लेकिन उससे भी आगे बढ़कर यह हमारे समकालीन शहरी जीवनानुभव में प्रेम के लिए चाही गई जगह (space) के बारे में एक रचनात्मक बयान है।

मेरे लिए हर फ़िल्म एक ताला है जिसे खोलने की एक चाबी होती है। कभी वो चाबी फ़िल्म के भीतर मिलती है और कभी अन्यत्र। 'चश्मे बद्दूर' जैसी फ़िल्म के लिए यह चाबी की तलाश मुझे फ़िल्म के एक खास दृश्य तक ले जाती है। नायक - नायिका अपनी पहली औचक मुलाकात के बाद यहाँ पहली बार अकेले मिल रहे हैं। यह दृश्य मध्य दिल्ली में स्थित तालकटोरा गार्डन में फ़िल्माया गया है जिसका आगे चलकर फ़िल्म में घटनास्थल के तौर पर दोहराव भी होता है। नए रेस्त्रां में खाने के विकल्पों पर विचार करते नायक द्वारा पूछे जाने पर कि यहाँ "क्या अच्छा है?" वेटर जवाब में कहता है "माहौल अच्छा है।"

*"माहौल अच्छा है"। तालकरोटा गार्डन। तब। चश्मे बद्दूर*

पचास और साठ के दशक की शुरुआती फ़िल्मों पर बात करते हुए हमने देखा है कि किस तरह शहर नई पीढ़ी को पुरानी पीढ़ी से अलग हटकर अपनी भावनाओं के प्रगटीकरण के लिए स्पेस उपलब्ध करवाता है। 'हाउसहोल्डर' और 'तेरे घर के

सामने' दोनों ही फ़िल्में सामुदायिक/पारिवारिक ढांचे के मध्य प्रेम की संभावनाओं पर बात करती हैं और दिल्ली शहर के दो भिन्न लोकेल में इसे तलाशती हैं। यह देखना भी मज़ेदार है कि किस तरह पुरानी दिल्ली में स्थित 'हाउसहोल्डर' में इन रोमांटिक भावनाओं के आदान-प्रदान के लिए घर की छत का एक घटनास्थल के बतौर प्रयोग किया गया है। और 'तेरे घर के सामने' में प्रेम की पूर्ण अभिव्यक्ति के लिए पचास के दशक में नई बनती कॉलोनियों के इकसार घरों को मुख्य प्रतीक बनाया गया है।

अस्सी के दशक की शुरुआती फ़िल्म 'चश्मेबद्दूर' हमें दिल्ली शहर में युवा प्रेम का एक और नया बनता मॉडल दिखलाती है जिसका सीधा संबंध आजादी के बाद के दशकों में राजधानी के अकादमिक और सेवा क्षेत्र की धुरी बनने से है। यहाँ मौजूद तीनों मुख्य किरदार पढ़ाई के सिलसिले में शहर में आए हैं और साथ रहते हुए महानगर की नवीन संभावनाओं में गोते खा रहे हैं। दिल्ली विश्वविद्यालय के संभ्रांत महाविद्यालय 'श्रीराम कॉलेज ऑफ कॉमर्स' में पढ़ने वाले सिद्धार्थ पाराशर (फारुक शेख़), जय लखनपाल (रवि वासवानी) और ओमी (राकेश बेदी) की ज़िन्दगी का आर्थिक स्रोत हैं घर से आनेवाले मनीऑर्डर और तमन्ना है एक अदद लड़की का साथ। सिद्दार्थ इनमें थोड़ा अलग है और उसकी रुचि को देखते हुए दोस्त उसे 'अरस्तू' कहकर बुलाते हैं।

देखने वाली बात यह है कि किस तरह मनीऑर्डर भेजने वाली पीढ़ी फ़िल्म से पूरी तरह अनुपस्थित है और कैम्पस लाइफ के तमाम संदर्भों के बीच फ़िल्म में इस अनुपस्थित पीढ़ी का जिक्र या उनकी चिन्ताएं नहीं के बराबर आते हैं। जबकि पचास के दशक की प्रेम कहानियों से लेकर हालिया 'रंग दे बसन्ती' जैसी कहानियों तक, दिल्ली में प्रेम कहानियाँ समाज और परिवार से इतर निर्वात में कभी संभव नहीं हो पाई हैं। इस तरह देखें तो दिल्ली पर बनी तमाम फ़िल्मों में प्रेम के संदर्भ खोजते हुए 'चश्मेबद्दूर' एक निर्वात में अकेली खड़ी नजर आती है जिसका सिरा कहीं जाकर प्रदीप कृष्ण की 1989 में आई 'इन विच एनी गिव्स इट दोस वन्स' से ही जुड़ता प्रतीत होता है।

तो यह कौनसी दिल्ली है? अप्रवासियों से भरी, अपनी सीमाओं को तोड़ती समकालीन दिल्ली में एक सम्पादक अपने माता-पिता की दुनिया को, उनके प्रेम को फिर से जीता है कुछ इन शब्दों में,

> ''फिर भी मेरे माता-पिता उस शांत समय को याद करते हैं। या शायद वो सिर्फ कॉलेज का जीवन था, सुदूर बसे दिल्ली विश्वविद्यालय के शांत पड़ौस में, या शायद वह उनकी पृष्ठभूमियों की समानता थी - यूं दिखने में कितनी अलग, लेकिन समान सहूलियतों की वजह से

> इकसार भी - लेकिन सच यह है कि उन्होंने उस उफ़नते शहर को कभी नोटिस ही नहीं किया। शहर जो संस्थाएं बनाता, सपने बुनता, झुग्गियाँ, कॉलोनियाँ, पीडब्ल्यूडी 'सुधार' जैसी चीजें फैंक रहा था और पंजाबी तड़क-भड़क की शुरुआत हो रही थी। जब वो 'शहर' में मिलते तो वहाँ रीगल में फ़िल्में होतीं और एम्बेसी में रात के खाने। वह डेल्ही गोल्फ क्लब होता जिसके एक पड़ाव का मतलब होता आज जहाँ जाकिर हुसैन रोड है उसके साथ चलते हुए वहाँ तक पहुंचना जो जगह आज काका नगर कहलाती है। किसी कार से टकराने का सवाल ही नहीं, क्योंकि जैसा मिस्टर गुप्ता याद करते हैं, वे थी ही कहाँ! और गरीबों के झुंड? जिस नई दिल्ली को मेरे माता-पिता याद करते हैं, उत्तर में नई दिल्ली रेलवे स्टेशन से, पश्चिम में झंडेवालान और पूर्व में नदी और दक्षिण में उस जवानी की दहलीज पर कदम रखते शांत खान मार्केट से बंधी। कभी नहीं।"[20]

शहर के बीचोंबीच मौजूद होने के बावजूद यह अनोखी दुनिया है जिसमें शहर की निरन्तर बढ़ती जटिलताओं के सूत्र सिरे से गायब हैं। दिल्ली में मौजूद दो मुख्य विश्वविद्यालयों के साथ ही शहर की दो मुख्य वन शृंखलाएं समांतर दुनिया का निर्माण करती हैं और युवा प्रेम के लिए स्पेस उपलब्ध करवाने की प्रक्रिया में इस संयोग ने एक बड़ी भूमिका निभाई है। इसके साथ ही 'चश्मेबद्दूर' शहर में मौजूद विभिन्न वृहताकार बगीचों की भी भूमिका रेखांकित करती है जिसे महानगर की आपाधापी में प्रेमी जोड़े शहर में मौजूद किसी निर्वात अवस्था के बतौर इस्तेमाल करते हैं। मुम्बई शहर में जो भूमिका समन्दर के हिस्से है, दिल्ली में वही भूमिका हरियाली और उजाड़ के हिस्से आई है।

लेकिन क्या यहाँ शहर के बाकी संदर्भ सिरे से अनुपस्थित हैं? इस सवाल से जूझने से पहले आइये यह देखें कि किन स्थानों को यह फ़िल्म प्रेम के लिए शहर में मौजूद निर्वात की तरह इस्तेमाल करती है। यह शहर की चौड़ी और लगभग सुनसान सड़कें हैं और हौज़ खास और तालकटोरा में स्थित वृहत पार्क हैं। और एक काल्पनिक गीत में यह नदी को भी प्रेम के लिए चाहे गए स्थल के रूप में इस्तेमाल करती है। लेकिन यह सभी सार्वजनिक स्थान हैं और थोड़ा भीतर जाने पर इन सार्वजनिक स्थानों में उपस्थित विभिन्न पहचानों की आपसी टकराहटों के सिरे मिलते हैं।

फ़िल्म के मध्य में एक गीत की परिस्थिति बनती है लेकिन नायक - नायिका फिक्रमंद हैं कि आखिर ऐसी सार्वजनिक जगह (वे एक बगीचे में हैं) पर इतने भिन्न और अपरिचित लोगों की उपस्थिति में रोमांस कैसे संभव है। फ़िल्म यहाँ पार्क में भालू का तमाशा दिखाते मदारी, उसे देखकर उछलते बच्चों के झुंड और साथ ताश खेलते

और गप लगाते सहकर्मी दोस्तों की टोली को फोकस करती है। खैर इस सबके बीच गाना संभव होता है और आप देखते हैं कि जहाँ एक ओर नायक - नायिका अपने में मगन गीत गा रहे हैं, यह तमाम भिन्न पहचानें भी वहाँ मौजूद हैं और मिलकर एक हैरतअंगेज कोलाज सा बना रही हैं। गीत के अन्त में नायक - नायिका को अपने चारों ओर इन प्रतिकूल उपस्थितियों को देखकर शर्माकर भागते दिखाया गया है और आप एक सरदारजी के मुंह से यह संवाद सुन पाते हैं, ''शर्म नहीं आंदी है। पार्क विच गाना गांदे हैं!''

'चश्मेबद्दूर' को आधार बनाकर अगर बीते तीस सालों में दिल्ली में बदलती प्रेम की पृष्ठभूमियों को देखा जाए तो किस तरह के नतीजे सामने आते हैं? मैं तारीख़ अठ्ठारह दिसम्बर, दो हजार दस की दोपहर ठीक उसी स्थान को दोबारा तलाशता हूँ जिसमें स्थित रेस्त्रां में नायक सिद्धार्थ पाराशर से वेटर ने कहा था, ''यहाँ का माहौल अच्छा है।'' पटेल चौक मेट्रो स्टेशन से कुछ ही मीटर की दूरी पर स्थित तालकटोरा गार्डन अब भी अपनी जगह पर सलामत मौजूद है लेकिन उसकी सूरत काफी बदल चुकी है। वहाँ पहुँचने देखता हूँ कि फव्वारे सूख चुके हैं और जानकारी मिलती है कि ऊपर स्थित रेस्त्रां अब वहाँ से उजाड़ा जा चुका है। मौके पर मौजूद सुरक्षाकर्मी बताते हैं कि वो जगह 'असामाजिक तत्वों' की 'अश्लील हरकतों' का अड्डा बन गई थी इसीलिए यह कदम उठाया गया। मेरे द्वारा दरख्वास्त करने पर मुझे वे तस्वीर लेने के लिए ऊपर स्थित चबूतरे तक जाने की इजाजत देते हैं। ऊपर हौद में पानी सूख चुका है और फर्श की टाइल्स जगह-जगह से उखड़ रही हैं। पीछे बने पुराने भग्नावशेष में सुरक्षाकर्मियों ने अपनी रिहाइशगाह बना रखी है।

*''माहौल अच्छा है''। तालकरोटा गार्डन। अब। चश्मे बद्दूर*

लेकिन इन तमाम बाधाओं के बावजूद उस दिन भी बगीचे में सबसे ज़्यादा संख्या में प्रेमी जोड़े दिखते हैं। कम उमर के, बड़ी उमर के, असमान उमर वाले जोड़े, सभी। सार्वजनिक स्थान पर होते हुए भी जैसे उन्होंने खुद को किसी निर्वात में अवस्थित कर लिया है। सुरक्षाकर्मी मुझे कहता है कि यहाँ का 'माहौल' इन लोगों ने खराब करके रखा है और वे भी एक हद से ज़्यादा सख़्ती कर पाने में असमर्थ हैं। जब इन्हें शर्म नहीं आती है तो मजबूर होकर वे खुद ही शर्म कर लेते हैं।

ठीक यहीं कहानी में आते हैं रवीश कुमार। अपनी ल.प्रे.क. (लघु प्रेम कथा) के साथ। पेशे से स्थापित टेलीविजन पत्रकार और हिन्दी के शुरुआती लिक्खाड़ ब्लॉगरों में एक रवीश को पत्रकारिता की दुनिया में समकालीन दिल्ली पर अपनी साप्ताहिक कथात्मक श्रृंखला 'रवीश की रिपोर्ट' से बड़ी ख्याति प्राप्त हुई। शहर में हाशिए की पहचानों और सबाल्टर्न कथानकों की तलाश करते यह धारावाहिक रिपोर्ताज टेलीविज़न की मौजूदा हिन्दी पत्रकारिता में एक अनूठा प्रयोग थे। यही रवीश कुमार साल दो हजार ग्यारह की शुरुआत में 'ल.प्रे.क.' के जनक बने जिसे बाद में उन्होंने अपने ब्लॉग 'कस्बा' पर 'फेसबुक फिक्शन' का नाम दिया। यह लघु प्रेम कथाएं दो मुख्य आधार स्तभों पर खड़ी थीं, एक प्रेम, और दूसरा दिल्ली। और इनका रचनास्थल था फेसबुक का स्टेटस मैसेज बॉक्स। जैसा आभासी दुनिया के खिलाड़ी जानते हैं, फेसबुक अपने 'स्टेटस' स्पेस में एक बार में चार सौ बीस कैरेक्टर लिखने की इजाजत देता है। यही सीमा इन लघु प्रेम कथाओं का भौतिक स्पेस गढ़ती है।

यह लघु प्रेम कथाएं समकालीन दिल्ली में प्रेम के लिए भौतिक स्पेस की तलाश और उससे जुड़ी जटिलताओं से निकली हैं। इन्हें पढ़ते हुए यह अहसास और तीखा होता जाता है कि बीते सालों में इस शहर की उफनती आबादी, और अप्रवासियों के निरन्तर आगमन ने किस तरह प्यार जैसी निजी भावनाओं के लिए भौतिक स्पेस तेजी से सीमित किया है। यह वर्गीकरण वर्ग आधारित भी है और यह साफ़ है कि तालकटोरा स्टेडियम में प्रेम के लिए स्पेस की तलाश में आनेवाली जनता शहर में वर्ग संरचना में निचले और मध्यम पाएदान पर खड़ी आबादी है। ऐसे में होता यह है कि इस निरन्तर तलाश में युवा असंभाव्य लगती जगहों पर प्रेम के लिए भौतिक स्पेस निर्मित करते हैं। उदाहरण के लिए रवीश की लघु प्रेम कथाओं में 'अग्रवाल स्वीट्स' एक ऐसा ही असंभाव्य प्रतीक बनकर उभरता है जिसमें प्रेमी जोड़े सार्वजनिक के बीचोंबीच अपने लिए एक निजी और सुरक्षित लगता कोना तलाशते हैं।

मैं चाहूँगा कि आप उनकी कुछ कथाएं उदाहरण स्वरूप यहाँ पढ़ें,

''रेडियो की आवाज आने लगी थी। उसकी कार धौलाकुआं से मुड़

कर एम्स की तरफ दौड़ने लगी थी। लौटने के फैसले का साहस नहीं जुटा सकी। न ही वो मोतीबाग से यू टर्न लेकर उसके पीछे आया। एक दूसरे के आने और मनाने के इंतजार में दोनों बहुत दूर चले गए। गाजीपुर पहुंच कर सामने गाज़ियाबाद था। शिवमूर्ति के बाद गुड़गांव आ चुका था। शहरों की प्रेम कहानियां ऐसी ही होती हैं। ट्रैफिक में शुरू होती हैं और ट्रैफिक में गुम हो जाती हैं।"

''मायापुरी से मेट्रो में चढ़ते ही वो सीपी के सेंट्रल पार्क में होने के ख़्यालों से भर गया। अलकनंदा से चलते वक्त उसने हर दुकान के शीशे में खुद को देख लिया था। दोनों के साथ पूरी दिल्ली मिल रही थी। सेंट्रल पार्क में पहुंचते ही पहले से तय खंभे पर कोई और जोड़ा एक दूसरे को छूने की कोशिश कर रहा था। वक्त पर आ कर भी दोनों लेट हो चुके थे। दोनों ने फैसला किया। कल फिर मिलेंगे। यहीं मगर इस जोड़े से पहले।"

''खानपुर से बदरपुर की बस में ठूंसी भीड़ ने दोनों को ऐसे शहर में पहुंचा दिया जहां उनके अलावा सब अजनबी थे। हर स्टॉप पर चढ़ने वाली भीड़ के धक्के से दोनों और करीब होते जा रहे थे। बस भाग तो रही थी सीधी मगर उन्हें हर बार लगा कि किसी मोड़ पर तेजी से मुड़ रही है और गिरने से बचाने के लिए एक दूसरे को थामना जरूरी है। शहर में प्रेम के ऐसे कोने अपने आप बन जाया करते हैं। भीड़ में घूरे जाने के बाद भी।''

''बुराड़ी से वो पैदल ही चल निकला, आईएसबीटी की तरफ। खान मार्केट की एनडीएमसी कालोनी से वो पुराना किला की तरफ भागी, ऑटो के लिए। इसी आपाधापी में उसका फोन पुराना किला के पास गिर गया। वहां से निकलते एक जोड़े ने फोन में आए मैसेज पढ़ लिए। चलो हम भी इनके पीछे भाग जाते हैं। दिल्ली को खाप बनने के लिए छोड़ जाते हैं।"

''दक्षिण दिल्ली के महारानी बाग के पास का तैमूर नगर किस तैमूर की याद में बना है। पूछते ही वो भड़क गई। इतिहास के चक्कर में रहोगे तो प्रोफेसर बना कर सेमिनारों में गाड़ दिए जाओगे। चलो यहां से। किलोकरी गांव के पीछे से निकल कर यमुना के किनारे चलते

हैं। अब बारी उसकी थी। वहां क्या करोगी। ओखला वालों ने नदी में मकान बना लिये हैं। अतिक्रमण सिर्फ प्रेम का नहीं मकानों, नदियों और हवाओं तक का हो चुका है। चैट करना सीख लो।"

"माइनस मुद्रिका में पीछे की किनारे वाली सीट मिल गई। उसने उसके कंधे पर सर टिका दिया। कब नींद आ गई और कब सरायकाले खां, आश्रम, धौलाकुआं, और वजीराबाद होते हुए जुबली हास्टल आ गया। पता ही नहीं चला। वो खोई रही या सोई रही यह भी जान नहीं सका। वो तो बस उसकी तरफ आती हर निगाह से टकराने में भिड़ा रहा। उतरते वक्त उसने ठीक कहा, तुम मेरी कम दुनिया की फ़िक्र ज़्यादा करते हो। कम से कम बैग के नीचे मेरा हाथ तो थामे रह सकते थे। बुज़दिल।"

"मार्च के महीने में हवाएं गरम होने लगी थीं। दोनों की जिद कि ऑटोवाला दोनों तरफ का पर्दा गिरा दे। ऑटो के शोर में भी भीतर गजब की खामोशी छा गई। चालक की एक आंख बैक मिरर पर टिक गई। दोनों बैक मिरर से बचने के लिए एक दूसरे में छिपने लगे। चालक ने मीटर का हिसाब छोड़ दिया। ऑटो तेजी से शंकर रोड की तरफ दौड़ने लगा।"[21]

यह 'पोस्ट-ऑपरेशन-मजनू' वाली दिल्ली है जिसमें तमाम सार्वजनिक स्थानों को किन्हीं खास वर्ग से संबंधित लोगों के लिए तैयार किया जा रहा है। रवीश की कहानियों में समुदाय की नजरों का निरन्तर पहरा और उससे जूझने की जद्दोजहद दिखाई देती है। इन कहानियों में खाप के संदर्भ भी हैं और इंटरनेट चैटिंग के भी। लेकिन सबसे मज़ेदार इन कहानियों की रोशनी में 'चश्मेबद्दूर' की बेपरवाही को लौटकर पढ़ना है। खुद नायक नायिका की पहली मुलाकात इस संदर्भ में उल्लेखनीय है। आप देखें कि प्रेम की असंभाव्यता के बीच और एक नितांत असंभव परिस्थिति के बीच कैसे प्रेम पनपता है। नायिका जो एक सेल्सगर्ल के रूप में काम कर रही है, नायक के घर 'चमको' साबुन बेचने आई है। यह मुलाकात साबुन के झाग, धुले हुए कपड़ों को फिर धोने और साबुन कम्पनी की सैम्पल स्कीमों से मिलकर बनती है और इसके बाद आनेवाली मुलाकातों में नायक नायिका को 'मिस चमको' नाम से बुलाता है। यही संदर्भ इसे उपर्युक्त कहानियों से भी जोड़ते हैं जो एक संघनित होते शहर में असंभाव्य परिस्थितियों और अपरिचित जगहों में प्रेम के लिए मुनासिब स्पेस की तलाश की कहानियाँ हैं।

मैंने यह सवाल पहले भी उठाया था कि क्या 'चश्मेबद्दूर' में शहर के बाकी संदर्भ

सिरे से अनुपस्थित हैं? और आप देखते हैं कि पार्क में गाना गाते वक्त किस तरह उन्हें प्रतिकूल टिप्पणियाँ झेलनी पड़ती हैं। अगर आप गौर से देखें तो फ़िल्म में शहर के बाकी सन्दर्भ भी आते हैं और वह अफवाहों और अखबार की खबरों के जरिए बार-बार अपनी उपस्थिति दर्ज करवाते हैं। उस दृश्य को याद करें जहाँ नायिका का बड़ा भाई बड़ी उत्सुकता से आकर बताता है कि, "सुना है शहर में एक और किडनैपिंग हो गई। नानकचंद ज्यूलर की लड़की को उठाकर ले गए।" और यह सुनकर नायिका के पिता सलाह देते हैं, "नेहा, तुम्हें अकेले नहीं घूमना चाहिए। समझी ना।" और भी उल्लेखनीय संदर्भ वह है जहाँ नायिका के पिता द्वारा नायक से मिलने से इनकार पर दादी माँ उन्हें कहती हैं, "बेचारी उसे ढंग से घर बुलाना चाहती है। हम लोगों से मिलाना चाहती है। अगर किसी दिन भाग गई, फिर पता चलेगा।"

जहाँ पहला संदर्भ इसे शहर की निरन्तर बदलती आबोहवा से जोड़ता है वहीं दूसरा संदर्भ उस पीढ़ीगत और 'व्यक्ति बनाम समाज' के तनाव के बारे में है जिसके चलते शहर में बीते दिनों प्यार के लिए स्पेस और कम होता गया है। 'चश्मेबद्दूर' में सामाजिक दबाव उपस्थित नहीं है लेकिन इसका इशारा है। कई बार हम भविष्य में आगे बढ़ने की जगह पीछे की ओर बढ़ने लगते हैं और नब्बे के दशक में आए बदलावों के साथ शहरी संदर्भों में 'अन्य' के प्रति संवेदनशीलता बढ़ने की बजाए कम हुई है। प्रेम भी इस मुख्यधारा के बरक्स इसी 'अन्य' का हिस्सा है और उसे इस नकारात्मक परिवर्तन की कीमत कई बार चुकानी पड़ती है।

लेकिन जैसा आप रवीश की लघु प्रेम कथाओं में देखते हैं, असंभाव्य प्रेम कहानियाँ अपने लिए नई व्यवस्था में नया स्पेस तलाश लेती हैं। समकालीन दिल्ली के लैण्डस्केप में आते परिवर्तनों का इसमें कई बार सकारात्मक योग भी होता है। जिस पुरानी दिल्ली और नई दिल्ली के मध्य सदियों का फ़ासला हुआ करता था, 'दिल्ली मेट्रो' आने के बाद पुरानी दिल्ली के युवा के लिए 'कनॉट प्लेस' के बीच में निर्मित सेंट्रल पार्क की दूरी अब घटकर बारह से पन्द्रह मिनट भर की रह गई है। यह खुलापन उस सामाजिक दबाव से बिल्कुल अलग है जो दिल्ली 6 की तंग गलियों में उन्हें महसूस होता होगा। इसका प्रत्यक्ष उदाहरण हम राकेश ओमप्रकाश मेहरा द्वारा निर्देशित 'दिल्ली 6' की बिट्टू में देख सकते हैं जिसे मेट्रो से निकलते ही किसी आज़ाद पंछी का सा अहसास होता है। समाज में हर नई पीढ़ी के लिए समाज नए बंधन बनाता है, और वो पीढ़ी उसके बरक्स स्वयं के लिए प्रेम के नवीन स्पेस बनाती चलती है।

‘इक बंगला बने न्यारा’

UTV Motion Pictures and
Tandav Film Production Present
KHOSLA
KA
GHOSLA!
akhir kiska hoga?
Director Dibakar Banerjee Producer Savita Raj Hiremath Producer Ronnie Screwvala
Story Screen Dialogues & Lyrics Jaideep Sahni
Creative Producer Jaideep Sahni Music Bappi Tutul Dhruv Dhalla
UTV MOTION PICTURES

# खोसला का घोंसला

*"सिनेमैटोग्राफर के रूप में मेरी कामयाबी के पीछे सिर्फ़ एक यही रहस्य है कि मैंने कैमरे के सर्वोत्कृष्ट कोणों से शॉट लिया है। कैमरा सर्वसुविधा सम्पन्न यन्त्र है। यह आदमी की आँख की तुलना में बेहतर देख सकता है और बहुमुखी क्रियाकलापों को अधिक अच्छी तरह आँकने में सक्षम है। अधिकांश कैमरामैन आँख के स्तर का कोण या आईलेवल एंगल पर काम करते हैं ओर कुछ श्रेष्ठ टॉप एंगल का प्रयोग करते हैं। यह टॉप एंगल चीजों को आधिपत्य जमाने वाले कोण से दिखाता है जो प्रभुता और वर्चस्व का कोण होता है। लेकिन सिनेमा का सबसे बड़ा दर्शक हमारे जैसा आम आदमी होता है और परदे पर वह आँख के स्तर से नीचे देखता है। अतः मैं कैमरे को हमेशा घुटने तक रखता था ताकि हर एक शॉट में आम आदमी के नज़रिये को पा सकूँ।*

*कैमरे को बेहद नीचे रखने की पीठ तोड़ू कार्यशैली को मैं क्यों तरजीह देता था, इसे मेरे सहकर्मी और सहायक भी कभी नहीं समझ पाये। यह दर्शकों को देखने के लिए एक नया कोण, नया परिप्रेक्ष्य, विज़न की नयी भूमि देता था। तदनुसार वे उसकी ओर आकर्षित हो जाते थे।"*[22]

दिबाकर बनर्जी का सिनेमा दिल्ली के बारे में है। दिबाकर बनर्जी के सिनेमा में दिल्ली सिरे से अनुपस्थित है। दिल्ली के वो निशान जिन्हें आप अब तक दिल्ली पर बनी हर फ़िल्म में दिल्ली के नाम पर देखते आये हैं। न इण्डिया गेट है न राष्ट्रपति भवन। एक जगह कुतुबमीनार दिखता भी है तो तस्वीर में। यह आम आदमी की दिल्ली है। रोज़मर्रा का शहर। और इसे फ़िल्माने के लिए दिबाकर तकनीक भी वही इस्तेमाल

करते हैं। राजकपूर की फ़िल्मों के क्लासिक कैमरामैन राधू करमाकर ने अपनी जीवनी में इसे 'आम आदमी का एंगल' कहा, जो हमने ऊपर उद्धृत किया। दिबाकर बनर्जी की फ़िल्म 'खोसला का घोंसला' कहानी के बहुत से हिस्सों में राधू करमाकर द्वारा उल्लिखित इसी 'आम आदमी के एंगल' का प्रयोग करती है। नीचे से ऊपर की ओर देखता कैमरा। जिस तरह इतिहास को देखने का एक सबाल्टर्न नज़रिया होता है वैसे ही यह सिनेमा में आया शहर को देखने का सबाल्टर्न नजरिया है। आम आदमी की दुनिया, आम आदमी की ज़िन्दगी का शहर जो देश की सत्ता के केन्द्र दिल्ली जैसे शहर में कहीं खो जाता है। दिबाकर बनर्जी की दोनों फ़िल्में इस निम्नवर्गीय विमर्श का सबसे बेहतर उदाहरण हैं।

'घोंसला' या अपना घर एक मध्यमवर्गीय व्यक्ति की ज़िन्दगी का आज भी सबसे बड़ा सपना है। यही अपने घर की चाह 'खोसला का घोंसला' के कथानक के केन्द्र में है। खोसला साहब प्रॉपर्टी डीलर विजेन्दर के सामने बोलते भी हैं कि "अपनी जीवन भर की कमाई डाल दी इस प्लाट में।" आज भी यह एक मध्यमवर्गीय व्यक्ति के जीवन की सबसे बड़ी खरीद है।[23]

यह फ़िल्म दिल्ली की एक और छवि हमारे सामने रखती है। आम आदमियों के जीवन में आती दिल्ली। दिल्ली न केवल सत्ता का शहर है, इसकी संरचना में भी एक सत्ता विमर्श हमेशा काम करता रहा है। आज के समय में 'दक्षिण दिल्ली' का होना एक ऐसा ही तथ्य है जो शहर की सत्ता संरचना में आपको ऊपर कर देता है। फ़िल्म की शुरुआत में ही एक प्रसंग आता है। खोसला साहब के साथ बस में सफर करने वाले मित्र साहनी साहब सुबह की सैर पर जाते हुए उन्हें टोकते हैं, "खोसला साहब, अब तो आप साउथ दिल्ली वाले बनने वाले हो। घरवाले बड़े एक्साइटेड होंगे नहीं! लक्की मैन!" यहाँ खोसला साहब यह सुनकर जिस तरह शरमाते हैं, उनकी 'दक्षिण दिल्ली' वाला बनने की हसरत बखूबी हमारे सामने आ जाती है। लेकिन अभी वो उस 'दक्षिण दिल्ली' से बाहर हैं। यहाँ यह साफ़ नहीं है कि खोसला साहब अभी कहाँ रहते हैं, लेकिन यह पुरानी दिल्ली या यमुना पार का कोई भी इलाका हो सकता है। हम फ़िल्म में समय-समय पर आयी उन छवियों पर गौर करें जो दिल्ली के विभिन्न हिस्से हमारे सामने रखती हैं तो यह बात और साफ होती है–

- *छोटा कम्यूनिटी पार्क जिसमें सुबह-सुबह खोसला साहब 'लाफ्टर क्लब' में हिस्सा लेने जाते हैं।*
- *रेलवे का पुल।*
- *खोसला साहब और साहनी साहब के रोज के सफर की ट्रेवलिंग बस। ऐसी बसें बाहरी दिल्ली में रहने वाले लोग दिल्ली अपनी नौकरी*

*के लिए आने-जाने के लिए इस्तेमाल करते हैं। खासकर यह चलन नोयडा, गाज़ियाबाद और गुड़गाँव जैसी एन.सी.आर. बस्तियों में है।*

– *टाइम्स ऑफ़ इण्डिया अख़बार की इमारत यानी आई.टी.ओ. चौराहा।*
– *फ्लाईओवर*
– *यमुनापुल*
– *मेट्रो की लाइन*
– *मंडी हाउस जहाँ बापू और उनके साथी थियेटर का अभ्यास करते हैं।*

गौर से देखें तो यह सभी छवियाँ दिल्ली के सीमावर्ती या बाहरी इलाकों से जुड़ती हैं। खास बात यह है कि 'दक्षिण दिल्ली' की पॉश कॉलोनी की एक भी छवि यहाँ नज़र नहीं आती, और यहाँ 'दक्षिण दिल्ली' का निवासी होने का मतलब सिर्फ़ पैसा होना नहीं है। यह एक रुतबा है, एक ख़ास सामाजिक हैसियत। सत्ता, पैसा, ताकत, ओहदा सभी इसमें शामिल हैं। हिन्दुस्तान अख़बार की एक ख़बर के अनुसार 'साउथ दिल्ली' में घर होना अख़बार में छपने वाले वैवाहिक विज्ञापनों के लिए एक बड़ा प्लस पॉइन्ट है। सर्वे में शामिल कुल 1250 विज्ञापनों में से 66 ने साफ तौर पर यह लिखा था कि उनका साउथ दिल्ली में अपना घर, कोठी या फ्लैट है। जबकि उत्तरी दिल्ली की पॉश कॉलोनी में (जिनकी बाजार में कीमत कम ना होगी) रिहाइश की सूचना देने वाले विज्ञापन की संख्या सिर्फ़ एक थी।[24]

इसका एक उदाहरण रंजना सेनगुप्ता भी देती हैं। गुड़गाँव में डी.एल.एफ. सिटी के निर्माता के.पी. सिंह का उदाहरण देते हुए रंजना कहती हैं कि इन नये बने इलाकों में आराम की सारी सुविधाएँ उपलब्ध होने के बावजूद भी 'दक्षिण दिल्ली' अभी भी रहने के लिए पहली पसन्द है। वे डी.एल.एफ. के श्री जे.के. चन्द्रा के हवाले से लिखती हैं, "गुड़गाँव दिल्ली के रहने वाले उन लोगों की पसन्द है जो दक्षिण दिल्ली में घर खरीद पाने की आर्थिक हैसियत नहीं रखते, उनके लिए पश्चिमी दिल्ली की पीतमपुरा जैसी कॉलोनी में घर खरीदना सम्भव है लेकिन उसके बजाय वह गुड़गाँव में रहना इसलिए ज़्यादा पसन्द करते हैं क्योंकि यह उनके द्वारा चाही गयी लाइफस्टाइल से काफी नज़दीक है।"[25]

यहाँ फ़िल्म से दो और उदाहरण देखना कारगर होगा। खोसला साहब की जमीन वापसी के लिए बनी योजना के अहम किरदार 'एन.आर.आई. सेठी' अर्थात् मनोहर बापू रिहर्सल के दौरान अपने रहने का असली ठिकाना बता देते हैं। मणि उनसे पूछता

है, ''कहाँ रहते हो?'' और वह जवाब में कहते हैं, ''नोयडा''। इसी तरह आसिफ़ इकबाल के एम्बेसी के बाहर से फोन पर बोले गये यह संवाद खोसला साहब और उन जैसे आर्थिक हैसियत वाले लोगों की रिहाइश के इलाकों की ओर इशारा करता है, ''मेरे कहने से अमेरिकन एम्बेसी चलती ना तो सारा करोलबाग केलिफोर्निया में बैठा रहता।'' यह दोनों पहचानें भी बाहरी दिल्ली या पुरानी दिल्ली से जुड़ती हैं।

यहाँ एक और बात महत्त्वपूर्ण है। दिबाकर बनर्जी की दोनों फ़िल्मों में दिल्ली के प्रमुख चिह्न सिरे से गायब हैं। आमतौर पर दिल्ली पर बनी फ़िल्मों में और दिल्ली से जुड़ी किसी भी ख़बर के साथ सन्दर्भ रूप में इन्डिया गेट, लाल किला, कुतुबमीनार, राष्ट्रपति भवन की तस्वीर हमारे सामने आती है। दिल्ली की पृष्ठभूमि को लेकर बनी 'तेरे घर के सामने' में कुतुबमीनार, 'लक्ष्य' में पुराना किला, 'चीनी कम' में कुतुबमीनार तथा 'रंग दे बसंती' में इण्डिया गेट दिल्ली के प्रतीक बनकर उभरते हैं। इन सभी चिह्नों की जानबूझ कर मौजूद अनुपस्थिति खोसला परिवार की जीवनचर्या की ओर इशारा है। यह फ़िल्म शहर की चकाचौंध में हाशिए की उन ज़िन्दगियों को देखने की कोशिश है जिनसे मिलकर यह शहर बनता है। दिबाकर बनर्जी की अगली फ़िल्म 'ओये लक्की लक्की ओये' इसका और भी बेहतरीन उदाहरण है। खोसला साहब के जीवन की तमाम छवियाँ हमें एक सामुदायिक जीवन का नजारा दिखाती हैं। इस सामुदायिक जीवन का आप उस 'दक्षिण दिल्ली' से साफ द्वैध देख सकते हैं जिसकी छवियाँ फ़िल्म में कहीं-कहीं आती हैं।

खोसला साहब के जीवन से जुड़ी छवियों के बरक्स देखें तो प्लॉट पर जाते हुए 'दक्षिण दिल्ली' की छवियाँ खुले बीहड़नुमा इलाके और विरल आबादी से बनती हैं। यह गुड़गाँव की तरफ बनती कोई भी नयी कॉलोनी हो सकती है। और यहाँ खुराना के फार्म हाउस जाने का रास्ता भी देखा जाना चाहिए। जो 'कम्युनिटी लाइफ' या सामुदायिक जीवन पुरानी दिल्ली और दिल्ली के सीमावर्ती इलाकों में पाया जाता है वह दक्षिण दिल्ली के लिए अपरिचित और अजीब है। आप यह अन्तर खुराना और खोसला के जीवन और काम में भी देख सकते हैं। खुराना बार-बार खोसला साहब को कहता है कि आपके बेटे आपके साथ हैं, आपकी खुशकिस्मती है। मेरा बेटा तो मेरे साथ बैठने में शरमाता है। एक ओर खोसला साहब का खोया प्लॉट उनके तमाम साथी मिलकर वापिस ले आते हैं वहीं आखिर में किशन खुराना का अकेलापन और उससे जुड़ी कुण्ठाएँ भी उजागर हो जाती हैं।

यह एक ही शहर में बसी दो अलग-अलग दुनियाएँ हैं। 'ओये लक्की लक्की ओये' इस फाँक का एक और उदाहरण है। आप 1987 में पुरानी दिल्ली से दक्षिण दिल्ली रहने गये विनय श्रीवास्तव का संस्मरण देखें तो वे इस अजनबीयत को कुछ यूँ व्यक्त करते हैं, ''आज जब मैं पुरानी दिल्ली जाता हूँ मुझे वाकई विश्वास नहीं होता कि क्या यह वही जगह थी जहाँ मैं बड़ा हुआ, जहाँ मैं रहा! आज तो वहाँ रहना

बिल्कुल नामुमकिन सा लगता है। इतनी ज्यादा भीड़ और उससे ज्यादा गन्दगी है।''[26] यह शहर में बन रही रिहाइश (लिविंग स्पेस) की दो अलग-अलग संरचनाएँ हैं। हमारा मौजूदा शहर मुख़्तलिफ़ पहचानों में जी रहा है। यहाँ इन संरचनाओं को साथ-साथ एक दूसरे के सामने रखकर विलोम द्वारा फ़िल्म इस अन्तर की ओर इशारा करती है। एक हिस्से का सामुदायिक जीवन दूसरे के लिए 'भीड़' बन जाता है। जैसा आदित्य निगम लिखते हैं, ''शहरों को फूको के शब्दों में 'दौर-ए-हमवक्ती' (इपॉक ऑफ सायमलटेनिटी) कहा जा सकता है जहाँ अलग-अलग कालखण्ड एकसाथ विद्यमान होते हैं। शहर, ख़ासतौर पर उत्तर-औपनिवेशिक शहर, अपनी ज़द में विभिन्न गतियों और लयों को समेटे रहता है। और इससे विरोध और प्रतिस्पर्धा का निहायत ही गतिशीत माहौल तैयार होता है।''[27]

इस नवनिर्मित शहर की एक और ख़ास बात है। व्यक्तिगत पहचान का लोप। यह पहचान व्यक्ति की भी हो सकती है और खुद शहर की भी। प्लॉट पर जाते हुए बंटी (रणवीर शौरी) कहता है, ''मुझे तो ये सारे प्लॉट एक जैसे लग रहे हैं।'' और खुराना के फार्म हाउस पर जाते हुए भी बंटी की यही राय है कि सब फार्म हाउस एक जैसे ही लगते हैं। इस नवीन आधुनिक व्यवस्था में समरूपता पर ज़ोर है चाहे वो शहर की संरचना हो या उसमें बसते समाज की। दिल्ली के बारे में गौर करने वाला तथ्य यह है कि अंग्रजों द्वारा स्थापित नई दिल्ली का संरचना क्रम भी अपने भीतर यह पते से जुड़ी सामाजिक पहचान समेटे था। नई दिल्ली में 'वायसराय हाउस' स्थित केन्द्र से व्यक्ति की दूरी उसका सामाजिक पदक्रम बता देती थी। सुनील खिलनानी इसे स्पष्ट करते हैं,

> ''ग्रीक शैली के इस दुर्ग स्थित केन्द्र से व्यक्ति की दूरी को उसके पदानुक्रम से समझा जा सकता था। भारतीय क्लर्कों के लिए निर्धारित स्थल इस केन्द्र से सर्वाधिक दूरी पर रखा गया था। लुटियंस ने इस बात का पूरा ख़्याल रखा कि कनिष्ठ पदों पर कार्यरत भारतवासियों ('तुच्छ कालों') के घर इस तरह कम ऊँचे बनाये जायें कि वे कनिष्ठ पदों पर कार्यरत यूरोपीय लोगों ('तुच्छ गोरों') के उठी हुई जगहों पर स्थित घरों के मुकाबले निम्न दिखाई दें। इन 'तुच्छ गोरों' को उसी क्रम में वरिष्ठ यूरोपीय लोगों (अमीर गोरों) के मुकाबले निचली जगहों पर रखा गया था। इस तरह यह क्रम सिलसिलेवार उठता हुआ वायसरीगल गुम्बद तक चला जाता था।''[28]

यह सत्ता का शहर था और जिस 'व्यवस्थित' तरीके से इसे बनाया गया था उसमें न केवल समरूपता छिपी थी, गौर से देखने पर यह साफ था कि यह सामाजिक असमानता की एक व्यवस्थित और ज्यादा 'आधुनिक' रूप में पुनः स्थापना थी। बाद

में यही मॉडल चंडीगढ़ के निर्माण में दोहराया गया। लेकिन इसका परिणाम यह था कि शहर का यह 'सभ्य' और 'व्यवस्थित' चेहरा असल शहर से बिल्कुल ही कट गया। अपनी स्थानिकता से अलग होकर 'आधुनिक' बनने की यह कोशिश सफल नहीं हो पायी। दिल्ली में शहर के अलग-अलग हिस्सों के मध्य का यह अपरिचय बना ही रहा।

> ''दिल्ली के पुराने शहर को अपनी नई दिल्ली से जोड़ने के लिए लुटियंस ने केवल एक सम्पर्क सूत्र छोड़ा था – मिंटो रोड, वरना अंग्रेजों की राजधानी अपनी स्थानिकता से वंचित अकेली ही खड़ी थी। साथ ही लुटियंस ने नई दिल्ली का उसकी यमुना नदी से भी कोई सम्पर्क नहीं छोड़ा था। नीरद सी. चौधरी ने नई दिल्ली और यमुना के इसी विलगाव पर टिप्पणी की थी, "दिल्ली में आधुनिक होने का दावा करने वालों का नदी से कोई ताल्लुक नहीं है।"[29]

फ़िल्म में बार-बार दोहराया जाता पता ''सेक्टर 30, प्लॉट नं. 32, न्यू सपना विहार'' केवल एक पता ना होकर एक सामाजिक हैसियत का द्योतक है। पते में आया 'सपना' खोसला की अतृप्त चाहत का व्यंजक बन जाता है। और सिर्फ़ आर्थिक हैसियत की ही बात नहीं है। खोसला प्लॉट खरीदते हुए कहते हैं, ''सारी ज़िन्दगी की कमाई डाल दी इस प्लॉट में। भई जो लोकेशन है, और मेरा जो छोटा बेटा है चैरी, उसका ऑफिस यहाँ से नजदीक पड़ता है। मल्टीनेशनल में काम करता है। ये मल्टीनेशनल वाले होशियार आदमी देखते ही फँसा लेते हैं।'' यहाँ आप गुड़गाँव तथा दक्षिण दिल्ली के अन्य इलाकों में बढ़ते आई.टी. से जुड़े उद्योग का उल्लेख देख सकते हैं। यह संवाद यह भी प्रगट करता है कि अब सत्ता के नये केन्द्र पारंपरिक राज्य व्यवस्था में ही नहीं हैं, ज्ञान के नये क्षेत्रों की ओर भी जा रहे हैं। और यह बदलता ढाँचा शहरीकरण की प्रक्रिया को भी नियन्त्रित कर रहा है। देखना चाहिए कि फ़िल्म किन चिह्नों के माध्यम से नब्बे के बाद का दिल्ली शहर में रहने वाला एक शहरी मध्यमवर्गीय परिवार रचती है–

- *खाने में पकते राजमा चावल*
- *संजीव कपूर के 'खाना खज़ाना' की बात करती महिलाएँ*
- *खाने की मेज पर रूहअफ़ज़ा की बोतल*
- *आईआईटी दिल्ली की टी-शर्ट पहने छोटा बेटा*
- *3315 मॉडल का नोकिया मोबाइल*
- *ईनो का डिब्बा*
- *सीढ़ी की रेलिंग पर लटकता कालीन*
- *'हाउ टू बी ए मिलेनियर' पढ़ता बड़ा लड़का*

– *बजाज स्कूटर*

– *सैंट्रो कार*

यह सभी चिह्न नब्बे के दशक के नौकरी-पेशा, शहरी मध्यम-वर्गीय परिवार के घर को पूरा करते हैं। इनमें से बहुत सी बातें आप 'फ़ेसबुक' जैसी नेटवर्किंग साइट पर चलने वाले एक ग्रुप 'यू नो दिस इफ़ यू ब्रॉट-अप इन नाइंटीज' में देख सकते हैं। पवन कुमार वर्मा भारतीय मध्य वर्ग के अपने विश्लेषण में लिखते हैं, "उदारीकरण की नीतियों के प्रभाव को यदि 1991 तक भारतीय मध्य वर्ग के सिलसिलेवार विकास की रौशनी में देखा जाये तो साफ हो जाता है कि इसके कारण इस वर्ग की उपभोक्तावादी लालसाएँ किसी भी प्रकार के संयम और संकोच से मुक्त हो जाने वाली थीं।"[30]

लेकिन मध्य वर्ग के लिए यह मूल्यों और नैतिकता का आग्रह एकदम से छोड़ देना इतना आसान नहीं था। खासकर पुरानी पीढ़ी के लिए। खुराना को धोखा देने के पूरे किस्से में खोसला साहब का अनमनापन (लेकिन हमेशा शामिल रहना और 'ना' नहीं कहना भी) उनकी इसी दुविधा को सामने लाता है। फ़िल्म इसे प्रकाश के साथ किये एक अद्‌भुत प्रयोग द्वारा उभारती है। फ़िल्म में खुराना का दफ्तर तीन बार आता है, तीनों बार कैमरा वहाँ एक खास प्रकाश व्यवस्था दिखाता है। पूरी रौशनी की बजाय उस कमरे में एक टेबल पर रखे लैम्प से प्रकाश फैल रहा है। बार-बार आने की वजह से यह बिम्ब खुराना के साथ जुड़ जाता है और यह अन्धेरा भय, सत्ता (अवैध) के छल और धोखे का अर्थ देने लगता है।

यही बिम्ब एक दूसरे प्रसंग में यूँ हमारे सामने आता है। आसिफ़ इकबाल और चैरी खुराना को देने के लिए जमीन के नकली कागज़ खोसला के सामने टेबल पर रखते हैं। अचानक बिजली चली ज़ाती है और रौशनी के लिए एक टार्च टेबल पर रखी जाती है। यह प्रकाश व्यवस्था अचानक खुराना के ऑफिस की याद दिला देती है। इन दोनों दृश्यों में आयी प्रकाश व्यवस्था की समानता दरअसल पिछले रास्ते से खोसला के घर में खुराना की भ्रष्ट व्यवस्था का प्रवेश है और खोसला यह भाँप जाते हैं। उनका अगले दृश्य में ही यह संवाद है, "बट आई एम नॉट खुराना।" लेकिन यह नैतिकता को लेकर द्वन्द्व सिर्फ़ पुरानी पीढ़ी में ही है यह भी अगले ही दृश्य में स्पष्ट हो जाता है। क्या एक धोखेबाज़ आदमी को धोखा देना भी उतना ही गलत नहीं? इस नैतिक सवाल के एक ओर बापू तथा खोसला साहब और इसके दूसरी ओर सारी नयी पीढ़ी खड़ी है।

हमने यह बात की कि इस फ़िल्म में बड़ी सत्ता संरचनाएँ नज़र नहीं आतीं और यह फ़िल्म दुनिया देखने के एक 'आम' नज़रिये को अपनाती है। लेकिन खोसला के जीवन में सत्ता के कौन से रूप दिखाई देते हैं। अपनी ज़मीन छुड़वाने की कोशिश में खोसला जिन संस्थाओं के पास जाते हैं वे हैं–

- *पुलिस/कानून व्यवस्था*
- *कोर्ट/न्याय व्यवस्था*
- *नेता/राजनीतिक व्यवस्था*
- *एन.जी.ओ./गैर सरकारी संगठन*

*महाकाय शहर में अदना इंसान। खोसला का घोंसला*

*महाकाय शहर में अदना इंसान। खोसला का घोंसला*

ये सभी संस्थाएँ उसी अवैध सत्ता के समर्थन में खड़ी हैं जिससे त्रस्त खोसला इनसे मदद माँगने गया है। ऐसे में इस सत्ता के सामने खोसला का बौनापन दो प्रतीकात्मक छवियों में सामने आता है। पहली छवि में खोसला जेल की सलाखों के पीछे हैं और ताला उनके चेहरे से बड़ा नज़र आता है। दूसरी छवि एक बीहड़ ज़मीन पर खड़े खोसला की है। जो एक विशाल लैण्डस्केप में अदना से इंसान नज़र आते हैं।

लेकिन यही इस फ़िल्म का मुख्य विमर्श है। यह 'अदना से इंसानों की' ही कथा है। एक अप्रासंगिक सी लगने वाली कहानी। आसिफ़ इक़बाल के साथ आया 'ऑटो' उसे कामकाजी निम्न मध्यम वर्ग से जोड़ देता है। आज भी दिल्ली में कार के मुकाबले ज़्यादा महँगा होने के बावजूद ऑटो का मालिक होना स्टेटस सिंबल नहीं, अपमान का सूचक है।[31]

जैसा रविकान्त लिखते हैं कि अनिश्चितता, पीड़ा, दर्द और यथास्थिति के प्रति असन्तोष ऑटो वाले की ज़िन्दगी का हिस्सा है।[32] यही यथास्थिति के प्रति असन्तोष आसिफ़ में है। खुराना द्वारा दिये धोखे को याद कर वह कहता है, "बस फिर क्या था, खुराना चढ़ता गया और मैं गिरता गया।" यहाँ 'गिरता गया' के साथ ही कैमरा ऑटो पर केन्द्रित हो जाता है और उसका असल अर्थ व्यंजित कर देता है।

सिनेमा में आये इस सबाल्टर्न विमर्श से खुराना भी बाहर नहीं। यहाँ एक चेन सी बनती है। बंटी आसिफ़ होना चाहता है। आसिफ़ खुराना होना चाहता है और खुराना सेठी होना चाहता है। एक काल्पनिक किरदार 'सेठी' के सामने खुराना का अदनापन और अतृप्त लालसाएँ भी सामने आ जाती हैं। वह हर नयी मुलाकात में सेठी के चाल-ढाल, हाव-भाव और यहाँ तक कि कपड़ों की भी नकल करता है। वह भी अपने से ऊपर वाले वर्ग में जाने को उतना ही लालायित है जितना फ़िल्म के अन्य किरदार। यहाँ आकर सभी एक ही साथ खड़े नज़र आते हैं। यह फ़िल्म महानायक और खलनायक दोनों ही छवियों को नकारती है। सभी अपनी-अपनी दुनिया में अदना से इंसान हैं।

'घर ने तो दिल से निकाला हमें, इन रास्तों ने है पाला हमें'

# ओये लक्की! लक्की ओये!

*"जिस शहर में मेरा बचपन गुजरा था और जहाँ बड़े भाई थे उस शहर में भी सदर बाज़ार में कोतवाली थी। शहर की बसावट में यह शुरु से ध्यान दिया जाता था कि सेठ, मारवाड़ियों, व्यापारियों इत्यादि बड़े लोगों के बीच में कोतवाली हो। असुरक्षा उन्हें थी। अंग्रेजों के जमाने में जहाँ कोतवाली थी वहीं अब भी थी। बड़े सेठ जहाँ थे वहीं अभी भी थे। जहाँ झगड़े ज़्यादा होते थे जैसे सतनामी मुहल्ला और शराब भट्टी, गंज, स्टेशन इत्यादि वहाँ छोटी-छोटी पुलिस चौकियाँ बना दी गई थीं। कोतवाली के एक तरफ जहाँ सदर बाज़ार था ठीक उसके दूसरी तरफ मुसलमानों का मुहल्ला था। बहुत से लोगों का सुरक्षा के बिना गुज़ारा होना मुश्किल था। भले कुछ न हो, शांति हो, पर कोतवाली का आसरा तो रहता है। गाँवों की बसावट भी एक ही तरह की होती थी, यानी गाँव के बीच में मंदिर होगा। यह बसावट की शुरुआत होगी। मंदिर के पास कुआँ होगा। चौपाल होगा। इसके आसपास ठाकुरों और ब्राह्मणों के मकान होंगे। गाँव के आखिरी छोर पर बाहर ही बाहर चमारों और मेहतरों के घर होंगे। गाँव में मेहतर कम होते थे। चमार बहुत होते थे। शहरों की नई बसावट में जाति पर कोई खास ध्यान नहीं देता। पर मकान बनानेवाले प्लाट खरीदते समय पास-पड़ोस की तरफ जरूर ध्यान देते थे। गरीबी शहर की बसावट में बहुत महत्वपूर्ण होती थी। इनके मुहल्ले बहुत दूर होते और वह शहर का सबसे गंदा इलाका होता था।"*[33]

'खोसला का घोंसला' में दिबाकर बनर्जी ने शहर में मौजूद उन आभासी विभाजनों की ओर हमारा ध्यान आकृष्ट किया था जो शहर के भौतिक स्तर पर हुए विभाजनों जितना ही महत्त्व रखते हैं। एक आभासी शहर अपने भीतर भी ऐसे दायरे बनाता है जिसे तोड़ना कई बार वास्तविक शहर के दायरों को तोड़ने

से भी ज़्यादा मुश्किल साबित होता है। 'ओये लक्की, लक्की ओये' की कहानी एक ऐसे ही लड़के की है जो दिल्ली शहर के इन आभासी दायरों को पार कर उस 'नागर समाज' (सिविल सोसायटी) में प्रवेश पाने की बार-बार कोशिश करता है और बार-बार उसे हार मिलती है। लेकिन इस सब के बीच भी वो अपने लिए जीने का एक तरीका खोज लेता है।

'ओये लक्की, लक्की ओये' का स्वर निराशाजनक नहीं है, कहीं भी नहीं। यह फ़िल्म हाशिए पर पड़े उस समाज की कहानी है, जो हमारी शहर को लेकर बनाई हर योजना से गायब रहता है। नगर की तय योजना से अलग इस समाज को शहर के 'अवैध' नागरिक का दर्जा दिया जाता है। यह शहर के अनचाहे नागरिक हैं लेकिन सच ये भी है कि इनके बिना शहर का चक्का घूमना असम्भव है। लक्की की अपनेपन की तलाश शहर के आभासी दायरों में घुटकर रह जाती है। उसकी तलाश जारी है, उसका सफ़र जारी है।

लक्की चोर है। वो सभी कुछ चुराता है। पैसे, ज़ेवर, कार, टीवी, म्यूज़िक सिस्टम, तस्वीरें, ग्रीटिंग कार्ड, टेनिस के रैकेट, पामेरियन कुत्ता, टेडी बियर... लक्की के जीवन में जिस भी चीज़ का अभाव है, उसे वो चुराकर पूरा कर देना चाहता है। लक्की को बचपन में परिवार का सहारा नहीं मिला। उसके पिता एक दूसरी औरत के साथ रहने लगे। लक्की के जीवन में शायद सबसे बड़ा अभाव 'प्यार' का है। ऐसा प्यार जो उसे अपना माने, सन्तुष्टि प्रदान करे। फ़िल्म का शुरुआती दश्य और संवाद देखें जहाँ लक्की से बरामद सामान की दिल्ली पुलिस ने नुमाइश लगा रखी है और कैमरों की चकाचौंध के बीच चुराए हुए सामान में से एक - कुत्ता भाग जाता है। यह संवाद हाँफते हुए पुलिस हवलदार और उस नायक के बीच है जिसकी शक्ल अभी तक परदे पर दिखाई नहीं दी है,

*"ओये लक्की, तेरा कुत्ता भाग गया ओये"*
*"मेरा नहीं है सरजी। चुराया था मैंने।"*
*"ओये भाई खिला-पिलाकर सांड तूने ही बणाया था ना उसे। भाग ग्या वो।"*
*"भाग गया, भाग गया। कुत्ता है, बुला लो।"*
*वायरलेस पर - "कुत्ते का क्या नाम है?"*
*"नाम.. नाम.. नाम बता ना उसका?"*
*"हैप्पी हैप्पी बुलाता था।"*
*"हैं?"*
*"हैप्प्पी।"*
*"जनाब, हैप्पी।"*

*वायरलेस पर - "क्या?"*
*"है... हैप्प्प्पी..."*
*वायरलेस पर - "ये कुत्ता णा रुकेगा.. किसी की णा सुणता।"*
*"बोलो हैप्पी कम.. कम.."*
*"कम.. कम.. करके बुलाईये जनाब। वो इंग्लिश कुत्ता है। पॉश इलाके का जनाब।"*
*वायरलेस पर - "ये कुत्ते को हिण्दी न समझ में आत्ती, ना इंग्लिश समझ में आत्ती।"*
*"मुझे सस्पेंड करवाएगा तू लक्की"*

और यहीं पहली बार नायक का सिनेमा में आगमन होता है। इस संवाद के साथ...

*"प्यार से बुलाओ सरजी, आ जाएगा। प्यार से।"*

और फ़िल्म की शुरुआत ही इस गीत के साथ होती है...

*"चाहिए थोड़ा प्यार, थोड़ा प्यार चाहिए।"*

यह गीत फ़िल्म में बार-बार आता है। उसके पिता के बाद उसके जीवन में दो और व्यक्ति ऐसे ही व्यक्तित्व के साथ आते हैं। दूसरे हिस्से में गोगी भाई और तीसरे हिस्से में डॉ. हांडा। तीनों से ही लक्की वह अपनापन चाहता है, जो शायद उसे अपने परिवार से नहीं मिला। हर बार वो उनके साथ शामिल होना चाहता है लेकिन आखिर में वो उसका और अपना अन्तर फिर से रेखांकित कर ही देते हैं। तीनों ही बार उसे अकेले रह जाना पड़ता है। फ़िल्म इन तीनों अलग-अलग किरदारों के व्यक्तित्व और लक्की से इनके समान रिश्ते को दिखाने के लिए 'आधे-अधूरे' वाली तरकीब का प्रयोग करती है। तीनों अलग-अलग किरदार एक ही कलाकार (परेश रावल) ने निभाये हैं। एक अभिनेता और तीन किरदार के माध्यम से दिबाकर लक्की की अपनेपन और सुरक्षा-बोध की तलाश के विभिन्न आयामों को हमारे सामने रखते हैं।

'ओये लक्की, लक्की ओये' शहरी नागरिक समाज की आलोचना है। यह नागरिक समाज दावा करता है समाज का सबसे आधुनिक वर्ग होने का लेकिन इसकी 'आधुनिकता' की परिभाषा कुछ इस तरह गढ़ी गयी है कि उसमें हाशिए के समाज का व्यक्ति चाह कर भी शामिल नहीं हो पाता। अभय कुमार दुबे दलित साहित्य पर

अपने लेख 'नये शहर की तलाश' में लिखते हैं कि हाशिए के समाजों के लिए शहर और उसका आधुनिक स्वरूप उम्मीद की किरण सरीखा था। दलितों का आधुनिक शहर को लेकर जो अनुभव रहा है उससे हम 'लक्की' के अनुभव का तारतम्य जोड़ सकते हैं। दुबे लिखते हैं,

> ''गाँव के बाहर पड़ा रहने वाला अन्त्यज ऐसे स्थान की तलाश में निकल पड़ा है जहाँ से उसे बहिष्कृत किया जाना संस्थागत रूप से नामुमकिन हो। यह नया स्थान शहर था जो आधुनिकता के घटनास्थल के रूप में उभर रहा था। दलित-चेतना उत्तरोत्तर नगर-केन्द्रित होती गयी और दलित साहित्य नागरिकता की खोज में जाति पूछे जाने के औचित्य पर सवालिया निशान लगाने लगा। मराठी, कन्नड़, हिन्दी, गुजराती और तेलुगू की दलित साहित्य-धाराओं ने बताया कि नये शहर की तलाश में आया हुआ दलित नायक नागरिकता के आवरण में भी अपनी नीची जाति छिपाने में नाकाम है।''[34]

दुबे ऐसी अनेक दलित कहानियों के उदाहरण प्रस्तुत करते हैं जिनमें कथा नायक शहरी आधुनिकता में 'समरूपीकृत सार्वभौम नागरिक पहचान' के भीतर अपनी जातिगत पहचान छिपाने की कोशिश करता है, लेकिन उसकी यह कोशिश हमेशा नाकाम ही साबित होती है। बाबूराव बागुल की 'जब मैंने अपनी जात छिपायी थी' इसका उदाहरण है। दुबे लिखते हैं, ''बागुल का नायक 'नागरिक समाज' की खोज में फ़िलहाल नाकाम हो चुका है। उसमें आधुनिकता के प्रति ललक है, लेकिन आधुनिकतावाद की चुकी हुई सम्भावनाओं के प्रति वह निराश है।''[35] लक्की में भी यही ललक देखी जा सकती है। यह आधुनिक समाज में प्रवेश की ललक है। लक्की सिर्फ़ कारों, डिज़ाइनर चश्मे और ग्रीटिंग क़ार्ड को लेकर आकर्षित नहीं है। लक्की का आकर्षण उस जीवनशैली तक जाता है। लेकिन 'आधुनिक सभ्य शहर' का बदलता व्यवहार डॉ. हांडा परिवार के इन दो विपरीत व्यवहारों से समझा जा सकता है। पहले प्रसंग के संवाद लक्की के हांडा को पैसा देने के पहले के हैं जिनमें आप हांडा दम्पत्ति द्वारा लक्की के लिए एक बनावटी स्वीकार्यता देखेंगे जो लक्की को अपने दायरे में शामिल करने का ढोंग रचती है।

> *– ये कह रहा हैं कि आपकी शक्ल और हाइट इनके ब्रदर से मिलती है। वो अमेरिका में  रहते हैं।*
>
> *– अब जैसे ही देखा ना मैंने आपको तो मैं इमोशनल हो गयी कि मोंटी आ गया, मोंटी आ गया!*

*— तो ये भी तो ब्रदर ही तो हैं। आप घर पे आओ ना आज डिनर पर।*

और यही 'आधुनिक सभ्य समाज' अपना काम निकालने के बाद लक्की से कुछ यूँ बात करता है।

*— ये कैसी बातें कर रहे हो? इसको समझाओ भाई, ये फेमिली वाला रेस्टोरेंट है, ऐसी गुण्डागर्दी नहीं चलेगी यहाँ।*

*— अरे व्हाट यू डूइंग? सब लोग वहाँ आपका वेट कर रहे हैं। मंत्री साहब वगैरा और आप यहाँ फ़ालतू लोगों के साथ टाइम वेस्ट कर रहे हो।*

तो लक्की का इस 'आधुनिक नागरिक समाज' का नागरिक बनने का सपना यूँ टूटता है। लेकिन इस सारी प्रक्रिया में लक्की ने भी अपने लिए जीने के रास्ते, खुशी के रास्ते तलाश लिए हैं। वो भी अपनी एक दुनिया बनाता है, एक परिवार बनाता है। प्यार करता है, सपने देखता है। इसी परिधि की दुनिया का लेखा-जोखा 'ओये लक्की लक्की ओये' की कहानी बन जाती है।

लक्की के इस 'आधुनिक जीवन शैली' के प्रति आकर्षण को फ़िल्म के कुछ प्रसंगों के माध्यम से स्पष्ट रूप से समझा जा सकता है। लक्की एक बड़े मीडियामैन के घर चोरी करने जाता है। सामान चुराने के बाद बाहर निकलते हुए उसकी नज़र टेबल पर रखी एक तस्वीर पर ठहर जाती है। तस्वीर में उस आदमी का पूरा परिवार बर्फ़ में खेल रहा है। लक्की वो तस्वीर भी उठा लेता है और बाहर आकर अपने दोस्त बंगाली को सबसे पहले वही तस्वीर दिखाता है। इसका अर्थ फ़िल्म में उस वक़्त खुलता है, जब अगले ही प्रसंग में वो अपनी प्रेमिका को घुमाने बर्फ़ीली वादियों में लेकर जाता है। लक्की की एक तड़प है परिवार के सुरक्षित दायरे का अभाव और दूसरी चाहत है शहर के उस हिस्से का सदस्य बनना जो शहर का वैध या व्यवस्थित हिस्सा माना जाता है। शहर का स्वीकार्य सदस्य।

फ़िल्म की शुरुआत में लक्की का घर एक ऐसी ही हाशिए की बस्ती का हिस्सा है जो दिल्ली में मौजूद 'अवैध' कही जाने वाली बस्तियों की तरह लगती है। एक अनगढ़पन उसकी बुनावट में ही मौजूद है। बार-बार पृष्ठभूमि में दिखते बिजली और टेलीफ़ोन के तारों के जंजाल इस छवि को बहुत खूबसूरती से अभिव्यक्त करते हैं।

*तारों के अवैध जंजाल से पटा दिल्ली का लोकेल। ओये लक्की! लक्की ओये!*

यह शहर के वैध हिस्सों के लिए अनचाही बस्तियाँ हैं जिन्हें जब भी सिस्टम चाहे उजाड़ देता है। और ये निकल जाते हैं किसी नये ठिकाने की तलाश में, शायद एक बार फिर उजाड़े जाने के लिए। ऐसे में इन बस्तियों में रहने वाले शहर से एक तनाव भरा रिश्ता बनाते हैं। एक ओर उन्हें मालूम है कि यह शहर उन्हें अपने भीतर प्रवेश देने का इच्छुक नहीं और दूसरी ओर वे स्वयं को इसी शहर का हिस्सा भी मानते हैं। यह लोग शहर का अनचाहा हिस्सा होकर भी इस शहर को नया आकार देते हैं। शहर की पहचान में कुछ नया जोड़ते हैं। और इन्हें 'शहर में अनचाहा' कहने वाले भी तो दरअसल खुद एक सीमित वर्ग हैं जिसका व्यवस्था पर कब्ज़ा है। इस वर्ग को ही पूरे शहर की आवाज़ मान लेना भी तो ठीक नहीं है। दिल्ली की परिधि पर एक ऐसी ही उजाड़ी हुई बस्ती 'नांगला माँची' के रहने वालों की आवाज़ 'बहुरूपिया शहर' की इस रचना में सुनाई पड़ती है,

> ''पूरे दो साल हो गये हमें यहाँ रहते हुए। हम इस जगह के हो गये, पर ये जगह हमारी नहीं हुई। इसका फ़िरोज़ी पेंट मैंने अपने हाथों से सर्फ़ डाल-डालकर चमकाया है। सालों से धूल में जमे ये शीशे के लैम्प, ये शो-केस, ये लकड़ी का दरवाज़ा, ये जीने की पेड़ियाँ। मैं कितने महीनों से इन्हें प्यार से साफ़ करती चली आ रही हूँ। ये मार्बल का फर्श। जब हम यहाँ पहले दिन आये थे, ये काला पड़ा था। मैंने अपने नाखून से घिस-घिसकर इसे हँसना सिखाया है। पर आज वो मुझे बता गये कि यहाँ की कोई चीज़ हमारी नहीं। हम तो एक मुसाफ़िरखाने में पड़े हैं। यहाँ ठहर तो सकते हैं पर जम नहीं सकते।''[36]

एक शुरुआती दृश्य पर गौर करें। लक्की पिता की मार से बचने के लिए दरवाज़े से बाहर नहीं भागता, बल्कि घर से निकलने के लिए वो छत का रास्ता चुनता है। यह 'ऊर्ध्वागमन' लक्की के मन में बसी समाज की नज़रों में ऊँचा उठने की हसरत का प्रतीक बन जाता है। एक शहर में कई शहर मौजूद होते हैं और उनमें आपस में एक दूसरे की पहचान के अतिक्रमण का अभियान निरन्तर चलता रहता है। इस फ़िल्म में मौजूद मूल दुविधा को समझने के लिए आदित्य निगम की शहर से जुड़ी यह व्याख्या बहुत कारगर है। उत्तर औपनिवेशिक शहर में 'नागर समाज' द्वारा अपने दायरे को सुरक्षित रखने की कोशिश का उल्लेख करते हुए वे लिखते हैं,

> ''दैहिक प्रवेश अगर पूरी तरह नहीं भी रोका जा सके तो भी शहरी भूगोल में और अपनी संकल्पनाओं के ज़रिये प्रबुद्ध नागरिक अपने को अलहदा कर लेने के उपाय और उसकी जगह तो ढूँढ ही सकते हैं। नागर समाज के निरूपणात्मक/संकल्पनात्मक हलकों में प्रवेश को विभिन्न तरीकों से नियन्त्रित तो किया ही जा सकता है। नागर समाज में दाखिले की कुछ पूर्व शर्तें हैं, कुछ पाठ हैं जिन्हें सीखे बगैर आप सभ्य नहीं माने जायेंगें और सभ्यता सीखने पर ही सभ्य नागर समाज के दायरे आप के लिए खोले जायेंगे। एक मायने में शहर के इस अमूर्त संकल्पनात्मक विभाजन इसके असली भौतिक क्षेत्रों के विभाजन और उनको घेराबन्द करने के प्रयासों के समान्तर चलते हैं।''[87]

दिबाकर की यह फ़िल्म इस मायने में भी क्रांतिकारी है कि यह हिन्दुस्तानी समाज व्यवस्था की सबसे महत्वपूर्ण इकाई और सबसे 'पवित्र गाय' मानी गई संस्था परिवार पर सीधे चोट करती है। और अगर इसे एक वृहत परिप्रेक्ष्य में पढ़ा जाए तो यह योजनाकारों द्वारा आधुनिक शहर की मूल सकारात्मक इकाई के बतौर स्थापित की गई संस्था को भी मृगतृष्णा की तरह पढ़ना है। हिन्दी सिनेमा ने हिन्दुस्तानी नागर समाज के सच्चे प्रतिनिधि के बतौर सबसे ज़्यादा 'परिवार' रूपी संस्था का ही उत्सवगान किया है। लोकप्रिय हिन्दी सिनेमा की सबसे ज़्यादा सुनाई गई कहानी वही है जिसमें अबोध संतानें अपने परिवार से बिछड़ जाती हैं और फिर तमाम फ़िल्म उस शहर के बियाबान में बिछड़े बदनसीब परिवार को मिलवाने की उठापटक की कहानी भर होती है। चोपड़ा बंधुओं की मैग्नमओपस 'वक़्त' में आप देखते हैं कि यही परिवार किस्मत का मारा, दर-दर की ठोकरें खाता है। लेकिन फ़िल्म का अंत फिर साबित करता है कि अंततः 'अपना खून' ही काम आता है। 'शोले' में आप ठाकुर की बदले की भावना से एकाकार हो जाते हैं क्योंकि उसके पीछे समाज से बाहर के एक आतताई 'आउटसाइडर' द्वारा नायक के परिवार के सामूहिक संहार की कहानी छिपी है। आशुतोष गोवारिकर की बहुप्रशंसित 'लगान' इसी परिवार के मॉडल को समूचे

समुदाय पर आरोपित कर देती है लेकिन इस सवाल का कोई जवाब नहीं देती कि 'युद्ध' की समाप्ति के बाद कचरा की समाज में क्या जगह होगी?

मैं जिस इलाके से आता हूँ वहाँ 'रक्त की शुद्धता' के नाम पर स्त्री को सात तालों की भीतर रखे जाने का लम्बा इतिहास है और जिस महानगर की कहानी मैं कहता हूँ वहाँ 'परिवार की इज़्ज़त' के नाम पर आए दिन हत्याओं की खबरों से अखबारों के भीतरी पृष्ठ रंगे मिलते हैं। और इस सबके बीच हिन्दी का लोकप्रिय सिनेमा 'परिवार' नामक संस्था का गुणगान करता है, ठीक उसी तरह जैसे आधुनिक शहर इस संस्था को अपनी मूल ईकाई के बतौर स्वीकार करता है। 'वैध शहर' अपने नागरिक से न सिर्फ़ इस संस्था की स्थापना एवं सुरक्षा की मांग करता है, बल्कि वह इसके ही आधार पर अपने नागरिक की पहचान भी करता है। यहीं 'ओये लक्की, लक्की ओये' एक अपवाद बनती हैं क्योंकि वह इस पहचान की प्रक्रिया को दूसरे सिरे पर खड़े होकर परखने का प्रयास करती है।

सबसे मजेदार विलोम यहाँ दिबाकर की ही पहली दो फ़िल्मों 'खोसला का घोंसला' और 'ओये लक्की, लक्की ओये' को एक-दूसरे के समक्ष रखने पर सामने आता है। पैशनफॉरसिनेमा पर दर्ज किए अपने साक्षात्कार में दिबाकर कहते हैं,

> ''खोसला क्या थी? वो अपने मूल में एक प्रतिगामी कहानी थी। आप इससे ज़्यादा प्रतिगामी कहानी खोज नहीं पायेंगे। हाँ मैंने 'खोसला' बनाई है और मैं ही आपको यह बता रहा हूँ। और 'खोसला का घोंसला' के 'डार्लिंग ऑफ द क्राउड' बनने के पीछे मूल वजह भी यही है कि वह एक प्रतिगामी कहानी है। कहानी आखिर है क्या, एकं संयुक्त परिवार का मुखिया जो अपने परिवार के लिए दिल्ली के बाहर किसी मूर्खता से भरी गंदी जगह पर प्लॉट लेकर एक संयुक्त पारिवारिक घर बनवाना चाहता है जिसमें वो अपनी तमाम आनेवाली पीढ़ियों के साथ सुख से रहे। शहर में मौजूद उस पुराने, अच्छे खासे और बड़े घर को छोड़कर वो उस सीमांत, मार्बल की नकली चमक से बजबजाते, ट्रिपल स्टोरी ट्रेन के डिब्बे जैसे मकान में जाना चाहता है जहाँ हर भाई अपने अलग 'फ़्लोर' पर रहेगा। मैं खुद दिल्ली से हूँ और अच्छी तरह जानता हूँ कि इस तरह की रिहाइश का असल मतलब क्या होता है। और वो उस सपने के पीछे भाग रहा है और हम उसके समर्थन में पगला रहे हैं? और सुनिए, बेटा वापस आकर अपने पिता से कहता है कि मैं अपनी तमाम तमन्नाओं को दफ़नाता हूँ और हे पिता, अब मैं तुम्हें उस राक्षस से बचाऊँगा। और हम मिलकर इस घर रूपी सपने को पूरा करेगें.''[38]

बहुत तीखे शब्दों में दिबाकर खुद अपनी फ़िल्म की शवपरीक्षा करते हैं. लेकिन इसी सिद्धांत की रौशनी में अगर आप 'ओये लक्की लक्की ओये' को देखें तो एक अद्भुत विलोम उभरता है। 'ओये लक्की लक्की ओये' में भी परिवार संस्था है, लेकिन वह लक्की के जीवन में सदा नकारात्मक भाव भरती है और यह अहसास करवाती है कि उसकी सामाजिक पदानुक्रम में 'असल हैसियत' क्या है। और इस भूमिका के निर्वाह के लिए फ़िल्म में सिर्फ़ उसके पिता को ही नहीं देखा जाना चाहिए, बल्कि उन तीनों किरदारों को देखा जाना चाहिए जिन्हें परेश रावल निभाते हैं। अपने तमाम रूपों में 'पिता' इस कहानी के मुख्य खलनायक हैं। दिबाकर की 'ओये लक्की लक्की ओये' परिवार को मूलभूत नियंत्रणकारी व्यवस्था के रूप में स्थापित करती है और साथ ही यह सिद्धांत भी देती है कि आधुनिक शहर की संरचना में विभिन्न स्तरों पर 'व्यवस्था' की स्थापना के लिए इसी परिवार संस्था को दोहराया गया है।

'इस शहर मे किससे मिलें, हमसे तो छूटी महफ़िलें'
UTV SPOTBOY & BINDASS PRESENT
DEV.D
DIRECTED BY ANURAG KASHYAP PRODUCED BY RONNIE SCREWVALA
www.devdthefilm.com

## देव डी

*"पहली चीज़ दिमाग में आयी थी, वो थी कि शरत बाबू के उपन्यास में आये 1917 के पतनशील कोलकाता को आज दिखाना हो तो कहाँ दिखाएँगे? कौन सी जगह हो सकती है? पहला ख्याल दिमाग में आया वो था गोआ, उसके बाद पहाड़गंज। पहाड़गंज से मैं वाकिफ़ था। जब मैं दिल्ली में हंसराज कॉलेज में पढ़ता था तो वहाँ अक्सर जाया करता था। हम सोलह-सत्रह साल के थे। वहाँ पर इसलिए जाया करते थे क्योंकि वहाँ पर गाँजा मिलता था। दूसरा लड़कियों को देखने जाते थे। मैंने तब तक वैसी लड़कियाँ नहीं देखी थीं। सब कहते थे कि पहाड़गंज चलो। वहाँ रशियन लड़कियाँ आती हैं। ये सारे कारण थे। हमारी सेंसिबिलिटी वैसी ही थी। पहाड़गंज का माहौल तब से बहुत कुछ बदल चुका है। दो गलियाँ हैं। नियॉन लाइट गलियाँ हैं। वहाँ पर सारे होटल आजकल सिर्फ़ विदेशियों को मिलते हैं। वहाँ पर ऐसा पतन है कि अन्दर घुसेंगे तो फिर निकलना बहुत मुश्किल है। विजुअली वो गली मेरे दिमाग में थी।"*[39]

और इस तरह दिल्ली का पहाड़गंज अनुराग कश्यप के लिए शरत बाबू के 1917 के पतनशील कोलकाता का स्थानापन्न बनता है। 'देव डी' की यात्रा पंजाब के सरसों के पीले खेतों से शुरू होती है और देव-पारो की सपनीली प्रेम कहानी को अनुराग 'ढोल यारा ढोल' के साथ एकदम यश चोपड़ा की फ़ील-गुड प्रेम कहानियों वाला उठान देते हैं। लेकिन अलग-अलग किरदारों के नाम वाले चैप्टर्स में बँटी फ़िल्म दरअसल एक कैथार्सिस की तरह है। और शायद कैथार्सिस के लिए यह ज़रूरी है कि पहले आप उसमें पूरा डूबें। 'देव डी' के किरदार उद्दाम यौन आवेगों से भरे हैं। ऐसे यौन आवेग जिन्हें निकास के लिए सही साथी की तलाश है। अनुराग अपने वक्तव्य में इस ओर संकेत करते हैं।

"हिन्दी सिनेमा में जब मैं परदे पर प्रेम कहानियाँ देखता हूँ तो उनसे

रिलेट नहीं कर पाता हूँ। मुझे तो यह भी नहीं समझ आता है कि हीरो-हीरोइन एक-दूसरे को छूते क्यों नहीं हैं? जब वो एक-दूसरे से गले मिलते हैं तो अचानक हीरोइन का हाथ अपने सीने पर आ जाता है। हिन्दी सिनेमा का यह दृश्य मुझे हमेशा से अखरता है। मैं सीरियस हूँ और मज़ाक नहीं कर रहा हूँ। जब दो लोगों को देखकर लगता नहीं है कि वे आपस में प्यार करते हैं तो प्रेम कहानी में क्या आनन्द आयेगा? मैं हमेशा देखता हूँ कि निर्देशक बता रहा है, यहाँ देखो, यहाँ पकड़ो। वो भाव अन्दर से नहीं आते हैं। कहीं न कहीं वो 'सेंस ऑफ़ रियलिज़्म' नहीं हैं।''[40]

लेकिन 'देव डी' की समस्या नायक-नायिका के उद्दाम यौन आवेग नहीं हैं। समस्या साथी की तलाश में भी नहीं है। समस्या वो पुरुषसत्तात्मक समाज है जिसमें यह नवयुवक जवान हो रहे हैं। 'देव डी' में देव का किरदार लंदन से पढ़कर आया है। आधुनिक यूरोप के आधुनिक शहर से। उसके विचार भले नये हो सकते हैं लेकिन असल समस्या उसके अवचेतन में है। उसके अवचेतन में आज भी वही पुरुष छिपकर बैठा है जो औरत की सहज अभिव्यक्त यौन आकांक्षा को उसकी पवित्रता, उसके कैरेक्टर पर दाग़ की तरह देखता है। इसीलिए अनुराग जानबूझकर देव के पिता का किरदार पारम्परिक देवदास की कहानी के मुकाबले बिल्कुल उलट देते हैं। देव के पिता यहाँ एक उदारवादी पिता की भूमिका में हैं। पारम्परिक कहानी से उलट यहाँ देव के पिता को अपनी सामाजिक-आर्थिक हैसियत का कोई झूठा अभिमान नहीं है और वे खुद पारो से देव की शादी करवाना चाहते हैं। फ़िल्म में पारो की शादी तय होने की ख़बर के बाद वे देव से बात करते हुए यह कहते भी हैं,

> ''कितनी सुन्दर लग रही है पारो। उसकी शादी तय हो गयी है। बताया उसने? तेरे को पता नहीं कौन सी परी चाहिए। सालों से सोचे बैठा था कि तेरी बरात अपने घर से उसके घर लेकर जाऊँगा। पारो अपनी ही रहेगी। पर लंदन जाकर तेरा टेस्ट खराब हो गया है। व्हिस्की की जगह वोद्का पीता है, चिकन की जगह पर फ़िश खाता है। असली औरतों को छोड़कर सूखी-सूखी बाँस की डंडियों के पीछे भागता है। तेरा होगा क्या?''

विचारक आशिस नंदी प्रथमेश चन्द्र बरुआ के जीवन और उनकी बनाई पहली 'देवदास' को आधार बनाकर लिखे अपने आलेख में 'देवदास' को दो भिन्न जीवन चर्याओं की आपसी टकराहट के तौर पर पढ़ते हैं,

> ''देवदास हिन्दुस्तानी सिनेमा का वो पहला सफल नायक है जो उस

> प्रथम पीढ़ी के 'ग्रामीण एलीट' की तड़प अपने भीतर समेटे है जिसे उसने विश्वयुद्ध से पहले के औपनिवेशिक शहर में प्रवेश करने की प्रक्रिया में पाया था। उसकी आत्महंता प्रवृत्ति पर उसके द्वारा घोषित गांव के नकार की भी छाप है - वही गांव जहाँ वह मृत्यु के ठीक पहले एक आखिरी बार लौटता है, हृदयहीन शहर में गुमनाम मौत से बचने और अपने नष्टप्राय अतीत को वापस हासिल करने की एक अभिशप्त कोशिश, और यह उसका शहरी छलावों और इस नई सम्मोहक जीवन शैली का अन्ततः अस्वीकार भी है।''[41]

अगर आप गौर से देखें तो यही आत्महंता प्रवृति है जिसे अनुराग कश्यप अपनी व्याख्या में चुनौती देते हैं। दरअसल 'देवदास' हिन्दी सिनेमा का वह आदिम नायक है जिसकी छाप इस लोकप्रिय कला रूप में आए हर नए अवतार में पाते हैं। नंदी इसी देवदास का एक भिन्न रूप सत्तर के दशक में देखे गए महानायक 'एंग्री यंग मैन' में पढ़ते हैं और लिखते हैं कि शहरी हिंसक परिदृश्य में धकेला गया यह नायक, खलनायकों को हराता हुआ जब मारा जाता है तो दरअसल यह वापस उस 'सामान्य' अवस्था में जाने का अधूरा ख्वाब अपने भीतर समेटे है जिसके नष्ट होने पर उसकी यह यात्रा शुरु हुई थी। दीवार (1975), शोले (1975), मुकद्दर का सिकंदर (1978), कालिया (1981), शक्ति (1982), अग्निपथ (1990) इसके उदाहरण हैं।[42]

शहरी परिदश्य पर होती यह हिंसा एक खास मर्दाना जामा ओढ़े है और स्त्री की यहाँ सिर्फ़ सजावटी उपस्थिति भर दिखाई देती है। लेकिन यहीं सदा 'मां' का किरदार भी है जिसकी अहमियत इसलिए सबसे ज़्यादा है क्योंकि वह नायक को शहर में आने से पूर्व की उन स्मृतियों में बची आदिम मासूमियत से जोड़ने वाला अकेला सूत्र है। यहीं फिर 'देवदास' के किरदार से साम्य उपस्थित होता है क्योंकि देवदास का चन्द्रमुखी से रिश्ता भी 'शहरी जीवन की अति से राहत पाने के लिए मातृत्व की गोद की तलाश' के रूप में पढ़ा जाना चाहिए।

'देव डी' का 'खलनायक पुरुष' देवदास के पिता में नहीं, वह खुद देव के भीतर है। हिन्दुस्तानी सिनेमा का सतत कुण्ठित नायक। देव में एक साथ अपराधबोध भी है और शहीदी भाव भी। बहुत कुछ है जो उसके भीतर भरा हुआ है और अभिव्यक्त नहीं हो पा रहा है। और फ़िल्म इसे अभिव्यक्त करने के लिए संगीत का माध्यम चुनती है। देव दिल्ली के पहाड़गंज की किसी सुनसान, अँधेरी गली में चुन्नी के साथ प्रवेश करता है। भीतर एक तहखाने सी जगह में लोग इकट्ठा होकर नशा कर रहे हैं। पीछे संगीत है 'परदेसी, परदेसी' का और दिल्ली की रात्रिकालीन अवैध ज़िन्दगी का एक और पहलू आपके सामने उजागर है। अनुराग और संगीतकार अमित त्रिवेदी इस गीत में बोलों के माध्यम से ख़ास हरियाणवी प्रभाव पैदा करते

हैं जिससे दिल्ली के रात्रिकालीन क्लबों का जीवन्त माहौल अपने असल रूप में हमारे सामने आता है।

अगर आप अनुराग कश्यप के फ़िल्मी सफ़रनामे को देखें तो अपने स्वभाव में पूर्णतः शहरी अभिव्यक्ति होने के बावजूद उनका सिनेमा हमेशा शहर के स्याह हिस्से का चित्रण करता है । 'पाँच', 'ब्लैक फ्राइडे', 'नो स्मोकिंग', 'गुलाल' और 'देव डी' का शहर हमेशा एक सा नहीं। कहीं उसमें यथार्थवादी चित्रण गहरे दिखता है (ब्लैक फ्राइडे) तो कहीं उस पर फंतासी हावी है (नो स्मोकिंग, गुलाल) लेकिन इन भेदों के बावजूद वह शहर का स्याह हिस्सा है। उनके सिनेमा में परिवेश हमेशा किरदार की भूमिका अदा करता है। 'देव डी' में दिल्ली शहर एक ओर चन्दा के लिए उस असह्य सामाजिक दबाव से मुक्ति है जिसके चलते उसके पिता ने आत्महत्या कर ली और उसकी माँ उसे छोड़कर चली गयी। यहाँ हर नज़र उसे घूरती नहीं है। आधुनिक शहर सामुदायिक जीवन में पाये जाने वाले दबाव से मनुष्य को मुक्त कर उसे एक तरह की मानसिक आज़ादी का अहसास देता है। देव भी शहर इसी आज़ादी की तलाश में आया है। लेकिन उसे आधुनिक शहर, नशा, शराब और हर तरह की मनमर्जी भी चाही गयी आज़ादी नहीं दिलवा पाते क्योंकि हरदम उसका पीछा करने वाला स्वयं उसके भीतर है।

लेकिन पुराने देवदासों से अलग अनुराग कश्यप की 'देव डी' सिर्फ़ देव की कहानी नहीं। वो पारो की भी कहानी है और चन्दा की भी। जैसा अनुराग ने अपने वक्तव्य में कहा, 'देव डी' की दिल्ली नियॉन साइन बोर्डों, रात में चलने वाले नाइट क्लबों और सीलन भरे अँधेरे कमरों की दिल्ली है।

*नियॉन साइन बोर्ड, सीलन भरे अंधेरे कमरे, नाइट क्लब। रात्रिकालीन दिल्ली। देव डी*

*नियॉन साइन बोर्ड, सीलन भरे अंधेरे कमरे, नाइट क्लब। रात्रिकालीन दिल्ली। देव डी*

और इस दिल्ली में हमारा प्रवेश देव के साथ नहीं, चन्दा के साथ होता है। चन्दा का किरदार भी अपने पारंपरिक रूप से बहुत सारे बदलाव अपने भीतर समेटे है। पहली बार चन्दा की भी एक 'पास्ट स्टोरी' है। पहली बार यह बताया गया है कि पहाड़गंज में एक 'सेक्स वर्कर' का काम करने वाली चन्दा यहाँ तक पहुँची कैसे? और यह एक बेहतरीन तकनीक है। यह तकनीक है हमारे सतत 'शहीदी भाव' नायक देवदास को आईना दिखाने का काम। फ़िल्म में नायिकाओं द्वारा देव को एक से ज़्यादा बार यह बताया जाता है कि वह किसी और से प्यार नहीं करता, न पारो से, न चन्दा से। वह सिर्फ़ और सिर्फ़ खुद से प्यार करता है।

> **पारो**– "तुम मुझसे प्यार नहीं करते हो। तुम किसी से भी प्यार नहीं कर सकते सिवाय खुद के। तुम्हें न इस शीशे से शादी कर लेनी चाहिए।"

> **चन्दा**– "तुम उससे प्यार नहीं करते। प्यार करते तो उसके साथ होते। जब तुम्हें पता चला कि गलती तुम्हारी थी, तब भी समय था। लेकिन तुम्हारा इगो बड़ा है। तुम एक बार भी जाकर नहीं बोले कि शादी मत करो। स्टॉप फ़ीलिंग सॉरी फ़ॉर यॉरसेल्फ़। यू कांट लव एनीवन, जस्ट एक्सेप्ट दिस।"

यह सिर्फ़ देवदास की सच्चाई नहीं है। अनुराग ने सौ साल पुराने एक किरदार को उठाकर आज के महानगर में खड़ा कर दिया है। यह आज का नवयुवक है। और इसे आज के सवालों का सामना करना है। दिल्ली का पहाड़गंज सिर्फ़ एक मैटाफर

है उसके लिए उस अँधेरी गली का जिसमें वो एक पुरातन सोच के साथ गिरता चला जा रहा है। कैसे इस सोच के साथ वो नये समय के सवालों का सामना कर पायेगा? कैसे वो अपने से भिन्न लिंग की तरफ़ से आते सवालों का सामना कर पायेगा जिसने अब जेंडर बराबरी के पाठ वाली किताबें पढ़ ली हैं। अगर उसे इस समय से तालमेल बिठाना है, अगर उसे अपने साथी से तालमेल बिठाना है तो उसे अपने भीतर छिपे उस 'आदिम पुरुष' से लड़ाई जीतनी होगी।

'ये शहर बड़ा पुराना है'
चाँदनी चौक
delhi-6

# दिल्ली 6

हमारे अध्ययन की पिछली फ़िल्म 'ओये लक्की लक्की ओये' की तरह ही 'दिल्ली-6' पर भी आम दर्शकों की एक विशेष टिप्पणी देखने को मिलती है, फ़िल्म में 'स्टोरी तो है ही नहीं।' यह टिप्पणी फ़िल्म में मौजूद पटकथा लेखन के एक ख़ास तरीके की ओर इशारा है। 'दिल्ली-6' हमारे सिनेमा की पारम्परिक कथा संरचना को तोड़ती है। और उसका ऐसा करना फ़िल्म में मौजूद शहर के थोड़ा और भीतर घुसने की कोशिश है। यह फ़िल्म की शुरुआत के किसी निश्चित बिन्दु से अन्त में क्लाईमेक्स के किसी निश्चित बिन्दु की ओर की गयी यात्रा नहीं है जैसा आमतौर पर हिन्दी फ़िल्मों की संरचना रही है।

एक समीक्षक इस 'स्टोरी नहीं थी' वाली आलोचना का जवाब देते हुए लिखते हैं, 'स्टोरी नहीं थी' जैसी प्रतिक्रियाओं की वजह यह है कि हम हिन्दुस्तानी दर्शक ऐसी फ़िल्में देखते हुए बड़े हुए हैं जिनमें कहानी हमारे सर पर हथौड़े की मार की तरह समझाई जाती है। बड़ी घटनाएँ, विशाल क्लोज़-अप शॉट्स, तीव्र पार्श्व संगीत, स्लो-मोशन शॉट्स। तो जब कोई फ़िल्म जैसे 'ओये लक्की लक्की ओये', 'लक बाय चांस' या 'दिल्ली-6' (क्लाईमेक्स को छोड़कर) इन स्वाभाविक फन्दों के बिना आती है तो हम दुविधा में पड़ जाते हैं क्योंकि हम ऐसे प्रयोग के आदी नहीं हैं।[43]

सिनेमा की तय 'थ्री एक्ट प्ले' संरचना से अलग 'दिल्ली-6' की कथा संरचना किसी अनजान मोहल्ले में बिना तय योजना के घूमने निकल गये आदमी के यात्रा अनुभव जैसी है। मेरे जैसे बहुत से हाशिए के फ़िल्म आलोचकों का तो यह भी मानना है कि जो एकमात्र कथा सूत्र 'दिल्ली-6' की बिखरी सी लगती कहानी को जोड़ने का काम करता है (हालाँकि उसका अपना एक अलग विमर्श है) वही उसकी सबसे कमज़ोर कड़ी है। उसी के चलते फ़िल्म के आखिर में एक नाटकीय क्लाईमेक्स गढ़ा गया है जो फ़िल्म के बाकी साहसिक पटकथा प्रयास को देखते हुए समझौता प्रतीत होता है।

इसके बरक्स, तमाम फ़िल्म क्योंकि एक तय कथा सूत्र को कहानी का मुख्य विमर्श नहीं बनाती है इसलिए उसे कथा से ज़्यादा किरदारों और परिवेश पर ध्यान देने

का मौका मिलता है। 'दिल्ली-6' इस अर्थ में दिल्ली के एक ख़ास मोहल्ले के किरदारों का कैरेक्टर स्कैच और उनकी रोज़ की जीवनचर्या का एक ख़ाका पेश करती है। इसमें विशेष बात यह है कि यह उस इलाके के आम किरदारों, कामगारों की ज़िन्दगी उनके ही परिवेश में आपके सामने रखती है। और इसके लिए व कथा कहने की पारम्परिक संरचना को स्थगित करने का साहसिक कदम भी उठाती है। इस फ़िल्म की कथा संरचना को इसके ही एक गीत के माध्यम से पढ़ें।

*"ये दिल्ली है मेरे यार*
*बस इश्क, मोहब्बत, प्यार*
*बस्ती है मस्तानों की दिल्ली दिल्ली,*
*गली है दीवानों की दिल्ली सिक्स,*
*बड़ा कसके गले लगाता है,*
*धड़कन की गूँज सुनाता है,*
*इसके बायें तरफ़ भी दिल है,*
*इसके दायें तरफ़ भी दिल है,*
*ये शहर नहीं महफ़िल है।"*

'दिल्ली- 6' के साथ बहुत दिनों बाद हम एक ऐसी फ़िल्म देख रहे हैं जिसमें पुरानी दिल्ली के एक आम मोहल्ले में पाये जाने वाले श्रम के विभिन्न रूप हमारे सामने प्रस्तुत हैं। हिन्दी सिनेमा में पिछले कुछ सालों में श्रम और जीविकोपार्जन से जुड़ी गतिविधियाँ परदे से तेज़ी से गायब होती गयी हैं और यह उसके शुरुआती दौर की परम्परा (चालीस और पचास का दशक) से बिल्कुल उलट है।

– *हलवाई की दुकान चलाने वाला बजरंगबली का भक्त मम्दू जो अपनी गली में घुसते ही जलेबी खिलाकर स्वागत करता है।*
– *बिजली की फ़िटिंग करने वाले जयगोपाल जिन्हें इलेक्ट्रॉनिक्स से विशेष लगाव है। जैसा वे कहते हैं, "भाई बड़ा बोल नहीं बोल रहे हैं हम, लेकिन इलेक्ट्रिक में अपना हाथ कोई नहीं पकड़ सकता।"*
– *फोटोग्राफर सुरेश जिसका सपना बम्बई जाकर बड़ा हीरो बनने का है। कुछ फोटोग्राफी से अपनी रोज़ी चलाता है और कुछ उधार से। बम्बई जाने की पूछने पर कहता है, "अरे हम तो कल ही चले जाते अंकिल, अभी चांस दे रिये हैं औरों को।"*
– *मदन गोपाल जी के घर में होती रूई की धुनाई का दृश्य।*

– *अपनी रोज़ी के लिए मोहल्ले की सफ़ाई का काम करने वाली जलेबी जो निचली जाति की है।*
– *गोबर जिसे आप रामलीला में चन्दा इकट्ठा करने से लेकर मोहल्ले के घरों के छोटे-मोटे काम करते देख सकते हैं।*
– *पुलिस वाले चौधरी से लेकर साइबर कैफ़े चलाने वाले और बिलियड्र्स पूल टेबल के मालिक बेग अंकल तक विभिन्न पेशों से जुड़े किरदार।*

हिन्दी सिनेमा में श्रम के इतने प्रकार अपने सक्रिय रूप में बहुत दिनों बाद दिखाई पड़ते हैं। फ़िल्म शहर के भीतर घुसते हुए एक-एक किरदार को उसके हिस्से का पूरा समय देकर उसके परिवेश और उसकी दिनचर्या पकड़ने की कोशिश करती है। ऐसा करते हुए यही उसका मूल कथा सूत्र बन जाता है। दिल्ली के बाक़ी हिस्से से अलग 'दिल्ली- 6' अर्थात् पुरानी दिल्ली का यह हिस्सा अभी भी पारम्परिक शहर की धीमी रफ़्तार और उसका सामुदायिक जीवन अपने भीतर समेटे है। और 'दिल्ली- 6' शहर के इस धीमे हिस्से का विरोधाभास रचने के लिए दिल्ली के अन्य इलाकों में न जाकर अमेरिका से आये रौशन के माध्यम से सीधे अमेरिकी जीवनचर्या से उसका विलोम गढ़ने की कोशिश करती है। शुरुआत से ही रौशन इस सामुदायिक जीवनचर्या के प्रति अपना सहज आकर्षण प्रगट करता है। ''हम अमेरिका में कह रहे थे कि दादी अपनों को छोड़कर जा रही हैं। पर यहाँ पराया कौन है समझ में नहीं आ रहा है।''

'दिल्ली 6' का सबसे आइकॉनिक शॉट जो उसके पहले प्रोमो में सामने आया वह पुरानी दिल्ली का पैनोरॉमिक शॉट है। जिसमें एक ओर जामा मस्जिद की मीनारें और गुम्बद दिखाई दे रहा है वहीं दूसरी ओर स्टैच्यू ऑफ़ लिबर्टी की मूर्ति खड़ी दिखाई दे रही है। लेकिन यह चित्र अपने भीतर फ़िल्म का एक मुख्य विरोधाभास भी समेटे है। यह फ़िल्म हमारे देश के आम शहरी मध्य वर्ग के लिए स्वाभाविक बन चुकी आधुनिक जीवन पद्धति के सामने पुरानी दिल्ली में अभी तक मौजूद सामुदायिक जीवनचर्या को रखती है।

इस सामुदायिक जीवनचर्या में सम्प्रदायगत तनाव भी है तो पारिवारिक क्लेश भी है। यहाँ जाति के आधार पर भेद बहुत तीखा है और धर्म के आधार पर भी, लेकिन इनमें एक भेद है। सामान्य परिस्थितियों में धर्म के भेद रोज़मर्रा के जीवन से ओझल हो जाते हैं। मम्दू बजरंगबली की तस्वीर लगाता है और सभी धर्मों के लोग उसकी दुकान से जलेबी खाते हैं। यह भेद साम्प्रदायिक तनाव के समय ही उभर कर आता है। लेकिन जाति के भेद को लेकर ऐसा नहीं है। यह समुदाय की रोज़ की दिनचर्या में शामिल है। सामान्य दिनों में भी निचली जाति की मेहतराइन जलेबी का समुदाय के घरों में प्रवेश वर्जित है।

*द्वंद्व। जामा मस्ज़िद, स्टेच्चू ऑफ लिबर्टी। पुरानी दिल्ली, न्यूयॉर्क। दिल्ली 6*

धर्म के सम्बन्ध में एक और बात गौर करने की है। फ़िल्म में सामुदायिक तनाव होने पर इन्हीं दोनों पात्रों को सबसे पहले निशाना बनाया जाता है। साफ़ है कि साम्प्रदायिक राजनीति करने वालों को कई बार दूसरे समुदाय से भी ज़्यादा मिश्रित सामुदायिक पहचान वाले व्यक्ति खतरा नज़र आते हैं क्योंकि उनके होने से धर्म के आधार पर ध्रुवीकरण का सिद्धान्त मुश्किल में पड़ता है। यह भी साफ़ है कि 'घर' के भीतर के तनाव भी तीखे हैं और ऐसे में हमारे पारम्परिक समाज का पुरुषसत्तात्मक सामाजिक ढाँचा उभर कर आता है। हाशिए की पहचानें ही इस दूर से भली दिखाई पड़ती सामुदायिक जीवन पद्धति में पिसती हैं चाहे वह घर की बेटियाँ रमा और बिट्टू

हों, चाहे मेहतरानी जलेबी हो, चाहे गोबर।

फ़िल्म कैरेक्टर स्कैच में बिखरे इस कथासूत्र को एक लड़ी में जोड़ने के लिए दो कथा धाराओं का इस्तेमाल करती है। यह दोनों कथा धाराएँ फ़िल्म की शुरुआत में ही अपनी दस्तक देती हैं और पूरी फ़िल्म में नियमित रूप से साथ-साथ चलती हैं। यह दो कथा धाराएँ हैं 'काले बन्दर' की और 'रामलीला' की। फ़िल्म के शुरुआती प्रचार अभियान में जारी किये एक पोस्टर में पुरानी दिल्ली के आसमान पर रामलीला के हनुमान उड़ते दिखाई देते हैं। इस चित्र में फ़िल्म की दोनों मुख्य कथा धाराएँ अपना स्थान पाती हैं। प्रतीक रूप में यह 'काले बन्दर' का भी प्रतीक है और 'रामलीला' का भी। वस्तुतः यह दोनों ही कथाधाराएं हमारे शहर के उस अन्दरूनी पुराने हिस्से की हालिया बदलती संरचना को समझने के दो महत्त्वपूर्ण कथासूत्र हैं जिससे हमारा साबका अब कम ही पड़ता है।

*पुरानी दिल्ली के आसमान पर उड़ते रामलीला के हनुमान। दिल्ली 6*

सबसे पहले बात 'रामलीला' की। पुरानी दिल्ली का यह महत्त्वपूर्ण आयोजन फ़िल्म में शुरुआती नामों के साथ ही आता है और फिर समय-समय पर कथा सूत्र को आगे बढ़ाता है। शहर के पुराने इलाकों में इस तरह के धार्मिक उत्सव असल में सामुदायिक जीवन के सबसे महत्त्वपूर्ण आयोजन होते हैं। केवल 'रामलीला' ही क्यों। फ़िल्म में आया रात्रि जागरण भी इसी तरह का सामाजिक आयोजन है। रामलीला का

पांडाल पुराने शहर में सामाजिक मेल-मिलाप का मुख्य स्थल बनता है। इस तरह 'धर्म' आज भी इन समुदायों में अपनी आदिम भूमिका निभाता है और सामाजिक सम्पर्क और मेल-मिलाप का एक महत्त्वपूर्ण ज़रिया बनता है।

फ़िल्म का दूसरा मुख्य कथा सूत्र है 'काला बन्दर'। गौरतलब है कि साल 2001 में दिल्ली में इस 'काले बन्दर' की अफवाहें विमर्श के केन्द्र में थीं। हालाँकि फ़िल्म के निदेशक 'काले बन्दर' वाली कथा के माध्यम से 'हर इंसा में भगवान' का सन्देश प्रेषित करते हैं लेकिन इस प्रयोग से हम एक और बहुत ही दिलचस्प विमर्श तक पहुँचते हैं जो दिल्ली की इन अन्दरूनी बस्तियों की जीवनचर्या को समझने के लिए हमें एक महत्त्वपूर्ण सूत्र देता है। फ़िल्म में केवल 'काला बन्दर' ही महत्त्वपूर्ण ख़बर नहीं बनता बल्कि उसके माध्यम से तकनीक की हमारे सामाजिक ताने-बाने में घुसपैठ भी नोटिस की जा सकती है। 'काले बन्दर' की खबर हर बार टीवी के समाचार कार्यक्रम के माध्यम से फैलती दिखाई गयी है। नायक रौशन की दिल्ली पहुँचते ही एयरपोर्ट पर 'काले बन्दर' की ख़बर से जो पहली मुठभेड़ होती है वो टीवी के माध्यम से और फिर फ़िल्म के बीच में भी वह चाँदनी चौक में हुए साम्प्रदायिक दंगों की खबर टीवी पर ही देखता है। यहाँ तकनीक का प्रवेश समाज की सामूहिक चेतना को सीधे प्रभावित करने लगता है।

दिल्ली में 2001 की गर्मियों में फ़ैली 'मंकीमैन' की अफ़वाह पर बात करते हुए आदित्य निगम लिखते हैं कि इस 'मंकीमैन' के हमलों में एक बात हमेशा देखी गयी। यह सारी घटनाएँ आमतौर पर निम्नमध्यमवर्गीय रिहायशी इलाकों में घटित होती थीं और इनके लिए मुख्य रंगमंच बिजली कटौती के समय अँधेरे में, एक-दूसरे से सटे घरों की छतें होती थीं।[44] इसका एक और सन्दर्भ है जिसे आदित्य निगम, सुधीश पचौरी का सन्दर्भ देते हुए स्पष्ट करते हैं।

> ''मंकीमैन का होना या न होना उतना दिलचस्प नहीं है जितना यह कि इससे हमें सबाल्टर्न दिल्ली की रोज़ाना ज़िन्दगी की एक झलक मिलती है। मिसाल के तौर पर इस घटना के निम्नलिखित पाठ को देखें। छोटे शहरों की ज़िन्दगी को आधार बनाकर—जहाँ घरों की मिली हुई दूर तक जाती छतें, लोगों के सपाट जीवन में ऐसे रंगमंच के रूप में उभरती हैं जहाँ उनकी कामेच्छाएँ अभिव्यक्ति पाती हैं। सुधीश पचौरी ने भी एक घटना के यौन पहलू को रेखांकित किया। पचौरी इन छतों को अतृप्त कामना की अभिव्यक्ति का स्थान मानते हैं। छत-बाम, अटरिया या छज्जा— ऐसी जगह है जहाँ चोरी-छुपे नज़रें मिलाई जाती हैं, फिर सन्देशों का आदान-प्रदान होता है और विसाल-ए-यार के मुकाम तय किये जाते हैं। यानी कि बड़े एहतियात

> से पहरेदारी में सुरक्षित सेक्सुअलिटी को छज्जों के निरन्तर विस्तार में टूटने का खतरा पैदा हो जाता है।''[45]

इसे समझने के लिए कहीं और जाने की ज़रूरत नहीं। हिन्दी सिनेमा के कुछ पुराने गाने भर याद कर लें। यहाँ नायक-नायिका के 'छत पर आने' की गुज़ारिश कर रहा है और छत की ओट में नायिका 'चाँद छुपा बादल में' या 'मेंहदी लगा के रखना' गाती परिवार से छिप कर नायक के साथ 'करवाचौथ' मना रही है। इस फ़िल्म में भी एक लड़की अपने प्रेमी को दुनिया की नज़रों में आने से बचाने के लिए इसी 'काले बन्दर' के नाम का सहारा लेती है और इस तरह 'काले बन्दर' की अफ़वाह और आधार पाती है।

फ़िल्म में इसका भी ज़िक्र है कि 'मंकीमैन' के सीने पर बल्ब जलते हैं और वो पकड़े जाने पर करंट छोड़ता है। 'काले बन्दर' की कल्पना में तकनीक का घालमेल इसे और ज़्यादा दिलचस्प कहानी बनाता है। शुद्धब्रत सेनगुप्ता इस पर टिप्पणी करते हुए लिखते हैं कि कहानियों मे कम्प्यूटरीकृत तकनीक के चमत्कार की मौजूदगी इस बात का द्योतक है कि दिल्ली के अवचेतन में तकनीकी कल्पना ने गहरे जड़ें जमा ली हैं।[46] वे इसका समाजशास्त्रीय विश्लेषण करते हुए समाजशास्त्री राधिका चोपड़ा को उद्धृत करते हैं,

> ''बिजली की कटौती से ग्रस्त यमुना-पार के अँधेरे, गलीज़, 'अदृश्य' मच्छर-विहारों ने खुद को दृश्य और श्रव्य बनाने के लिए मंकीमैन का सहारा लिया है।'' तो यह है मंकीमैन का असल सामाजिक विमर्श। शुद्धब्रत आगे लिखते हैं, ''शायद मंकीमैन की हकीक़त यही है, रोज़ाना की हिंसा की पर्दादारी, और अदृश्य का ख़ुद को दृश्य करना। झुग्गियों में टीवी धारावाहिकों, बी-ग्रेड खौफ़नाक फ़िल्मों, कॉमिक्स और लोक संस्कृति के अन्य रूपों से जोड़-तोड़ करके एक ऐसा काल्पनिक संसार बनता है जिसमें एक साथ किंवदन्तियों, मिथकों और विज्ञान कथाओं के तत्त्व मौजूद हैं। और ये कहानियाँ अफ़वाहों और पुलिस को परेशान करने के लिए की गयी अज्ञात टेलीफ़ोन कॉलों के कन्धे पर सवार होकर विचर रही हैं। सांस्कृतिक अभिव्यक्ति का यह एक ऐसा समकालीन शहरी रूप है, जिसके ज़रिये लोग रोज़मर्रा की ज़िन्दगी में फैली हिंसा को समझने की कोशिश कर रहे हैं।''[47]

इस पूरे 'मंकीमैन' विमर्श से हमें इन पुराने शहर की बस्तियों के जीवन को समझने के लिए कई महत्त्वपूर्ण सूत्र मिलते हैं। जैसा आदित्य निगम लिखते हैं, ''इन

बस्तियों के वर्षों के अपने तजुर्बे से मैंने यह पाया है कि यहाँ सबाल्टर्न ज़िन्दगी आमतौर पर कस्बाई जीवन के ढर्रे को नये सिरे से पैदा करती रहती है। इन इलाकों की आन्तरिक संरचना कुछ ऐसी होती है कि हमें महानगरीय ज़िन्दगी के समय, उसकी गति से इसका अन्तर साफ़ दिखता है। ये बस्तियाँ अपने बाशिन्दों, ख़ासकर फैक्टरी मज़दूरों को दिन भर के काम के बाद शहर की भागमभाग से एक क़िस्म की पनाह देती हैं। इन बस्तियों की भौगोलिक बुनावट व इनके ख़ास इतिहास इनकी रोज़ाना की ज़िन्दगी को सामुदायिक माहौल मुहैया कराते हैं। जो महानगरों के मध्य वर्ग और सम्पन्न तबकों की कटी हुई ज़िन्दगियों से काफ़ी अलग है। यहाँ संचार के स्थानीय नेटवर्क वस्तुतः निहायत सक्रिय व जीवन्त होते हैं। चूँकि यहाँ सामाजिकता चाय और पान की दुकानों के इर्द-गिर्द बुनी जाती है। लोग गली-कूचों में खाटों पर बैठे-लेटे गप्प, अफ़वाहों, बतकही के ज़रिये सूचनाओं का आदान-प्रदान करते हैं। सम्पन्न हलकों में फ़र्क साफ़ है— जहाँ मोहल्ले के रिश्ते न के बराबर होते हैं और जहाँ बाज़ार जाना भी ज़रूरत प्रेरित है, और जहाँ खरीदारी के वक्त भी न्यूनतम इंसानी सम्पर्क कर काम चल जाता है।''[48]

कहना न होगा कि दिल्ली के सीमावर्ती इलाकों में पायी जाने वाली इन विशेषताओं में से बहुत सी पुरानी दिल्ली की बस्तियों में भी मिलती हैं। ख़ासतौर पर सामुदायिक जीवन का स्वरूप। सीमावर्ती बस्तियों की तरह ही बहुत कुछ उसी तरह स्थानीय स्तर पर संचालित होता है। दिल्ली में नये बनते शहर से यह मोहल्ले एक विलोम आख्यान रचते हैं। शहर के विमर्श की सम्पूर्णता 'नवआधुनिक शहर' के विलोम में खड़े इस शहर के दूसरे चेहरे को शामिल कर ही प्राप्त होती है। भले ही इन दोनों चेहरों की पहचान कितनी भी अलग क्यों न हो जाये।

‘थोड़े अनाड़ी हैं थोड़े खिलाड़ी, रूक-रूक के चलती है अपनी गाड़ी’

# दो दूनी चार

*"1991 में उदारीकरण की पिछली शाम, जब तत्कालीन वित्तमंत्री मनमोहन सिंह ने देश की अर्थव्यवस्था को वैश्विक पैसे के बहाव के लिए खोल दिया था, और चार दशक की केन्द्रीकृत योजनाबद्धता का अन्त किया था, हिन्दोस्तान में कार की सिर्फ़ तीन ही किस्में उपलब्ध थीं। हिन्दोस्तान एम्बेसेडर और प्रीमियर पद्मिनी पिछले तीस सालों से उपलब्ध थीं और उन्हें प्राप्त करने के लिए सात साल लम्बी लाइन थी। उत्पादन कम था, कुछ हजार साल का, और व्यवहार में उन तक पहुँच सिर्फ़ नौकरशाहों और बड़े उद्योगपतियों तक सीमित थी। इसके विपरीत छोटी कार 'मरूति 800', जो बाजार में नई थी और 'जनता कार' नाम से जानी गई, 150,000 उत्पादन के साथ पहली बार मध्यवर्ग की पहुँच में मानी गई और उसने निजी वाहन में घूमने को संभव बनाया।*

तकरीबन बीस साल बाद, वह तीन मूल कारें गायब हो चुकी हैं और उनके बदले उदारीकरण के चलते नए ब्रांड्स की बाढ़ सी आ गई है (हालांकि एम्बेसेडर अभी भी राजनयिकों और नौकरशाहों की पसन्द बनी हुई है)। नई आर्थिक व्यवस्था ने टाटा जैसी हिन्दुस्तानी कम्पनी को भी कार निर्माण के लिए प्रेरित किया और यह वैश्विक खिलाड़ियों ह्युंडई, फोर्ड, जीएम और टोयोटा और जल्द ही अन्य को भी यहाँ लाने वाली है। और आज जब विश्व कार बाजार नीचे जा रहा है, यह भारत की ओर इस उम्मीद से देख रहे हैं कि यह उनके नुकसान का भार उठा लेगा। भारत में कार की खपत 1991 के मुकाबले दस गुना तक बढ़ चुकी है और यह वृद्धि लगातार जारी है। नतीजा, भारतीय शहरों में डेडलॉक की स्थिति। भारतीय गलियारे इस चौपहिया पागलपन के लिए बिल्कुल तैयार नहीं थे, चाहे उनमें कितनी भी नई सड़कें और फ्लाईओवर जोड़ लिए जाएं। और दिल्ली में तो ज़्यादातर कारें बस दिखावे के लिए हैं। सड़कों पर सदा चलते आपातकालीन कार्य और ऐसी बत्तियों के चलते जिन्हें दस

मिनट तक लाल ही बने रहना है, स्थिति उम्मीदभरी नहीं है। और दिल्ली के वाहनचालक कभी यह विश्वास नहीं कर पाते कि व्यवस्था सभी के लिए समान अवसर उपलब्ध करवाएगी, सो वे मौकापरस्ती के साथ रास्ता निकालने की कोशिश करते हैं, जिसका नतीजा आमतौर पर गाड़ियों के हॉर्न से गुंजायमान ट्रैफिक जाम में निकलता है। ऐसा जाम जो चालीस डिग्री पारे में चलते तमाम एयरकंडीशनरों से निकलते धुएं के गुबार से भरा है। इसका फायदा उठाते हैं वे मैगज़ीन बेचने वाले जो फुर्ती से एक खिड़की से दूसरी खिड़की तक जाते हुए इस समय को काटने का कुछ उपाय सुझाते हैं।

इस बीच एक और चीज़ है वाहनचालकों के लिए जो उनका ध्यान भंग करती है। बड़े विज्ञापनपट्टों पर लगे मोटरउद्योग के विज्ञापन। किसी ऐसे स्वप्न देश की तस्वीरें दिखाते जहाँ चौड़ी और खाली सड़कें हैं और गाड़ी चलाना एक सुहाना और बेफ़िक्र काम है।

अन्तहीन कारों के इस जाम में, जहाँ एक पर दूसरी कार गिरी जा रही है, हो सकता है कि यह समानता आपको दिल्ली के सामाजिक पदानुक्रम को झुठलाने वाली लगे। लेकिन यहीं, कारों का यह नवीन प्राचुर्य ही उसे सुलझाता है। विभिन्न ब्रांड और कार मॉडल्स ही उस कोड का निर्माण करते हैं जो यहाँ दिल्ली में पहले से मौजूद सामाजिक पदानुक्रम को अभिव्यक्त करता है और दिल्ली की चक्करदार वर्गीय व्यवस्था इन क्षैतिज सड़कों पर भी सामने आ ही जाती है। कारों के ब्रांड्स ही उनके ड्राइवरों के मध्य संबंध का निर्धारण करते हैं। उतावली मर्सीडीज मारूतियों को अपने रास्ते से हटाती चलती है। बीएमडब्ल्यू तथा लिमोज़ीन इतनी अच्छी तरह ध्वनि प्रतिरोधी होती हैं कि उनके मालिक कभी वो अदम्य हॉर्न की ध्वनि नहीं सुन पाते जिसके द्वारा उनके शोफर रास्ते में आनेवाली हर चीज़ को तितत-बितर करते चलते हैं। हमर रास्ता बनाने के लिए कंक्रीट के प्रतिरोध को धता बताती हुई बस के लिए बने खाली रास्ते में घुस जाती है और अवैध तरीके से भीड़ से आगे निकल जाती है और ट्रैफिक पुलिस दूसरी ओर देखने लगती है। आखिर क्यों एक पुलिसवाला किसी अमीरज़ादे से उसके वाजिब अधिकार के बारे में पूछकर अपनी जान खतरे में डाले? हाँ, ब्रांड्स की यह सर्वोच्चता जरूरत पड़ने पर हिंसा द्वारा भी स्थापित की जाती है। ह्युंडई का ड्राइवर अपनी कार से निकलकर उस मारुति के दरवाजे पर एक धौल जमाता है जिसने उसका रास्ता रोक रखा है, और मर्सीडीज में बैठा वो जवान लड़का उस टाटा की कार के ड्राइवर को पीछा कर थप्पड़ जमाता है जिसने उसे खिड़की से सर निकाल गाली दी थी।

समकालीन दिल्ली में ब्रांड्स जरा भी आभासी नहीं हैं। यह एक ऐसी जगह है जहाँ आदमी का सामाजिक महत्व तब तक नगण्य है जब तक उसके पास उसे साबित करने के चिह्न नहीं हैं। और ऐसे में यह चिह्न सबसे अधिकृत और प्रचंड महत्व के हो

जाते हैं। और इस चौंका देने वाली कायापलट के समय में, जब तमाम पुराने प्रतीक अपना अर्थ खो रहे हैं, यह कॉर्पोरेट ब्रांड ही व्यक्ति की पहचान स्थापित करने के अधिकारी हैं। यह ब्रांड अपने भीतर वैश्विक बाजार से जुड़ी अनन्त संभावनाएं समेटे हैं। यह इस बेमुरव्वत शहर में सम्मान और विशिष्टता दिलाने का वादा करते हैं, ऐसी चीजें जो यह शहर खुद लगातार आपसे छीनने पर तुला है। वह निजी सवालों के जवाब भी है : एक महिला कहती है, "देखो वो होंडा चलाता है" और इसके साथ होनेवाले दामाद की ओर संकेत कर देती है। ब्रांड निरर्थकता के आतंक को टाल देते हैं और जितने वो आपके पास हों, उतना अच्छा। जहाँ पुराना समाजवादी एलीट मितव्ययी और अस्तव्यस्त था, नई दिल्ली का अभिजात्य समृद्ध उपभोक्तावादी है। बड़ी कारों और डिजाइनर एक्सेसरीज के साथ वह साफ़ शब्दों में अपना आधिपत्य जताता है, अपने चारों ओर सम्मान और नफरत की लहर साथ पैदा करता हुआ।"[49]

हबीब फैजल की फ़िल्म 'दो दूनी चार' में तमाम विमर्शों के केन्द्र में यही एक अदद कार है। या यों कहें कि 'कारवाला' बनने की ख्वाहिश। और यही ख्वाहिश 'दो दूनी चार' को दिल्ली की प्रामाणिक फ़िल्म बनाती है। फ़िल्म इन संवादों के साथ शुरु होती है,

> *''दो दूनी चार। कहानी हमारे दो पहिए के स्कूटर से चार पहिए की कार तक पहुँचने की। हम मतलब दुग्गल फैमिली। पापा दुग्गल, मम्मी दुग्गल, बेटा दुग्गल और मैं बेटी दुग्गल। हमारी कार खरीदने की कहानी शुरु हुई उस दिन जिस दिन पापा को इनकम टैक्स रिफंड मिला था। सेलीब्रेट करने के लिए मम्मी डिनर में चिकन बनाने वाली थी। ये रिफंड मिला था हमारी ही इनकम का, फिर भी सेलीब्रेशन ऐसे हो रही थी जैसे बोनस मिल गया हो। दुग्गल फैमिली के पास उस महीने सात हजार छः सौ रुपए एक्स्ट्रा आ गए थे खर्च करने को। जम के डिशकशन चल रही थी कि उस पैसे से क्या खरीदा जाएगा।''*

और इसके ठीक अगले संवाद में परिवार के हर सदस्य द्वारा चाही गई वस्तुओं में उतरकर विभिन्न ब्रैंड्स फ़िल्म की कथा में चले आते हैं। डिश टीवी और आई पॉड के संदर्भ फ़िल्म में इसकी शुरुआत भर हैं।

हबीब फ़ैजल की दोनों समकालीन फ़िल्में, 'बैंड बाजा बारात' (2010) भी उनकी ही लिखी हुई फ़िल्म है, कई अर्थों में गहरे दिल्ली की फ़िल्में हैं और इसकी वजह सिर्फ़ इनमें दिखाई देने वाली दिल्ली और इनके संदर्भों में दिल्ली के लोकेल का होना भर नहीं है। यह वजह उस आकांक्षा में छिपी है जो इन फ़िल्मों के किरदारों में दिखाई देती है। यह आकांक्षा है दिल्ली के सामाजिक पदानुक्रम में ऊपर उठने की आकांक्षा जिससे

इन फ़िल्मों के मुख्य किरदार संचालित होते हैं। अप्रत्यक्ष रूप से इस बहाने आप शहर में मौजूद उन आभासी विभाजनों से फिर रूबरू होते हैं जिनका आधार सिर्फ़ पैसा ही नहीं। 'बैंड बाजा बारात' में बिट्टू और श्रुति का लक्ष्य शादी करवाने के धंधे में मौजूद सबसे धनवान खिलाड़ी बनना नहीं है। उनका लक्ष्य, जिसे वे फ़िल्म में बार-बार दोहराते भी हैं, है 'सैनिक फार्म के राजा-रानी' बनना और वहाँ अपना झंडा लहराना। गौर कीजिए कि वे खुद जनकपुरी से आते हैं जो दिल्ली के नक्शे पर पूर्वी दिल्ली का हिस्सा है और उसकी 'ब्रांडिंग' कहीं से भी उच्च स्तर की नहीं है। यहाँ देखिए कि किस तरह शहर का एक ख़ास भौगोलिक स्थान एक ख़ास तरह के विचार, एक ख़ास तरह की जीवनशैली और स्तर का परिचायक हो जाता है।

ऊपर समकालीन दिल्ली के बारे में बात करते हुए राणा दासगुप्ता बताते हैं कि किस तरह अतीत की, अपने ही इतिहास में दफ़न दिल्ली से निकलकर हम एक ऐसे शहर में आ गए हैं जहाँ ब्रैंड्स सबसे महत्वपूर्ण हैं। क्योंकि यह ब्रैंड्स ही उसके वर्तमान समाज में सामाजिक पदानुक्रम को निर्धारित कर रहे हैं। यहाँ ध्यान यह भी देना चाहिए कि 'दो दूनी चार' अपने कथानक में जिस तरह ब्रैंड्स का इस्तेमाल बार-बार करती है वह हिन्दी सिनेमा के चलन के लिए नया है। यहाँ कार का कार होना महत्वपूर्ण नहीं, बहस यह है कि वो बड़ी कार होगी या 'ऑल्टो'। इसके अलावा भी आप ब्रैंड्स का संदर्भ फ़िल्म में बार-बार आता पाते हैं। उदाहरण के लिए यह संवाद देखिए जहाँ कथा सुनानेवाली किरदार पायल दुग्गल अपने मित्र से कहती है, "मेरेको फर्क पड़ता है। क्योंकि मेरे वॉलेट में ना खाली पैंतालीस रुपए हैं। साठ भी नहीं, पैंतालीस। मेरेको फर्क पड़ता है क्योंकि मेरी छः टीशर्ट की वॉर्डरोब में ना एक भी ओरिजिनल नहीं है।" पूरी फ़िल्म में पूमा की टीशर्ट से लेकर 555 डिटेर्जेंट पाउडर तक छोटे बड़े ब्रैंड नजर आते हैं और प्रसंग को उसका संदर्भ प्रदान करते हैं।

फ़िल्म के निर्माता अरिन्दम चौधरी एक साक्षात्कार में बताते हैं कि यह जान-बूझकर किया गया फैसला था और इसके लिए उन्हें तमाम ब्रैंड्स की मालिक कम्पनियों से स्वीकृति भी हासिल करनी पड़ी।[50] आइए देखें कि आधुनिक हिन्दुस्तानी शहर में यह ब्रैंड्स की राजनीति किस तरह काम करती है। टाटा की नैनो आने के बाद दिल्ली की सड़कों पर वास्तविकता यह है कि कार अफोर्ड करना किसी ऑटो को अफोर्ड करने से कहीं सस्ता है। इसकी वजह यह है कि ऑटो के साथ उसका परमिट होना जरूरी है और दिल्ली में दोनों को मिलाकर ऑटो हासिल करने के लिए कम से कम चार लाख रुपए चाहिएं।[51] तो इस तरह नैनो ने बाजार में आकर कार हासिल करना सस्ता बना दिया। लेकिन इससे भी ज़्यादा मजेदार बात यह जानने में है कि आज 'सबसे सस्ती कार' की यह ब्रांडिंग ही नैनो की व्यापारिक सफलता में सबसे बड़ी बाधक मानी जा रही है। टाटा नैनो की व्यापारिक असफलता पर लिखते हुए एक अन्तरराष्ट्रीय व्यापार पत्रिका के शब्द हैं,

"जहाँ तक नैनो का सवाल है, मेरा इस बात में बिल्कुल विश्वास नहीं कि नैनो के लिए कहा जाए कि यह सबसे सस्ती कार है। कोई भी किसी उत्पाद को इसलिए तो नहीं खरीदना चाहेगा क्योंकि वह सबसे सस्ता है। कार एक ख्वाहिश, एक अभिलाषा होती है और पूरे परिवार के लिए होती है। आप उसका उत्पादन चाहे किसी भी कीमत पर कर रहे हों, लेकिन जब आप उसे बेच रहे हैं तो उसकी स्थापना भिन्न तरीके से होनी चाहिए।"[52]

यही 'सबसे सस्ती' की ब्रांडिंग टाटा नैनो को शुरुआती झटके दे रही है और आप देख सकते हैं कि अपने नवीन विज्ञापन अभियान में टाटा इस ब्रांडिंग को बदलने की भरपूर कोशिश में है। "हम उस धारणा को बदलना चाहते हैं जिसमें मीडिया में यह 'गरीब की कार' कहलाने लगी थी। कार एक भावनात्मक खरीद है। आखिर अपने घर के बाद यह दूसरी सबसे बड़ी खरीद होती है।" वैसे 'गरीब की कार' की यह ब्रैंडिंग 2011 की शुरुआत तक कायम रही, जहाँ एक लड़की को ग्रामीण इलाके में अपनी पारिवारिक नैनो कार के आने का इन्तजार करते दिखाया गया है। नए विज्ञापन से साथ यह सब बदल गया। अचानक नैनो चार पहियों वाले गरीबरथ से बदलकर एक ऐसी कार हो गई जो जवान और मनमौजी युवाओं को, जवान और मनमौजी बने रहने देती है और वे एक कप चाय के लिए सैंकड़ों किलोमीटर ड्राइव करते चले जाते हैं।[53]

क्या टाटा नैनो की यह 'जनता कार' की ब्रांडिंग का असफल होना हमारे समाज की बदलती सोच और तस्वीर के बारे में एक महत्वपूर्ण बात नहीं कहता? क्या यह विलोम नहीं उत्पन्न करता अस्सी और नब्बे के दशक में 'जनता कार' की ब्रांडिंग के साथ सफलता के झंडे गाड़ने वाली 'मारुति 800' के उदाहरण के साथ रखने पर? यह परिवर्तन हमारे समाज में आया एक बड़ा बदलाव है जिसकी जड़ें नब्बे के दशक की शुरुआत में आए उदारीकरण की प्रक्रिया में छिपी हैं। खासकर यह बदलाव उस पीढ़ी से संचालित होता है जिनका जन्म उदारीकरण की प्रक्रिया शुरु होने के बाद हुआ है। 'दो दूनी चार' में परिवार की दोनों संतानें इसी 'पोस्ट-एलपीजी' नीतियों वाली पीढ़ी से आती हैं।

फ़िल्म में इसका सीधा उदाहरण आपको देखने को मिलता है जहाँ 'ऑल्टो' कार आने की खबर सुनते ही पायल नाराज हो जाती है। 'ऑल्टो' एक छोटी कार है और उसकी तमन्ना वह कार लेने की है जो उसके दोस्त के पास है। यहाँ गौर करें कि पायल नॉर्थ कैम्पस के किरोड़ीमल कॉलेज की विद्यार्थी है और यहाँ उसके मित्र पैसेवाले भी हैं और कारवाले भी। वह अपने दोस्त, जो खुद किसी बड़े जौहरी का बेटा है, के सामने यह दुखड़ा भी रोती है कि आखिर वो क्यों एक अध्यापक के घर पैदा हुई। यहाँ खुद अपने आप में कार महत्वपूर्ण नहीं, कार के साथ जुड़ा रुतबा महत्वपूर्ण है जो उसकी ब्रांडिंग से बनता है।

अपने से ऊपर वाले वर्ग में जाने की आकांक्षा इस पीढ़ी का मूलमंत्र है, लेकिन यह बड़ा परिवर्तन नहीं। परिवर्तन यह है कि यह नई पीढ़ी इसके लिए ब्रांड आधारित उपभोक्ता संस्कृति को सबसे सुलभ साधन के रूप में स्वीकार कर चुकी है। मनु जोसफ फ़िल्म 'ज़िन्दगी ना मिलेगी दोबारा' (2011) पर अपने आलेख में यह कहकर चौंका देते हैं कि यह ऐसी पहली फ़िल्म है जिसे बनने में पूरे बीस साल लगे हैं। उनका असल अर्थ तब समझ आता है जब वह बताते हैं कि इस फ़िल्म के किरदार 1991 में तत्कालीन वित्तमंत्री मनमोहन सिंह द्वारा लागू की गई उदारीकरण की नीतियों के अंतिम परिणाम हैं और उनका होना संभव नहीं होता अगर भारत की अर्थव्यवस्था बीस साल पहले यह परिवर्तन न देखती। उदाहरण के लिए फ़िल्म के तीन मुख्य किरदारों में से एक (रितिक रौशन) एक अकेली माँ की संतान है जिसने अपने बचपन में गरीबी देखी है, अब लंदन में बैंकर है और पैसे 'छापता' है। वो चालीस की उम्र में रिटायर हो जाना चाहता है और अपनी भौतिक उपलब्धियों पर गर्व करता है। सबसे ऊपर, अपने दोस्त की मंगेतर के लिए तोहफे में 12,000 यूरो का ब्रांडेड बैग खरीदता है।[54]

'दो दूनी चार' फ़िल्म के दोनों युवा किरदार अपनी आकांक्षाओं की पूर्ति के लिए रास्ते निकालने की कोशिश में हैं। जहाँ पायल कॉलेज की प्रश्नोतरियों से लेकर कॉल सेंटर में नौकरी तक तमाम सीधे रास्ते तलाश करती है, वहीं दीपू क्रिकेट मैच पर सट्टा लगाने के चक्करों में पड़ जाता है। लेकिन यह आकांक्षाएं दरअसल हैं क्या? गौर से देखें तो इन दोनों किरदारों की आकांक्षाएं बड़े और भिन्न प्रकार के ब्रांड हासिल करने तक सीमित हैं। पैसा भी खुद कोई लक्ष्य नहीं, दरअसल वो इन ब्रांडेड वस्तुओं को हासिल करने का साधन भर है। और यह ब्रांडेड वस्तुएं भी आखिर किसलिए? यही सवाल समकालीन शहरी मध्यवर्ग की बदलती मानसिकता को आपके सामने उजागर करता है जो किसी व्यक्ति का समाज में पद निर्धारण उसके द्वारा हासिल भौतिक संसाधनों से करता है।

लेकिन इन सबसे ऊपर 'दो दूनी चार' का मुख्य द्वंद्व नैतिक है। यह एक परिवार के मुखिया द्वारा अपनी आकांक्षाओं और अपनी नैतिकता में से किसी एक के चुने जाने का द्वंद्व है। यहाँ समझना चाहिए कि यह चार सदस्यों का परिवार हिन्दुस्तानी शहरी समाज की मूल इकाई है और इसके फैसले सिर्फ़ इसके नहीं, उनका व्यापक असर पूरे समाज की व्यवस्था पर पड़ना है। यहाँ 'दो दूनी चार' ठीक हिन्दुस्तानी फॉर्मूला फ़िल्म की तरह काम करती है। यह द्वंद्व को उसकी अंतिम सीमा तक लेकर जाती है और फिर क्लाइमैक्स में जहाँ मुखिया नैतिकता का दामन छोड़ अपनी महत्वाकांक्षा के पक्ष में फैसला लेने ही वाला है, ठीक वहीं उसके सामने इस नैतिकता द्वारा कमाए 'सम्मान' का कोई उदाहरण आ जाता है। नैतिकता की जीत होती है और

व्यवस्था की पुनःस्थापना। और फ़िल्म इसके बदले में खुश होकर मुख्य नायक को ईनाम में उसकी आकांक्षा पूरी करने का सामान भी मुहैया करवा देती है।

क्या आपको प्रेमचंद की पुरानी कहानी 'नमक का दरोगा' याद है? वही कहानी जिसमें कथानायक किसी बड़े व्यापारी की गैरकानूनी मालढुलाई को रोकता है लालच दिए जाने पर भी अपने कर्तव्य पर कायम रहता है। उसकी यह उच्च नैतिकता उससे उसकी नौकरी छिनवा लेती है। लेकिन कहानी न सिर्फ़ उसके किए को सही ठहराती है, अन्त में उसे उसकी उच्च नैतिकता का पुरस्कार भी दिलवाती है। ठीक प्रेमचंद की उन शुरुआती कहानियों की तरह 'दो दूनी चार' भी व्यवस्था की पुनःस्थापना की कहानी है।

‘शहर अकेला है, लाख हैं गलियाँ’

# डेल्ही बेली

*"नई दिल्ली। अंततः आज केन्द्र ने कदम उठाया और दिल्ली स्थित एफ. एम. चैनल के रेडियो जॉकी द्वारा गोरखा समुदाय के खिलाफ रंगभेदीय टिप्पणी किए जाने के मामले में दखल दी। शनिवार को सूचना और प्रसारण मंत्रालय ने रेडियो चैनल को कारण बताओ नोटिस जारी किया, यह पूछते हुए कि पिछले हफ्ते दार्जिलिंग के लड़के प्रशांत तमांग के 'इंडियन आईडल' जीतने के बाद उनके चैनल द्वारा गोरखा समुदाय के बारे में की गई रंगभेदीय टिप्पणी के चलते उन पर कार्यवाही क्यों न की जाए?*

*रेडियो जॉकी जॉनाथन ब्राडी, जिन्हें एक दूसरे एफ.एम. चैनल पर प्रसारित हुए कार्यक्रम 'उल्टा पुल्टा नितिन' के बाद से 'नितिन' के नाम से जाना जाता है, ने कथित तौर पर सीधे प्रसारण में यह टिप्पणी की कि 'अब दुकानदारों को अपनी सुरक्षा के इंतजाम खुद करने होंगे, क्योंकि गोरखा तो अब गाना गाने लगे हैं'। यह टिप्पणी रेड एफ.एम. पर उनके नए कार्यक्रम 'खुराफाती नितिन' में की गई।*

*इस मुद्दे के चलते दार्जिलिंग के पहाड़ी इलाकों में गुस्से की लहर फैल गई और विरोध का व्यापक जनउभार देखा गया। सिलीगुड़ी में इसके चलते गुरुवार को हिंसा भी हुई और कालिंपोंग और सुखना जैसे कई स्थानों पर बीते तीन दिनों में आम हड़ताल देखी गई।"*[55]

यह समाचार की कतरन सितम्बर 2007 की है। प्रशांत तमांग, साल 2007 में यह नाम हिन्दुस्तान के टेलीविजन इतिहास में उस वक्त शामिल हो गया जब दार्जिलिंग के गोरखा समुदाय के प्रतिनिधि के रूप में प्रशांत ने लोकप्रिय टेलीविजन शो 'इंडियन आइडल' के तीसरे सत्र का सर्वोच्च पुरस्कार जीत लिया। यह पुरस्कार इसलिए भी महत्वपूर्ण गिना जाएगा क्योंकि एक रियलिटी शो होने के चलते इसमें

पुरस्कार जीतने वाले का चयन जनता द्वारा एसएमएस वोटिंग के जरिए होता है। प्रशांत ने अचानक उनके सूबे को मुख्यधारा खबरों की सुर्खियों में ला दिया। उनके नाम और काम का इस्तेमाल आगे मनोरंजन जगत से लगाकर राजनीति तक में किया गया। यहाँ तक हुआ कि उनके नाम को आगे कर पृथक गोरखालैंड की सोई हुई मांग अचानक वापस से सतह पर आती दिखाई दी।[56]

अगर आप इस लोकप्रिय संचार माध्यम का उस दौर का इतिहास उठाकर देखें तो जान जायेंगे कि 'प्रशांत तमांग' अपनी तरह के अकेले उदाहरण नहीं हैं। दो साल पहले काज़ी तौकीर नामक श्रीनगर का नवयुवक कुछ इसी पैटर्न का रियलिटी शो 'फेम गुरुकुल' जीतता है। अगले साल ऊपर उल्लिखित शो 'इंडियन आईडल' पहली बार कश्मीर घाटी में अपने ऑडिशंस आयोजित करता है। आप बीबीसी की यह खबर देखें जहाँ बताया जा रहा है कि किस तरह 'इंडियन आईडल' के ऑडिशंस के लिए कश्मीर का युवा आतंकवादी समूहों की चेतावनी को नजरअन्दाज कर आगे आ रहा है,

> "सैंकड़ों की संख्या में युवा, आतंकवादी समूहों की चेतावनी को नजरअन्दाज कर लोकप्रिय टेलिविजन शो 'इंडियन आईडल' के लिए ऑडिशन देने पहुँचे। राजधानी श्रीनगर में ऑडिशन के लिए पहुँचने वालों में एक बड़ी संख्या लड़कियों की भी थी। मशहूर यूके के कार्यक्रम 'पॉप आईडल' पर आधारित 'इंडियन आईडल' पिछले दो सालों से हो रहा है, लेकिन कश्मीर में ऑडिशंस का यह पहला मौका है।"[57]

यह बताने की जरूरत नहीं कि यही वो दो साल हैं जिस दौरान श्रीनगर का लड़का काज़ी तौकीर पहली बार इसी चैनल के एक समांतर 'रियलिटी सिंगिग शो' को जीतकर इतिहास बनाता है। ऊपर आए प्रशांत तमांग के साथ आप भविष्य में ज़्यादा देखे गए मियांग चैंग का नाम भी याद कर सकते हैं। चैंग चाईनीज़ मूल के हैं और पेशे से डेन्टिस्ट थे। कार्यक्रम में वह उन्हीं के सह प्रतिभागी थे और वोटिंग में हार बाहर हुए थे। यह तमाम उदाहरण यह बताने के लिए हैं कि बीते कुछ सालों में एक शांत परिवर्तन के तहत हिन्दुस्तान की भौगोलिक रूप से हाशिए की आवाजों को अचानक मुख्यधारा लोकप्रिय कला माध्यमों में देखा जाने लगा है। और यहाँ साफ कर दूं, यह उस आधारभूत राजनैतिक प्रक्रिया से नितांत भिन्न प्रक्रिया है जहाँ हाशिए की अस्मिताओं के सवालों को मुख्यधारा विमर्श में जगह मिलती है।

प्रतिनिधित्व मूलक लोकतांत्रिक व्यवस्था में हाशिए की आवाजों में से कुछ प्रतिनिधि और अनुकूल स्वर छांटकर उन्हें मुख्यधारा में, सत्ता में हिस्सा देने की पुरानी परम्परा रही है। यह मुख्यधारा सत्ता के लिए लम्बी अवधि में हाशिए पर खड़ी अस्मिताओं से उठते मूल सवालों को नकारने की प्रक्रिया में भी आसानी पैदा करता है। यह प्रक्रिया हिन्दोस्तान की आजादी के वक्त से ही चालू है। ऐसे में लाज़िम है

कि देश के शहरी परिदृश्य की तस्वीर पर, जो इन आधुनिक स्वप्न परियोजनाओं के घटनास्थल हैं, यह वक्त बीतने के साथ कुछ बदलाव के चिह्न तो छोड़े ही। लेकिन अजीब बात है कि हमारा शहरी समाज, जो हमारे मुख्यधारा हिन्दी सिनेमा में दिखाई देता है, पर इस प्रक्रिया के कोई चिह्न नजर नहीं आते।

ताशी दोरजी ल्हाटू। सिर्फ़ इस नाम की वजह से 'डेल्ही बेली' दिल्ली पर इससे पूर्व बने सिनेमा और उसके तमाम स्टीरियोटाइप्स से मूलभूत विस्थापन है। लेकिन इसकी वजह यह नहीं है कि सिनेमा में आप पहली बार एक हाशिए की पहचान रखने वाले किरदार, या 'आउटसाइडर' को नायक के तौर पर देख रहे हैं। वजह है कि यहाँ पहली बार हाशिए की पहचान रखने वाला एक ऐसा किरदार दिखाई देता है जिसने इस अस्मिताओं के 'मेल्टिंग पॉट' बने आधुनिक शहर की दशकों से चलती विकास प्रक्रिया में अपना 'आउटसाइडर' होने का अहसास खो दिया है। 'डेल्ही बेली' की आलोचना का सबसे बड़ा मुद्दा यही बना कि यहाँ मुख्य किरदार का नाम तो तिब्बती मूल का है, लेकिन उसमें कुछ भी 'वैसा' नहीं है। यह सच्ची आलोचना है। और मेरी नजर में यही परिवर्तन क्रांतिकारी है।

फ़िल्म के लेखक अक्षत वर्मा खुद बताते हैं कि उनके दिमाग में जो किरदार था वो एक ऐसे तिब्बतन लड़के का था जो दिल्ली में रहता हो। यहाँ तक कि इस भूमिका के लिए तिब्बतन लड़कों के ऑडिशन भी किए गए थे। लेकिन जब भूमिका के लिए कोई उपयुक्त उम्मीदवार नहीं मिला तो उन्होंने इमरान खान को चुना।[58]

देखने से लगता है कि शायद यह विस्थापन के बाद की द्वितीय पीढ़ी का लड़का है जिसका जन्म और लालन-पालन महानगर दिल्ली में ही हुआ है। ख़ास है इसका आत्मविश्वास और एक 'सेंस ऑफ बिलॉगिंग' जिसका विस्थापन के अन्य उदाहरणों में अभाव पाया जाता है। और यह अकेला उदाहरण नहीं, आप राजकुमार हिरानी की फ़िल्म 'थ्री ईडियट्स' (2009) में आए फुंसुक वांगडू को भी इसी क्रम में गिन सकते हैं। लेकिन फुंसुक वांगडू महानगर में अपनी पहचान बदलकर है। 'डेल्ही बेली' का ताशी 'राज, रोहित, राहुल' से भरी इस हिन्दी सिनेमा की दुनिया में एक असहज उपस्थिति है। शहरी दिल्ली के उच्च मध्यम वर्ग के एक सभ्रांत परिवार का लड़का होने के नाते वह भी बड़ी आसानी से 'राज, राहुल या रोहित' हो सकता था। 'टाइम्स ऑफ इंडिया' में नौकरी करता आज के मध्यमवर्गीय, कामकाजी, शहरी युवा का प्रतिनिधि चरित्र। आदर्शवादी और सिर्फ़ बोलने नहीं, 'कर दिखाने' में यक़ीन रखने वाला। लेकिन अपनी तिब्बतन जड़ों की याद दिलाता उस नायक का यह 'ताशी' नाम हिन्दी सिनेमा की एक पुरानी रस्म को तोड़ता है। ऐसी रस्म जिसमें 'एक सिनेमा, सबके लिए' की अपील के पीछे हमारे समाज की विविधरंगी तस्वीर कहाँ खो जाती थी, पता ही नहीं चलता था।

ऐसा भी नहीं है कि हमारे सिनेमा ने 'अन्य पहचानों' को अपने भीतर जगह नहीं दी। वे आए, लेकिन कभी नायक की भूमिका में नहीं। उन्हें हमेशा दोस्त, साझेदार, चाचा या चौकीदार की भूमिकाओं में फिट किया जाता रहा। सिनेमा में नायक की छवि बीते सालों में बदली है, विविधता भी आई है, लेकिन किरदारों के नामों में वह बदलाव नजर नहीं आता। हमारे दौर के सर्वप्रिय नायक शाहरुख खान का नाम इतनी फ़िल्मों में 'राज' और 'राहुल' रखा गया कि खुद उन्होंने अपनी फ़िल्म 'ओम शांति ओम' में इसी बात पर रचनात्मक चुटकी ली। जिस 'चक दे इंडिया' को हिन्दुस्तान की खासियत 'विविधता में एकता' की सच्ची प्रतिनिधि कहा गया उसमें भी फ़िल्म खत्म होते-होते अंततः गैर-हिन्दीभाषी प्रदेश से आए तमाम किरदार हाशिए पर जाते नज़र आए।

असल में दिक्कत यहाँ है कि जिन नामों के साथ हमारा सिनेमा व्यापक प्रतिनिधित्व की आकांक्षा करता है, दरअसल वे नाम हमारे महादेश के एक समृद्धशाली लेकिन छोटे से समुदाय का प्रतिनिधित्व करते हैं। ये कहना भी गलत होगा कि सिनेमा में प्रचलित ये नाम हमारे व्यापक शहरी समुदाय का पर्याय हैं क्योंकि अब हमारे शहर भी इतने समरूपी (monolithic) नहीं रहे। उदारीकरण के बाद बीते बीस सालों में उनमें विविधता के इतने रंग घुल गए हैं कि अब उन्हें सिनेमा में प्रचलित इन कुछ नामों की चौहद्दी में कतई नहीं बांधा जा सकता। इसी अर्थ में 'डेल्ही बेली' मुख्यधारा सिनेमा से विचलन है।

*डेल्ही ब्वॉय विथ गन। डेल्ही बेली*

यह फ़िल्म किरदारों द्वारा दिल्ली को गढ़ती है। पूर्व उल्लेखित दिबाकर बनर्जी की फ़िल्मों की तरह इसमें भी दिल्ली को उसके स्थापत्य और स्थापित चिह्नों द्वारा नहीं दिखाया गया है। लेकिन इसका मतलब यह नहीं कि इसमें ठेठ दिल्ली नहीं है। यहाँ दिल्ली उस किरदार 'राहुल खन्ना' में है जिसे नायक द्वारा एक पार्टी में मारे जाने पर

वह मुख्य सड़क पर विरोधी पार्टी पर अधाधुंध गोलियाँ चलाता है। और यह संदर्भ भी ठीक ही है कि यह पार्टी गुड़गांव के किसी भव्य फार्महाउस में हो रही है और आप रास्ते में गुड़गांव से दिल्ली की तरफ आता फ्लाईओवर से पटा हाइवे देख पाते हैं। इस किरदार का समूचा अस्तित्व, इस किरदार का समूचा व्यक्तित्व इसके पास मौजूद पिस्तौल में समाहित है और फ़िल्म इसे बखूबी अभिव्यक्त करती है।

'डेल्ही बेली' की बारीक नजर इस शहर में मौजूद मूल विचार के बतौर उस उर्ध्वागमन की आकांक्षा को चिह्नित करती है जिसे हम उनके समकालीन दिबाकर बनर्जी और हबीब फ़ैज़ल की दिल्ली पर बनी फ़िल्मों में भी पढ़ते हैं। लेकिन 'डेल्ही बेली' का मुख्य किरदार इस आकांक्षा के दूसरी तरफ खड़ा किरदार है जिसने वह लक्ष्मण रेखा पार कर ली है। और भले ही समकालीन शहर में आज भी ऐसे किरदार कम हों, उनकी उपस्थिति को ही अस्वीकार करना भी यथार्थवाद नहीं। वैसे गौर से देखें तो आप डॉन सोमयाजूलू (विजयराज) के सहयोगी गुर्गों में वे तमाम लक्षण पाते हैं जिन्हें हम शहर की संरचना में उर्ध्वागमन की उस मूल आकांक्षा से सीधे ज़ोड़ सकते हैं। उस गुंडे को देखिए जिसे अंग्रेजी बोलनी नहीं आती, लेकिन फिर भी वो उसकी कोशिश करता है। वही गुंडा नायक से भिडंत के दृश्य में सबसे पहले उसका ब्रांडेड चश्मा हासिल करता है। या तमाम गुंडों की टोली जो एक विरोधी को मारने फाइ्‌व स्टार होटल के कमरे में पहुँचती है, लेकिन सामने रखा फाइ्‌व स्टार का दस्तरखान देख मारने-वारने जैसे काम छोड़ उसमें व्यस्त हो जाती है।

यहाँ यह भी दर्ज किया जाना चाहिए कि उन्नीस सौ छप्पन की 'नई दिल्ली' से लेकर समकालीन 'ओये लक्की लक्की ओये' तक, दिल्ली की तकरीबन हर फ़िल्म में एक 'रोड रेज' का प्रसंग मिल ही जाता है। लेकिन इस प्रसंग से भिन्न एक प्रसंग'डेल्ही बेली' में ऐसा भी है जिसे पूर्वनिर्मित सिनेमा से विचलन के रूप में पढ़ा जा सकता है और जो शहर की बदलती हवा की ओर संकेत भी है।

उन्नीस सौ छप्पन की 'न्यू डेल्ही' में आप देखते हैं कि नायक शौकिया संगीत सीखने एक मद्रासी व्यक्ति के कला विद्यालय में पहुँच जाता है। यहीं नायक नायिका की प्रेम कहानी परवान चढ़ती है। अस्सी के दशक की 'चश्मे बद्दूर', जिसकी बहुत सी बातें 'डेल्ही बेली' के साथ हूबहू मेल खाती हैं, में भी 'सरगम संगीत विद्यालय' की नायक नायिका के मिलन में भूमिका को आप नजरअन्दाज नहीं कर सकते। लेकिन 'डेल्ही बेली' में यही कला और संस्कृति की दुनिया हमारे सामने एक बिल्कुल परिवर्तित नजरिए के साथ पेश की जाती है। बताया गया है कि तीनों नायक, जो एक किराए के मकान की पहली मंजिल पर रहते हैं, दूसरी मंजिल पर चलने वाले नृत्य विद्यालय से बहुत परेशान हैं। वे मकान मालिक से इसकी शिकायत भी करते हैं और इसी दौरान पता चलता है कि नायक के लिए नृत्य भरतनाट्यम है या कत्थक, कोई फर्क नहीं पड़ता।

अगर यह पारम्परिक हिन्दी फ़िल्म होती तो यहाँ एक प्रेम कहानी होनी चाहिए थी। लेकिन यह फ़िल्म दिल्ली की बदलती तस्वीर आपके सामने रख देती है। यह उस पीढ़ी के बारे में है जिसके लिए दिल्ली 'तहज़ीब का शहर' नहीं, कार्यकारी शहर है। दिल्ली जैसे शहर के बारे में, जिस पर उसका इतिहास इस कदर हावी रहा हो, इस परिवर्तन को पकड़ पाना कई बार मुश्किल हो जाता है। लेकिन 'डेल्ही बेली' यह करती है। आप नृत्य सिखाने वाले महाराज की अपनी शिष्याओं से कही गई टिप्पणी सुनें, "ये पूरी दुनिया गंवारन और जाहिल लोगन सूं भरी पड़ी है, तुम बिल्कुल ध्यान मत दो।" और फ़िल्म इस अभिव्यक्ति के लिए एक अद्‌भुत दृश्य भी देती है। ऐसा दृश्य जो कला की मृत्यु, संवेदना की मृत्यु, तहज़ीब की राजधानी रहे शहर में एक समूचे सांस्कृतिक युग की मृत्यु का प्रतीक बन जाता है। समकालीन दिल्ली में कला और अदबी तहज़ीब उसी तरह मौजूद है जैसे लड़की के उस लटकते पांव में अटका रह गया घुंघरू है।

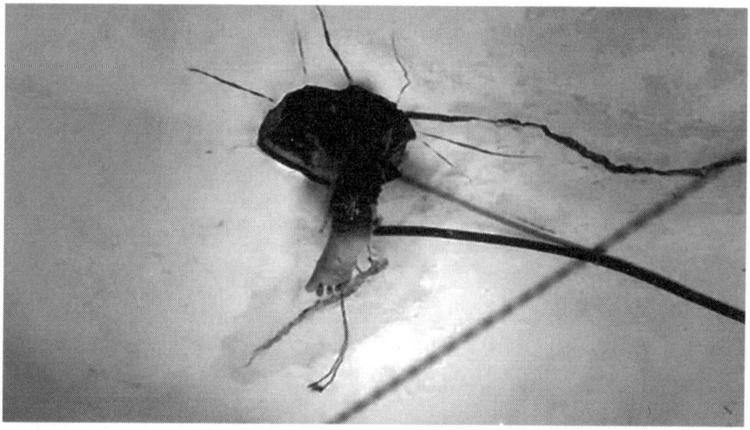

*तहज़ीब के देश में तहज़ीब का अंत। छत में अटका, नर्तकी का घुँघरू बँधा पैर। डेल्ही बेली*

# संदर्भ सूची

## उत्तर औपनिवेशिक शहर और सिनेमा

1. इन दि वैली ऑफ दि रिवर में अमिता बाविस्कर द्वारा उद्धृत, ऑक्सफोर्ड युनिवर्सिटी प्रेस (पेपर बैक), दिल्ली, 1997, पृ. 20
2. वही, पृ. 21
3. बाज़ारवाद का कलात्मक प्रतिरोध, विश्वनाथ त्रिपाठी, प्रगतिशील वसुधा-81, संपादक - कमला प्रसाद, अतिथि सम्पादक- प्रहलाद अग्रवाल, भोपाल, पृ. 149
4. नेशनल आईडेंटिटी इन इण्डियन पॉपुलर सिनेमा 1947-1987, सुमिता एस. चक्रवर्ती, ऑक्सफोर्ड युनिवर्सिटी प्रेस, ऑक्सफोर्ड इण्डिया पेपर बैक्स, 1998, नई दिल्ली, पृ. 20
5. आइडियोलॉजी ऑफ दि हिन्दी फ़िल्म, एम. माधव प्रसाद, ऑक्सफोर्ड युनिवर्सिटी प्रेस, चौथी आवृत्ति 2005, नई दिल्ली, पृ. 9
6. भारतनामा, सुनील खिलनानी, अनुवाद-अभय कुमार दुबे, राजकमल प्रकाशन, पहला संस्करण 2001, नई दिल्ली, पृ. 141
7. चार्ली चैप्लिन : जीवनी, गीत चतुर्वेदी, संवाद प्रकाशन, 2004, मेरठ, पृ. 194
8. वही, पृ. 206
9. वही, पृ. 212
10. सुधीर मिश्रा का यह साक्षात्कार देखें -(23.12.08)
http://www.musicindiaonline.com/ar/i/movie_name/879/3/director/1307/
11. वही
12. नेशनल आईडेंटिटी इन इण्डियन पॉपुलर सिनेमा 1947-1987, सुमिता एस. चक्रवर्ती, ऑक्सफोर्ड युनिवर्सिटी प्रेस, ऑक्सफोर्ड इण्डिया पेपर बैक्स 1998, नई दिल्ली, पृ. 46-47
13. बॉम्बे सिनेमा : आर्काइव ऑफ दि सिटी, रंजनी मजूमदार द्वारा उद्धृत, परमानेंट ब्लैक, पहला संस्करण 2007, रानीखेत, पृ. 9
14. वही, पृ. 9
15. अजनबी होती खुदी, रवि वासुदेवन, दीवान-ए-सराय 02 : शहरनामा, सम्पादक रविकान्त

और संजय शर्मा, वाणी प्रकाशन तथा सी.एस.डी.एस. सराय, 2005, नई दिल्ली, पृ. 248
16. वही, पृ. 245
17. बॉम्बे सिनेमा : आर्काइव ऑफ दि सिटी, रंजनी मजूमदार, परमानेंट ब्लैक, पहला संस्करण 2007, रानीखेत, पृ. 163
18. वही, पृ. 113
19. दि पार्थ चटर्जी ऑम्निबस, पार्थ चटर्जी, ऑक्सफोर्ड युनिवर्सिटी प्रेस, सातवीं आवृत्ति 2008, नई दिल्ली, पृ. 11
20. अब भी वसन्त को तुम्हारी ज़रूरत है (रिल्के की कविताएँ), चयन एवं अनुवाद- अनामिका, साहित्य अकादमी, प्रथम संस्करण 2004, नई दिल्ली, पृ. 18
21. द कंट्री एण्ड द सिटी, रेमण्ड विलियम्स, अविनाश कुमार द्वारा उद्धृत, दीवान-ए-सराय 02: शहरनामा, वाणी प्रकाशन तथा सी.एस.डी.एस. सराय, 2005, नई दिल्ली, पृ. 25
22. अतीत में जाना हो तो एक ट्राम पकड़ लो, गीत चतुर्वेदी, पहल 89, सम्पादक-ज्ञानरंजन, 2008, जबलपुर, पृ. 34
23. भारतनामा, सुनील खिलनानी, अनुवाद-अभय कुमार दुबे, राजकमल प्रकाशन, पहला संस्करण 2001, नई दिल्ली, पृ. 123
24. द डिस्कवरी ऑफ इण्डिया, जवाहरलाल नेहरू, जवाहरलाल नेहरू मेमोरियल फण्ड, सत्रहवीं आवृत्ति, 1997, नई दिल्ली, पृ. 50
25. नेशनल आईडेंटिटी इन इण्डियन पॉपुलर सिनेमा 1947-1987, सुमिता एस. चक्रवर्ती, ऑक्सफोर्ड युनिवर्सिटी प्रेस, 1998, नई दिल्ली, पृ. 18-22
26. बेनेडिक्ट एण्डरसन, इमेजिंड कम्युनिटीस, दि नेशन एण्ड इट्स फ्रेग्मेंट्स में पार्थ चटर्जी द्वारा उद्धृत, ऑक्सफोर्ड युनिवर्सिटी प्रेस, 1995, नई दिल्ली, पृ. 4
27. दि नेशन एण्ड इट्स फ्रेग्मेंट्स, पार्थ चटर्जी, ऑक्सफोर्ड युनिवर्सिटी प्रेस, 1995, नई दिल्ली, पृ. 6
28. भारतनामा, सुनील खिलनानी, अनुवाद– अभय कुमार दुबे, राजकमल प्रकाशन, प्रथम संस्करण 2001, नई दिल्ली, पृ. 123
29. राष्ट्र और उसकी महिलाएँ, पार्थ चटर्जी, निम्नवर्गीय प्रसंग-2, सम्पादक – शाहिद अमीन और ज्ञानेन्द्र पाण्डेय, राजकमल प्रकाशन, 2002, नई दिल्ली, पृ. 52
30. अतीत का वर्तमान, अमर्त्य सेन, अनुवाद - अरविन्द मोहन, ग्रन्थ शिल्पी, प्रथम हिन्दी संस्करण 2002, नई दिल्ली, पृ. 35
31. भारतनामा, सुनील खिलनानी, अनुवाद – अभय कुमार दुबे, राजकमल प्रकाशन, प्रथम संस्करण 2001, नई दिल्ली, पृ. 144
32. वही, पृ. 149
33. ओल्ड ग्रूसेस, न्यू टारगेट्स, शरित भौमिक, तहलका, सम्पादक - तरुण तेजपाल, 16 फरवरी, 2008, पृ. 37
34. वही, पृ. 37

35. मुम्बई कटिंग, महेश भट्ट (साक्षात्कार), तहलका, सम्पादक - तरुण तेजपाल, 4 अक्टूबर, 2008, पृ. 53
36. भारत के मध्य वर्ग की अजीब दास्तान, पवन कुमार वर्मा, अनुवाद – अभय कुमार दुबे, वाणी प्रकाशन, पहला संस्करण 1999, नई दिल्ली, पृ. 129
37. नयी राजनीतिक संस्कृति, आशिस नन्दी, लोकतन्त्र के सात अध्याय, संपादक - अभय कुमार दुबे, वाणी प्रकाशन, पहला संस्करण 2002, नई दिल्ली, पृ. 147
38. वही, पृ. 196
39. भारत के मध्यवर्ग की अजीब दास्तान, पवन कुमार वर्मा, अनुवाद–अभय कुमार दुबे, राजकमल प्रकाशन, पहला संस्करण 1999, नई दिल्ली, पृ. 130

## सत्ता का शहर

1. अम्मा से बातें और कुछ लम्बी कविताएँ, कहते हैं कि दिल्ली की है कुछ आबो-हवा और (कविता), भगवत रावत, राजकमल प्रकाशन 2008, पृ. 145-147
2. दत्तात्रेय के दुःख, उदय प्रकाश, वाणी प्रकाशन, द्वितीय संस्करण 2009, नई दिल्ली, पृ. 43
3. निम्नवर्गीय विमर्श 2, 'पक्की' से हट कर...' (भूमिका), सम्पादक – शाहिद अमीन और ज्ञानेन्द्र पाण्डेय, राजकमल प्रकाशन, 2002, नई दिल्ली, पृ. 6-7
4. आधी रात को आज़ादी, लैरी कांलिंस और डॉमिनिक लैपियर, अनुवाद – मनहर चौहान, अनु प्रकाशन, संस्करण 2002, जयपुर, पृ. 78
5. राजकपूर : आधी हकीकत आधा फ़साना, प्रहलाद अग्रवाल, राजकमल प्रकाशन, संस्करण 2007, नई दिल्ली, पृ. 29
6. भारतनामा, सुनील खिलनानी, अनुवाद – अभय कुमार दुबे, राजकमल प्रकाशन, पहला संस्करण 2001, नई दिल्ली, पृ. 151
7. संविधान सभा की बहस में, जवाहरलाल नेहरू, देखें - भारत के मध्य वर्ग की अजीब दास्तान, पवन कुमार वर्मा, अनुवाद - अभय कुमार दुबे, राजकमल प्रकाशन, पहला संस्करण 1999, नई दिल्ली, पृष्ठ-57
8. नेशनल आईडेंटिटी इन इंडियन पॉपुलर सिनेमा 1947-87, सुमिता एस. चक्रवर्ती, ऑक्सफोर्ड युनिवर्सिटी प्रेस, 1998, नई दिल्ली, पृष्ठ 134
9. राजकपूर : आधी हकीकत आधा फ़साना, प्रहलाद अग्रवाल, राजकमल प्रकाशन, संस्करण 2007, नई दिल्ली, पृष्ठ 74
10 दि इनर वर्ल्ड : ए साइको-एनालटिक स्टडी आफ चाइल्डहुड एंड सोसायटी इन इंडिया, सुधीर कक्कड़, ऑक्सफोर्ड युनिवर्सिटी प्रेस, तेरहवीं आवृति 2004, नई दिल्ली, पृष्ठ- 116
11. भारतनामा, सुनील खिलनानी, अनुवाद - अभय कुमार दुबे, राजकमल प्रकाशन, पहला संस्करण 2001, नई दिल्ली, पृष्ठ-60
12. वही, पृष्ठ- 60

13. संघ परिवार को यश चोपड़ा की फिल्में क्यों सुहाती है?, मैथिली राव, हॉलीवुड-बॉलीवुड, संपादक - अनवर जमाल तथा सैबल चैटर्जी, वाणी प्रकाशन, संस्करण 2006, नई दिल्ली, पृष्ठ- 81
14. अभी दिल्ली दूर है, भीष्म साहनी, सम्पादक - राजेन्द्र यादव, प्रवीण प्रकाशन, प्रथम संस्करण 1995, नई दिल्ली, पृष्ठ-22
15. वही, पृष्ठ - 23
16. सुधीर मिश्रा का यह साक्षात्कार देखें (23/12/08) http://www.musicindiaonline.com/ar/i/movie_name/879/3/director/1307/
17. भारतनामा, सुनील खिलनानी, अनुवाद - अभय कुमार दुबे, राजकमल प्रकाशन, पहला संस्करण 2001, नई दिल्ली, पृष्ठ-66
18. ग़ालिब का तसव्वुर-ए-शहर और दिल्ली, रिज़वानुल हक, दीवान-ए-सराय 02 : शहरनामा, संपादक रविकांत और संजय शर्मा, वाणी प्रकाशन तथा सी.एस.डी.एस. सराय, 2005, नई दिल्ली, पृष्ठ-21
19. वही, पृष्ठ- 21
20. अजनबी होती खुदी, रवि वासुदेवन, दीवान-ए-सराय 02 : शहरनामा, संपादक रविकांत और संजय शर्मा, वाणी प्रकाशन तथा सी.एस.डी.एस. सराय, 2005, नई दिल्ली, पृष्ठ-248
21. बॉम्बे सिनेमा : आर्काइव ऑफ दि सिटी, रंजनी मजूमदार, परमानेंट ब्लैक, पहला संस्करण 2007, रानीखेत, पृ. 163
22. सिटी ऑफ जिन्स : ए इयर इन डेल्ही, विलियम डेलरमपिल, पेंगुइन बुक्स, संस्करण 2004, नई दिल्ली, पृष्ठ-8
23. वाल्टर बेंजामिन, वन वे स्ट्रीट एंड अदर राइटिंग्स, बांबे सिनेमा, रंजनी मजूमदार द्वारा उद्धृत, परमानेंट ब्लैक, पहला संस्करण 2007, रानीखेत, पृष्ठ-168
24. बांबे सिनेमाः आर्काइव ऑफ दि सिटी, रंजनी मजूमदार, परमानेंट ब्लैक, पहला संस्करण 2007, रानीखेत, पृष्ठ-171
25. द पेंटर ऑफ लाइट, राधू करमाकर, पहल 87 में प्रकाशित अनुवादित अंश से, अनुवादक - विनोद दास, नवम्बर-दिसम्बर 2007, जबलपुर, पृष्ठ-100
26. अजनबी होती खुदी, रवि वासुदेवन, दीवान-ए-सराय 02 : शहरनामा, संपादक रविकांत और संजय शर्मा, वाणी प्रकाशन तथा सी.एस.डी.एस. सराय, 2005, नई दिल्ली, पृष्ठ-262
27. डेल्ही मेट्रोपॉलिटन, रंजना सेनगुप्ता, पेंगुइन बुक्स, पहला संस्करण 2007, नई दिल्ली, पृष्ठ-146

28. ब्लॉग बाए अन्नोन इंडियन सीक्स जस्टिस, द टाइम्स ऑ़फ इंडिया, नई दिल्ली, 25 फरवरी 2006
29. मिडिल क्लास को गुस्सा क्यों आता है?, अमित सेनगुप्ता, तहलका, नई दिल्ली 4 मार्च 2006
30. 4एवर, इंडिया : एन इंटिमेट बायोग्राफ़ी ऑफ़ 1.2 बिलियन पीपल, पैट्रिक फ्रैंच, पेंगुइन बुक्स, नई दिल्ली, 2011, पृष्ठ- 304
31. वन्स अपॉन ए मिडनाइट, नम्रता जोशी, ऑउटलुक, नई दिल्ली, 17 जनवरी 2011

## रोज़मर्रा का शहर

1. दिल्ली : शहर दर शहर, पंकज राग, तद्भव 16 में प्रकाशित, सम्पादक-अखिलेश, लखनऊ, जुलाई 2007, पृष्ठ 122
2. इंडियन पॉपुलर सिनेमा एज ए स्लमस आई व्यू ऑफ पॉलिटिक्स, आशिस नंदी, सीक्रेट पालीटिक्स ऑफ आर डिजाायर्स : इन्नोसेंस, कल्पेबिलिटी एंड इंडियन पॉपुलर सिनेमा, संपादक- आशिस नंदी, ऑक्सफोर्ड युनिवर्सिटी प्रेस, संस्करण 1997, नई दिल्ली, पृष्ठ- 2
3, यह बात अनुराग कश्यप ने ग्यारहवें ओशियंस सिनेफैन फ़िल्म फेस्टिबल में परिचर्चा में कही, नई दिल्ली, 26 अक्टूबर, 2009
4. बॉबे सिनेमा : आर्काइव ऑफ द सिटी, रंजनी मजुमदार द्वारा उद्धृत, परमानेंट ब्लैक, पहला संस्करण 2007, रानीखेत, पृष्ठ-xxxii
5. डॉन टेलर, ब्रिटिश पत्रकार, 1969, रामचंद्र गुहा द्वारा उद्धृत, इंडिया आफ़्टर गांधी : द हिस्ट्री ऑफ द वल्डर्स लारजेस्ट डेमोक्रेसी, पिकाडोर इंडिया, 2008, पृष्ठ- xvi
6. लैंड यूज़ प्लान फॉर अरबन डेल्ही, (बी) प्लानिंग सिनथेसिस, डेल्ही मास्टर प्लान 1962, प्रथम प्रकाशन, एक सितम्बर 1962, अलंकार प्रकाशन, पुनः प्रकाशन 2011, पृष्ठ- 7
7. अजनबी होती खुदी, रवि वासुदेवन, दीवान-ए-सराय 02 : शहरनामा, संपादक रविकांत और संजय शर्मा, वाणी प्रकाशन तथा सी.एस.डी.एस. सराय, 2005, नई दिल्ली पृष्ठ-248
8. अजनबी होती खुदी, रवि वासुदेवन, दीवान-ए-सराय 02 : शहरनामा, संपादक रविकांत और संजय शर्मा, वाणी प्रकाशन तथा सी.एस.डी.एस. सराय, 2005, नई दिल्ली पृष्ठ-249
9. डेल्ही मेट्रोपॉलिटन, रंजना सेनगुप्ता, पेंगुइन बुक्स, पहला संस्करण 2007, नई दिल्ली पृष्ठ - 70
10. इंट्रोडक्शन, डेल्ही मास्टर प्लान 1962, प्रथम प्रकाशन, एक सितम्बर 1962, अलंकार प्रकाशन, पुनः प्रकाशन 2011, पृष्ठ - 1
11. डेल्ही मेट्रोपॉलिटन, रंजना सेनगुप्ता, पेंगुइन बुक्स, पहला संस्करण 2007, नई दिल्ली, पृष्ठ - 46

12. समथिंग ऑफ ए मॉकटेल, सोमा दास, सृष्टि पब्लिशर्स, 2007, नई दिल्ली, पृष्ठ - 49
13. छायावाद, नामवर सिंह, राजकमल प्रकाशन, पंचम संस्करण 1990, नई दिल्ली, पृष्ठ - 38
14. भारतनामा, सुनील खिलनानी, अनुवाद- अभय कुमार दुबे, राजकमल प्रकाशन, पहला संस्करण 2001, नई दिल्ली, पृष्ठ - 143
15. बाँबे सिनेमा : आर्काइव ऑफ द सिटी, रंजनी मजूमदार, परमानेंट ब्लैक, पहला संस्करण 2007, रानीखेत, पृष्ठ-xxv
16. डेल्ही : एडवेंचर्स इन ए मेगासिटी, सैम मिलर, पेंगुइन वाइकिंग, पहला संस्करण 2008, नई दिल्ली, पृष्ठ- 2
17. वही, पृष्ठ- 105
18. वही, पृष्ठ- 108
19. ट्राम में एक याद, ज्ञानेन्द्रपति, संकल्प कविता दशक, संपादक-केदारनाथ सिंह, हिंदी अकादमी दिल्ली, प्रथम संस्करण 1992, पृष्ठ - 191
20. कंट्रोल एंड एस्पिरेशन : मेमोयर्स ऑफ़ ए मेट्रोपोलिस, अवतार सिंह, सेमीनार, संपादक-तेजबीर सिंह, दिसम्बर 2011, नई दिल्ली, पृष्ठ - 88
21. लघु प्रेम कथा - लप्रेक (फेसबुक फिक्शन), लिंक देंखे - http://naisadak.blogspot.in/2011/03/1-2-3-4-5-6-7-8-9-10-11-12-13-14-15-16.html
22. दि पेंटर ऑफ लाइट, राधू करमाकर, पहल 87 में प्रकाशित अनुवादित अंश से, अनुवादक विनोद दास, नवम्बर-दिसंबर 2007, जबलपुर, पृष्ठ - 100
23. मिराकल, बट कैन बी सस्टेन्ड?, तहलका 26 जनवरी 2008, संपादक तरूण तेजपाल, पृष्ठ - 47
24. मुंडा-कुड़ी चाहिए साउथ दिल्ली के, हिन्दुस्तान 18 जनवरी 2008, संपादक मृणाल पांडे, फीचर पृष्ठ से
25. डेल्ही मेट्रोपॉलिटन, रंजना सेनगुप्ता, पेंगुइन बुक्स, पहला संस्करण 2007, नई दिल्ली, पृष्ठ-162
26. यादों से रची यात्रा, विनय श्रीवास्तव, दीवान-ए-सराय 02 : शहरनामा, सम्पादक रविकान्त और संजय शर्मा, वाणी प्रकाशन तथा सी.एस.डी.एस. सराय, 2005, नई दिल्ली, पृष्ठ-293
27. आयो कहाँ से मँकी मैन, आदित्य निगम, दीवान-ए-सराय 02 : शहरनामा, सम्पादक रविकान्त और संजय शर्मा, वाणी प्रकाशन तथा सी.एस.डी.एस. सराय, 2005, नई दिल्ली, पृष्ठ 240
28. भारतनामा, सुनील खिलनानी, अनुवाद-अभय कुमार दुबे, राजकमल प्रकाशन, पहला संस्करण 2001, नई दिल्ली, पृष्ठ-136

29. वही पृष्ठ-137
30. भारत के मध्य वर्ग की अजीब दास्तान, पवन कुमार वर्मा, अनुवाद-अभय कुमार दुबे, राजकमल प्रकाशन, पहला संस्करण 1999, नई दिल्ली पृष्ठ-162
31. वाह री दिल्ली, चार लाख का आटो, एक लाख की कार, हिन्दुस्तान, सम्पादक मृणाल पाण्डे, 11 जनवरी 2008
32. ऑटो के पीछे क्या है, रविकान्त तथा प्रभात कुमार झा, दीवान-ए-सराय 02 : शहरनामा, सम्पादक रविकान्त और संजय शर्मा, वाणी प्रकाशन तथा सी.एस.डी.एस सराय, 2005, नई दिल्ली, पृष्ठ-149
33. नौकर की कमीज़, विनोद कुमार शुक्ल, राजकमल पेपरबैक्स, दूसरी आवृत्ति 2006, नई दिल्ली, पृष्ठ - 87
34. नये शहर की तलाश, अभय कुमार दुबे, आधुनिकता के आइने में दलित, सम्पादक अभय कुमार दुबे, वाणी प्रकाशन एवं सी.एस.डी.एस, तीसरा संस्करण 2005, नई दिल्ली, पृष्ठ-115
35. वही, पृष्ठ-130
36. बहुरूपिया शहर, बीस लेखकों की रचनाओं का संकलन, राजकमल प्रकाशन, पहला संस्करण 2007, नई दिल्ली, पृष्ठ-211
37. आयो कहाँ से मँकी मैन, आदित्य निगम, दीवान-ए-सराय 02 : शहरनामा, सम्पादक रविकान्त और संजय शर्मा, वाणी प्रकाशन तथा सी.एस.डी.एस. सराय, 2005, नई दिल्ली, पृष्ठ-240
38. दिबाकर बैनर्जी से यह ऑडियो बातचीत 'ओए लक्की लक्की ओए' के प्रदर्शन के कुछ दिन बाद वेबसाइट 'पैशन फॉर सिनेमा' पर प्रस्तुत की गई थी। वर्तमान में इस वेबसाइट के तमाम लिंक अनुपलब्ध हैं। आगे भी यह ध्यान रखें।
39. अनुराग कश्यप का यह पूरा भाषण 'पैशन फॉर सिनेमा' पर (28.01.10) लिंक देखें- http://passionforcinema.com/anurag-kashyap-on-dev-d/
40. वही
41. द सिटी एज़ दि इनविटेशन टू एन एंटीक डेथ, आशिस नंदी, ए वेरी पॉपुलर एग्जाइल, ऑक्सफोर्ड युनिवर्सिटी प्रेस, 2007, नई दिल्ली, पृष्ठ - 52
42. वही, पृष्ठ - 71
43. 'पैशन फॉर सिनेमा' से उद्धृत (28/01/2010) लिंक देखें- http://passionforcinema.com/delhi-6-review-i-loved-it-and-review-of-the-story-nahi-thi-concept/
44. आयो कहाँ से मँकी मैन, आदित्य निगम, दीवान-ए-सराय 02 : शहरनामा, सम्पादक

रविकान्त और संजय शर्मा, वाणी प्रकाशन तथा सी.एस.डी.एस. सराय, 2005, नई दिल्ली, पृष्ठ - 237

45. वही, पृष्ठ - 239
46. मंकी मैन : दिल्ली का पहला सायबार्ग, शुद्धब्रत सेनगुप्ता, दीवान-ए-सराय 02 : शहरनामा, संपादक रविकांत और संजय शर्मा, वाणी प्रकाशन तथा सी.एस.डी.एस. सराय, 2005, नई दिल्ली, पृष्ठ - 235
47. वही, पृष्ठ - 235
48. आयो कहाँ से मँकी मैन, आदित्य निगम, दीवान-ए-सराय 02 : शहरनामा, सम्पादक रविकान्त और संजय शर्मा, वाणी प्रकाशन तथा सी.एस.डी.एस. सराय, 2005, नई दिल्ली, पृष्ठ - 238
49. कैपिटल गेन्स, राना दासगुप्ता, प्रथम प्रकाशित ग्रांटा 107, लिंक देखें (05.02.2012) - http://www.ranadasgupta.com/texts.asp
50. द कार्डिगन्स राइट अगेन, गुंजन बत्रा, तहलका, अक्टूबर 16, 2010, लिंक देखें (05.02.2012) - http://www.tehelka.com/story_main47.asp?filename=hub161010THE_CARDIGANS.asp
51. वाह री दिल्ली, चार लाख का ऑटो, एक लाख की कार, हिन्दुस्तान, 11 जनवरी 2008
52. इज़ दि अल्ट्रा लो कास्ट कार ड्रीम ओवर? फ़ोर्ब्स इंडिया में जगदीश खट्टर, लिंक देखें (05.02.2012) - http://www.forbes.com/2012/01/12/forbes-india-ultra-low-cost-car-dream-over.html
53. टाटा नैनो ट्राइंग टू नैविगेट परसेप्शन्स राइज़िंग आउट आफ ए ट्रबल्ड प्रोडक्ट, दि इकॉनामिक टाइम्स, लिंक देखें (05.02.2012) - http://articles.economictimes.indiatimes.com/2012-01-18/news/30639129_1_tata-nano-rediffusion-ad
54. ए हिन्दी फ़िल्म 20 इयर्स इन मेकिंग, मनु जोसफ़, लैटर फ्रॉम इंडिया, द न्यूयार्क टाइम्स, लिंक देखें (05.02.2012) - http://www.nytimes.com/2011/08/04/world/asia/04iht-letter04.html?_r=1&scp=1&sq=zindagi% 20na%20milegi%20dobara%20manu%20joseph&st=cse
55. आई एंड बी शोकॉज़ नोटिस ऑन रेड एफएम फॉर रेस्सिट स्लर ऑन गोरखास, 29 सितम्बर, लिंक देखें (05.02.2012) - http://ibnlive.in.com/news/ib-showcause-notice-on-red-fm-for-racist-slut-on-gorkhas/49607-3.html
56. इंडियन आइडल रिइग्नाइट्स डिमांड फॉर गोरखालैंड इन डार्जलिंग हिल्स, 19 मार्च

2008, लिंक देखें (05.02.2012) -
http://www.livemint.com/2008/03/19224412/Indian-Idol-reignites-demand-f.html

57. इंडियन आइडल क्रिएटस कश्मीर स्टिर, 21 फरवरी 2007, लिंक देखें (05.02.2012) - http://news.bbc.co.uk/2/hi/south_asia/6382051.stm
58. ताशी, वांगडू, रेशियल डाइवर्सिटी नाउ इन फ़िल्मस टू, दि टाइम्स ऑफ इंडिया, 10 जुलाई 2011

'यहाँ से शहर को देखो'

# ४

# शहर विमर्श / सिनेमा विमर्श

# रविकांत / महमूद फारुक़ी / अक्षत वर्मा / रवीश कुमार / मिहिर पंड्या

*यह बातचीत खास इस पुस्तक रूपी परियोजना के एक हिस्से के रूप में ही आयोजित की गई थी। हमारे जिगरी, और इस प्रस्ताव के कल्पनाकार अविनाश, और हमारी वेबसाइट 'मोहल्ला लाइव' परियोजना के इस हिस्से के मुख्य आयोजक और संयोजक बने और 'स्टेन ऑडिटोरियम', हैबिटैट सेंटर में रेणु जी के सहयोग से यह विमर्श आयोजित हुआ। पहले मैं चाहता था कि विषय से जुड़े कुछ भिन्न विशेषज्ञों के पृथक साक्षात्कार लिए जाएं, जिन्हें फिर किताब में परिशिष्ट रूप में शामिल किया जाए। लेकिन कुछ विचार के बाद यह तय पाया गया कि एक ऐसा संयुक्त संवाद आयोजित हो, जहाँ भिन्न पेशों और अनुभव समुच्च्यों से आनेवाले विशेषज्ञ आपस में 'मुख्य विषय' के इर्द-गिर्द एक परिचर्चा में संलग्न हों। फिर इसे लिपिबद्ध किया जाए और यह बातचीत आगामी पुस्तक का एक हिस्सा बने।*

*तीन वक्ताओं का चयन मेरा था। मेरे जहन में रवीश, रविकांत और महमूद को 'दिल्ली और सिनेमा' पर एक आपसी बाचतीत में उलझाने का विचार पुराना है। इसके पीछे इनका दिल्ली को लेकर भिन्न माध्यमों में आधारभूत कार्य और कई बार आपस में उलझती सी प्रतीत होती दृष्टि है। और मैं खुश हूँ कि अविनाश की सलाह पर हमने अक्षत वर्मा को इस गणित में शामिल किया। वे पूर्व वक्ताओं से बिल्कुल भिन्न नज़रिया बातचीत में लेकर आए और संवाद को समृद्ध बनाया।*

*शायद हिन्दी किताबों की दुनिया में यह कुछ अनोखा प्रयोग है। मैं चाहता हूँ कि इस संवाद की भिन्न प्रकृति को समझा जाए। शुरुआत से ही इस संवाद को पुस्तक पर होनेवाली बातचीत नहीं, बल्कि पुस्तक को*

*एक भिन्न आयाम देनेवाली, समृद्ध करनेवाली, पूर्ण करनेवाली बातचीत के तौर पर ग्रहण किया जाए। इसे यूं समझा जाए कि हम कुछ दोस्त और साझेदार साथ बैठकर उस मूल विचार से जद्दोजहद करना चाहते हैं जिसके भिन्न आयामों को, व्यावहारिक आलोचनाओं को आपने पुस्तक रूप में पढ़ा। यह भी कि जहाँ बहुधा संवाद व्यक्तिगत आलोचनाओं और अनुभवजन्य यथार्थ की ओर जाता दिखाई देता है, वह अनायास नहीं सायास है। जिन उद्देश्यों को मैं इस संवाद की शुरुआत में अपने साथ लेकर चला था, उनमें सबसे ऊपर की पंक्तियों में यही लिखा था कि मैं स्वयं इन व्यक्तित्वों के मार्फत होते हुए ही इस शहर और सिनेमा के ताले खोलना चाहता हूँ।*

*क्योंकि यह एक 'लाइव' बातचीत है, इसलिए कोशिश यही है कि इसे 'ज्यों का त्यों' प्रस्तुत किया जाए और संपादन विरल हो। सुगढ़ गद्य की चाहत में हम उस लय को नहीं खोना चाहते जिसे उत्तेजक बहसों और उत्साही तर्कों से भरा संवाद अपने साथ लाता है। बोलने के दौरान सहज रूप से आये अंग्रेजी शब्दों का भी तर्जुमा नहीं किया गया है क्योंकि यह बोलचाल की ज़बान हमारे वाचिक विमर्श का अनिवार्य हिस्सा है। और सच पूछिए तो, यह मुझे पसंद भी है।*

*तो पेश है...*

**अविनाश** - सिनेमा को लेकर हमने पहले भी विमर्श किए हैं। हम चाहते हैं कि हिन्दी में सिनेमा को लेकर बातचीत की एक ठीक-ठाक सी परंपरा बने। अंग्रेज़ी में तो बहुत सारी चीज़ें होती ही रहती हैं। जब हमने यह सिलसिला शुरु किया था तो मिहिर हमारे इस पूरे सिनेमा वाले हिस्से के एक तरह से कॉन्सेप्ट डिजाइनर थे। और यह खुद काफ़ी लम्बे समय से हिन्दी सिनेमा में दिल्ली किस-किस तरह से, कैसे आई है, इस पर रिसर्च भी करते रहे हैं। और अब एक किताब की तैयारी है। उसी किताब पर बातचीत करते-करते एक बार योजना बनी कि एक इनफॉर्मल बातचीत, रिसर्च से अलग, फ़ौरी तौर पर की जाए और उसे इस किताब का हिस्सा बनाया जाए। तो यह पूरा आयोजन उसी संदर्भ में हम लोगों ने किया है। इसकी कोई बहुत औपचारिक तैयारी नहीं थी। जो भी हमने किया है वो मोहल्ला लाइव वेबसाइट के ज़रिए, फेसबुक के ज़रिए। अब तो टूल्स भी बदल गए हैं, बुलाने के तौर-तरीके भी बदल गए हैं। आप लोग आए इसका शुक्रिया। इस बातचीत में आप लोगों को भी एक वक्त के बाद हिस्सा लेना है। मैं चाहूंगा कि मिहिर ही आकर हमारे वक्ताओं

के बारे में बताएं।

**मिहिर** - शुक्रिया अविनाश। तीन साल पूरे हुए तकरीबन, जब से मेरा इस विषय से नाता शुरु हुआ। दो हजार आठ में मैंने सबसे पहले दिल्ली शहर और हिन्दी सिनेमा को जोड़कर देखना और इन पर काम करना शुरु किया था। अविनाश से बात हो रही थी इस पर और यह तय हुआ कि एक ऐसी बातचीत हम ऑर्गनाइज कर सकते हैं जिसमें कि मैं पिछले तीन साल में जो इस विषय को पढ़ते हुए समझा हूँ वो भी और दूसरे दृष्टिकोण भी जो मेरी नज़र से छूटे हुए हैं, मेरी किताब में अभी तक शामिल नहीं हो पाए हैं, वो भी इस बातचीत से शायद निकलकर आयेंगे।

पैनल, मुझे नहीं लगता कि बहुत ज़्यादा परिचय की जरूरत है। मैं अपनी तरफ से इन चारों लोगों से जो मेरा परिचय है वो दे सकता हूँ, शायद वो ज़्यादा ठीक है। **रविकांत** हैं सीएसडीएस सराय से। हम दोस्त लोगों में कहा जाता है कि दिल्ली पर अगर कोई भी काम कर रहा है तो वो 'सराय' से बचकर नहीं निकल सकता। उसे 'उनत्तीस, राजपुर रोड' के दर्शन अपने काम के दौरान कभी न कभी, कहीं न कहीं करने ही होते हैं। मत्था टेकना होता है! और हम जैसे भाषा से जुड़े हुए सभी लोगों के लिए 'सराय' का मतलब सबसे पहले रविकांत ही रहे हैं। **महमूद फारुक़ी** हैं हमारे साथ। किस्सागो, इतिहासकार, फ़िल्मकार और हमारे दौर के, हमारे समय के सबसे आकर्षक व्यक्तित्वों में से एक। **अक्षत वर्मा** हैं हमारे साथ। अक्षत का बड़ा फ़िल्मी परिचय अगर आप चाहें तो यह हो सकता है - जैसे हमारी फ़िल्मों में लड़की का बाप लड़के के सामने चैकबुक फैंककर कहता है कि जो चाहे रकम भरो और मेरी बेटी की ज़िन्दगी से चले जाओ, ठीक ऐसा ही ऑफर आमिर खान ने अक्षत वर्मा को दिया कि जो चाहे रकम भरो और अपनी फ़िल्म मेरे पास छोड़कर चले जाओ। और अक्षत ने भी एक सच्चे फ़िल्मी हीरो की तरह उन्हें सीधा मना कर दिया और उसका नतीजा 'डेल्ही बेली' के रूप में आज हमारे सामने है। हमारे साथ में **रवीश कुमार** हैं। रवीश का वैसे तो बड़ा परिचय यह है कि वो एनडीटीवी से जुड़े हुए हैं और हमारे समय के माने हुए पत्रकार हैं। लेकिन यहां हम उन्हें उनके और बहुत सारे अवतारों में देखना चाहेंगे। जैसे अपने ब्लॉग पर वो लिखते रहे हैं। जैसे 'लघु प्रेम कथा' उनका फेसबुक पर नया कॉन्सेप्ट है। 'आश्रम जाम' जैसा उपन्यास लिखने वाले। 'वन रूम सेट का रोमांस' जैसी कहानियाँ लिखने वाले। और सबसे बड़ा परिचय आज की तारीख में जो उनका है कि 'रवीश की रिपोर्ट' वाले रवीश कुमार।

चारों लोग हमारे साथ हैं। विषय प्रवर्तन के लिए मैं एक छोटा सा नोट बनाकर लाया हूँ। मुझे लगता है कि उसे मैं पढ़ दूं और उससे हम प्रविष्ट हों विषय में, और फिर मैं वक्ताओं को एक-एक कर आमंत्रित करूँगा। हम संरचना कुछ इस तरह की मानकर चल रहे हैं कि दस से पन्द्रह मिनट पहले चारों वक्तागण अपना मत रखें।

उसके बाद हम परिचर्चा में जाएं और अगला आधा घंटा डिशकशन के लिए हो। उसके बाद अंतिम आधा घंटा जो हमारे पास बचता है उसमें हम सवाल लेने की कोशिश करेंगे। इस तरह दो घंटे को बांटने की कोशिश है।

इस बातचीत के दो सिरे हैं। पहला हिन्दी सिनेमा और दूसरा शहर दिल्ली।

**हिन्दी सिनेमा**। दो एक्सट्रीम्स हैं हिन्दी सिनेमा को देखने के। एक ओर कहा जाता है कि हिन्दी सिनेमा इस अर्ध सामंती - अर्ध पूंजीवादी समाज व्यवस्था की परियोजना है जिसका अंततः मूल उद्देश्य यथास्थितिवाद की पुनः स्थापना है। वहीं एक दूसरा नज़रिया इन्हीं मुख्यधारा सिनेमा की फ़िल्मों को समाज में वक्त-बेवक्त मुखर होते असंतोष की बानी बोलते हुए देखता है।

सच्चाई शायद बीच में कहीं है।

**शहर दिल्ली**। इस शहर के कांधे पर सात मृत सभ्यताओं का बोझ है। दिल्ली पर लिखी हर किताब, हर रचना, हर कलाकृति इस इतिहास के बोझ को अपने कांधे पर ढोती दिखाई देती है। लेकिन क्या यह मृत इतिहास है? आज जिस शहर में बैठकर हम यह सारी बातें कर रहे हैं, उसका चेहरा कितना बदल गया है?

जब यह दोनों सिरे साथ आते हैं तो हम सिनेमा में एक ऐसा शहर बनते देखते हैं जहाँ कभी सत्ता के प्रति एक उम्मीद का भाव है, तो कभी वही सत्ता अपने तमाम चिह्नों, लक्षणों के साथ परदे पर से अनुपस्थित हो जाती है। राज कपूर की 'अब दिल्ली दूर नहीं' का रतन सभी सकारात्मक परिवर्तनों के लिए एक ही विचार के आसरे है, दिल्ली। एक नए आजाद हुए मुल्क में सामुदायिक पहचानों के बीच सत्ता अपनी वैधता स्थापित करती है। शहर 'राष्ट्र-राज्य' का प्रतीक बन उभरता है। 'तेरे घर के सामने' में यही शहर एक समरूपीकृत समाज की स्थापना का वादा करता दिखाई देता है। एक ऐसा वादा जिसके सहारे नई पीढ़ी अपने सपने बुनती है।

सत्ता तो उस सत्तर के दशक की दिल्ली में भी है जिसकी तस्वीर 'हजारों ख्वाहिशें ऐसी' में दिखाई देती है। लेकिन यह सत्ता अब अपना मानवीय चोला उतार चुकी है। यह दमनकारी सत्ता का चेहरा

है। 'रंग दे बसन्ती' में जब इंडिया गेट पर लाठी चार्ज होता है तो वह भी इसी क्रम में है। 'नो वन किल्ड जेसिका' में जब अमिताभ भट्टाचार्या लिखते हैं 'मेरा काट कलेजा दिल्ली, मुई दिल्ली ले गई' तो वह शहर को इस दमनकारी सत्ता के प्रतीक में बदल देते हैं।

लेकिन यहीं दिबाकर का सिनेमा है, हबीब फ़ैज़ल का सिनेमा है। एक तस्वीर है दिल्ली की जिसे राजधानियों, स्मारकों, इतिहास की कैद से बाहर निकाला जाना है। यह 'रोज़मर्रा का शहर' है। नौकरीपेशा मिडिल क्लास के सपने हैं। कभी घर के, कभी कार के। ज़िन्दगी बदल देने वाली क्रांतियाँ नहीं, छोटे-छोटे परिवर्तनों की ख्वाहिशों में निरंतर जीते चले जाते लोग हैं। हाशिए की वो आबादी है जिसके लिए शहर एक पनाहगाह है। 'लक्की' की महत्वाकांक्षाएं निम्नवर्गीय समाज की महत्वाकांक्षाएं हैं। देखिए यह शहर उनके साथ कैसा बर्ताव करता है।

सिनेमा आता है, चला जाता है। कुछ याद रहता है, कुछ भूल जाता है। लेकिन इस बदलते सत्तर एम एम के परदे से निकलकर क्या कोई एक तस्वीर बनती है इस शहर की? या ये बहुवचन में बनते चेहरे हैं, आपस में टकराते?

मैं इसी बिन्दु से बातचीत अपने वक्ताओं तक ले जाना चाहता हूँ। सबसे पहले रविकांत से ही यह बात शुरु की जाए और इसी सवाल से शुरु की जाए कि क्या दिल्ली का कोई एक मुकम्मल चेहरा बनता है इस पचास साल के इतिहास में? या वो बहुत सारे चेहरों में बंटा हुआ है, उसके बहुत सारे संस्करण हैं और उसे बहुवचन के तौर पर देखा जाना चाहिए।

**रविकांत** - शुक्रिया मिहिर। मैं तुम्हारी किताबनुमा जो चीज है, किताब होना ही चाहती है, उसको पढ़ गया। तुमसे बातें होती रही हैं इसको लेकर। इसमें इतने सारे फुटनोट हैं सीएसडीएस वालों के, सराय वालों के और जितने दोस्त लोग जुड़े रहे हैं उनके कि मुझे लगता है कि आज जो मैं कह रहा हूँ उनमें कुछ बातें पहले भी की जा सकती थीं। लेकिन इन बातों के लिए कभी भी देर नहीं होती है। और इसको मैं इस तरह से रखना चाहूँगा कि यह किताब अभी बनने ही वाली है, बन नहीं गई है। हम अभी सावन में हैं।

सावन के जो कांवड़िये हैं, धमाचौकड़ी मचाकर गुजरे हैं दिल्ली से अभी अभी। और माह-ए-रमजान में हम हैं, चल रहे हैं। ईद की रौनक होगी। उसके कुछ दिनों बाद

बिहारी यमुना पर अपना कब्जा कर लेंगे। इसी हॉल में मैंने सहगल की याद में गजलों की एक शाम सुनी है जब मुझे बहुत ज़्यादा पंजाबी दिखाई पड़े थे जो सहगल को याद कर रहे थे, अपने पुराने लाहौर को याद कर रहे थे। मैं राजिन्दर नगर में रहता हूँ, मैं पूर्वी दिल्ली में रहा हूँ। मैं पुरबिया हूँ। जहाँ के और भी लोग हैं, मंच पर भी और बाहर भी। तो पता नहीं यह किसका शहर है?

और फ़िल्मों में जो शहर हमें दीखता है वो भी मेरे ख्याल से बहुतों का शहर एक साथ दिखता है। ये जो तुम्हारी किताब 'नुमा' है, इसमें पूरी फ़िल्मों में जो दिल्ली दिखाई देती है उसका एक लम्बा सा व्याख्यान है, लम्बा सा बयान है। कहानी शुरु होती है उन्नीस सौ पचास के दशक में और खत्म होती है अभी आकर और मिहिर की परेशानी यह है कि जैसे ही यह किताब को बंद करना चाहता है कि कोई और फ़िल्म चली आती है, और वो फ़िल्म भी दिल्ली पर ही होती है। और 'डेल्ही बेली' ने भी इसका कोई भला नहीं किया है। इसमें अच्छी बात यह है कि पचास का दौर जिसको बहुत सारे इतिहासकारों ने राष्ट्रवाद के दौर के रूप में चिह्नित किया है, और आज का दौर जिसमें कि स्याह सिनेमा बन रहा है दिल्ली के बारे में, कई स्याह फ़िल्में बनी हैं। ऐसी दिल्ली जिससे हमारा साबका पहले नहीं पड़ा है, वैसी दिल्ली लगता है हमारे सामने आने लगी है।

यह अपने आप में सही है और मुझे उससे कोई ज़्यादा झगड़ा नहीं है, क्योंकि फुटनोट में जैसा कि मैंने कहा, बड़े बड़े आचार्यों के नाम हैं जिन्होंने राष्ट्रवाद की छाप

देखी है। अब जैसे कि फ़िल्म 'अब दिल्ली दूर नहीं'। मुझे नहीं पता कि आप में से कितने लोगों ने वो फ़िल्म देखी है। उस फ़िल्म को कई तरह से देखा जा सकता है। एक - बचपन पर बनी फ़िल्म के रूप में देखा जा सकता है। दो - बच्चे को राष्ट्र के आख्यान के रूप में देखा जा सकता है। उसको उस मोमेंट की फ़िल्म के रूप में भी देखा जा सकता है जबकि एक डाइरेक्टनेस था। मुझे शंकर्स वीकली में फिफ्टीज में छपा एक कार्टून याद आ रहा है। कवर का कार्टून है, जिसमें नेहरू जी हैं और उनके सामने एक नहीं असंख्य माइक रखे हुए हैं। और वो पूछ रहे हैं कि किस मीटिंग में जाना है, किस मीटिंग में जाना है, अभी मैं किस मीटिंग में बोलने वाला हूँ वगैरा वगैरा। एक बहुत ही व्यस्त प्रधानमंत्री की तस्वीर है कार्टून के रूप में।

तो बहुत व्यस्त राष्ट्र है, बदहवास ज़िन्दगी है। नई-नई इमारतें बन रही हैं। नई-नई योजनाएं बन रही हैं। नए-नए नाम दिए जा रहे हैं सड़कों को। और वो सब उस माहौल में जबकि विभाजन अभी है। अभी चल ही रहा है मैं ये कहूँगा, लोग कैम्पों में अभी भी हैं। मेरा सवाल यह है कि क्या हम इस फ़िल्म को सिर्फ नेहरूवियन आकांक्षाओं, हसरतों से जोड़कर देख सकते हैं या हमें कुछ और भी देखना चाहिए। महमूद की किताब Besieged, जो अठ्ठारह सौ सत्तावन पर बहुत उम्दा किताब है, उसमें एक चीज़ बड़ी साफ़ है कि उस दिल्ली नामक शहर को अगर आप अठ्ठारह सौ सत्तावन के दौर में देखना चाहते हैं, उस मोमेन्ट में देखना चाहते हैं तो आपको उन वादों से निकलना होगा जिनमें अठ्ठारह सौ सत्तावन का इतिहास कैद रहा है। मैं यही इशारा हम सबके लिए करना चाहूँगा। ये चीज़ ऐसी है जो हम सीखते रहते हैं। हम खुद उन वादों के शिकंजे में रहते हैं लगातार। और बतौर इतिहासकार, बतौर रिसर्चर, हमें अपनी बनाई उन्हीं कोटियों को प्रश्नांकित करते रहना होता है। उनसे जूझना पड़ता है।

तो यह 'शबग़ज़ीदा सहर' जो फैज़ के शब्दों में था क्या उसका असर 'अब दिल्ली दूर नहीं' पर नहीं है? क्या वो दिल्ली वाकई नेहरू के सपनों में पूरी तरह विलीन हो जाती है? जिसका सपना लेकर वो बच्चा, जो अनाथ हो गया है क्योंकि उसकी माँ मर गई है और बाप जेल में है, जिसे वो बचाना चाहता है। वो एक कागज़ लेकर जो एक एविडेंस जैसा है। वो उस कागज़ को दिखाना चाहता है नेहरू जी को क्योंकि नीचे कोई सुनवाई नहीं होती है और फांसी की सजा हो गई है और जेल में है उसका बाप। उसको लेकर आता है और बहुत आफत आती है रास्ते में उसको। एक गुंडा जिसने वाकई वो क़त्ल किया था जिसका क़ातिल गलती से उसका बाप हो गया है, उसको मारने की कोशिश करता है। दिल्ली में भी आकर मारने की कोशिश करता है, यमुना में फैंकने की कोशिश करता है। कुतुब मीनार से फैंकने की कोशिश करता है और जला डालता है उस तबेले को जिसमें एक पुरबइया, फिर से जौनपुर का, रह रहा है और आश्रय देता है इन बच्चों को। एक छोटी लड़की जो 'मदर इंडिया' है इन बच्चों की। मैं यह पूछना चाहता हूँ कि यह जो अनाथ बच्चे हैं उनको क्या हम पार्टीशन के

अनाथ बच्चे नहीं कह सकते?

हमें सोचना होगा। वो माँ जो मर जाती है, वो बाप जो फांसी पर चढ़ गया है। कई बार, कई लोग 'अनाथ' की बात करते हैं इस फ़िल्म में। बार-बार वो मोटिफ आता है कि हम अनाथ हैं। गानों में आता है, कव्वाली में आता है। गांधी की मौत की छाया भी है उसमें। तो मैं यह कहूँगा कि अगर वो एक मोमेंट है फिफ्टीज का तो उसमें हमें यह सब चीजें भी देखनी होंगी। सिर्फ राष्ट्रवाद का जो यह वृहत विमर्श है, महाख्यान है, उसमें सबकुछ विलीन नहीं हो जाता है। यह एक टिप्पणी है जो मैं तुम्हारे पूरे काम पर देना चाहता हूँ। क्योंकि ऐसा नहीं है कि इस राष्ट्रवाद से निकलने की चेष्टा में तुम शहर को आगे नहीं लाते हो, बिल्कुल शहर को आगे लाते हो और कहते हो। लेकिन मैं यह कह रहा हूँ कि यह जो 'स्याह' फ़िल्में हैं या 'स्याह' साहित्य जो है, noir जिसको कहा जाता है। जिन कोटियों को लेकर बहुत सारे लोगों ने बहुत कुछ लिखा है, क्या इसका आगमन अभी के दौर में होता है? क्या 'ब्लैक फ्राइडे' के दौर में ही होता है? क्या अनुराग कश्यप के दौर में ही होता है? क्या 'देव डी' के दौर में ही होता है? क्या हम पहले भी उन स्याह छवियों को नहीं देखना चाहेंगे?

निश्चित तौर पर वो स्याह छवियाँ बिल्कुल अलग छवियाँ हैं। वो स्याह noir का जॉनर बिल्कुल अलग किस्म का होगा। मैं यह नहीं कह रहा हूँ कि आज जैसा ही होगा। लेकिन वो है। मोहभंग दूसरे शब्दों में, को हमने बहुत ज़्यादा खिसका दिया है। क्योंकि दैनंदिन ज़िन्दगी, आम लोगों की ज़िन्दगी, अदना ज़िन्दगी, उन कतारों की ज़िन्दगी जो रोटियों के लिए लगी हुई थीं, उस आफत की ज़िन्दगी। बेग़म अनीस किदवई जिन कैम्पों का बयान करती हैं अपने मैमोयर्स में उनकी ज़िन्दगी। उनके लिए जिन्हें याद करते हुए कृष्णा सोबती उदाहरण के तौर पर 'अभी दिल्ली दूर है' में कहती हैं कि उन्होंने जो 'बल्ले-बल्ले जवाहरलाल' किया आकर के, वो उम्मीद नहीं है जो बहुत सारे लोग उस समय पाल रहे हैं। अगर हम और गौर से देखें, उसी फ़िल्म को देखें। उसी दौर में बनी फ़िल्म को देखें। तो हमें बहुत सारे तनाव दिखेंगे और अलग चीजें शायद दिख सकती हैं।

दूसरा सवाल, मैं इसको थोड़ा और प्रॉब्लमाटाइज करना चाहूँगा, और थोड़ा कॉम्प्लिकेट करना चाहूँगा। एक इंसान हैं रामधारी सिंह 'दिनकर'। एक और पुरबिया जो कि दिल्ली आकर रहता है। 'राष्ट्रभाषा' की सेवा में आता है और राज्यसभा का सदस्य भी बनता है। उन्होंने चार कविताएं लिखीं दिल्ली को लेकर। एक नई दिल्ली को लेकर तब जबकि भगत सिंह को फांसी लगी थी। और उसमें उन्होंने ब्रिटिश हुकूमत वाली दिल्ली को ललकारा। फिर दूसरी कविता जो उन्होंने लिखी वो थी दिल्ली और मॉस्को। कि एक क्रांति हुई है मॉस्को में और वो क्रांति की भावना अब यहाँ भी पैदा हो रही है। वो जैसे आह्वान है, जैसे बुलावा देने की कोशिश। फिर एक कविता है 'हक की पुकार' जिसके बारे में मैं नहीं बोल रहा हूँ। चौथी कविता है 'भारत का

यह रेशमी नगर' । इससे हमको उन लोगों को भी समझने में मदद मिलेगी जो वैसे तो सत्ता के बड़े करीब हैं। जिनके लिए 'राष्ट्रवादी' और 'समाजवादी' उन्हीं का अपना दिया हुआ टर्म है, उनका अपना ही सेल्फ डिस्क्रिपशन है। लेकिन क्या वो काफ़ी होगा? क्योंकि एक कशमकश है इस कविता में। कशमकश क्या है?

वो कहते हैं कि मैं तो आ गया दिल्ली, मैं भी नेता हो गया। लेकिन यारों, ये दिल्ली कैसी है जो मुझे अपनी नहीं लग रही है। ये कैसी दिल्ली है जहाँ पर किसान नहीं दिखते हैं। वैसे यहाँ (अब दिल्ली दूर नहीं) तबेला है। शायद वो अपनी दिल्ली से थोड़ा बाहर निकलते तो उनको किसान भी दिख जाते। वो 'न्यू डेल्ही' में ज़्यादा रहे। जिसमें कि कार रोकने की कोशिश 'अब दिल्ली दूर नहीं' में लोग कर रहे हैं। तो यह कह रहे हैं कि ये दिल्ली हमें इसलिए अच्छी नहीं लगती है क्योंकि गाँव का कोई प्रतिनिधित्व नहीं है इस दिल्ली में। वो कहते हैं कि मैं भारत के रेशमी नगर में आ गया हूँ, 'सिल्कन सिटी' में आकर रह रहा हूँ। ''पर तुम नगरों के लाल, अमीरी के पुतले। क्यों व्यथा भाग्यहीनों की मन में लाओगे। जलता हो सारा देश किंतु होकर अधीर, दौड़-दौड़कर क्यों यह आग बुझाओगे।'' कि पूरा देश तो जल रहा है और तुम रेशम-रेशम चल रहे हो। तो इस तरह का अपराधबोध, कि मैं दिल्ली आकर भी दिल्लीवाला नहीं हुआ, यह हिन्दी के लेखकों को बहुत देर तक सालता है। वे उस अपराधबोध को कॉफी के प्यालों में घोलने की कोशिश करते हैं। या टी-हाउस में बैठकर उसको भुलाने की कोशिश करते हैं। आपस में एक नया संबंध बनाने की कोशिश करते हैं। हिन्दी, उर्दू, पंजाबी, तरह-तरह के लोग, जगह-जगह से उखड़े हुए, ऐसे लोग जो कि उखाड़े गए और ऐसे लोग जो कि रोजगार के चलते यहाँ पर आकर रह रहे हैं।

तो कई दौर हैं विस्थापनों के, कई लोग हैं जिनकी कहानियाँ यहाँ पर दफ़न हैं। और उन सबको समेटने के लिए... एक बात जो मैं अक्सर कहा करता हूँ कि हमारा फ़िल्म का आर्काइव बहुत बड़ा है। हमने एक कैनन जरूर बना लिया है। और यह आसानी से मैं इसलिए कह सकता हूँ क्योंकि अब हमें फ़िल्मों को देखने के लिए फ़िल्म इंस्टीट्यूट नहीं जाना पड़ता, फ़िल्मस आर्काइव्स नहीं जाना पड़ता। यह बहुत आसानी से उपलब्ध है अगर आपके पास वक्त है और टीवी पर भी आता रहता है। दिल्ली पर और भी बहुत सारी फ़िल्में हैं। 'किस्सा कुर्सी का' जैसी फ़िल्म है। और भी बहुत सारी फ़िल्में हैं जो कि मैं देख रहा हूँ। मैं सिर्फ पचास के दशक की बात नहीं कर रहा हूँ। यह सत्तर के दशक की फ़िल्म है और इमरजेंसी को लेकर लिखी हुई है।

तो और भी बहुत सारी चीजें है जिनको कि हमें देखना है, ताकि तुम्हारा जो यह जम्प दिखता है सीधा 'हजारों ख्वाहिशें ऐसी' को लेकर के, वो जम्प शायद नहीं लगे। तमाम फ़िल्में जैसे 'दिल्ली का ठग'। सोचना पड़ेगा। जैसे तुम एक बात बड़ी अच्छी कहते हो इस किताब में कि श्रम के कितने चित्र हैं। खासतौर पर शहरी श्रम

के कितने चित्र दिखाई पड़ते हैं, कितनी तस्वीरें दिखाई पड़ती हैं फ़िल्मों में। उस पर थोड़ा और सोचने की जरूरत है। यह मज़ेदार चीज़ है कि कहानियाँ ठगों की कहानियाँ हैं। चाहे वो बनारस का हो चाहे मुम्बई का चोर हो। कई शहरों के ठगों पर कहानियाँ हैं। ठगों पर ही फ़िल्में बनी हैं, दिल्ली का भी, मुम्बई का भी, सबका। यह मज़ेदार है कि जितने किरदार हैं वो तरह-तरह के काम करते हैं। ऐसे काम करते हैं जिनको काम नहीं गिना जाता है। तो मैं यह कहना चाहता हूँ कि जिस तरह एक इंसान को किसी शायर ने कहा था कि कई बार देखना, ''एक आदमी में होते हैं दो-चार आदमी। जिसको भी देखना, कई बार देखना।'' इन फ़िल्मों को भी मुझे लगता है कि 'वाद' से आगे निकलकर और भी थोड़ा ठहरकर देखने की जरूरत है। ताकि हमको ऐसा न लगे कि हम वर्तमान को इस तरह से सेलेब्रेट कर रहे हैं कि पास्ट में कोई क्रिटिकल आई रही ही नहीं है। मैं यह इसलिए जोड़ना चाहता हूँ कि पूरी परम्परा है चिंतन की और आलोचनात्मक नज़रिए से देखने की।

हम उदाहरण के तौर पर गालियों पर जो इतना डिबेट कर रहे हैं। उसको अगर हम दिल्ली की ही भाषा पर जितनी किताबें लिखी गई हैं, देख लेते। महिलाओं की भाषा पर जितनी किताबें लिखी गई हैं। उर्दू में ही एक किताब लिखी गई है जो कि पाकिस्तान से छपी है। तो हमें इस तरह का डिबेट करने की जरूरत नहीं पड़ती। अनलेस एंड अनटिल हम भी उसी तरह के सुधारवादी होना चाहते हैं, उसी तरह के आधुनिक होना चाहते हैं जैसा कि एक दौर में एक 'वाद' ने कोशिश की थी।

और भी बातें हैं जो बातचीत में होंगी।

**मिहिर** - रविकांत ने जो बातें उठाईं, उसमें एक महत्वपूर्ण बात मुझे दिख रही है जिससे कि हम महमूद से अपनी बात शुरु कर सकते हैं, उनके सामने रख सकते हैं, कि इतिहास अपने आप में कोई ऑब्जेक्टिव चीज़ नहीं है। जब हम पचास के दशक की फ़िल्मों को देख रहे हैं तो शुरुआत में जब सिनेमा को पढ़ना शुरु किया गया अकादमिक स्तर पर तो राष्ट्रवादी विमर्श के वृहत आख्यान में उसको रखकर देखा गया। रविकांत यह कह रहे हैं कि अगर आप विमर्श का नज़रिया बदलते हैं तो आप उसी दौर की फ़िल्मों में और बहुत सारी और चीजें देख सकते हैं। आपने 'अब दिल्ली दूर नहीं' की बात की। मुझे लगता है कि अगर इसी नज़रिए से हम 'तेरे घर के सामने' को एक बार दोबारा पढ़ें, तो वो केवल एक 'नेहरूवियन मॉडल' के अलावा भी बहुत सारी बातें कर रही है। और उसमें प्रेम किस तरह से एक शहर में अपनी जगह पा रहा है, किस तरह से 'स्पेस' का कॉन्सेप्ट बन रहा है, ये सारी बातें हैं। तो क्या इतिहास का नज़रिया बदलने से उन्हीं टेक्स्ट को, उन्हीं रचनाओं को पढ़ने का, उनके अर्थ बदल जाते हैं, ऐसा भी है? यहीं से अगर हम दिल्ली को लेकर, केवल सिनेमा में ही नहीं और फॉर्म्स में भी जितने काम हुए हैं उनको भी देखें तो वो एक

मज़ेदार चीज हो सकती है।

**महमूद** - जैसा मैं बाहर कह रहा था, मैं छद्म इतिहासकार हूँ। बिल्कुल वैसे ही जैसे मैं एक छद्म दिल्लीवाला हूँ। इसलिए इस मौजूं पर बोलने के लिए मैं बहुत मुनासिब आदमी हूँ। देखिये, बार्नो और कृष्णा स्वामी की जो हिस्ट्री ऑफ इंडियन फ़िल्म्स है वो 1962 में आई थी। बहुत उम्दा हिस्ट्री है हिन्दी सिनेमा की। वो जब अपनी किताब शुरु करते हैं तो उनकी पूरी किताब का मरक़ज इस बात पर है कि उन्नीस सौ पचास की दहाई में आकर सिनेमा कितना बरबाद हो गया। जिसे हम आज 'गोल्डन एज' कहते हैं सिनेमा का वो जब उन्नीस सौ बासठ में वो किताब लिखी जा रही है तो उसके राइटर्स के लिए सिनेमा हर तरह से बर्बाद हो चुका है क्योंकि अनाप-शनाप फर्जी पैसा आ रहा है उसमें। स्टार सिस्टम आ गया है, स्टूडियो सिस्टम खत्म हो गए हैं। फ़िल्मों के कॉन्सेप्ट से कोई मतलब नहीं है। दो स्टार को ले लो, तीसरे स्टार को मिला लो, एक म्यूज़िक डाइरेक्टर को ले लो, पिक्चर बन गई। जिस दौर को हम आज अपने गोल्डन एज के तौर पर याद कर रहे हैं। यह बात दिल्ली पर ज़ाहिर सी बात है, काफ़ी हद तक लागू होती है। सन सोलह सौ अड़तालीस में शाहजहाँनाबाद यहाँ कायम हुआ, और सोलह सौ अस्सी में औरंगजेब अपनी सारी फौज और अमले को लेकर दकन चले गए। तो जब मानूची यहाँ आता है तो कहता है कि अरे यह शहर तो बिल्कुल बरबाद है। यहाँ बड़ी-बड़ी कोठियाँ, बड़ी-बड़ी हवेलियाँ हैं जिनमें रहने वाला कोई नहीं है। यह सोलह सौ अस्सी में दिल्ली है जो बिल्कुल बरबाद हो चुका है। सत्रह सौ के पूरे साल में जब मुग़लिया सल्तनत का जवाल हो रहा है उसमें तो दिल्ली की बरबादी, दिल्ली की ताराज़ी, दिल्ली की बरबादी। मीर छोड़ के चले गए, सौदा छोड़ के चले गए। सल्तनते शाह आलम, अस दिल्ली साह पालम। तो वो दिल्ली जब बना था तब बरबाद था, सत्रहवीं सदी में बरबाद था, अठ्ठारहवीं सदी में बरबाद था, अठ्ठारह सौ सत्तावन का जब गदर होता है उसके बाद दिल्ली फिर बरबाद हो गया। और गालिब कहते हैं, "हाए दिल्ली, वाए दिल्ली, भाड़ में जाए दिल्ली।"

जो शहर अपनी शुरुआत से ख़त्म हो रहा है वो फिर उन्नीस सौ सैंतालीस में भी ख़त्म होता है। और फिर जो आज की दिल्ली है, जिसमें न ज़बान है, न शराफ़त है, न तहज़ीब है और न किसी तरह की ज़िन्दगी के आसार हैं। तो यह एक लगातार बरबादी के रास्ते पर जा रहा शहर है। और यहाँ जो लोग बैठे हुए हैं उनको देखकर वजह समझ में आती है कि क्यों ऐसा है! तो अगर कोई वर्तमान को सेलेब्रेट करना चाहता है तो उसकी थोड़ी-बहुत इजाज़त हमें देनी चाहिए। क्योंकि जिस शहर की कहानी हमेशा बरबादी की रही है वहाँ थोड़ी-बहुत जगह जश्न मनाने की होनी चाहिए। क्योंकि सैंतालीस के बाद से दिल्ली उजड़ गई ऐसा हम जानते हैं, और फिर दोबारा बसी। तो दिल्ली जो एक शहर था, और जो दिल्लीवाले थे, वो एक तरह से

देखा जाए तो सन सैंतालीस में ख़त्म हो गए। यह स्टैंडर्ड कहानी है दिल्ली की। जो लोग यहाँ आए, चाहे पूरब से आए चाहे पच्छम से, वो आए और दिल्ली के हुए और उन्होंने अपनी दिल्ली की तलाश जारी रखी। सिक्सटीज और सेवेंटीज की दहाई में वो कॉफी हाउस के मरक़ज से था। और उस कॉफी हाउस के मरक़ज में चाहे वो हिन्दी के राइटर्स हों, चाहे उर्दू के राइटर्स हों, चाहे पेंटर्स हों, चाहे आर्टिस्ट हों। वो उन्हीं गलियों को छान रहे थे जिन गलियों को मीर ने छाना था।

मोहन राकेश के 'अंधेरे बंद कमरे' का नायक जब कॉफी हाउस से, रीगल से निकलता है तो वो उन्हीं पुरानी दिल्ली की गलियों से होता हुआ नॉर्थ कैम्पस पहुँचता है जहाँ उसका घर है। वो उसी चीज़ को, उसी एरिया को मैप कर रहा है दोबारा। वो जो दिल्ली है जिसकी एक यूनिटी थी, एक नेहरुवियन कंसेंसस था। और नेहरुवियन कंसेंसस मतलब दिल्ली में कहना चाहिए कि ये था कि लेफ्टिस्ट यह कहें कि यह बरबाद है, बकवास है। तो वो कंसेंसस हम सब जानते हैं कि उन्नीस सौ नब्बे में आकर ख़त्म हो गया। उस कंसेंसस के पहले दिल्ली ने कुछ फ़िल्ममेकर्स प्रॉड्यूस किए। दो तरह के फ़िल्ममेकर दिल्ली प्रॉड्यूस करता है। एक फ़िल्ममेकर्स वो होते हैं जो दिल्ली में रहते हैं और फ़िल्म बनाते हैं, और एक फ़िल्म बनाने के बाद चूंकि वो दिल्ली में रहते हैं इसलिए दूसरी फ़िल्म नहीं बनाते। जैसे रोमेश शर्मा ने 'न्यू डेल्ही टाइम्स' बनाई। प्रदीप कृष्णन ने दो फ़िल्में बनाईं। मीरा नायर तो खैर दिल्लीवाली नहीं हैं, वो अमरीका चली गईं। गिडवानी साहब ने... पंकज बुटालिया ने एक फ़िल्म बनाई। अब अनुषा और हम हैं, जो फिर एक फ़िल्म बनाने के बाद दिल्ली में रह रहे हैं। अब आगे क्या होगा मालूम नहीं।

दूसरे दिल्लीवाले वो लोग हैं जो पिछले पच्चीस साल में नॉर्थ कैम्पस से निकलकर बम्बई गए हैं। और वहाँ उन्होंने जिसे कहते हैं हिन्दी में, अपना आधिपत्य जमाया है। तो हमारे दौर का जो सिनेमा है, बॉम्बे का सिनेमा - वो दरअसल नॉर्थ कैम्पस का सिनेमा है कई मायनों में। मैं सिर्फ उंगलियों पर नाम गिना रहा हूँ आपको - सुभाष घई, पुराने ज़माने के थे। सुधीर मिश्रा, वो भी पुराने ज़माने के थे। दिबाकर बनर्जी, हबीब फ़ैज़ल, अभिषेक चौबे, क़बीर ख़ान, विक्टर आचार्या, इम्तियाज़ अली, विशाल भारद्वाज, अनुराग कश्यप, अक्षत वर्मा, अनुषा और मैं। ये जो खेप दिल्ली की निकली है सिनेमा बनाने की तलाश में, यह उस खेप से बहुत मुख़्तलिफ है जो कस्बों से निकलकर गई थी फिफ्टीज, सिक्सटीज और सेवेंटीज में फ़िल्म बनाने के लिए।

फिफ्टीज-सिक्सटीज का सिनेमा बहुत हद तक कस्बाती इंटेलेक्चुअल की पैदावार था। हमारे राइटर्स और बहुत सारे फ़िल्ममेकर्स वहाँ से निकलकर गए थे। आज के दौर के जो फ़िल्ममेकर्स हैं वो मेट्रो से निकलकर जा रहे हैं। मुझे एक बहुत ही सिम्पलिस्टिक लेवल पर यह लगता है कि कस्बाती इंटेलेक्चुअल जो निकलकर जाता है वो लामुहाला तौर पर देश को थियोराइज करता है। और जो मेट्रो से निकलकर जाता है, नॉर्थ कैम्पस से, वो अक्सर मेट्रो की बात करता है। ये थोड़ा सिम्प्लिस्टिक डिविजन है लेकिन चूंकि यहाँ हम कोई सनद न ले रहे हैं न दे रहे हैं, केवल बात ही रख रहे हैं इसलिए मुझे लगा कि मैं इस बात को आगे रख दूं।

तो सिनेमा जो कस्बाती लोग बना रहे थे और जो सिनेमा हम लोग बना रहे हैं वो हम सब लोग जानते हैं कि बहुत अलग-अलग चीजें हैं। अब सिनेमा क्या दर्शाता है और सिनेमा में जो आता है उसका मतलब हम कैसे निकालें, वो दो अलग-अलग चीज़ें हैं। सिनेमा में शहर कैसे दिखाई दे? क्या सिनेमा में जब हम स्ट्रीट्स को दिखायेंगे तब ही शहर आ सकता है, या लाइट्स को दिखायेंगे तब ही शहर आ सकता है? या मरीन ड्राइव दिखायेंगे तभी शहर आ सकता है? जो फैंटेसी सिनेमा है वो शहर को कैसे दिखाता है, और किस तरह से दिखाता है? उसके लिए किस तरह के रूपकों की जरूरत है। और ये जो हम 'सेलेब्रेशन ऑफ दि प्रेजेंट' में, आज के दौर में ज़्यादा 'रियलिस्ट' फ़िल्में बना रहे हैं, उसमें जो शहर हम दिखा रहे हैं। वो हम किस तरह का शहर दिखा रहे हैं, किस तरह के शहर की असलियत दिखा रहे हैं?

मिसाल के तौर पर मज़दूर हमारी फ़िल्मों मे बहुत आए हैं। और लगातार आते रहे हैं। पर जैसा कि आपने लिखा मिहिर, पिछले कई सालों से मज़दूर हमारी फ़िल्मों से थोड़ा गायब से हो गए हैं। पर हमारे सिनेमा में वो मज़दूर कभी नहीं आया जो मज़दूर मैं अमन सेठी की किताब में पढ़ता हूँ। अशरफ़ भाई। आप लोगों ने अगर किताब नहीं पढ़ी है तो किताब आई है, 'ए फ्री मैन' । वो सदर बाज़ार के बारह टूटी के कुछ वर्कर्स के बारे में है। उसमें अशरफ़ भाई का जो अपना तार्रुफ़ है वो ये है,

"मस्त मौला, सीना चौड़ा। सीना संदूक, लौड़ा बंदूक।" मुझे कहीं दूर दूर तक इस तरह का किरदार अपने सिनेमा में नजर नहीं आता है। पहले भी, बीच में भी, और अभी भी।

हालांकि मैं यह समझता हूँ कि जो उन्नीस सौ सत्तर की दहाई थी उस दहाई में हमारे सिनेमा ने वैराइटी ऑफ फ़िल्मस हमें प्रॉड्यूस करके दी। आर्ट सिनेमा दिया जिसमें बहुत तरह की आर्ट फ़िल्मों का मूवमेंट था। फिर बासु चटर्जी और बासु भट्टाचार्या, गुलज़ार और हृषिकेष मुखर्जी की 'मिडिल-ऑफ-द-रोड' फ़िल्में थीं। और वो मसाला जिसे आज हमारी नस्ल सेलेब्रेट करती है। दीवार, शोले, ज़ंजीर, मुकद्दर का सिकंदर जैसी फ़िल्में आई थीं। वो रेंज और मैच्योरिटी हमारे सिनेमा की जो उस वक्त थी वो फिलहाल किसी अजीब से मंथन के दौर से गुजर रही है। वो आगे जाकर फिर अपने किसी ठिकाने को पहुँचेगी और जब पहुँचेगी तो हम उस पर आगे बात करेंगे। फिलहाल हम इसे यहाँ रोकते हैं।

**मिहिर** - शुक्रिया महमूद। सवाल बहुत सारे हमारे सामने हैं। मैं सोचकर यह आया था कि अक्षत से बात इसी सवाल से शुरु करेंगे कि, "दिल्ली ही क्यों?" और एक स्क्रिप्टराइटर के तौर पर भी आप हमें यह ज़्यादा अच्छी तरह बता सकते हैं कि वो कौनसी जगह होती हैं जहाँ पर आप शहर को ध्यान में रखकर अपनी कहानी लिखना शुरु करते हैं और कब वो कहानी एक खास शहर की कहानी में बदल जाती है।

**अक्षत** - मैं कह रहा था कि इन इंटेलेक्चुअल लोगों के बीच में मैं क्या कर रहा हूँ, मुझे एकदम समझ नहीं आ रहा है। मैंने तो *दस्त* के बारे में एक पिक्चर लिखी थी, मुझे यहाँ नहीं होना चाहिए था। एनीवे, मैं कोशिश करता हूँ कि आप लोगों का वक्त ज़ाया न करूँ। पन्द्रह मिनट तो मैं बोल न पाऊँगा, शायद दो-तीन मिनट जल्दी से कुछ बोलकर खिसक लूँ।

दिल्ली ही क्यों? मेरा मानना है कि... एक तो मैं दिल्ली में रह रहा था, क्या करता! मेरा मानना वैसे यह है कि 'डेल्ही बेली' फ़िल्म दिल्ली के बारे में इतना नहीं जितना इन कैरेक्टर्स के बारे में है। मेरे हिसाब से किसी शहर को इस तरह 'पिन-डाउन' करना नामुमकिन है। या शायद मैं कहूँ कि मैं एक राइटर की तरह किसी शहर को इस तरह पिन-डाउन नहीं कर सकता क्योंकि हर शहर में जितने लोग हैं उतनी उसकी रियलिटीज होती हैं। वो 'एक किस्म' मेरी सोच में तो कोई नहीं है। लेकिन जो दिल्ली मैं जानता था, पहचानता था उसी दिल्ली के बारे में मैंने लिखा और इन कैरेक्टर्स के through लिखा। अजीब बात ये है कि ये फ़िल्म, ये स्क्रिप्ट अमरीका में लिखी गई। मैं दिल्ली से बहुत दूर था, और अब करीब सोलह-सत्रह साल हो गए

हैं मुझे दिल्ली छोड़े हुए, उसमें से पिछले तीन साल बम्बई में। लेकिन जब मुझसे लोग पूछते हैं कि कहाँ के हो, कहाँ के रहनेवाले हो? तो मैं अभी भी कहता हूँ कि मैं दिल्लीवाला हूँ। ऐसा क्यों है मुझे भी समझ नहीं आता क्योंकि टैक्निकली आधा जीवन तो मैंने बाहर ही बिता दिया। तो कहने को तो मैं अमरीकी भी हो सकता हूँ, कुछ-कुछ बम्बईया भी हो सकता हूँ।

लेकिन मुझे हमेशा यही लगता है कि मैं दिल्लीवाला हूँ। क्योंकि हम लोगों के दिमाग में... नहीं... मेरे दिमाग में there are these memories which define us. There is a time in our lives which give us character. हम जो होते हैं, हमको बना देते हैं। और वो समय मेरे ख्याल से मैंने दिल्ली में गुजारा है। जो मैं हूँ, मेरे देखने का नज़रिया दिल्ली में बड़े होने की वजह से ऐसा है। इतना सब कि मैं इस शहर के बारे में लिखना चाहूँ। वो जो तीन कैरेक्टर्स थे मुझे ऐसे लोग लगे जो कुछ-कुछ मेरे दोस्त, कॉलेज में, कुछ स्कूल में, कुछ सिर्फ इमैजिनेशन में। उन सबको मिलाकर थ्री डाइमैंशनल कैरेक्टर बनाए। और अजीब बात है, जब मैं अमेरिका में यह फ़िल्म लिख रहा था, ये मेरी दूसरी स्क्रिप्ट थी। वहाँ पर अंग्रेजी बोलने वाला, मेट्रो का लड़का, कुछ मायने में तो मैं अपने आप को वेस्टनाइज समझता था। लेकिन अमरीका पहुँचकर मुझे लगा कि मैं बिल्कुल अमरीकी नहीं था। I wasn't American enough for the Americans and I wasn't Indian enough for the Indians। तो त्रिशंकु की तरह मैं बीच में लटका हुआ था।

लेकिन जब वहाँ लिखने का सवाल पैदा हुआ, अपने काम से अपने आपको express करने का सवाल पैदा हुआ, तो मुझे लगा कि अमरीका के बारे में मैं अमरीकियों से बेहतर नहीं लिख सकता हूँ, मुझे अपनी ही कहानियाँ लिखनी पड़ेंगी। और उसके लिए मुझे वापस अपने शहर आना पड़ा। तो इसी दिल्ली के बारे में मैंने लिखा। एक ऐसी situation में जहाँ मैं अपने देश से बहुत दूर था। शायद वहीं perspective मुझे मिला जो distance से आया। और यह भी कि क्या इन लोगों को समझ भी आएगा कि मैं क्या लिख रहा हूँ। ये दो घंटे का पानी और ये आप लोगों का टिश्यू पेपर कहाँ है। इन सवालों का जवाब नहीं था मेरे पास में। मैं आपको क्या बताऊँ कि भारतीय टॉयलेट्स की असल सिचुएशन क्या हैं। लेकिन जितना specific मैं इस कहानी को बनाता गया उतना मुझे लगता है कि मेरे दोस्तों ने कनेक्ट किया। अमरीका में भी। उन लोगों को कहानी ज़्यादा समझ में आई, मजाक पसन्द आया, उनको जोक समझ में आए। तो अमरीका जाकर मैं ज़्यादा हिन्दुस्तानी हो गया, ज़्यादा दिल्लीवाला हो गया। शायद अपने घर को छोड़कर ही पता चलता है कि उसका महत्व हमारे लिए क्या होता है।

**मिहिर -** शुक्रिया अक्षत। हम बातचीत के दौरान और सवाल आगे बढ़ाते हैं। रवीश हमारे साथ है। रवीश को बोलने के लिए बुलाने से पहले एक छोटा सा हिस्सा जो मैं रवीश को इंट्रोड्यूस करने के लिए लाया था, या रवीश से जो हम सुनना चाहते हैं उसके लिए। अभी महमूद ने बात की दिल्ली में रहनेवाले फ़िल्मकारों की जिन्होंने एक-दो फ़िल्में बनाईं। ऐसी ही एक फ़िल्म थी 'इन विच एनी गिव इट दोज वन्स', अरुंधति की लिखी हुई। उसका एक छोटा सा हिस्सा है जहाँ अरुंधति द्वारा निभाया किरदार 'राधा' अपने वायवा के लिए बैठी है। वो भी दिल्ली की ही कहानी थी। दिल्ली के एक आर्किटेक्चर स्कूल का सालाना बैच था। वो शहर के आर्किटेक्चर के बारे में, संरचना के बारे में एक छोटा सा वक्तव्य देती हैं। उसका अनुवाद है जो मैं पढ़ रहा हूँ,

> ''तीसरी दुनिया का हर शहर दो मुख़्तलिफ शहरों से मिलकर बनता है, एक वैध शहर और दूसरा अवैध शहर। और ये दोनों शहर एक-दूसरे के खिलाफ युद्ध की मुद्रा में रहते हैं। वैध शहर अनेक संस्थाओं, इमारतों, प्रतिष्ठानों से मिलकर बनता है जिनमें घर, दफ्तर, दुकानें, सड़कें, सफाई व्यवस्था शामिल हैं। इस वैध शहर के लिए यह सारी व्यवस्थाएं आर्किटेक्ट और इंजीनियर तैयार करते हैं। इसके विपरीत अवैध शहर के बाशिंदे के लिए ऐसी कोई संस्थाएं नहीं होती। वह तो इन संस्थाओं के बीच की खाली जगह में रहता है और काम करता है।

> वह (आर्किटेक्ट) इन सस्थाओं को ऐसे रचता है कि उनके माध्यम से अवैध शहर के बाशिंदे को ये कहा जा सके कि तुम यहाँ से दूर रहो, यह तुम्हारा इलाका नहीं। यह अपने इलाके पर अपना राज कायम करने की तरह है। यह जानवरों की ही तरह है जैसे भालू पेड़ों की तनों पर अपने नाखूनों के निशान छोड़ देता है और जैसे शेर अपने पेशाब मे मिले रसायन द्वारा यह संकेत छोड़ता है कि यह मेरा इलाका है। लेकिन इंसानों के लिए इस रसायन मिले पेशाब का स्थान आर्किटेक्ट ले लेता है। आर्किटेक्ट प्रकृति को नियंत्रित कर उस इलाके पर अपना प्रभुत्व स्थापित करता है। अपनी बनाई संरचना के माध्यम से वह कहता है कि यह मेरा इलाका है, यह तुम्हारा इलाका है। तुम यहाँ तक तो आ सकते हो लेकिन इसके आगे नहीं।"

इस हिस्से की माध्यम से हम शहर की संरचना में जो दो अलग-अलग हिस्से बन गए हैं, और रवीश लगातार पिछले दो साल से 'रवीश की रिपोर्ट' में, अपने ब्लॉग में, फेसबुक के माध्यम से शहर की जिस शक्ल से हमारा परिचय करवा रहे हैं, वो एक ऐसा हिस्सा है जिसे शायद शहर खुद अपने भीतर कहीं छुपा देना चाहता है। क्या इन दोनों शहरों की पहचानों के बीच कोई ऐसा रास्ता है जो इन दोनों को एक-दूसरे से जोड़ता है? क्या इन दोनों पहचानों से मिलकर शहर की कोई सम्पूर्ण पहचान बनती है?

**रवीश -** मैं तो उसी दिल्ली से आज भी आता हूँ जहाँ कोई ग़ालिब पैदा नहीं हुआ, जहाँ कोई ज़ौक नहीं, जहाँ कोई ज़फर नहीं। तो उस दिल्ली के बहाने जैसे देखा, जैसे समझा है अपनी बात रखूँगा। मिहिर ने एक छोटी सी गुजारिश की थी कि ल. प्रे.क. (लघु प्रेम कथा) जो मेरी महान परन्तु फालतू रचनाओं में से एक है और जिसे मैंने 'कालजयी' नाम से पेटेन्ट कराया है। उसके दो तीन हिस्से मैं पढ़ना चाहूँगा।

**मिहिर -** मैं यह जोड़ना चाहूँगा कि जबसे रवीश ने यह कॉन्सेप्ट शुरु किया है लघु प्रेम कथा, उसी कॉन्सेप्ट पर फिर हमारे बहुत सारे दोस्तों ने कहानियाँ लिखनी शुरु कीं। मुझे हमेशा यह लगता है कि वो जितनी प्रेम के बारे में नहीं है उससे ज़्यादा दिल्ली के बारे में है। और दिल्ली में 'स्पेस' का जो कॉन्सेप्ट है उसे लेकर बहुत दिलचस्प तरीके से चीजें साफ होती हैं।

**रवीश** - बिल्कुल। शहर, मोहल्ले, उसके इलाके, उसकी दुकानों को अगर आप निकाल दें तो फिर इस प्रेम कथा में कुछ बचता भी नहीं है वैसे। ल.प्रे.क. उसी दायरे में लिखा जाता है जिस दायरे में आप फेसबुक पर स्टेटस अपडेट करते हैं। उसी

सीमा से वाक्यांश तय होते हैं जिसे आप देखेंगे।

> ''पहली बार दोनों अग्रवाल स्वीट्स में मिले। इसलिए वो उसे कभी डोडा तो कभी गुलाबजामुन बुलाने लगी। लाल रंग के इस बोर्ड को दोनों ने अपने इश्क का नेम-प्लेट बना लिया। खाप वालों ने शहर के तमाम अग्रवाल स्वीट्स पर पहरा बिठा दिया, तो दोनों सुंदर नगर के स्वीट्स कॉर्नर में मिलने लगे। उसने मिठाइयों के नाम से उसे बुलाना छोड़ दिया। पूछने पर बस यही कहती रही, 'वो जगह अपनी थी, यह जगह अजनबी है। अब तुम्हारा नाम ही भरोसा है।''

एक और है,

> "उस रोज के बाद वो अक्सर मुखर्जी नगर में भटकती दिख जाती थी। नोट्स हड़पने के बाद उसने फ्लैट बदल लिया था। वो आदत से मजबूर हो चुकी थी। मुखर्जी नगर का हर कमरा अंधेरा लगता, जिसमें वो अपने प्रेम के उजाले से झांका करती। लेकिन वो अब हकीकत नगर के एक कमरे में उसके ही लिखे नोट्स को रट रहा था। तय कर लिया था, पी.टी के टाइम में प्रेमी नहीं होना है। दीवार पर हसीना की तस्वीर नहीं थी, टाइम टेबल था। यह उसके बाप का सपना था।"

एक तीसरा, चूंकि अक्षत ने बहुत सारा समय मेरे लिए छोड़ दिया है तो उसका फायदा उठा लेता हूँ।

> "बुराड़ी से पैदल ही चल निकला आईएसबीटी की तरफ। खान मार्केट की एनडीएमसी कॉलोनी से वो पुराना किला की तरफ भागी, ऑटो के लिए। इसी आपाधापी में उसका फोन पुराना किला के पास गिर गया। वहाँ से निकलते एक जोड़े ने फोन में आए मैसेज को पढ़ लिया। चलो हम भी इनके पीछे भाग जाते हैं। दिल्ली को खाप बनने के लिए छोड़ जाते हैं।"

तो यह ल.प्रे.क. है। अब मैं अपनी बात वहाँ से शुरु करता हूँ जहाँ से मैं लिखकर लाया हूँ। कि दिल्ली के लोग जिस दिल्ली को देखते हैं और जितनी फ़िल्में मैंने देखी हैं उनमें जैसी दिल्ली मुझे दिखाई दी, मुझे नहीं लगता कि मैं उस दिल्ली का हूँ। पूरी तरह से कभी आश्वस्त नहीं रहा कि जिस तरह से हिन्दी फ़िल्मों में बॉम्बे का एक कैरेक्टर उभरा है, इसके गानों में वैसे दिल्ली उभर पाई हो। कुछ प्रसंगों और कुछ फ़िल्मों के

अपवाद को आप छोड़ दें। नायक कथा और शहर के बीच का जैविक रिश्ता नहीं मिलता। बहुत हद तक इन फ़िल्मों में आप दिल्ली को वैसे ही देखते हैं जैसे बाइस्कोप वाले ने कोई तीस साल पहले पटना में मुझे दिल्ली दिखाई थी। "अनदेखा, बाबू देखा, दिल्ली शहर लउकेला। अनदेखा, देखा बाबू देखा, कुतुब मीनार लउकेला।" तब दिल्ली को देखने का ऐसा चस्का लगा था कि बहुत बार बाइस्कोप देखा और कुतुब मीनार देखा, इतना ऊब गया उस कुतुब मीनार से कि दिल्ली आने के दस साल बाद जाकर कुतुब मीनार देखा। जबकि मैं इतिहास का विद्यार्थी रहा। रोमांटिक विद्यार्थी, कुछ ज़्यादा कमजोर विद्यार्थी भी। संगत ऐसी थी कि इतिहास से बचना मेरा मुश्किल था।

लेकिन फिर भी, एनसीईआरटी की किताबों के पन्नों पर जो दिल्ली मौजूद है वही दिल्ली, दिल्ली को देखनेवालों के नजरिए में भी कभी-कभी लगती है। उस नजरिए में मेरी भी दिलचस्पी रही है। एक तो विद्यार्थी होने के नाते, और कुछ कविताओं के माध्यम से जिनका जिक्र रविकांत कर गए, दिनकर की 'दिल्ली : भारत का रेशमी नगर।' और वो रेशमी नगर मैंने तब खोजा जब मैं पत्रकारिता, जिसे आजकल मैं फटीचरकारिता बोलता हूँ, में आया तो समझ गया कि 'लुटियंस दिल्ली' ही नहीं, 'लुटियंस जर्नलिज्म' भी कोई चीज़ होती है। उसमें आप करते ये हैं कि अकबर रोड से बाइट लेते हैं, अशोक रोड से रिएक्शन और विजय चौक पर एंड पीटूसी करते हैं। 'नई दिल्ली से मैं रवीश कुमार एनडीटीवी इंडिया के लिए।' बाद में मेरे सम्पादक राजदीप सरदेसाई की बहुत इच्छा थी कि मैं पार्लियामेंट्री रिपोर्टिंग में कुछ पंडित हो जाऊँ तो मुझे पार्लियामेंट भेजा। दो-तीन लोगों को बाकायदे लगाकर रखा कि ये इधर-उधर भाग जाता है तो इसको जरा गाइडेड रखा करो। वहाँ जाकर मैं दो दिनों में समझ गया और उसको 'लाल पत्थर पत्रकारिता' कहने लगा। इस बिल्डिंग से निकलकर उस कमरे तक, मैं यहीं भागता मिलता था। और जब सम्पादक साहब मिलते तो मैं कहता कि कहाँ फंसा दिया है! आप भी बीच में मिल जाते हो, मैं भी गेट पर मिल जाता हूँ।

कोई तीन-चार किलोमीटर का ये रेडियस है जिसकी परिधि में आप चक्कर काटें तो हो सकता है कि आप पत्रकारिता में सम्पादक, महा सम्पादक, समूह सम्पादक टाइप की कोई बड़ी चीज़ बन सकते हैं। वहाँ के बहुत सारे एक्सपर्ट भी हैं। अशोक रोड जाना है? बस जनपथ से राइट लेना, लेफ्ट लेना, अमृता शेरगिल मार्ग से लेफ्ट लेकर लोदी रोड, सफदरजंग पहुँचो। वहाँ से बस लेफ्ट लेकर सेवन आर.सी.आर. तो ये उनकी दिल्ली का ज्योग्राफिया है, जिस दिल्ली को वो जानते हैं। लेकिन मैं थोड़ा सा बोर होता चला गया क्योंकि मैं देखता था कि जिन बसों से लोग उन ऐतिहासिक इमारतों के बीच से गुजरते हैं वो उनको बहुत अनमने ढंग से देखते हैं या बिल्कुल देखते ही नहीं। उन बसों के साथ मैं संगम विहार, बदरपुर इसलिए भी पहुँचता चला गया क्योंकि एक आदत थी मेरी। गाना सुनने का बहुत बीमारी है। जिस बस में

जब तक गाना मेरे पसन्द का बज रहा हो, जहाँ तक वो बस जाती थी मैं वहाँ तक चला जाता था। बल्कि कभी किसी बिना स्टीरियो वाली बस में बैठा और देखा कि बगलवाली में गाना बज रहा है तो उतरकर अगले स्टॉप में उसमें बैठता था कि गाना सुनते हुए चला जाए।

देखता चला गया। छोटे-मोटे कुछ असाइंमेंट मिलते थे कभी कि होली के कुछ शॉट्स ले आओ तो उम्मीद की जाती थी कि मैं साउथ दिल्ली के कुछ 'हे-हो' वाले क्राउड का जो अबीर से होली खेलते हैं वो लेकर आउंगा। लेकिन चूंकि खुद की अफिनिटी ऐसी थी, जिस बैकग्राउंड से आया था, जहाँ अपने लोग दिखते थे, शायद वो खिंचाव रहा होगा। और तब मैं बहुत सचेत था कि टेलीविजन पर ये लोग क्यों नहीं हैं? ऐसे ही एक खास तबके के लोग क्यों आ रहे हैं? और पहले मिहिर ने अरुंधति की फ़िल्म से जो कोट किया है, वो लड़ाई की बात स्वाभाविक रूप से इसलिए भी हो गई क्योंकि वहाँ काम करने वाले ज़्यादातर लोग आज भी इस घोषित या अघोषित दंभ के शिकार हैं कि वो दक्षिण दिल्ली में रहते हैं। और उस बगावत की वजह से ही जब ग्रेटर कैलाश में बिजली बीस घंटे नहीं रहती है तो आप जान लीजिए कि उस दिन मैं सबसे ज़्यादा खुश रहता हूँ। अगर आप वहाँ रहते हैं तो मैं आपसे माफी चाहता हूँ, पर एक प्रवृत्ति यह बन गई है।

क्योंकि मुझे यह बर्दाश्त नहीं होता था कि साउथ दिल्ली के नक्शे से आपने संगम विहार को काट दिया है। आपने गोविन्दपुरी को काट दिया है। आपने भूमिहीन कैम्प को काट दिया है। आपने मदनगीर को काट दिया है। जिस मदनगीर में कम से कम तीन सौ सुनारों-जवाहरातियों की दुकाने हैं। जहाँ गुड़गाँव से औरतें आती हैं और वो सस्ते रेट पर, 'कुछ सस्ते' रेट पर ज्यूलरी लेकर जाती हैं। मैं तो यह समझ रहा था कि ये सारे जो पी.सी.ज्वेलर्स वाले हैं साउथ एक्स में, वहीं से सब अमीर लोग खरीदते होंगे। लेकिन आप मदनगीर में जाएं तो आपको समझ में नहीं आएगा कि दिल्ली के इस इलाके में अचानक कहाँ से ढाई सौ से तीन सौ सोने-चांदी की दुकानें खुल गई हैं। और उनमें से कुछ ने ब्रांड की शक्ल भी ले ली है। ब्रांड का मतलब ये कि जब बहुत सारे कर्मचारी एक खास तरह के कपड़े पहनने लगें तो यह माना जा सकता है कि ब्रांड की शुरुआत हो रही है। और जब टाई लग जाए तो लगे कि हाँ ये दुकान ने कुछ अचीव कर लिया। खैर तो करावल नगर, संगम विहार, दया बस्ती वगैरह वगैरह...

यही आदत थी। 'रवीश की रिपोर्ट' में मुझे मौका मिल गया। संसाधन और समय की कमी थी तो दिल्ली को देखने का बहाना भी मिल गया। तो पिछले बीस-तीस सालों में बनी दिल्ली को, दिल्ली की सदियों से चली आ रही ऐतिहासिक छवियों में मैं जोड़ने लगा। इसमें कुछ योगदान रविकांत का भी रहा, सराय के मित्रों का भी रहा, महमूद का भी रहा। ये लोग रेफरेंस बुक की तरह काम करते रहे। और प्रभात यहाँ बैठे हैं, विभास

है, राकेश भी हैं यहाँ पर। उनको मालूम है। और जो सराए का रीडर है, रविकांत ने अपनी गोद में रखा है, वो भी मेरे घर में लगभग सारा है जितना भी आया है। और मैं सोचता था कि टीवी के इस स्क्रीन को मैं नाली, पाखाना, मलमूत्र से पोत दूंगा। सौंदर्य का इतना बनावटी रूप मुझे कभी पसन्द नहीं आया। कि जब भी बरसात होगी तो इंडिया गेट पर भीगती किसी युवती का फोटो अखबार में छपेगा और टीवी में दिखेगा, जैसे करावल नगर वाली कभी भीगती ही नहीं हो। कॉलेज खुलेंगे तो वो हिन्दू, स्टीफेंस और केएमसी के लड़के-लड़कियों के फैशन की ही चर्चा होगी।

दरअसल दिल्ली की इस छवि से बाहर की दिल्ली मलमूत्र वाली जैसी ही दिल्ली मुझे दिखती रही। संगम विहार के घरों को आप देखें, करावल नगर को देख लें, सीलमपुर को देख ले। कापसहेड़ा है, सबदा खेवरा है, बुराड़ी है। इन सब जगहों को आप देखिए। मुझे लगा कि दिल्ली में बहुत सारे कैरेक्टर हैं। गांधी नगर है जैसे एक उसका अपना एक चरित्र है। एक पूरी गली जो कभी वहाँ पर सलवार-कमीज वाली गली कही जाती थी। फैशन ख़त्म हुआ तो अब वो जींस वाली गली हो गई है। और दस लोग जब पुरानी दिल्ली के पटरे से उठाकर वहाँ गांधी नगर भेजे गए तो दस लोगों ने ही जब वहाँ दुकान लगाई तो उसका नाम रख दिया 'एशिया का बिगेस्ट मार्केट' क्योंकि उन्हें 'वर्ल्ड लेवल' की जानकारी नहीं थी, बताया उन्होंने। एशिया लेवल की जानकारी थी। तो उनका एशिया से जो स्वाभाविक नाता था करीब करीब का जो हमारे इतिहास का, उस दौर का कोई पचास साठ का रहा होगा। उस हिसाब से एशिया का बिगेस्ट मार्केट वो दस दुकानों के साथ ही 'लॉन्च' हो चुका था।

फिर नब्बे के दशक में जब गोल्ड से लाइसेंस हट जाता है, डीरेग्यूलेट हो जाता है, तो इतने ज़्यादा सोने-चांदी के जेवर बनने लगे कि बहुत सारे कारीगर चाहिए थे। तो बंगाल से लोग आए। तो सुनार जाति में भी लोग कम पड़ गए तो चक्रवर्ती, बनर्जी भी आए। अब उनसे जाकर आप पूछिए कि आप क्या हैं तो बनर्जी साहब ही उठकर बोल देते हैं कि हम सुनार हैं। रैगरपुरा में जो दलित राजस्थान से आए थे ल्यूटियंस दिल्ली को बसाने के लिए उनके सामने पहचान का संकट खड़ा हो गया क्योंकि जब वो समृद्ध हुए तो यह बताते थे कि रैगरपुरा में रहते हैं तो उनको एक झिझक होती थी। तो वो अपने मकानों को बेचकर रैगरपुरा से चले गए, और वहाँ बंगाली चले गए। आप करोलबाग के पीछे जायेंगे तो सबसे ज़्यादा साइनबोर्ड आपको बांग्ला में दिखेगा। यह एक शहर अपने भीतर किस परत में बदल रहा है। यह मैंने किसी गूगल में सर्च नहीं किया था। यूँ ही चला गया, कोई आइडिया नहीं होता था तो। आजकल पत्रकारिता में स्टोरी ढूंढने से ज़्यादा आइडिया की भी जरूरत होती है। तो उस तलाश में चला गया।

एक ओर देखिए कि बहुत सारी लेयर्स में माइग्रेशन हो रहे हैं। थर्ड जेनरेशन माइग्रेशन हैं। जैसे पाकिस्तान से लोग दरियागंज आए। परिवार बड़ा हो गया तो दरियागंज से मयूर विहार गए, मॉडल टाउन गए, और रोहिणी तक गए। और उसी

तरह से चेन्नई से आर के पुरम आए। वहाँ से भी फैमिली बड़ी होती गई या रिटायर करते हैं सरकारी मकानों से तो वो कैसे-कैसे मयूर विहार वगैरह वगैरह में जाते हैं। आस्थाएं भी बदल रही हैं। शनि और साईं भी इसी दौरान लॉन्च हो गए। जब मैं दिल्ली आया था तो मेरे ही साथ-साथ ये दोनों लॉन्च हुए थे और तब ये काफी चौराहे पर मिलते थे मेरे टाइप से। मेरे घर खरीदते-खरीदते ये लोग भी अब काफी ठीकठाक स्थिति में हैं। लेकिन ध्यान रखिए कि रोहिणी से एक काली माता लॉन्च हो चुकी हैं और वो चल रही हैं बड़ी आंधी की तरह से, क्योंकि वहाँ शनिवार को लोग तीन-तीन घंटे लाइन में लगते हैं काली जी का दर्शन करने के लिए। दो काली माता यहाँ पहले से हैं यहाँ सी.आर. पार्क में और मंदिर मार्ग पे। इन दोनों को कोई नहीं पूछता जो जिस तरह से वो हिट हैं और दो-दो किलोमीटर तक औरतें और मर्द जमीन पर लेटकर रेखा बनाते हुए आ रहे हैं। उसके आस-पास एक पैटर्न दिख रहा है काली माता का। अगर आपमें से सचमुच कोई लोग आइडिया चाहते हैं तो मैं फ्री में दे रहा हूँ, काली माता का एक मंदिर खोलिए। चलेगा। इसमें कोई दोराय नहीं है। मैं यह दांव लगा सकता हूँ। वो भले ही इस दिल्ली में फिट बैठे या न बैठे।

लेकिन आप देखिए कि वो मंदिर की जरूरत इतनी हुई क्योंकि करोलबाग के बंगालियों को वो डेढ़ सौ रुपया अखरता था वो मंदिर मार्ग जाकर पूजा करने में। एक करोड़ का एक घर खरीदा है उन्होंने करोलबाग में। और उसको काली माता के मंदिर में बदल दिया है। और जो मूर्ति है, अगर किसी को चोरी करने का इरादा न हो तो, जो जवाहरात हैं, बेहतरीन तरीके से बनाए गए हैं। दिल्ली में इतनी समृद्ध कोई और मूर्ति कम होगी वो छत्तरपुर वालों को छोड़ दिया जाए तो।

एक और जो समस्या मुझे आती रही जिसमें पुरानी दिल्ली को जैसे रोमांटिसाइज किया गया है। मुझे लगा कि वो एक इमेज है पुरानी दिल्ली का जिसके भीतर बहुत सारे तकलीफों के लेयर्स हैं जो हम कभी देख नहीं पाए। और अक्सर उस जगह की छवि, ज़ामा की अपनी कुछ ऐसी विशालकाय और भव्य छवि है, कि वो डोमीनेट करेगी ही करेगी। उसके इर्द-गिर्द उन छवियों को बुना गया है। एंटर कर रहा था पुरानी दिल्ली में तो मैंने कहा कि लगता है आप कुछ लोग तो जैसे पास्ट में रहते हैं तो एक सज्जन ने कहा कि हिन्दुस्तान तो इतिहास का ही नाम है। लेकिन जैसे-जैसे अन्दर गया तो पता चला, लोग बताने लगे कि पहले जमीन बंटती थी, फिर मकान बंटने लगे, फिर कमरे बंटने लगे। बहत्तर गज की जमीन बारह भाइयों में बंटकर इतने छोटे-छोटे कतरे में बंट गई है कि कमरे से बंटकर कतरे में आ गई है। एक कमरा ऊपर है, फिर दूसरी तरह की सीढ़ी है। आप नीचें आएं बाथरूम के लिए, चाय के लिए, किचन के लिए। विभिन्न प्रकार की सीढ़ियाँ हैं जो सिमेंटेड सीढ़ी नहीं हैं। और उसमें एक ज़िन्दगी चल रही है यह पुरानी दिल्ली है।

वो इस तरह से कभी नहीं हुआ, जो पुरानी दिल्ली वाले कभी बड़े शान से भी बताते हैं कि पुरानी दिल्ली वाले कभी गए नहीं ग्रेटर कैलाश में मकान खरीदकर रहने के लिए। और एक सज्जन भी मिले कि जो रमेश पार्क में रहते थे और भागकर चले आए वापस पुरानी दिल्ली में। पुरानी दिल्ली में जिस तरह से शुरु में लोगों ने जमुना पार को हिकारत की नजर से देखा था कि हम वहाँ नहीं जायेंगे, लेकिन फिर भी वो गए। और वो देखिए कि बहुत सारे सब्जी वाले, बहुत सारे रेहड़ी-पटरी वाले, उनकी रगों में पुरानी दिल्ली इस तरह से बसी हुई है कि वो बेचने के लिए वहीं आते हैं। और उन गलियों में भटकते रहते हैं पहाड़गंज से लेकर।

इस तरह की चीज़ें मुझे फ़िल्मों में नहीं दिखीं। इस तरह की राइटिंग, मैंने सारी राइटिंग तो पढ़ी नहीं है। मुझे लगा कि नहीं है कहीं आस-पास मेरे तो और मैं बहुत स्वाभाविक तरीके से इस महानगर को वैसे ही खोजता चला गया। बहुत सारी दिल्लियाँ दिखी जो मुझे लगा कि इस दिल्ली में शामिल नहीं हैं। फ़िल्मों से, मीडिया से, किस्सों से, दिल्ली का उसकी दिल्लियों से यह कैसा रिश्ता है मुझे परेशान करता रहा। दिल्ली के गाँव फ़िल्मों में बहुत ही अलग दो प्रसंगों में आए हैं कि गाली-गलौच है और बड़ा ही उद्दंड किस्म का है। लेकिन आप जरा सोच कर देखिए कि आपका कोई गाँव हो और दस साल, बारह साल में किसी ऐसे शहर महानगर से घिर जाए और हर झोंपड़ी, हर घर काँक्रीट में बदल जाए और आपका पूरा वजूद ख़त्म हो जाए। आप जरा उस कल्पना को करके देखिए। आप शायद इसलिए नहीं कर पायेंगे कि बहुत उस पृष्ठभूमि से शायद नहीं होंगे।

लेकिन मैं जब भी देखता था मुनिरका को, बेर सराय को तो मैं सहम जाता था। कि एक दिन मेरे गाँव में भी यही हालत हो जाए तो फिर क्या होगा। जो वो

बरगद का पेड़ है, ब्रह्म बाबा हैं, तालाब है, कुआँ है। चलते-चलते मैं चला जाता था और यही सवाल करता रहता था। कि आप लोगों की सारी पुरानी चीजें तो चली गई हैं। तो एक कॉनफ्लिक्ट है। मुनिरका में ही देखिए जो नॉर्थ-ईस्ट की लड़कियों का और गाँव के जो जाट लोग हैं जो कि वहाँ के बाशिंदे हैं। उनके बीच का जो कॉनफ्लिक्ट है। जैसे मेरे मकान मालिक थे जो दस लाख रुपया आज से सात-आठ साल पहले कमाते थे और वो कहते थे कि गैस पर पकी रोटी मुझसे पचती नहीं है, पेट खराब हो जाता है। अभी भी वो लकड़ी के चूल्हे पर बना हुआ खाते हैं।

तो इस तरह से कॉन्ट्रास्ट लाइफ के, और लेबर के जो बहुत सारे शेड्स हैं वो मुझे मीडिया में नहीं दिख रहे थे। मुझे लगा कि यह अच्छा बहाना है या कहिए मौका है कि इस तरह से एक शहर को खोजते चलना चाहिए। कुछ इसलिए भी कि मुझे दिल्ली को देखना अच्छा लगता है। यह भी बात सच है कि इतिहास के बगैर दिल्ली नहीं है। लेकिन यह भी सच है कि पिछले बीस सालों में जो दिल्ली फैलकर दिल्ली बनी है, उस दिल्ली के बगैर भी अब कोई दिल्ली नहीं है। वो बादशाहों की दिल्ली और शोभा सिंह जैसे ठेकेदारों की दिल्ली। सरकारों की दिल्ली और कुछ हम जैसे प्रवासियों की दिल्ली। ये जो पूरी खिचड़ी बन रही है, मुझे इन्तजार है कि कोई ऐसी फ़िल्म आएगी जिसमें इसका सिन्थेसिस हो। जो इस वक्त को, जो पिछले बीस-बाइस साल का उथल-पुथल भरा दौर रहा है, वो शायद किसी फ़िल्म में किसी कैरेक्टर के रूप में उभरे। तब तक आपको लप्रेक तो झेलना ही पड़ेगा अगर आप मेरे फेसबुक पर हैं तो।

बहुत बहुत शुक्रिया।

**मिहिर** - शुक्रिया रवीश। मुझे आपकी बात सुनते हुए जो फ़िल्म याद आ रही थी वो थी ‘ओये लक्की लक्की ओये’। यह बंटवारा मुझे लगता है केवल जगह का ही नहीं है, यह मानसिक बंटवारा भी है। अगर आप लक्की के किरदार को देखें तो वो फ़िल्म के तीनों एपीसोड्स में जो शहर का ‘एलीट’ है उसमें घुसने की कोशिश कर रहा है, एक तरह से शहर के भीतर प्रवेश करने की कोशिश कर रहा है। वो शायद भौतिक दायरे तोड़ भी देता है, वो पैसा कमा लेता है। लेकिन जो मानसिक दायरा शहर ने अपने चारों ओर बना रखा है, उस समाज ने बना रखा है, वो उसे नहीं तोड़ पाता। अंतिम एपीसोड में भी जहाँ उसे लगता है कि अब वो उस ‘क्लास’ में शामिल होने के लिए तैयार है, जिसमें शामिल होने की महत्वाकांक्षा लेकर वो चला था दिल्ली के उस बिल्कुल हाशिए के एक इलाके से। लेकिन वो ‘एलीट’ क्लास उसे यह अहसास करवाता है कि केवल पैसा ही वो अकेली चीज़ नहीं है। जो रवीश बात कह रहे थे कि जगह, कहाँ पर आप रह रहे हैं, उससे आदमी की पहचान दिल्ली के अन्दर तय होती है।

‘खोसला का घोंसला’ का ही एक संवाद है। एक बड़े मजेदार किरदार हैं उस

फ़िल्म में जिनका नाम है साहनी साहब। साहनी साहब खोसला साहब को कहते हैं कि अब तो आप साउथ दिल्ली वाले होने वाले हो, आपकी फैमिली वाले तो बहुत एक्साइटेड होंगे। अब इस संवाद का असल अर्थ आप तब तक नहीं समझ सकते जब तक आप दिल्ली की पूरी संरचना को ना जानते हों, कि 'साउथ दिल्ली' वाला होने का मतलब क्या है। यहाँ पर भी वो मकान-मालिक हैं, साउथ दिल्ली में भी वो तकरीबन उसी साइज के एक मकान के मालिक होंगे। लेकिन 'साउथ दिल्ली वाला' होना अपने आप में एक बहुत बड़ा स्टेटस सिंबल है। और इसी संदर्भ को अगर और आगे बढ़ाएं तो जो 'आउटसाइडर' और 'इनसाइडर' की डिबेट है वो मुझे लगता है कि दिल्ली की सबसे प्राइमरी डिबेट है। वो हमेशा से मौजूद रही है।

अक्षत, आपकी फ़िल्म का जो मुख्य किरदार है, अगर उसका भी हम नाम देखें तो वो बेसिकली शहर में आउटसाइडर है। और मुझे नहीं लगता कि वो केवल संयोग है। वो जानबूझकर रखा गया नाम है। ताषी। तिब्बतियन संदर्भ है, तिब्बतियन नाम है। और वो उसका निकनेम नहीं है, वो उसका असल नाम है। क्योंकि आप फ़िल्म के आखिर में उसका एक प्रकाशित लेख देखते हैं तो उसके नीचे वो नाम दिखता है। मतलब वो उस तरह का नाम नहीं है जैसा 'रेंचो' आता है 'थ्री ईडियट्स' के अन्दर। हम शुरुआत से सिनेमा के अन्दर यह किरदार देख रहे हैं। जब राजकपूर की फ़िल्मों के अन्दर उनका 'राजू' है, वो अपनी जवानी में शहर आता है। और हमेशा शहर के भीतर एक प्रतिनिधि बना रहता है गाँव का, गाँव के भोलेपन का। सत्तर के दशक में अमिताभ बच्चन का एंग्री यंग मैन 'विजय' अपने बचपन में शहर आता है। और इसलिए उसे पहला शहरी नायक कहा गया मुख्यधारा हिन्दी सिनेमा में। जब हम 'ओये लक्की लक्की ओये' तक आते हैं तो लक्की कहीं से आया नहीं है। वह दिल्ली में ही पैदा हुआ है। उसके पास कोई गाँव नहीं है याद करने के लिए। उसके पास कोई पास्ट बैकग्राउंड नहीं है। उसके बावजूद दिल्ली उसे अपने भीतर 'as an insider' स्वीकार नहीं कर रही है।

पहली बार 'डेल्ही बेली' के अन्दर एक ऐसा किरदार है जो कि अपनी पहचान में 'आउटसाइडर' है। लेकिन शायद उसने वो विभाजन रेखा पार कर ली है। उसका आत्मविश्वास, तमाम उसके कृत्य यह साबित करते हैं कि कहीं भी उसके भीतर यह झिझक नहीं है कि इस शहर के भीतर मैं आउटसाइडर हूँ। आप जब बात कर रहे थे पहले, कि मैं निकलकर जब अमेरिका जाता हूँ और अपनी आईडेंटिटी को एक दूसरी तरह से देखता हूँ, तो मुझे बहुत सारी चीजें समझ में आती हैं। मुझे उस किरदार के अन्दर वो बहुत सारी बातें दिखाई दे रही हैं जो आप कर रहे थे। उस किरदार के बारे में थोड़ा और बात करें। किरदार से ही शहर बनते हैं हम तो यह भी मानकर चल रहे हैं।

**अक्षत** - मुझसे काफी बार यह पूछा गया है कि उसका नाम ऐसा क्यों था।

लेकिन मुझे अपने आस-पास ऐसे लोग दिखे। ऐसे कैरेक्टर्स दिखे, ऐसे मेरे दोस्त थे। मुझे इसमें कहीं कोई डिसकनेक्ट नहीं लगा कि दिल्ली में रहनेवाला कोई ऐसा हो जिसका नाम तिब्बतन हो और आगे जाकर वो गाली तमिल में दे रहा हो। यह सारा मिक्सचर...असल में यह केवल दिल्ली की नहीं यह किसी भी बड़े शहर की बात है। और जो आप इनसाइडर-आउटसाइडर की बात कह रहे हैं, साउथ दिल्ली की बात कह रहे हैं, यह ह्यूमन इंस्टिक्ट है। किसी भी बड़े शहर में किसी भी परिस्थिति में यही होता है। यह बात दूसरी है कि मैं दिल्लीवाला हूँ तो मैंने सबसे करीब दिल्ली में ही यह देखा है। This upward mobility, अपने स्टेटस को बढ़ाना, बदलने की कोशिश करना, यह इंसानी स्वभाव है। और दिल्ली युनिवर्सिटी में मेरे बहुत दोस्त थे जो दिल्लीवाले नहीं थे। मैं इन सबको अपनी कहानी में देखना चाहता था। उनके रुझान अलग-अलग हों। उनका सोचना-पढ़ना, वो कहाँ से आए हैं और कहाँ जा रहे हैं, वो मैं पेश करना चाह रहा था।

जब मैं बड़ा हो रहा था तो मैं ज़्यादा हिन्दी फ़िल्में देखता हुआ बड़ा नहीं हुआ। तो वो 'विजय' और 'राजू' जैसे किरदार मैंने नहीं देखे। मैंने जब इन किरदारों को लिखना शुरु किया, तो जो नाम मेरे दिमाग में आए, जिस किस्म के किरदार मेरे दिमाग में आए, जो मैंने देखा था उन्हीं सबसे यह कहानी उभरकर आई।

**मिहिर** - यह शहर का एक ऐसा रूप है जो उस तरह से हम अपने सिनेमा में नहीं देख रहे थे। बहुत सारी संस्कृतियाँ आकर मिल रही हैं और उसके नतीजे किस तरह से हमारे सामने आ रहे हैं। इतिहास को लेकर रविकांत ने बात की और कहा कि हमको पचास के दशक के सिनेमा को भी दूसरी तरह से देखना चाहिए। क्या हमारा इतिहास पढ़ने का नज़रिया, या कहें कि अकादमिक क्षेत्र में जिस तरह हम हिन्दी सिनेमा को पढ़ रहे हैं वो नज़रिया पिछले दस-पंद्रह सालों में बदला है। शायद इसकी वजह नब्बे के दशक में आए वो परिवर्तन हैं जिसकी वजह से आप दिल्ली को, उसकी जगह को, उसके स्थान को बदलते देखते हैं। और केवल अकादमिक क्षेत्र में ही क्यों, दिल्ली की राजनीति को भी आप देखें तो अब दिल्ली से हमारे देश की राजनीति नहीं चलती है। उसमें राज्यों का दखल, राज्यों की अपनी पहचान, तमाम ऐसी चीजें बहुत तेजी से बढ़ती जा रही हैं। अगर हम पीछे वाले सिनेमा को देखकर यह बात करते हैं तो वो शायद हमारे नजरिए में आया परिवर्तन ज़्यादा है। सिनेमा वही है, लेकिन कहीं राष्ट्र-राज्य की पकड़ जो हमारे अध्ययन के ऊपर हावी थी वो धीरे-धीरे छूटी है और उसकी जगह शहर केन्द्र में आ रहा है। जो बात महमूद ने कही, कि जब एक आदमी शहर से जाता है तो उसके केन्द्र में हमेशा शहर रहता है और जो आदमी कस्बे से आता है उसके केन्द्र में देश रहता है। इस परिवर्तन को इस तरह से भी देखें की इतिहास को पढ़ने का नजरिया किस तरह

से बदला है पिछले दस-पन्द्रह साल में। सराय का इस बारे बहुत सारा काम भी रहा है तो शायद आप उसे भी अच्छी तरह समझा सकें।

**रविकान्त** - ज़िन्दगी बदलती है, और ज़िन्दगी के सबसे करीब आने वाली जो चीज़ है हमारे यहाँ - फ़िल्में। मैं यह नहीं कह रहा हूँ कि जो भी ज़िन्दगी है वो फ़िल्मों में है, लेकिन बहुत कुछ ऐसा है जो फ़िल्मों में आपको मिल जाएगा। जो मुझे इस ओर ले जाता है कि जो दिल्ली हम जानते हैं, रवीश के माध्यम से जानते हैं बहुत सारी दिल्लियाँ। याने दिल्ली मीडिया के रूप में हमारे सामने आती है। अखबार के जरिए सामने आती है। टीवी के जरिए आती है और दूसरे तमाम इंटरनेट जैसे चैनलों से आती है। प्रतीक कैसे बदलते हैं। उसकी एक नाटकीय मिसाल 'रंग दे बसंती' का अंत है। ऑल इंडिया रेडियो वो जगह है जहाँ पर उन लोगों की मौत होती है जो कि आवाज उठा रहे हैं एक भ्रष्ट व्यवस्था के खिलाफ। कौन आकर उन्हें तड़-तड़ गोलियाँ मार देता है, वो अनाम है। लेकिन मेरे लिए यह सवाल महत्वपूर्ण है कि वहाँ मीडिया के ऐन केन्द्र में जाकर उनकी मौत होती है। यह कहने के बावजूद कि वे कंफेशन कर रहे हैं, पब्लिक कंफेशन कर रहे हैं। पूरी दुनिया को बता रहे हैं कि हम क्या कर रहे थे। यह मेरे ख्याल से बदलाव का लक्षण है कि आप चीजों को उनके सिर्फ पुराने रूप में नहीं देख सकते हैं। वैसे तो यह संदेह हमेशा से रहा है कि हर रिप्रेसेंटेशन पर कि अगर वह रिप्रेसेंटेशन है तो उसमें कुछ न कुछ सेलेक्शन हमेशा रहा है, कुछ अपनी हिकमत है, अपना एंगल है, अपना कोण है। लेकिन जो बढ़ा है आजकल वो यह कि मीडिया के नजरिए से ही चीज़ें हमतक उपलब्ध हैं।

इसीलिए मैं यह अर्ज कर रहा हूँ कि अगर बदल रहा है सब कुछ तो फिर जो पुराना इतिहास हमने लिखा है उसे भी नहीं बदलना चाहिए? जिसे हम वर्तमान में बदलता देख रहे हैं वह इतिहास में भी बदलता चला जाएगा।

**महमूद** - मैं एक बात जोड़ना चाहूँगा। देखिए सिनेमा का काम यह नहीं है कि वो शहर को दिखाए और देश को दिखाए। सिनेमा का काम है कहानी बनाना। यह उसका एजेंडा नहीं है कि यह शहर है, उसमें से सिर्फ पाँच फीसदी दिखाए, दस फीसदी दिखाए। अब यह कहानी किस तरह के सिनेमावाले बुन रहे हैं और किस तरह के देखनेवालों के लिए बुन रहे हैं उसकी परिधि पर, उसकी तारीख पर आप बात कर सकते हैं। वरना तो फिर जैसे शायरी में एक जमाना था जब प्रगतिवादी और तरक्कीपसन्द नापते थे कि एक कविता में कितनी बार मजदूर और सर्वहारा का नाम आया है। जितनी बार आया उतनी अच्छी वो शायरी, नहीं आया तो वो बेकार है। जब हम यह बात कह रहे हैं कि सिनेमा में क्या चीज़ कितनी दिखाई दे रही

है, क्यों दिखाई दे रही है तो उसका ताल्लुक सिर्फ रेप्रेसेंटेशन से नहीं होना चाहिए। क्योंकि रेप्रेसेंट तो साहब कोई चीज़ संपूर्णता में नहीं कर सकती। क्योंकि किसी को मालूम ही नहीं है कि सम्पूर्णता में क्या हो रहा है। क्या कोई ऐसा विषय है जिसके बारे में हम यह कह सकते हैं कि वो सब कुछ जानता है कि क्या हो रहा है? और अगर ऐसा विषय है भी तो क्या वो ऐसा कलाकार भी है जो सब कुछ जानता भी है और सबकुछ दिखा भी सकता है? यह दोनों ही काफी संदेहास्पद बातें हैं।

सवाल यह उठता है कि जो समाज सिनेमा देख रहा है वो समाज सिनेमा में क्या देखना चाहता है। हमारी सिनेमा में तकरीबन बीस-पच्चीस साल तक, सिक्सटीज-सेवेंटीज और एट्टीज में, खासकर सेवेंटीज और एट्टीज में हमारे समाज ने ऐसा सिनेमा देखा और हमारे समाज ने ऐसा सिनेमा बनाया जिसमें नायक हमेशा गरीब होता था। हालांकि उसकी गरीबी का रेप्रेसेंटेशन बड़ा अजीब होता था। ऐसा नहीं था कि वो सच में एक काल-कोठरी में रह रहा है। वो जिस घर में रह रहा है, उसमें जितनी जगह मुझे दिखाई देती है। जैसे मवाली में जितेन्दर के घर में, और मैं कहता हूँ कि अरे यार यह तो बहुत बड़ा घर है। लेकिन वो फिर भी सर्वहारा है। हमारे सिनेमा ने सेवेंटीज-एट्टीज में बनाया कि साहब गरीब है, मजदूर है, पिसा हुआ है, समाज में दबा कुचला है। उसने एक आर्केटाइपल रेप्रेसेंटेशन बनाया। आप उसको देखें तो कहें कि अरे यार यह कैसा मजदूर है, यह कैसा सेठ है। आप अगर उसमें रियलिज्म का टंटा घुसेड़कर देखने की कोशिश करेंगे तो आपको बहुत बकवास लगेगा। पर आप उसको अगर मैलोड्रामा के लॉजिक के तहत देखेंगे तो हमको बहुत अच्छा लगता था। हमारा समाज वो फ़िल्में बनाता था और हमारा समाज वो फ़िल्में

देखना चाहता था।

आज के दौर में 'हमारा समाज' नाम की कोई चीज़ ही नहीं रह गई है। जब 'हमारा समाज' ही नहीं है तो अलग-अलग समाजों के लिए अलग-अलग फ़िल्में अलग-अलग लोग बना रहे हैं। शहर के जिन कोनों को आप सिनेमा में देखना चाहते हैं वो कोने आपको सिर्फ बुर्जुवा रियलिज़्म में ही दिख सकते हैं। आपको वो कोने भोजपुरी सिनेमा में और मसाला सिनेमा में नहीं दिखेंगे। मसाला सिनेमा एक रियलिज़्म दिखा रहा है। वो रियलिटी को निचोड़कर, उसका सार लेकर, कि हिन्दुस्तान गरीबों का मुल्क है, गरीबों के साथ ज़्यादती होती है, गरीबों के साथ कभी इंसाफ नहीं होता। वो तीन सच्चाइयाँ लेकर, अल्ट्रा-रियलिस्ट चीज़ें लेकर फैंटेसी में गढ़ रहा है। वो उन कोनों में नहीं जा रहा है। इन कोनों में अगर आप ये चाहते हैं कि बुर्जुवा रियलिज़्म जाए तो वो आर्ट सिनेमा ने किया है पहले। आर्ट सिनेमा, पैरेलल सिनेमा उन गाँवों में भी गया है, उन कोनों में भी गया है। मगर हम आज के फ़िल्ममेकर से यह तवक्को करते हैं कि वो वहाँ जाए और वो फ़िल्म बनाए, तो फिर ऐसे दर्शक भी चाहियें।

**रवीश** - एक सवाल था मेरा जो मैं पूछ ही लेता हूँ। एक पुराना दर्शक होने के नाते कई बार मुझे लगता है, जैसे बॉम्बे के या मुम्बई के बहुत सारे शेड्स आते हैं फ़िल्मों में, वैसे दिल्ली पर जो फ़िल्में बनी हैं उसमें वैसे दिल्लीपन दिखता है?

**महमूद** - क्योंकि बॉम्बे में बॉम्बेपना है। बॉम्बे शहर की एक आईडेंटिटी है। जो आदमी बम्बई में रहता है वो अपने आप को बम्बई वाला कहता है, बम्बई वाला समझता है। मुम्बई की एक लिंगो है और वो लिंगो आपको चारकोप से लेकर टाउन तक मिलेगी कि लेफ्ट कट मारना, आधे राइट जाना। बॉम्बे का एक तरीका है, बॉम्बे की एक आईडेंटिटी है। और वो आईडेंटिटी आज की नहीं है, बहुत पुरानी है। दिल्ली की वो आईडेंटिटी किसी जमाने में हुआ करती थी। उन्नीस सौ सत्रह के आसपास की बात है, मीर बाकर अली ने किसी से कोई जुमला कहा और उसने जवाब में कहा कि अबे क्या जमना पार से आ रया है क्या? लेकिन वो तब की बात थी। अब दिल्ली की आईडेंटिटी कायम हो रही है धीरे-धीरे इन फ़िल्मों के हवाले से। और इसे तुम ही (मीडिया ही) कायम कर सकते हो। क्योंकि बात यहाँ भी आती है कि सिनेमा और शायरी और अदब कोई अखबार नहीं है। वो रिपोर्टिंग नहीं करता है। वो अपनी दुनिया रचता है। क्रियेशन करता है। लेकिन बम्बई की जो आईडेंटिटी आपको दिखती है वो इसलिए दिखती है क्योंकि बम्बई की एक स्थापित अर्बन-मेट्रोपॉलिटन-आईडेंटिटी कम-से-कम पिछले पचास साल से है। एक रचा-बसा संसार है वहाँ। जो पुरबिया मजदूर वहाँ ऑटो चला रहा है वो उसका बाप-दादा सन अठ्ठारह सौ साठ से बॉम्बे मिल्स में काम करता रहा है।

**अक्षत** - लेकिन महमूद, यह लैक-ऑफ-आईडेंटिटी भी तो फिर आईडेंटिटी हुई? आप कह रहे हैं कि दिल्ली में आईडेंटिटी नहीं है? तो फिर यही दिल्ली की आईडेंटिटी हुई। मुझको कई बार लोगों ने कहा है और मैं लगातार पढ़ भी रहा हूँ इस बारे में कि मेरी फ़िल्म 'डेल्ही बेली' में दिल्ली कहाँ है? मैंने कहा कि जहाँ कैमरा भैंण्चो बाहर है दिल्ली वहाँ है! मैं जहाँ पर भी कैमरा पॉइंट करूं दिल्ली में वही दिल्ली है। आप मुझे यह कैसे कह सकते हैं कि दिल्ली कहाँ है। जब हम सेट पर हैं उसके लिए मैं माफी चाहता हूँ लेकिन बाकी सब दिल्ली है।

**महमूद** - हाँ हाँ उससे मैं सहमत हूँ। दिल्ली का कोई मोनोलिथिक रेप्रेसेंटेशन नहीं हो सकता क्योंकि दिल्ली के लिए वो मैटाफर्स नहीं हैं जो बॉम्बे के लिए हैं। एक लाइन से बॉम्बे एस्टेब्लिश हो जाता है। दिल्ली में कोई एक ऐसी जबान नहीं है जिसकी एक लाइन से आप दिल्ली को एस्टेब्लिश कर सकें।

**मिहिर** - लेकिन अक्षत का कहना सच है। दिल्ली में रहने वाले किसी भी आदमी से आप पूछें कि वो कहाँ का है तो वो नहीं कहेगा कि मैं दिल्ली का हूँ। पचास साल से दिल्ली में रहता आदमी राजस्थान या यूपी के उसी गाँव या कस्बे का नाम लेगा जिससे चलकर उसके बाप-दादे दिल्ली आए थे। जबकि बम्बई में दस या केवल पांच साल से रहता आदमी ये बोलेगा कि मैं बम्बई का हूँ।

**महमूद** - क्योंकि दिल्ली सबसे ज़्यादा तेजी से फैलते शहरों में से एक है। इतने ज़्यादा लोग आए हैं। पिछले बीस साल में दिल्ली की आबादी कितनी ज़्यादा बढ़ी है। तकरीबन तीस-चालीस प्रतिशत दिल्ली की आबादी पिछले बीस सालों में इस शहर में आई है।

**मिहिर** - लेकिन यह बात कहते हुए कहीं आप वापस उसी तरफ तो नहीं जा रहे हैं जिस रास्ते की ओर आप इशारा कर रहे थे। कि हमेशा पीछे कुछ था जिसकी पहचान थी, और अब वो पहचान ख़त्म हो गई है। हम आज दिल्ली की पहचान देख पाने में सक्षम नहीं हैं इसलिए हमें लग रहा है कि आज दिल्ली की कोई पहचान नहीं है। अभी जिस तरह से दिल्ली फ़िल्मों में आ रही है, जैसा अक्षत ने कहा कि ऐसी फ़िल्में हैं जिन्हें देखकर लोग कहेंगे कि इसमें दिल्ली कहाँ है। मैं यह मानता हूँ कि दिबाकर की फ़िल्मों के अन्दर जान-बूझकर दिल्ली का कोई भी प्रतिनिधि चिह्न नहीं दिखता है। यह सायास है। यह कोई संयोग से नहीं हो रहा है कि न कुतुब मीनार दिखता है, न इंडिया गेट दिखता है, न राष्ट्रपति भवन दिखता है, न लाल किला दिखता है। दिल्ली का मतलब यहाँ यमुना के पुल हैं। दिल्ली का मतलब यहाँ मेट्रो

लाइन है। दिल्ली का मतलब जमना-पार से आनेवाले नौकरीपेशा लोगों की वो चार्टर्ड बस सर्विस है जिसमें खोसला साहब और साहनी साहब साथ आते-जाते हैं। दिल्ली का मतलब इस तरह के संवाद हैं कि 'आप तो अब साउथ दिल्ली वाले होने वाले हो!'

**अक्षत** - जो कहानी की जरूरत है वही दिखाई पड़ेगा।

**मिहिर** - मैं दो छोटे से उल्लेख और करूँगा। पहला 'डेल्ही बेली' फ़िल्म का दृश्य है जहाँ प्रसंग की शुरुआत में नायक मारता है एक दूसरे किरदार को। और फिर अचानक वो दूसरा लड़का पलटकर बंदूक लेकर, गोलियाँ चलाता हुआ उसके पीछे आता है। आश्चर्यजनक है, लेकिन दिल्ली के लिए बहुत आम है। यह दिल्ली का चेहरा है। बल्कि दिल्ली का नहीं, गुड़गाँव, एन.सी.आर. के जो नए इलाके हैं, जो निओ-रिच है शहर का। जिसके पास अचानक बहुत सारा पैसा आया है। जैसा हम देख भी रहे हैं जिस तरह आजकल नोयडा एक्सटेंशन में जमीनें बिक रही हैं। एक पूरा नया क्लास डवलप हो रहा है। ठीक यही चीज मैं देखता हूँ 'ओये लक्की' के भीतर। वहाँ दो या तीन जगह पर यह उल्लेख है। दृश्य कुछ और है। एक संवाद चल रहा है किन्हीं दो किरदारों में और पृष्ठभूमि में पार्किंग या उस जैसी ही किसी चीज़ को लेकर कोई दो लोग आपस में झगड़ रहे हैं। पूरे दृश्य के दौरान पृष्ठभूमि में उनका झगड़ा चलता रहता है। और यह फ़िल्म में एक से ज़्यादा बार होता है। इस तरह की चीज़ें हमारे लिए दृश्य में दिल्ली के कैरेक्टर को एस्टेब्लिश करती हैं।

अब आप दिल्ली को एस्टेब्लिश करने के लिए हमेशा कुतुब मीनार ही दिखाते रहेंगे तो फिर रवीश जो बात कह रहे हैं कि यह तो मैंने वहीं देख लिया था, अपने गाँव में बाइस्कोप में। दस साल दिल्ली में रहते हो गए और कभी खुद जाकर कुतुब मीनार नहीं देखा। मुझे छः साल दिल्ली में रहते हो गए और मैंने कभी लाल किला खुद जाकर नहीं देखा। तो फिर मेरे जैसे किसी किरदार के दैनंदिन जीवन पर अगर फ़िल्म बनती है तो क्यों उसमें लाल किला या कुतुब मीनार दिखना चाहिए।

**महमूद** - कुतुब मीनार या लाल किला जैसी चीज़ें तब दिखाई जाती थीं जब मोबिलिटी बहुत कम थी। लोग सफर बहुत कम करते थे। अब इतने लोग सफर करते हैं, दिल्ली आते हैं, तो उन चीज़ों को देखना-दिखाना कोई ज़्यादा बड़ी चीज नहीं रह गया है। लेकिन मेरा कहना यह है कि विजुअल रेप्रेसेंटेशन किस चीज़ का हो रहा है और किस चीज़ का नहीं उससे थोड़े कोई चीज़ तय होती है। यह तो फिर वही बात आ गई कि पांच परसेंट है कि दस परसेंट है। कहाँ दिखाया और कहाँ नहीं।

**मिहिर** - लेकिन आज की दिल्ली की कोई पहचान सिनेमा में एस्टेब्लिश नहीं हो रही है यह सवाल उठा ना...

**महमूद** - देखिए पहचान कभी पूरी तरह स्थिर नहीं होती। और पिछले सालों में दिल्ली के ऊपर कई फ़िल्में आई हैं। 'पीपली लाइव' भी उनमें से एक है। जो अपनी तरह से दिल्ली दिखाती है और जिसे आप कभी दिल्ली की फ़िल्म नहीं मानते हैं। वह पूरी तरह दिल्ली की फ़िल्म है। दिल्ली के बुद्धिजीवियों के सिवा उसे और कौन बना सकता है। तो दिल्ली की पहचान सिनेमा में धीरे-धीरे उभर रही है। 'दो दूनी चार' है। 'बैंड बाजा बारात' है। हबीब फैज़ल ने लिखी हैं फ़िल्में। अक्षत ने लिखी हैं। दिबाकर ने लिखी और बनाई हैं। और अनुराग की फ़िल्म है। और मैं फिर दोहराउँगा कि यह संयोग नहीं है कि यह सब नॉर्थ कैम्पस के प्रॉडक्ट्स हैं।

**रवीश** - मैं यह भी जोड़ना चाहूँगा कि मेरी बेचैनी मीडिया के भीतर जिस तरह दिल्ली का रेप्रेसेंटेशन नहीं मिलता, उसे लेकर ज़्यादा थी। पूरा जो उस ल्यूटियंस जोन का कब्जा है दिल्ली के तमाम थिंकिंग क्लास पर, उसे लेकर एक बेचैनी थी कि जो काम दरअसल अखबार और मीडिया का था उसने ही गजब तरीके से छोड़ा हुआ है उसे। अभी आप कुछ अंग्रेजी अखबारों में देखेंगे कि वो लोग अब उन जगहों पर जा रहे हैं। लेकिन बीते पूरे दस-बीस साल के दरम्यान एक तरह की चुप्पी आपको दिखेगी। एक बन्दर वाला एपीसोड छोड़ दें तो हमको नहीं लगता कि मीडिया इस तरह कभी किसी गाँव-गली में भटका होगा। मैं जिस खोड़ा की बात कर रहा हूँ वो यहीं नोयडा-गाज़ियाबाद के बॉर्डर पर है और वहाँ करीब दस लाख लोग रहते हैं। अखबार वाले कभी खबरें छापते थे इक्की-दुक्की। लेकिन बाद में जब पता चला अमर उजाला और दैनिक जागरण, इन दो अखबारों को कि यहाँ एक बहुत बड़ा बाजार है। एक ऐसा बाजार है जो रोज तीन रुपए का अखबार खरीद सकता है। तो वो रोज खोड़ा के लिए कम से कम पांच खबरें छापने लगे। लेकिन वो उसी एडीशन तक रहती थीं। देखा जा सकता है कि किस तरह से अखबार ने एक मार्केटिंग-कंजंशन जोन बना दिया खोड़ा को। और उनकी समस्याओं को एक तरह से फ्रीज कर दिया अपने कंजंशन को बनाए रखने के लिए। कभी भी अपने पहले पन्ने या जो स्टेट एडीशन है या दिल्ली का नेशनल लेवल एडीशन है, उसमें कभी भी उन खबरों को जगह नहीं दी। यह जानते हुए भी कि सबसे ज़्यादा प्रतियाँ उनके अखबारों की वहीं गाजियाबाद और नोयडा में बिकती हैं।

**मिहिर -** मैं यहाँ दो बातों को साथ में सुनकर उनमें रिश्ता जोड़ने की कोशिश कर रहा हूँ। आपने मीडिया में दिल्ली के सही रेप्रेसेंटेशन न होने की बात कही। और दूसरी बात महमूद ने कही कि मेरी फ़िल्म को कोई दिल्ली की फ़िल्म नहीं कहता जबकि यह शुद्ध दिल्ली की फ़िल्म है। महमूद, आपकी फ़िल्म के बारे में भी मैं जब सोचता हूँ तो उसमें दिल्ली का जो सबसे ज़्यादा प्रतिनिधि चरित्र है वो मीडिया ही है। और यहाँ रवीश जो बात कह रहे हैं वो सीधे जाकर आपकी बात से जुड़ जाती है कि

मीडिया ने किस तरह से वो कैरेक्टर धर लिया है जो दिल्ली का किरदार है। तो यहाँ दरअसल दिल्ली का प्रतिनिधि मीडिया हो गया क्योंकि हमारे देश में मीडिया का इतना बड़ा चेहरा है और वो समूचा इसी दिल्ली से संचालित होता है। तो पहले जो सत्ता की संरचना सिनेमा में और चीज़ों से जाहिर होती थी, अब वो सत्ता की संरचना जाहिर करने के लिए सबसे आसान और दिखने वाला तरीका मीडिया है। जैसे पचास के दशक की फ़िल्मों में यह सत्ता की संरचना कानून व्यवस्था से जाहिर होती थी, आज की हमारी फ़िल्मों में यह मीडिया से जाहिर हो रही है।

**महमूद** - और शायद ही कोई पिक्चर बनती है आज के दौर में जिसमें किसी न किसी रूप में मीडिया नहीं होता। हर दूसरी फ़िल्म में या तो कोई रिपोर्टर होगा या कोई कैमरा होगा या कोई न्यूज आ रही होगी। इसलिए कहीं 'मीडिया वाली फ़िल्में' यह कैटेगरी भी ख़त्म हो गई है क्योंकि सारी फ़िल्मों में ही कहीं न कहीं मीडिया नजर आता है। और यह बात आपकी बिल्कुल सही है। दिल्ली की फ़िल्मों के अलावा बहुत सारी और फ़िल्में हैं जिनमें दिल्ली आता है, बतौर मीडिया आता है। मीडिया वहाँ रेप्रेसेंट कर रहा है एस्टेब्लिशमेंट को, सत्ता को, और कई बार 'जनता की आवाज' को। कभी जनता की आवाज तो कभी सत्ता की आवाज।

**मिहिर** - बातचीत में दो चीज़ों का उल्लेख उभरकर आया। एक तो बाजार किस तरह चीज़ों को निर्धारित कर रहा है। और दूसरा दर्शक, जो समाज यह फ़िल्में देख रहा है, वो बहुत सारी चीज़ें तय करता है। और नब्बे के बाद जिस तरह से हमारा समाज बदला है। मैं पिछले दिनों मनु जोसफ का एक आलेख पढ़ रहा था जिसमें उन्होंने 'ज़िन्दगी ना मिलेगी दोबारा' के बारे में कहा है कि वो ऐसी फ़िल्म है जिसे बनने में पूरे बीस साल लगे। उन्होंने ऐसा क्यों कहा? उनका कहना था कि इस फ़िल्म का बनना तब शुरु होता है जिस दिन मनमोहन सिंह हिन्दुस्तान में 'आर्थिक सुधार' की नीतियाँ लेकर आते हैं। और यह किरदार जो हम 'ज़िन्दगी ना मिलेगी दोबारा' में देख रहे हैं यह उन नीतियों के 'फिनिश्ड प्रॉडक्ट्स' हैं।

**महमूद** - यह दरअसल 'डीवीडी रेवोल्यूशन' के ज़्यादा बड़े प्रॉडक्ट्स हैं। जब डीवीडी आया और अन्तरराष्ट्रीय सिनेमा इतनी आसानी से हमें उपलब्ध होने लगा, एट्टीज और अर्ली नाइंतीज में हमें कौनसी विश्व सिनेमा की फ़िल्में देखने को मिला करती थीं? मैं अपने बाप की जबान में बोलूं तो हमने दोपहर की धूप में चार-चार घंटे लाइन लगाई थी डि सीका को देखने के लिए। अब वो लौंडों को ऐसे ही मिल जाती है कम्प्यूटर की एक क्लिक करने पर।

**मिहिर** - इस संदर्भ में देखिए कि 'आएशा' जैसी फ़िल्म, जो भी इसी दिल्ली के बारे में है। क्या बीस साल पहले 'आएशा' जैसी फ़िल्म संभव थी? क्या उस फ़िल्म का ऑडियंस था? मेरा यह मानना है कि उस फ़िल्म का ऑडियंस नहीं था इसलिए उस फ़िल्म का होना संभव नहीं था।

**रवीश** - महमूद के साथ ही मैं बना रहा था कभी 'मनोरंजन का संसार'। जिसमें था कि दिल्ली के लोग एंटरटेंमेंट कैसे करते हैं। संगम विहार, वो साकेत के आगे जो सिनेमा हॉल है। तो संगम विहार, मदनगीर सब जगहों में मिलाकर करीब दस लाख लोग रहते होंगे। एक भी सिनेमा हॉल नहीं है वहाँ मिलाकर। और बवाना में, अभी कॉमनवेल्थ के वजह से सारी दिल्ली से लोगों को उजाड़कर वहाँ भेजा गया है, वहाँ करीब दो-तीन लाख लोग तो रहते होंगे। वहाँ भी कोई सिनेमा हॉल नहीं है। वीडियो हॉल्स चल रहे हैं पांच-पांच रुपए में। जब मल्टीप्लेक्स आया तो उसने चुन लिया कि हम सिर्फ आपके लिए ही सिनेमा बनायेंगे। यह गरीबी-वरीबी को हटाओ।

यह लोग सेवेंटीज और एट्टीज की धर्मेन्द्र की जो अजीब-अजीब फ़िल्में आती थीं उन्हें नाम बदल-बदलकर देख रहे हैं। सन्नी देओल की फ़िल्में देख रहे हैं। और उसका रेट तय है। पांच रुपए में चार फ़िल्में। उनके पास संडे को सेलेब्रेट करने का या खर्च करने का कोई तरीका नहीं होता। इसलिए सेटरडे और संडे को काफी भीड़ होती है जिसमें वो लोग पांच रुपए में सुबह दस बजे भीतर जाते हैं और शाम के पांच बजे तक फ़िल्में देखते रहते हैं। जैसे भोजपुरी का एक शब्द है, 'भकुआ' के सिनेमा देखना। जैसे कोई सिनेमा का भूखा फ़िल्म देख रहा हो। ऐसे दर्शक को तो सिनेमा ने

खुद ही छोड़ दिया है। मल्टीप्लेक्स में वो जाएगा ही नहीं। संगम विहार और मदनगीर में ऐसे बहुत सारे लोग मिले जिन्होंने बताया कि कब गोलछा में उन्होंने आखिरी फ़िल्म देखी थी और अस्सी-नब्बे के दशक के बाद से उन्होंने फ़िल्में नहीं देखी हैं। क्योंकि ड़ेढ़ सौ रुपए उनके बस के बाहर की चीज है।

फिर ये लोग मनोरंजन के लिए क्या करते हैं? पता चला कि बदरपुर में कोई सीतामढ़ी के संत हैं गोसाईं जी, जो अपनी कवित्त प्रतिभा में विद्यापति के बराबर माने जाते हैं। उन लोगों ने उस पूरी अनधिकृत जगह में एक ही यह वैध काम किया है कि चंदा इकठ्ठा कर, वैध तरीके से जमीन खरीदकर गोसाईं जी का मंदिर बनवाया है। बहुत बढ़िया कीर्तन-भजन वो लोग वहाँ करते हैं। यही सब अब उनके मनोरंजन का जरिया है।

लोनी बॉर्डर पर मल्टीप्लेक्स बना है। शानदार मल्टीप्लेक्स है। इसी तरह के हॉल जैसा, जैसा कोई भी और मल्टीप्लेक्स होता है। लेकिन उसका टिकट का किराया बीस रुपया है। उस सिनेमाहाल के मालिक ने मुझसे कहा था कि आप जो ओ.बी. वैन लगाते हैं कभी हमारे यहाँ आकर लगाइयेगा, जब फ़िल्में रिलीज होती हैं, खासकर सलमान की। चार-चार लठैत बुलाने पड़ते हैं और देखने वालों को लाठियों से मार-मार कर भगाना पड़ता है। लोग दस-दस दिन तक आते हैं फ़िल्मों को देखने। मैंने पूछा कि आमिर की फ़िल्म देखने इस इलाके में कौन आता होगा तो उन्होंने बताया कि जिनकी नई-नई शादियाँ हुई होती हैं, ससुराल आए होते हैं, वो आमिर खान वाली फ़िल्में देखने आते हैं। लेकिन तब उन्होंने बताया था कि भाईसाहब, आप 'दबंग' के दिन आ जाना। वो दो महीने पहले से कह रहा था कि आप 'दबंग' के दिन आ जाना और देखना कि क्या जलवा है यहाँ पर। यह बीस रुपए, तीस रुपए के मल्टीप्लेक्स भी मल्टीप्लेक्स की एक अजीब तरह की रियलिटी है जो इन जगहों पर है। वो सिर्फ लोनी में है, और उसके पास एक और जगह पर है। बाकी अभी ऐसा बीस रुपए का मल्टीप्लेक्स और कहीं भी नहीं है। बाकायदा एयर-कंडीशन है और कुर्सियाँ भी ऐसी ही लाल वाली हैं।

सिनेमा ने भी जैसे छांट लिया है, कि यही हमारा दर्शक है। उसी तरह से जैसे हम टेलीविजन वालों ने टीआरपी के चक्कर में एक तरह से पूरे देश को बाहर कर दिया है। और मान लिया है कि दिल्ली, मुम्बई हमारा देश है। यही 'नेशन' है और यही 'नेशनल' है। बाकी आप बहुत करें तो वीओवीटी में चल जाएगा, वीओवीटी याने दस सेकैन्ड के छोटे टुकड़े में। जैसे उन छोटी जगहों का वो महत्व और हैसियत खत्म हो गई, ठीक वैसे ही कम हैसियत वाले लोगों का महत्व ख़त्म हो गया। तो अब आसान है कि ऐसी फ़िल्में लिखी जा सकती हैं। उनकी एक छोटे दायरे में मार्केटिंग की जा सकती है। कम लोग देखते हैं आजकल और फ़िल्म हिट हो जाती है। दिल्ली में घूमते हुए मुझे देखकर दुख होता है कि सिनेमा है, हिट हो गया और

अस्सी प्रतिशत जनता ने देखा ही नहीं। वो भी जमाना था कि 'राजाबाबू' सिनेमा नंदनगरी के पीछे 'संगम' में लगा था तो कम से कम चार किलोमीटर लम्बी लाइन थी। पसीने से तितर-बितर सब। मैनेजर से कहना पड़ा कि अब खड़ा नहीं हो सकते, इसका टिकट दिला दे मेरे को। दस रुपया ज़्यादा ले ले लेकिन दिला दे। तब भी वो नहीं दिया था और उल्टा भगा दिया था हमको। अगले दिन जाकर सुबह से लगना पड़ा था तब जाकर कहीं 'राजा बाबू' देखी थी। वो जो जुनून था वो तो अब ख़त्म है। आप हिट हो सकते हैं लेकिन अब आप 'हीरो' नहीं बन सकते हैं। किसको पता है कि 'सिंघम' क्या है, और इक्यावन करोड़ उसका रेट चल रहा है। कल देखा टीवी पर कि इक्यावन करोड़ का कलेक्शन है। लेकिन कोई सीटी नहीं बजाएगा 'सिंघम' स्टाइल की।

**रविकांत** - हाँ फर्क तो काफी कुछ आया है। लेकिन मुझे लगता है कि सबसे बड़ा फर्क यह आया है कि कोई भी फ़िल्म अब बनाई जा सकती है। और यह बड़ी बात है। छोटे पैसे से बनाई जा सकती है और लोग बना भी रहे हैं।

**मिहिर -** लेकिन क्या कोई भी फ़िल्म 'दिखाई' भी जा सकती है?

**रविकांत -** हाँ दिखाई भी जा सकती है। उदाहरण के तौर पर जिन जगहों का जिक्र रवीश कर रहे हैं वहाँ दिखाई जा सकती है। और लोग अपनी फ़िल्में बनाकर खुद आज देख रहे हैं। छोटी फ़िल्में, म्यूजिक वीडियोज और तमाम तरह की चीजें। और आपने जो कैटेगराईजेशन किया था कस्बाई और मेट्रो का, उसमें मैं एक और चीज़ जोड़ दूं। फर्क देखना है तो 'अब दिल्ली दूर नहीं' में रामलीला का एक सीन है। रामलीला का एक गाना है जिसमें जानकी हरण का दृश्य है। इसे राज कपूर ने एक और जगह 'आवारा' में भी दोहराया है। और रामलीला का एक असोसिएशन है दिल्ली से। उसी रामलीला को तुम 'दिल्ली 6' में देखो। और दोनों में फर्क देखो। दिल्ली छ और न्यूयॉर्क जिसमें एक-दूसरे पर सुपरइंपोज हो जाते हैं। एक नई तरह की रामलीला जिसमें साईबॉर्गियन इंटरवेंशन भी दिखाई देता है। जिस ऑडियंस के लिए बनाया जा रहा है उसे देखना भी अहम है।

होगा यह कि साथ-साथ भोजपुरी फ़िल्में और दूसरी तरह की फ़िल्में भी बढ़ती चली जाएंगी। उनके विषय देखकर ऐसा लग सकता है कि जो छूट गए हैं, हिन्दी सिनेमा ने जिनको त्याग दिया है, उन विषयों को उसने उठा लिया है। बन रही हैं और वही फ़िल्में देखी जा रही हैं।

**रवीश -** बहुत सारी ऐसी फ़िल्में हैं। कुमाउंनी, गढ़वाली, रागिनी। मेरे दफ्तर

के नजदीक दक्षिणी दिल्ली में एक गांव है कालकाजी में। वहाँ जाइये तो जो लड़के हैं वहाँ। सुंदर, सुडौल, जो आगे चलकर बाउंसर बनते हैं। उनके मोबाईल म्यूजिक में रागिनियाँ सुरक्षित है। वीडियो हैं। कापसहेड़ा में जब मैं गया तो वहाँ कोई चार-पांच लाख मजदूर रहते हैं, उनमें से किसी के घर में टेलीविजन नहीं देखा। किसी के घर में अखबार नहीं आता है लेकिन ज़्यादातर के मोबाईल में भोजपुरी फ़िल्में, भोजपुरी गाने हैं। जिनकी स्मृतियों में हिन्दी सिनेमा के गीत और संवाद हुआ करते थे वे अब अपने-अपने एवेन्यूज बना लिए हैं। अजीब तरह से भोजपुरी फ़िल्में डीवीडी की शक्ल में आपको पांच-पांच, दस-दस रुपए में बिकती मिलेंगी। और खूब खपत है उनकी। और इसी लक्ष्मी नगर में ही वो सारे छोटे स्टूडियो हैं जहाँ इस तरह की अगड़म-बगड़म फ़िल्में बन रही हैं और चल रही हैं। सुपरहिट हैं।

***

*यह विषय पर कहे गए अंतिम शब्द नहीं हैं। इसके बाद भी बातचीत जारी रही। ढेर से दिल्लीवाले थे, ढेर से सवाल-जवाब थे। बस-ऑटो-टैक्सी-मेट्रो पकड़ने की चिंताएं थीं, कुछ दोस्तों के कारण कुछ दोस्तों को बेफिक्री थी और सच पूछिए तो यही हमारी दिल्ली थी।*

# ५

# पुछल्ला

# हिन्दी सिनेमा में शहर दिल्ली के संदर्भ

*मूलतः यह रविकांत का विचार था कि किताब में एक कोशिश ऐसी भी हो जहाँ सिनेमा में दिल्ली के तमाम संदर्भों को एक जगह समेटा जाए। काम लम्बा था और समय कम, इसीलिए यह साथियों का साझा प्रयास बना। सम्पूर्णता का यहाँ कोई दावा नहीं है, न ही किसी अप्राप्य वस्तुनिष्ठता को पाने का प्रयास। इसे बस वह आरंभिक ज़मीन समझा जाए जहाँ से खड़े होकर हम भविष्य में इस विषय पर एक मुकम्मल संदर्भ सूची का स्वप्न देख सकें।*

*इसे लिखने और तैयार करने में रविकांत, पवन झा, प्रकाश के रे, अपराजिता सरकार का निरंतर साथ रहा, उनका शुक्रिया।*

1. **हुमायूँ** (1945)

निर्देशक—महबूब खान, संगीत—गुलाम हैदर, गीत—विकार अम्बालवी, आरजू लखनवी, शम्स लखनवी, पंडित मधुर, अंजुम पीलिभित्ति, कलाकार—नर्गिस, मोहम्मद अफजल, अब्दुल केदार, अशोक कुमार, शाहनवाज।

यह फ़िल्म अपनी शुरुआत में ही 'साहब बहादुर महाराजा ऑफ जयपुर' को धन्यवाद करती है। दिल्ली को कथाकेन्द्र बनाने वाली यह फ़िल्म मुगलिया सल्तनत को पुनसृजित करने के लिए जयपुर की पृष्ठभूमि का इस्तेमाल करती है। ऐतिहासिक फ़िल्मों में यह परम्परा ठेठ मुगल सल्तनत पर बनी समकालीन फ़िल्म, आशुतोष गोवारिकर की 'जोधा अकबर' तक चली आई है।

2. **मिर्ज़ा ग़ालिब** (1954)

निर्माता-निर्देशक—सोहराब मोदी, कथा—एस एच मिंटो, पटकथा—जे के नंदा, संवाद—राजिंदर सिंह बेदी, संगीत—गुलाम मोहम्मद, गीत—ग़ालिब, शकील बदायूंनी,

कलाकार—सुरैया, भारत भूषण, उल्हास, दुर्गा खोटे, निगार।

फ़िल्म के पहले ही दृश्य में सोहराब मोदी की आवाज में दिल्ली के गौरवशाली अतीत और वर्तमान स्थिति का चित्रण है,

''सन अठ्ठारह सौ पैंतीस। मुग़ल सल्तनत की राजधानी दिल्ली जो पांडवों के जमाने से लेकर इस वक़्त तक कई बार बसी और कई बार वीरान हुई। जिसे इंसान के कभी हार न मानने वाले हाथों ने हर बार पहले से ज़्यादा खूबसूरत बना दिया। कुतुबमीनार—इंसानी दिल में उठने वाले वलवले की तरह आसमान की तरफ लपकता और कलामे लाइह्यामें गुफ़्तगू करता। जामा मस्जिद—भूले भटकों को मंजिल का पता देती। लाल किला—मुग़लिया शानो शौकत का मुस्तःकिल निशान। हर इमारत, हर गली कूचा जवान था। हर जर्रे पर शबाब था। लेकिन अफसोस, इन्कलाबाते जमाने को इसकी अदा न भाई और मुगल सल्तनत का सूरज चार सौ साल रौशनी फैलाकर अब गुल हो रहा था। इस सूरज की आखिरी किरण मुगलिया खानदान का आखिरी ताजदार बहादुरशाह जफर थे जिनके दरबारे जिबेकार में खाकानिए हिन्द शेख इब्राहीम जौक, जनाब बालमुकुन्द हुजूर, हकीम मोमिन खाँ मोमिन, मुफ्ती सदरुद्दीन खाँ, नवाब मुस्तफा खाँ शाइस्ता, हकीम आगा जान ऐश और जनाब मोहम्मद अली तिश्ना जैसी शेरो शायरी की कई शमाएँ रौशन थीं। इनसे दूर एक और शमा थी जो अपनी रौशनी से हिन्दुस्तान का कोना कोना जगमगा देना चाहती थी।''

फ़िल्म में दिल्ली की गंगा-जमुनी तहजीब को उजागर करने वाले एक महत्वपूर्ण त्योंहार, फूलवालों की सैर का उल्लेख आता है। यह इसलिए भी महत्वपूर्ण है कि यह सिलसिला जफर के पूर्ववर्ती बादशाह अकबर शाह द्वितीय के समय में 1812 ईस्वी में शुरु हुआ था। औपनिवेशिक काल में भी यह बराबर चलता रहा (बयालीस के भारत छोड़ो आन्दोलन से लेकर उन्नीस सौ बासठ के अन्तराल को छोड़कर) और आजतक जारी है। फ़िल्म में बेगम जीनत आकर बादशाह, जो किसी सोच में डूबे हैं, से कहती हैं,

''खबर आई है हुजूर कि हिन्दुओं का पंखा जोर्माल से एक कोस रह गया है और मुसलमानों का पंखा दरगाह शरीफ से डेढ़ कोस इधर है। रियाया—क्या हिन्दू क्या मुसलमान, एक दूसरे के गले मिल रहे हैं। पंखों में शरीक हो रहे हैं।''

''मैं वारी! हुजूर के दुश्मनों की तबीयत नासाज है?''

''तो फिर क्या राज है? आप कुछ फरमाते नहीं। क्या मुझ बंदी से कुछ तकसीर हुई?''

''नहीं जीनत।''

''तो फिर क्या वजह है इस दिल्लगी की। बाहर देखिए, जमीन आसमाँ सब्ज मखमल के बन गए हैं। झरनों में चादरें बिछी हैं। अमराइयों में मोरों की झंकार है, पपीहे की पुकार है। हुकुम हो तो तरन्नुमे खानम और दिलदार को बुलवाऊं? मल्हार सुनवाऊं?''

''नहीं जीनत। आज मुझे कुछ अच्छा नहीं लग रहा है।''

''कुर्बान जाऊं। आपके दिल के आईने पे बाल होगा तो हम रियाया का क्या हाल होगा?''

''मैं भी ये सोच रहा हूँ। बाप दादा ने ये सल्तनत बनाई, चौकोर फैलाई और गैर मुल्की हुक्मरान हो गए। मैं सोचता हूँ क्या हमारे बाद ये बहारें रहेंगी? या इन झरनों, इन अम्रेलियों का नाम ही नाम रह जाएगा? सच है, हमेशा नाम रहे अल्लाह का। इस वक़्त मुझे छोड़ दो। मैं तखलिया चाहता हूँ।"

यहाँ जफर साम्प्रदायिक सद्‌भाव के प्रतीक के रूप में उभरते हैं। इस संवाद के अंतिम हिस्से में हम हिन्दुस्तान के बदल रहे राजनैतिक हालात की झलक पाते हैं। सबसे रोचक यह है कि सत्तावन के विद्रोह के समय जफर और गालिब की भूमिकाएं भिन्न थी लेकिन फ़िल्म इसे नहीं दिखाती। एक अन्य दृश्य में हम दिल्ली में मुगल बादशाहत की खस्ता हालत की जानकारी पाते हैं। यहाँ गालिब की प्रेमिका चौदहवीं बेगम गालिब की गिरफ्तारी के बाद बादशाह के पास जाकर फरियाद करती हैं,

''आपके होते हुए ये नाइंसाफी। आप हुक्म दीजिए कि मिर्जा को फौरन रिहा कर दिया जाए।''

''काश हम ऐसा कर सकते, चौदहवीं!''

''आलमपनाह!''

''हमारे मुंह से ये बात सुनकर शायद तुम्हें हैरत हो चौदहवीं मगर वक़्त-वक़्त की बात है। न सदा उठ्ठी, न आँसू बहे, और शहंशाहे हिंद की हुकूमत जमना किनारे तक रह गई। जिस इलाके में मिर्जा पकड़े गए हैं वहाँ हमारा नहीं, फिरंगी रेजीडेंट का हुक्म चलता है।''

## 3. न्यू डेल्ही (1956)

निर्माता और निर्देशक—मोहन सैगल, संगीत—शंकर-जयकिशन, कलाकार—वैजयंतीमाला, किशोर कुमार, जबीन, प्रभु दयाल, नाना पलसीकर, नाजिर हुसैन, राधा किशन।

सामुदायिक वफादारियों से बंधे समाज में आधुनिक राष्ट्र-राज्य द्वारा 'सार्वभौम नागरिक' की अवधारणा स्थापित करने का प्रयास 'न्यू डेल्ही' के मूल में है। माना गया कि यही अवधारणा आगे चलकर एक नवस्वतंत्र मुल्क में नागरिक की वफादारी

अपने 'समुदाय' से हटाकर 'राज्य' की संस्था के प्रति करने की चाबी बनेगी। 'न्यू डेल्ही' में दिल्ली के तमाम संदर्भों में 'नया' होने का भान गहरे छिपा है।

फ़िल्म में दो असंभाव्य प्रेम कहानियों के बीच रह-रहकर दिल्ली दर्शन भी करवाया गया है। देखें कि यह सैरगाहें घर और परिवार की जकड़बंदी से मुक्ति का रास्ता है और यहीं प्रेम कहानियाँ परवान चढ़ती हैं। नायक अपनी बहन को लाल किला घुमाने के बहाने घर से निकलता है और इंडिया गेट के किनारे हौद में होनेवाली बोटिंग लोकेशन पर नायिका से मिलता है। हमने बताया कि फ़िल्म 'न्यू डेल्ही' में निहित 'न्यू' पर बहुत ज़ोर देती है। नायक द्वारा बहन को लाल किला दिखाए जाने के दौरान के इन संवादों में देखें कि किस तरह फ़िल्म खुद को दिल्ली की 'मध्यकालीनता' और 'राजसी अतीत' से अलगाती है,

''ये है दीवान-ए-आम।''

''दीवान-ए-आम क्या?''

''दीवान-ए-आम नहीं समझती। अरे भई यहाँ आम दरबार लगता था। इस तख़्त पर बादशाह बैठते थे, और यहाँ आगे राजा-महाराजा। उनके पीछे नवाब अमीन और वहाँ घास-फूस पर हम जैसे। समझी?''

फ़िल्म बाजार के लिए दरियागंज और दफ्तर के लिए कनॉट प्लेस की लोकेशन दिखाती है। और नायिका आत्महत्या करने के लिए जमना जी में कूदने चली जाती है। यह ऐसी दिल्ली है जहाँ आजादी के बाद राष्ट्र का केन्द्र विकसित हो रहा है और राज्य संस्था के काज में पड़ने वाली भिन्न जरूरतों के लिए देश के भिन्न इलाकों से पेशेवर आकर इस शहर को अपनी रिहाईश बना रहे हैं। फ़िल्म दिल्ली को एक नए बनते राज्य की ऐसी समरूपी राजधानी के बतौर स्थापित करना चाहती है, जहाँ भिन्न प्रान्तों के लोग आपसी भेद भुलाकर रहें और अपनी राष्ट्रीय पहचान को सर्वोपरि मानें।

## 4. अब दिल्ली दूर नहीं (1957)

निर्देशक – अमर कुमार, निर्माता – आर के फ़िल्म्स, पटकथा – राजेन्द्र सिंह बेदी, मुहाफिज हैदर, संगीत – दत्ताराम, गीत – शैलेन्द्र, कलाकार – रोमी, सुलोचना, याकूब, अनवर, मोतीलाल, जगदीप, ओम प्रकाश।

राजस्थान के एक गाँव में माँ को खोने के बाद बाप को नाजायज कैद से छुड़ाने की उम्मीद में एक लड़का दिल्ली आकर चाचा नेहरू से मिलने की कोशिश में क्या-क्या झेलता है और समानधर्मा, हमदर्द, स्ट्रीट-स्मार्ट बच्चों, और एक 'मदर इंडिया' लड़की

की टोली से क्या कुछ हासिल कर पाता है, उसी का बयान है ये फिल्म। नेहरू से मिलना आसान नहीं, हो भी नहीं पाता, लेकिन 1950 की दिल्ली ख़ूब दिखाई देती है। पुराना लोहे का पुल, दरियागंज की खटाल, ढेर-सारा कनॉट प्लेस, चौड़ी-चिकनी सड़कें, और रामलीला! उस जमाने में शहर राष्ट्र का रूपक बन ही जाता था, सो यहाँ भी है, लेकिन शहर में श्रम के अनेकानेक दिलचस्प रूप दिखाई पड़ते हैं, जिनमें गाकर सामान बेचना भी शामिल है। एक और कोण है शहरी कानून और आदर्श शहरी के कर्तव्य के बीच के कशमकश का, जिसे मासूम बच्चे के ब्याज से बेहतरीन तनाव व यथोचित हास्य के साथ उकेरा गया है। ज़्यादातर गाने अच्छे हैं। 'ये चमन हमारा अपना है' देशभक्ति गीत है, 'चिन-चिन करती आई चिड़िया' बाल-गीत, लेकिन सबसे मजेदार है एक कव्वाली, 'लो हर चीज ले लो जमाने के लोगों, जमाने की हम तो हवा बेचते हैं', जिसमें बच्चे फेरी करते हैं।

**5. नौ दो ग्यारह (1957)**

निर्देशक—विजय आनंद, निर्माता— देव आनंद, संगीत – एस. डी. बर्मन, गीत मजरूह सुल्तानपुरी, कलाकार – देव आनंद, कल्पना कार्तिक, शकीला, शशिकला, जीवन, मदन पुरी।

विजय आनंद की निर्देशकीय पारी की शुरुआत। फ़िल्म की शुरुआत क्रेडिट्स के साथ दिल्ली के विभिन्न स्थापत्य के दर्शन से होती है। इंडिया गेट, जंतर-मंतर, लाल किला, कनॉट प्लेस। जामा मस्जिद और उसके ठीक बाद बिड़ला मंदिर। पुराना किला, दिल्ली गेट, कुतुब मीनार, दिल्ली का रहनेवाला नायक मदन गोपाल खुद को मुम्बई से आया बताता है। दिल्ली में ऐसा किराएदार है जिसके पास देने के लिए पैसे नहीं। एक दिन उसकी लॉटरी खुलती है जब उसके चाचा उसे अपनी ग्यारह लाख की जायदाद का वारिस बना देते हैं। अब नायक मदनगोपाल एक बड़ी जुगाड़नुमा गाड़ी खरीद बम्बई की ओर रवाना हो जाता है। यमुना पर बना लोहे वाला पुल दिखता है और चार सौ बीस होटलियर जीवन बम्बई के प्रतिनिधि सा अवतरित होता है।

मजरूह साहब का लिखा और किशोर का गाया क्लासिक गीत 'हम हैं राही प्यार के' जिसकी शुरुआत संसद भवन के बाहर घूमती गाड़ी से होती है और फिर पूरा राजपथ ठेठ इंडिया गेट तक गीत में गाड़ी चलाते, सीटी की धुन पर गीत गुनगुनाते देव आनंद के साथ चलता है। राजपथ का खूबसूरत टॉप एंगल शॉट भी गीत में आता है। आगे गीत में नायक फतेहपुर सीकरी से होते आगरा के ताजमहल की ओर निकल जाता है। शहरी आधुनिकता के विचार से नव केतन के लम्बे चलने वाले प्रेम की यहाँ शुरुआत होती है।

## 6. दिल्ली का ठग (1958)

कथा-पटकथा-निर्माता-निर्देशक – एस डी नारंग, संगीत – रवि, गीत – मजरूह, शैलेन्द्र, एस एच बिहारी, कलाकार – किशोर, नूतन, अमर, मदन पुरी, इफ्तेखार, कृष्णकांत, निरूला, मिराजकर, कुमुद त्रिपाठी, नीरू, पारोमिता देवी, टुनटुन

फ़िल्म नकली दवाओं के कारोबार और कालाबाजारी की समस्या पर है। इसे राष्ट्र निर्माण में लगे लोगों की मेहनत को निष्फल करने वाला बताया गया है। नायक पेशे से पत्रकार है और फ़िल्म की शुरुआत में ही उसकी बेरोजगारी के माध्यम से सामाजिक समस्या को केन्द्र में लाया जाता है। यही उसके 'ठग' बनने की मूल वजह भी है। शुरुआत में ही 'दि स्टेट्समैन, डेल्ही' और 'दैनिक विश्वामित्र, देहली' जैसे अखबारों के नाम परदे पर 'नो वैकेन्सी' के बोर्ड के साथ आते हैं। फिर फ़िल्म अपने क्रेडिट रोल के साथ कनॉट प्लेस के भरपूर दर्शन करवाती है। कहानी की नायिका बाम्बे से हैं और तैराकी चौम्पियन हैं। फ़िल्म के खलनायक पहचान बदलकर रहते हैं और जासूसी नॉवेल लिखा करते हैं।

कुछ देर बाद कहानी का घटनास्थल दिल्ली से बदलकर बम्बई हो जाता है। यहाँ मुम्बई की क्लब संस्कृति फ़िल्म के डांस नम्बर्स में खूब दिखती है। मशहूर गीत, जैसे 'हम तो मोहब्बत करेगा', 'सीएटी कैट' और 'ये रातें ये मौसम नदी का किनारा' तमाम बम्बई की पृष्ठभूमि में फिल्माए गए हैं। अन्त इंडियन एयरलाइंस के विमान की नायक द्वारा क्रैश लैंडिंग पर होता है। यहाँ नायक 'दिल्ली का ठग' है लेकिन फ़िल्म के बाद के हिस्से में घटनास्थल मुम्बई ही रहता है।

## 7. धर्मपुत्र (1961)

निर्देशक–यश चोपड़ा, निर्माता–बी आर चोपड़ा, कहानी – आचार्य चतुरसेन, संवाद–अख्तर उल ईमान, संगीत - एन. दत्ता, गीत–साहिर, कलाकार – माला सिन्हा, शशि कपूर, मनमोहन कृष्ण, अशोक कुमार, रहमान, इंद्राणी मुखर्जी, निरूपा रॉय।

यश चोपड़ा की निर्देशकीय पारी की दूसरी फ़िल्म 'धर्मपुत्र' दिल्ली के माध्यम से भारत की साझा संस्कृति और उस पर मंडराते खतरों की ओर संकेत करती है। दिल्ली में रहने वाले नवाब बदरुद्दीन और लाला गुलशन राय के बीच दांत कटी दोस्ती है। नवाब साहब की बेटी हुस्न बानो को गर्भ ठहर जाता है और तब लाला गुलशन राय के बेटे डॉ. अमृत राय उनके बच्चे को अपना बेटा बनाकर पालते हैं। यह सब उन्नीस सौ पच्चीस से तीस के दरमियान घटित होता है। इस दौरान हम भारत में चल रही आजादी की लड़ाई के दृश्य देखते हैं और नारे जो सुनाई पड़ते

हैं, वे हैं - 'इन्कलाब जिंदाबाद!' और 'हिन्दू मुस्लिम भाई भाई!'

कहानी पंद्रह साल आगे जाती है। यह लड़का दिलीप बड़ा होकर दक्षिणपंथी रुझान वाला नायक बनता है। बंटवारा करीब है और फिजा में ये नारे गूँज रहे हैं - 'हिन्दी, हिन्दू, हिन्दुस्तान!' और 'लेके रहेंगे पाकिस्तान!'। फ़िल्म उन्नीस सौ पच्चीस को हिन्दू मुस्लिम सौहार्द के चरम और उन्नीस सौ सैंतालीस को इन दोनों समुदायों के बीच दरार के चरम के रूप में रेखांकित करती है।

**8. तेरे घर के सामने (1963)**

निर्देशक—विजय आनंद, निर्माता—नवकेतन, संगीत—एस. डी. बर्मन, गीत—हसरत जयपुरी, कलाकार—देव आनंद, नूतन,

यह तरुण दिल्ली है। नायक-नायिका के तरुण प्रेम की दिल्ली। फ़िल्म की शुरुआत में क्रेडिट्स के साथ ही दिल्ली की तमाम छवियाँ दिखती हैं। लाल किला, जामा मस्जिद, संसद भवन, राष्ट्रपति भवन, कनॉट प्लेस, ब्रिटिश एम्बेसी, सफदरजंग का मकबरा जैसी प्रतीक छवियाँ। लेकिन इनके साथ ही शहर के आम जनजीवन की तस्वीरें भी हैं जिनमें तांगेवाला, ट्रैफिक पुलिस वाला और मालिशवाला भी दिखते हैं।

यह पचास के दशक के अंत और साठ के दशक की शुरुआत में निर्मित होती दिल्ली है जिसमें शहर के नवधनाढ्यों की नवनिर्मित कोठियाँ और बंगले शामिल हैं। नायक खुद वास्तुशिल्पकार है और यहाँ शहर का नया बनता वास्तु फ़िल्म के सबसे सकारात्मक चिह्न के तौर पर उभरता है। फ़िल्म में आई दिल्ली की सबसे अविस्मरणीय छवि कुतुब मीनार पर फ़िल्माया गया गीत 'दिल का भंवर करे पुकार' है। हालांकि गीत में कुतुब के भीतरी हिस्से का फ़िल्मांकन एक घूमने वाले नकली सेट द्वारा किया गया था, लेकिन इसमें बीच-बीच में आप कुतुब की विभिन्न मंजिलों से लिए दृश्य देख सकते हैं। बियाबान के बतौर रिज भी मौजूद है और महानगर दिल्ली के तत्कालीन एलीट की क्लब संस्कृति भी।

**9. हाउसहोल्डर (1963)**

निर्देशक—जेम्स आईवरी, निर्माता—इस्माईल मर्चेंट, संगीत—अली अकबर खान, कलाकार—शशि कपूर, लीला नायडू, दुर्गा खोटे, हरिन्द्रनाथ चट्टोपाध्याय, अचला सचदेव।

रूथ प्रवर जाबवाला द्वारा लिखित और मर्चेन्ट-आइवरी की जुगलबन्दी में पहली फ़िल्म, 'हाउसहोल्डर' आधुनिक शहराती जीवन से प्रेम की कथा है। ठीक वैसा अनछुआ, लड़कपन का प्यार जैसा इस फ़िल्म की मुख्य भूमिकाओं में मौजूद नए-नवेले शादीशुदा जोड़े प्रेम और इंदु के बीच पनपता है। फ़िल्म में दिल्ली के

परिदृश्य के दो मुख्य चिह्न बनकर दो प्रमुख प्रसंगों में 'जंतर मंतर' और 'ज़ीनत मस्ज़िद' उभरते हैं। फ़िल्म का बड़ा हिस्सा पुरानी दिल्ली में फ़िल्माया गया है। एक दृश्य में लाल किले की प्राचीर का वो हिस्सा भी दिखाई देता है जहाँ से होकर आजकल दिल्ली की व्यस्ततम सड़क 'रिंग रोड' गुजरती है।

**10. टारजन कम्स टू डेल्ही (1965)**

निर्देशक—केदार कपूर, निर्माता—सुरिन्दर कपूर, लेखक—आर पी अश्क, संगीत—दत्ताराम, गीत—आनंद बक्षी, कलाकार—दारा सिंह, मुमताज, भगवान दादा, सिद्धू, हेलेन, सैमसन, विश्व मेहरा, लता बोस, मिर्जा मुशर्रफ, बेला बोस, लक्ष्मी छाया, जीवन काला, शीला, अमृत राणा, रतन गौरांग, वसन्त सिंह।

इस फ़िल्म में आधुनिक शहर सभ्यता के विकृत चेहरे की पहचान 'जंगल के राजा' टार्जन की कहानी के माध्यम से की गई है। यहाँ शहर 'दिल्ली' से आनेवाले शक्ल से शरीफ लगते हैं लेकिन असल में सदा 'माघा' आदिवासियों और जंगल को लूटते हैं और जानवरों का शिकार करते हैं। लेकिन टार्जन प्रोफेसर साहब और उनकी बेटी की बातों पर भरोसा करता है और आदिवासी देवता के हार की खोज में नायिका के साथ दिल्ली जाता है।

दिल्ली में फ़िल्माए पहले ही दृश्य में पुरानी दिल्ली रेलवे स्टेशन पर टार्जन को देख जनता चकित होती दिखती है। कनॉट प्लेस पर नायिका का घर दिखाया गया है और जंगल से आए टार्जन और उसके साथी बहुमंजिला इमारतों और बाथरूम में लगे फव्वारे, आईने जैसे उपकरणों को देख चकित होते दिखाए गए हैं। इसके ठीक बाद फ़िल्म में जामा मस्जिद का विहंगम दृश्य है। दिल्ली के नफीस क्लब में टार्जन को जाने से रोका जाता है क्योंकि उसने कपड़े नहीं पहने हैं। आगे इसी क्लब में हेलेन का डांस नम्बर है। टार्जन कनॉट प्लेस की किसी इमारत की छत पर खड़ा हो चारों ओर फैले शहर को दूरबीन से देखता है और कहता है, "कितना बड़ा जंगल है!" फिर यहीं फ़िल्म के सबसे आईकॉनिक दृश्य हैं जहाँ टार्जन खलनायक का पीछा करते हुए कनॉट सर्कस की इमारतों पर छलांगे लगाता है और इन्हीं छतों पर कुछ अन्य पहलवानों से मल्लयुद्ध करता है।

अध्ययन के लिए वह दृश्य भी महत्वपूर्ण है जहाँ टार्जन को दिल्ली चिड़ियाघर में मानपत्र देकर सम्मानित किया जाता है। यहाँ दोनों संचालक प्रतिनिधियों में एक सरदार हैं और दूसरे मुस्लिम। मजेदार है देखना कि दोनों ही यहाँ अपनी मातृभाषाओं पंजाबी और उर्दू में बात करते हैं और टार्जन को सम्मानित करने का संदर्भ बताते हुए दिल्ली की समावेशी संस्कृति को रेखांकित करते हैं। क्लाईमैक्स में कुतुब मीनार भी आता है और राजपथ, इंडिया गेट भी। अन्तिम युद्ध एक खुली चलती कार में

होता है जिसे राजपथ, कनॉट प्लेस और लालकिले की पिछली प्राचीर के नजदीक से गुजरती आज की रिंग रोड जैसी सड़कों पर फ़िल्माया गया है। ऐसे दृश्यों में युद्ध से भी ज़्यादा महत्वपूर्ण उसकी पृष्ठभूमि हो जाती है। फ़िल्म का अन्त यमुना पर निर्माणाधीन पुल की निर्माणभूमि पर होता है।

**11. वक़्त (1965)**

निर्देशक—यश चोपड़ा, निर्माता—बी. आर. चोपड़ा, संगीत—रवि, गीत—साहिर लुधियानवी, कलाकार—बलराज साहनी, अचला सचदेव, राज कुमार, सुनील दत्त, साधना, शशि कपूर, शर्मीला टैगोर, रहमान, मदन पुरी, जीवन।

चोपड़ा बंधुओं की भव्यतम फ़िल्मों में से एक। देखें कैसे एक परिवार के मिलने-बिछुड़ने-फिर मिलने की कथा राष्ट्र की कथा का प्रतीक बनकर उभरती है। किसी पंजाबी शहर से शुरु हुई कहानी जब नायकों की जवानी तक पहुँचती है तो आप मंझले बेटे रवि (सुनील दत्त) को दिल्ली के एक अमीर परिवार में बड़ा होता पाते हैं। पहले दृश्य में ही वो यमुना में मछली पकड़ता दिखता है। नायिका (शर्मिला टैगोर) की कार पर आप DLI 2619 दिल्ली का नम्बर देख सकते हैं। अमेरिकन एम्बेसी की इमारत में कॉलेज चलता दिखाया गया है। और कॉलेज के दृश्य में आप साक्षात अख़्तर-उल-ईमान को अध्यापक बने हुए अपनी नज़्म पढ़ते देख सकते हैं। बीच में एक दृश्य में लाला केदारनाथ अपने परिवार को तलाशते दिल्ली पहुँचते हैं, लेकिन वहाँ खबर मिलती है कि वे बम्बई चले गए। इस फ़िल्म में अन्ततः सभी ट्रेनें बम्बई की ओर ही जाती हैं।

**12. उपकार (1967)**

निर्देशक—मनोज कुमार, निर्माता—हरकिशन मीरचंदानी, संगीत—कल्याणजी-आनंदजी, गीत—कमर जलालाबादी, इंदीवर, प्रेम धवन, गुलशन बावरा, कलाकार—मनोज कुमार, आशा पारेख, प्रेम चोपड़ा, प्राण, डेविड, कामिनी कौशल, असित सेन, मदन पुरी, अरुणा ईरानी।

लाल बहादुर शास्त्री के नारे 'जय जवान, जय किसान' की सिनेमाई अभिव्यक्ति जिसमें नायक एकसाथ फौजी जवान और गांव का किसान दोनों है और विलेन अनाज की कालाबाजारी करते हैं। नायिका परिवार नियोजन की पैरोकार डॉक्टर है। गीत 'मेरे देश की धरती' में धरती पर पानी में माँ का अक़्स उभरता है और माँ, धरती माँ और भारत माँ के प्रतीक एकाकार हो जाते हैं। फ़िल्म गांव और शहर के बीच मूल्यों का विलोम गढ़ती है। दिल्ली सत्ता है जिसकी रक्षा के लिए युद्ध लड़ा जा रहा है। युद्ध और किसानी जैसे सबसे उच्च मूल्य हैं। यह फ़िल्म क्लाइमैक्स के लिए फिर गांव के अभ्यारण्य में लौट जाती है। खेत के किनारे बना मंदिर यहाँ रेखांकित

किया जाना चाहिए। भविष्य में इस धर्म, युद्ध और राष्ट्रप्रेम के गठबंधन ने बहुत गुल खिलाए।

### 13. रजनीगंधा (1974)

निर्देशक—बासु चटर्जी, निर्माता—सुरेश जिंदल, संगीत—सलिल चौधरी, गीत—योगेश, कथा—मन्नू भंडारी, पटकथा—बासु चटर्जी, कलाकार—विद्या सिन्हा, अमोल पालेकर, दिनेश ठाकुर।

दीपा कपूर (विद्या सिन्हा), निजामुद्दीन ईस्ट में अपने भाई-भाभी के साथ रहती है। कॉलेज में उसके साथ संजय (अमोल पालेकर) पढ़ता है। थर्ड ईयर की आखिरी परीक्षा के दिन बारिश में अपनी टूटी छतरी में वह दीपा को जगह देता है और उनमें पहचान होती है। दूसरी बार वे रिवोली थियेटर में मिलते हैं, जहां दीपा अपने भाई-भाभी के साथ फ़िल्म देखने आयी है। फ़िल्म है उन्नीस सौ अड़सठ में बनी 'कहीं दिन कहीं रात'। परदे पर स्पेनिश वेशभूषा में विश्वजीत और हेलन 'कमर पतली, नजर बिजली' गीत पर नृत्य कर रहे हैं। इस तरह फ़िल्म, फ़िल्मी दुनिया के विलोम के रूप में अपने नायक नायिका की साधारणता को स्थापित करती है। तीसरी बार संजय और दीपा निजामुद्दीन ईस्ट के बस स्टैंड पर मिलते हैं और वे साथ-साथ कनॉट प्लेस जाते हैं। बारा गुम्बद के साए में लोदी गार्डन में और इंडिया गेट के सामने पसरी घास में हम उनके प्यार को पनपता देखते हैं।

'संजय' की भूमिका निभाकर अमोल पालेकर उस दौर में नायक के रूप में प्रतिष्ठित हुए जब 'एंग्री यंग मैन' अमिताभ का जलवा अपने पूरे शबाब पर था। संजय एक उत्तर भारतीय आम नौजवान है, इतना आम कि पूरे बीए के दौरान दीपा का उस पर ध्यान भी नहीं जाता। किसी भी मध्यवर्गीय लड़के की तरह वह लड़की से पहचान बढ़ाने की जुगत ढूँढता है। उसके घर के सामने के बस स्टैंड पर दोस्त से मिलने का बहाना करके मिलता है। सामान्य रूप से बस लेकिन प्रेमिका से मिलने जाने के लिए ऑटो का इस्तेमाल करता है। इंडिया गेट के सामने बनी छतरी के बगल के पार्क में (जिसे फ़िल्म में 'कॉफी हाउस' कहा गया है) बैठकर कॉफी पीते हुए उसे दीपा से ज्यादा बगल की टेबल बैठे अपने तीन सहकर्मियों से जाकर बात करने में दिलचस्पी है। डी. ए., एरियर, हाउसरेंट और प्रमोशन उसकी बातचीत के सबसे प्रिय विषय हैं, प्रेमिका के साथ अकेले में बैठे भी।

संजय अपनी प्रेमिका से ज्यादा रंगनाथन को याद करता है। रंगनाथन बिना परदे पर आये भी फ़िल्म में बड़ी उपस्थिति है और दिल्ली के चरित्र पर एक टिप्पणी भी। संजय को लगता है कि प्रमोशन रंगनाथन को ही मिलेगा क्योंकि सी.ओ. उसकी तरफ का है और 'ये सब अपनों को ही उठाते हैं'। हालांकि डिप्टी डायरेक्टर संजय की तरफ का

ही है लेकिन बकौल संजय, 'तू हमारी जात वालों को नहीं जानता, मर जायेंगे लेकिन अपने आदमी की मदद कभी नहीं करेगे।' इस संवाद पर ध्यान दें तो रंगनाथन की उपस्थिति सिर्फ प्रांतीय ही नहीं जातिगत पहचान भी बन जाती है। संजय 'इसी रोज-रोज की खिच खिच' के कारण बंबई ट्रांसफर चाहता है। अतः हम देखते हैं कि बंबई अपने मेट्रोपोलिटन चरित्र के साथ भाषा, क्षेत्र, जाति की सीमाओं से मुक्त, आकांक्षा के रूप में नजर आती है जबकि दिल्ली इससे ग्रसित यथार्थ। बहरहाल, अंत में संजय को ही प्रमोशन मिलता है। रंगनाथन बेचारा मुंह ताकता रह जाता है और संजय के अनुसार, "कुछ भी कहो, हमारे ऑफिसर्स सब अच्छे हैं। बिलकुल जस्ट।"

फ़िल्म के दो नायक मानों दो शहरों का प्रतिनिधित्त्व करते हैं। एक ओर नवीन (दिनेश ठाकुर) है - वक्त का पाबन्द, प्रोफेशनल, काम की ही बात करने वाला और मनोभावों को आसानी से व्यक्त न करने वाला, यानी बंबईवाला। दूसरी ओर संजय है - हमेशा लेटलतीफ, अपने ऑफिस को ही अपनी दुनिया समझने वाला, बातूनी और सिस्टम को लगातार गरियाने वाला, यानी दिल्लीवाला।

### 14. रोटी, कपड़ा और मकान (1974)

निर्देशक—मनोज कुमार, निर्माता—मनोज कुमार, संगीत—लक्ष्मीकांत-प्यारेलाल, गीत—संतोष आनंद, वर्मा मलिक, कलाकार—मनोज कुमार, जीनत अमान, शशि कपूर, अमिताभ बच्चन, मौसमी चटर्जी, प्रेमनाथ।

फ़िल्म की शुरुआत उस व्यक्ति से होती है जो रोटी चुराकर भाग रहा है और पूछने पर खुद को 'मास्टर ऑफ आर्ट्स, डेल्ही युनिवर्सिटी' बताता है। मनोज कुमार की यह बेरोजगारी की समस्या पर केन्द्रित और नैतिकता से ओतप्रोत मैलोड्रामा फ़िल्म उन्नीस सौ चौहत्तर की उच्चतम कमाई करने वाली फ़िल्म भी थी। दिल्ली का सबसे आईकॉनिक शॉट फ़िल्म में वो है जहाँ इंडिया गेट के सामने खड़े बडे भाई की भूमिका निभाते मनोज कुमार, छोटे भाई अमिताभ बच्चन को झन्नाटेदार थप्पड़ मारते हैं और उसके पास से गलत काम से कमाए पैसे छीनकर साथ बने पानी के हौद में उड़ा देते हैं। इसी दृश्य में एक किरदार 'कसम पुरानी दिल्ली की' तकिया कलाम के बतौर इस्तेमाल करता है और अमर जवान ज्योति का संदर्भ आता है और यह भी कि इंडिया गेट पहले बना और यह ज्योति वहाँ बाद में स्थापित की गई है।

### 15. किस्सा कुर्सी का (1977)

निर्देशक—भगवन्त देशपांडे, निर्माता—अमृत नाहटा, संगीत—जयदेव, कलाकार—मनोहर सिंह, शबाना आजमी, सुरेखा सीकरी, राज किरण, चमन बग्गा, उत्पल दत्त, केटी मिर्जा, स्वप्न सुंदरी।

संभवतः इस तालिका की सबसे विवादास्पद फ़िल्म। 'किस्सा कुर्सी का' यूं तो एक काल्पनिक 'जनगण देश' के बारे में है, लेकिन इसका व्यंग्य सीधा समकालीन हिन्दुस्तानी गणतंत्र पर केन्द्रित है जो ठीक उस दौर में 'आपातकाल' से गुजर रहा था। इस जनगण देश में आमचुनाव का समय है और 'पीली पार्टी' तथा 'नीली पार्टी' धनबल तथा बाहुबल के दम पर चुनाव जीतने की जुगत भिड़ा रहे हैं। यहीं कथा की मुख्य सूत्र संचालक (सुरेखा सीकरी) दावा करती हैं कि वे अगर चाहें तो एक भिखारी को जनगण देश का प्रेसीडेंट बना सकती हैं। और वह यही करती हैं, एक मदारी के जमूरे 'गंगू' (मनोहर सिंह) को सड़क से उठाकर देश का प्रमुख बनवा देती हैं। वे उसे 'नेतागिरी का टॉनिक' पिलाती हैं, जिससे वह हाथ जोड़कर नमस्कार करने लगता है। 'इन्कलाब की गोली' खिलाती हैं, जिससे वह फौरन खड़ा होकर क्रान्तिकारी नारे लगाने लगता है। और अन्त में 'समाजवाद का इंजेक्शन', जिससे वह समाजवाद लाने और गरीबी हटाने के वादे करने लगता है। यहाँ चुनावों की तैयारी और योजनाओं से जुड़े यह सवाल जवाब देखिए,

''हमारी पार्टी का नाम क्या होगा?''

''हमारे देश में दो पार्टियाँ हैं। पीली पार्टी और नीली पार्टी। हमारी पार्टी होगी काली पार्टी।''

''हमारी पार्टी का प्रोग्राम क्या होगा?''

''हमारी पार्टी का सिर्फ एक ही सिंगल पॉइंट प्रोग्राम होगा। पॉवर। सत्ता। कुर्सी।''

''हमारा चुनाव घोषणापत्र क्या होगा?''

''हमारी एक ही घोषणा है, 'गरीबी हटाओ'''

''हमारा चुनाव निशान क्या होगा?''

''पीली पार्टी का निशान है घोड़ा। नीली पार्टी का निशान है साइकिल। हमारी काली पार्टी का निशान होगा मोटर। जनता मोटर। छोटी कार। पीपल्स कार।''

फ़िल्म का व्यंग्यचित्र समकालीन व्यवस्था से अद्भुत साम्य उत्पन्न करता था। नतीजा, फ़िल्म को प्रतिबंधित कर दिया गया।

फ़िल्म का सबसे अद्भुत प्रयोग है 'जनता' की भूमिका में शबाना आजमी, जो फ़िल्म में गूंगी हैं। क्योंकि वे 'जनता' हैं और जनता सत्ता के सामने सदा बेआवाज होती है, इसीलिए वे गूंगी हैं। फ़िल्म का व्यंग्य इस लहजे का है कि उसमें राष्ट्रप्रमुख देश की सबसे बड़ी समस्या 'भूख' की असली वजह चूहों द्वारा सारा अनाज खा लिए

जाने को घोषित करता है। बड़े स्तर पर भ्रष्टाचार को तमाम हलकों में प्रसारित होते और स्वयं में एक समांतर व्यवस्था बनते फ़िल्म दिखाती है। स्विस बैंक के संदर्भ हैं और फ़िल्म कला, संस्कृति, कृषि, उद्योग जैसे सार्वजनिक जीवन के तमाम पक्षों को सत्ता के आगे नतमस्तक होते दिखाती है।

'किस्सा कुर्सी का' में समकालीन संदर्भ बड़े गहरे हैं। गरीबी हटाने की बजाए सत्ता गरीब बस्तियों को ही हटाती दिखती है और यहाँ बदले में आया शहरी लैण्डस्केप समकालीन शहरी व्यवस्था से बलपूर्वक हटाए जाते 'अवांछित' गरीबों को व्यंजित करता है। गरीब मछुआरों के गांव की गरीबी उन्हें बड़े बाँध की डूब में डुबाकर, शहरी परिदृश्य पर अनचाही झुग्गियों की गरीबी उन्हें बुलडोजर से कुचलकर तथा रेगिस्तानी गाँव की गरीबी वहाँ परमाणु विस्फोट कर दूर की जाती है। और अन्त में सत्ता के लिए सब रोगों की जड़, सब समस्याओं का उपाय बनकर आता है कृत्रिम युद्ध। फ़िल्म की शूटिंग दिल्ली में हुई है और सत्ता को गलियारों को पुनसृजित करने के लिए होटल अशोक, होटल कुतुब तथा विज्ञान भवन जैसी इमारतों का लोकेशन के तौर पर प्रयोग किया गया है। एक प्रसंग में फ़िल्म सत्ता के खिलाफ प्रदर्शन दिखाने के लिए असली रैली और प्रदर्शन की फुटेज का भी इस्तेमाल करती है, जिसकी लोकेशन मुम्बई का फ्लोरा फाउंटेन चौराहा है। वैसे दिल्ली के संदर्भ में फ़िल्म का सबसे आईकॉनिक दृश्य वह है जहाँ अन्त में 'जनता' सत्ता के नुमाइंदो द्वारा अपनी इज्जत लूट लिए जाने पर बीच सड़क फंदा लगाकर आत्महत्या कर लेती है, और इस दृश्य में पीछे राष्ट्रपति भवन का भव्य गोल गुंबद तथा उसके ऊपर फहराता भारत का तिरंगा पृष्ठभूमि में दिखता है।

## 16. त्रिशूल (1978)

निर्देशक–यश चोपड़ा, निर्माता–गुलशन राय, संगीत–खय्याम, गीत–साहिर लुधियानवी, कलाकार–संजीव कुमार, वहीदा रहमान, अमिताभ बच्चन, शशि कपूर, राखी, हेमा मालिनी, पूनम ढिल्लों, सचिन, प्रेम चोपड़ा, इफ्तिकार।

सलीम-जावेद द्वारा लिखित अमिताभ की 'एंग्री यंग मैन' aka विजय श्रृंखला की एक और फिल्म। 'त्रिशूल' की दिल्ली वो समरांगण है जिसके कलेजे पर पैर रख एक नाजायज बेटा अपने अमीर बाप से अपनी मृत मां के बदले की जंग लड़ता है। यहाँ पिता के भूमिका में संजीव कुमार दिल्ली के सबसे प्रतिष्ठित कॉन्ट्रेक्टर हैं और अमिताभ, जो शहर में सिर्फ अपने नाजायज पिता से बदला लेने वापस आया है, उनके नाम, उनकी खुशहाल ज़िन्दगी को ध्वस्त कर देना चाहता है। शहर की जमीन इस टकराव का रणक्षेत्र है। युद्धस्तर पर होता निर्माण कार्य है और शुरुआत में ही मॉडल टाउन जैसी बस्तियों के और जमीन पर अवैध कब्जे जैसे संदर्भ आते हैं। यहाँ

अमिताभ का बदला अपने चरम पर उस क्षण पहुंचता है जब वो कहता है कि वो इस पूरे शहर को, जो उसके नाजायज पिता का शहर भी है, अपनी माँ के नाम से (जो उसकी कंस्ट्रक्शन कंपनी का नाम भी है, 'शान्ति') पाट देना चाहता है। यहाँ जैसे एक पारिवारिक हासिल और एक समूचे शहर के प्रति नफरत आपस में एकाकार हो जाते हैं और सलीम-जावेद की ही लिखी पिछली आईकॉनिक फ़िल्म 'दीवार' याद आती है।

प्रेम प्रसंग फ़िल्म को हमेशा कंक्रीट से निकालकर हरियाली में लेकर जाते हैं। शुरुआत में ही आप इंडिया गेट के नजदीक के बगीचे देखते हैं। शशि कपूर और हेमा मालिनी की जोड़ी के प्रेम प्रसंग भी शहर के खुलेपन की बानगी कराते हैं। फ़िल्म में लड़कपन का प्यार आप सचिन-पूनम की जोड़ी के साथ देख सकते हैं जिसका फिल्मांकन ज्यादातर हौज खास गांव के आसपास के बगीचों में हुआ है। लेकिन हिंसा के दृश्यों के लिए फ़िल्म ने आधुनिक दिल्ली का तत्कालीन सबसे महत्वपूर्ण कंक्रीट का ढांचा चुना है, 'प्रगति मैदान'। पूरा क्लाईमैक्स इसी प्रगति मैदान के नवनिर्मित वृहताकार षटकोणीय गुंबदों में फिल्माया गया है।

### 17. द बर्निंग ट्रेन (1980)

निर्देशक—रवि चोपड़ा, निर्माता—बी. आर. चोपड़ा, संगीत—आर डी बर्मन, गीत—साहिर लुधियानवी, कलाकार—विनोद खन्ना, धर्मेन्द्र, हेमा मालिनी, परवीन बॉबी, जीतेन्द्र, नीतू सिंह, नवीन निश्चल, सिमी ग्रेवाल।

चोपड़ा बंधुओं की एक और फ़िल्म जो अपनी पृष्ठभूमि के तौर पर दिल्ली का इस्तेमाल करती है। पटकथा और संवाद हिन्दी कहानीकार कमलेश्वर के थे। शुरुआत मोती बाग स्थित रेल म्यूजियम में बच्चों के आपसी वाद-विवाद से होती है। यही बच्चे कहानी के नायक और खलनायक हैं। वहीं पास एम्बेसी रोड के बगीचों में नायक-नायिका के शुरुआती प्रेम प्रसंग फिल्माए गए हैं और पहली मुलाकात लोदी गार्डन में तय होती है। तेज रफ्तार गाड़ियों का शौकीन अशोक (धर्मेन्द्र) एक प्रसंग में दिल्ली की सड़कों खासकर कनॉट प्लेस, राजपथ और एम्बेसी रोड पर अंधाधुंध रफ्तार से गाड़ी चलाता हुआ दिखता है।

सबसे तेज चलने वाली ट्रेनें जापान में होती हैं इन संदर्भों के बीच फ़िल्म में हिन्दुस्तान की सबसे तेज ट्रेन 'सुपर एक्सप्रेस' है जो दिल्ली से बम्बई के बीच चलेगी और सिर्फ चौदह घंटे में यह दूरी पाट देगी। तनाव से भरे और हिसंक उत्तरार्ध के पूर्व 'द बर्निंग ट्रेन' अपने शुरुआती प्रसंगों में प्रेम कहानी गढ़ती है और उसकी पृष्ठभूमि में दिल्ली के वातावरण के खुलेपन और नदी और हरियाली का प्रयोग

करती है। फ़िल्म में यह पूर्वार्ध जलती हुई ट्रेन में फंसे सैंकड़ों यात्रियों की कहानी से निर्मित उत्तरार्ध के लिए पर्फेक्ट पूरक का काम करता है।

### 18. स्पर्श (1980)

कथा-पटकथा-संवाद-निर्देशन—सई परांजपे, निर्माता—बासु भट्टाचार्य, संगीत—कनु रॉय, कलाकार—शबाना आजमी, नसीरुद्दीन शाह, मोहन गोखले, ओम पुरी।

फ़िल्म के पहले ही दृश्य में हम दिल्ली की एक महत्वपूर्ण पहचान, जो उसे मुम्बई से अलगाती है और अब महुमंजिला इमारतों के जंगल में लुप्त हो रही है, से रूबरू होते हैं—बरसाती। फ़िल्म की नायिका कविता (शबाना आजमी) एक बरसाती में रह रही है जहाँ गलती से आ गए नायक अनिरुद्ध (नसीरुद्दीन शाह) से उसकी मुलाकात होती है। उन्नीस सौ बयासी में दिल्ली के ही परिवेश को लेकर लिखे गए पंकज बिष्ट के चर्चित उपन्यास 'लेकिन दरवाजा' का नायक नीलाम्बर भी एक बरसाती में रहता है और अपने दोस्त को इसका महत्व बताता है। सांस्कृतिक रूप से अभिजन लेकिन आर्थिक रूप से कमतर स्थिति वाले लोगों के लिए दिल्ली में बरसाती ही 'अच्छे इलाके' में रहने का आधार रही है।

फ़िल्म एक अंध महाविद्यालय के परिवेश में है। फ़िल्म में इसका नाम नवजीवन अंध विद्यालय है, और शीर्षक में 'जोरमल पैडीवाल अंध विद्यालय' का आभार प्रगट किया गया है। नायक नायिका में नजदीकियाँ बढ़ने के दौरान हम उन्हें 'गोल्डन ड्रेगन' रेस्त्रां में खाना खाते, 'श्रीराम भारतीय कला केन्द्र' में उस्ताद अमजद अली खाँ का सरोद सुनते और लोदी गार्डन में निपट एकांत में बतियाते देखते हैं। 'चश्मे बद्दूर' हो या 'स्पर्श', सई परांजपे की फ़िल्मों में दिल्ली का संस्कृतिक संकुल मंडी हाउस जरूर आता है। एक जगह नायक गुस्से में टेलीफोन पटककर कहता है, ''उफ्फ! ये दिल्ली के टेलीफोन!'' यह नब्बे के उदारीकरण के पूर्व का बंद बाजार वाला 'बीएसएनएल' युग है।

### 19. चश्मे बद्दूर (1981)

निर्देशक—सई परांजपे, निर्माता—गुल आनंद, संगीत—राजकमल, गीत—इन्दु जैन, कलाकार—फारुख शेख, दीप्ति नवल, सईद जाफरी, राकेश बेदी, रवि बासवानी, लीला मिश्रा।

चश्मे बद्दूर का मूल विचार उस एक संवाद में छिपा है जहाँ मध्य दिल्ली में, तालकटोरा के बगीचे में स्थित खुले रेस्त्रां का वेटर नायक द्वारा पूछे जाने पर कि ''यहाँ अच्छा क्या है?'', जवाब में कहता है, ''माहौल अच्छा है।'' फ़िल्म की कहानी

दिल्ली विश्वविद्यालय में पढ़ने वाले तीन बेरोजगार नवयुवकों के इर्द-गिर्द घूमती है। एसआरसीसी की जैकेट और 'मिरांडा' और 'दौलतराम' जैसे नाम फ़िल्म को विश्वविद्यालय के उत्तरी परिसर में स्थापित करते हैं। यमुना है, मण्डी हाउस पर मौजूद अकादमी की इमारत में चलता 'सरगम संगीत विद्यालय' है और घर-घर 'चमको साबुन' बेचती नायिका। 'चश्मे बद्दूर' एक भरे-पूरे नगर में प्रेम के लिए जगह (space) की संभावनाओं को तलाशती है।

फ़िल्म में दिल्ली का सबसे मुकम्मल प्रतीक चौराहे के पनवाड़ी 'लल्लन मियाँ' हैं। उनकी तबीयत में आज भी नफासत है और भाषा में 'अण्डागफील' जैसे शब्द। एक ओर नायक और उनके दोस्तों को उधार देने से मना करते लल्लन मियाँ हैं, वहीं इश्क-मुश्क की बात आते ही सच्चे दिल्लीवाले की तरह लल्लन मियाँ का दिल, दरिया हो जाता है।

**20. मासूम** (1983)

निर्देशक—शेखर कपूर, निर्माता—देवी दत्त, चंदा दत्त, पटकथा-संवाद-गीत—गुलजार, संगीत—आर डी बर्मन, कलाकार—शबाना आजमी, नसीरुद्दीन शाह, जुगल हंसराज, उर्मिला, आराधना, राजन, सईद जाफरी, तनूजा, सुप्रिया पाठक

अस्सी के दशक का दिल्ली का आदर्श मध्यमवर्गीय कामकाजी एकल परिवार। नायक डी के मल्होत्रा को पेशे से आर्किटेक्ट बताया गया है और इस बहाने दिल्ली के निरंतर विस्तृत होते स्थापत्य का जिक्र फ़िल्म में चला आता है। वैसे नायक सृजनात्मक पेशे से जुड़ा है और बौद्धिक रुचि वाला है। घर के भीतरी दृश्यों में किताबों की सतत मौजूदगी दृष्टव्य है। यहाँ सनडे को होनेवाली फार्म हाउस आउटिंग्स हैं। दिल्ली के सभ्रान्त की वो प्रतिनिधि पार्टियाँ हैं जिनमें महिलाएं एक-दूसरे की वेशभूषा और आभूषणों पर टीका-टिप्पणी करती हैं और पुरुष ज़्यादा शराब पीकर बेकाबू हो जाते हैं।

पहली बार दिल्ली आए बच्चे को घर लाने के दौरान रास्ते में नसीर कनॉट प्लेस से होकर गुजरता है। बच्चे को गाड़ी में से ही पुराना किला दिखाता है और यहीं पुराना किला बनवाने वाले की जानकारी देते हुए नायक शेरशाह सूरी और हुमायूं के नाम लेता है। 'मासूम' को अस्सी के दशक में दिल्ली के एकल अभिजन परिवार की रोजमर्रा ज़िन्दगी का चित्रण करने वाली प्रतिनिधि फ़िल्म गिना जा सकता है। और फिर दिल्ली के संदर्भ में गुलजार की लिखी ये अमर पंक्तियाँ कौन भूल सकता है,

"घोड़ा अपना तगड़ा है, देखो कितनी चर्बी है,
चलता है महरौली में पर घोड़ा अपना अरबी है।"

**21. ज़रा सी ज़िन्दगी (1983)**

कथा-पटकथा-निर्देशक – के बालाचन्दर, निर्माता – आर वैंकट रमन, संवाद गुलजार, संगीत – लक्ष्मीकांत-प्यारेलाल, गीत आनंद बक्षी, कलाकार – कमल हासन, अनीताराज, मजहर खान, नीतू फुले, करण राजदान, राम मोहन, अर्जुन चक्रवर्ती, अरुण बक्षी, श्रीराम लागू

''एक था राजा, एक थी रानी, दिल्ली भारत की राजधानी।

ओ दिल्ली के रहनेवालों, एक नजर हम पे भी डालो।

हम इस शहर में प्यासे, जमना बहती है जहाँ।''

अस्सी के दशक का असंतोष और मोहभंग 'जरा सी ज़िन्दगी' का मूल कथ्य है। पहला ही दृश्य उल्लेखनीय है जहाँ दर्जनों शिक्षित युवा डिग्रियाँ हाथ में लिए भीख मांगने की मुद्रा में बैठे हैं और काम मांग रहे हैं, और ठीक इसके बाद संसद भवन का क्लोज अप आता है। कथा नई दिल्ली रेलवे स्टेशन पर नायक के मित्र के आगमन से होती है और वो स्वागत करते महानगर को देख खुश होता है। आगे मित्रें के बीच संवाद हैं,

''दिल्ली पहली बार आ रहा हूँ। और स्टेशन लेने भी नहीं आया। अरे कहीं भटक जाता तो?''

''अरे लोग दिल्ली इसीलिए तो आते हैं। खो जाते हैं और फिर खुद को ढूंढते रहते हैं।''

और देखिए, ''सोचा चलो भगवान का नाम लेकर खुद ही किस्मत आजमाते हैं दिल्ली में।''

''क्यों? दिल्ली का भगवान अलग है क्या वहाँ से?''

''नहीं, भगवान वही है। लेकिन सुना है कि हैड ऑफिस उसने भी आजकल यहीं खोल रखा है।''

फ़िल्म में बेरोजगारी का गीत है,

''देखो अपनी शान निराली। जेब में डिग्री, पेट है खाली।

खाली पेट ही सोये जागे, नौकरियों के पीछे भागे।

दफ्तर दफ्तर नो वैकेन्सी की हैं तख्तियाँ।''

और यह पूरा गीत राजपथ, इंडिया गेट, संसद भवन और नॉर्थ ब्लॉक जैसी सत्ता की इमारतों के इर्द-गिर्द फिल्माया गया है। यहीं नायक रामलीला मैदान में बने स्टेज पर चढ़कर भाषण देता दिखाया गया है। नायक त्रयी की रिहाइश जामा मस्जिद के सामने दिखाई गई है और उनकी बालकनी से मस्जिद के विहंगम दृश्य फ़िल्म में

आते रहते हैं। सबसे खास दिल्ली के विभिन्न दृश्यों में बार-बार कैमरे के सामने आए 'सैक्स समस्याओं के समाधान' का दावा करनेवाले दवाखानों के विज्ञापन हैं जिन्हें यह फ़िल्म सायास दिखाती है। ठीक इसी तरह दीवारों और विज्ञापन पट्टों पर लिखे सरकारी नारे यहाँ बार-बार दिखते हैं। यह कोरे वादे भी सायास हैं और फ़िल्म में मौजूद मोहभंग को और गहरा करते हैं। फ़िल्म की दृष्टि वहाँ सामने आती है जहाँ नायक कचरे के ढेर में अपनी खोई हुई तस्वीर ढूंढ रहा है और नायिका उसे रोकती है। नायक जवाब में कहता है, ''क्या पता। बहुत नीचे कहीं सोशलिज़्म ही मिल जाए।''

## 22. न्यू डेल्ही टाइम्स (1986)

निर्देशक—रमेश शर्मा, निर्माता—पी.के. तिवारी, के. बिक्रम सिंह, पटकथा—गुलजार, संगीत—लुइस बैंक्स, कलाकार—शशि कपूर, शर्मीला टैगोर, ओम पुरी, मनोहर सिंह, कुलभूषण खरबन्दा, एम. के. रैना, ए. के. हंगल।

शशि कपूर की आवाज में दिल्ली को संबोधित करता एक लम्बा मोनोलॉग और साथ में दिल्ली की पुरानी इमारतों और खंडहरों के शॉट। एक दृश्य में एरियल शॉट दूर से पास जाता हुआ जामा मस्जिद पर फोकस होता है और नायक को तारीख पढ़ाने वाले मौलवी साहब का जिक्र आता है जो बंटवारे के बाद पाकिस्तान चले गए। यही 'न्यू डेल्ही टाइम्स' की शुरुआत है। कहानी राजधानी में अवस्थित 'न्यू डेल्ही टाइम्स' अखबार के दफ्तर में आकर ठहरती है, जहाँ कथानायक विकास पाण्डे 'एक्जिक्यूटिव एडिटर' हैं और जिनके पास अभी-अभी खबर आई है कि गाजियाबाद में नकली शराब पीने से पैंतीस लोग मारे गए। हालांकि यह अखबार भी 'सेठजी' (मनोहर सिंह) ही चलाते हैं, लेकिन यहाँ उन्हें पत्रकारिता धर्म के प्रति वचनबद्ध दिखाया गया है। वे अपनी बातों में 'पंडित जी' को याद करते हैं और कहते हैं, ''बाकी सब ब्योपार है, ब्योपार की तरह चलता रहता है। इस अखबार को मैं अपना धर्म मानकर चलाता हूँ।'' और यह भी देखिए, ''सत्ता सब लोग चाहते हैं। ब्योपार और राजनीति दोनों ही सत्ता पाने के रास्ते हैं। लेकिन सत्ता का अधिकार प्राप्त करने के भी कुछ सिद्धान्त हैं।'' लेकिन कथा में आगे आप देखते हैं कि उद्योगपतियों की नई पीढ़ी के प्रतिनिधि के विचार ऐसे नहीं।

वैसे फ़िल्म में दिखता तो इंडिया गेट भी है। लेकिन इस फ़िल्म की दिल्ली बाहुबली क्षेत्रीय राजनीतिज्ञों, उद्योगपतियों के सलाहकार बने रिटायर्ड नौकरशाहों, स्क्वैश खेलते मीडिया मुगल उद्योगपतियों और समाज संरचना के विभिन्न स्तरों पर सक्रिय वचनबद्ध पत्रकारों से मिलकर बनती है। इस फ़िल्म की कथाभूमि केन्द्र के रूप में दिल्ली और हाशिए के रूप में गाजीपुर को प्रस्तुत करती है। केन्द्र में सत्ता है और

साथ ही सत्ता के षड़यंत्र, लेकिन वे सब एक झीने आभिजात्य के आवरण में हैं। और गाजीपुर प्रदेश की राजनीति का वह अखाड़ा है जहाँ विरोधी ताकतें अपनी हित सिद्धि के लिए इंसानों की लाशों पर तांडव करती हैं।

फ़िल्म में हिंसा, प्रत्यक्ष और परोक्ष दोनों रूपों में, दिल्ली को भी एक दहशतनाक अहसास में बदलती जा रही है। खोजी पत्रकार केदार 'आईटीओ के ब्रिज के पास' से आधी रात नायक को अपनी जान पर खतरा होने की सूचना देता है और यह सुनकर नायक उसे 'ताज होटल के कॉफी शॉप' में मिलने बुलाता है। लेकिन इस मुलाकात से पहले ही उसे दिल्ली की किसी सुनसान सड़क पर ट्रक कुचलकर निकल जाता है। एकल परिवार के नायक-नायिका, जिनका इकलौता बच्चा शिमला में पढ़ता है, के द्वारा फ़िल्म उस अलगाव और असुरक्षा बोध को भी चिह्नित करती है जिसे आधुनिक महानगर में आततायी सत्ता के सामने निहत्था पड़ने पर नागरिक महसूस करता है।

**23. न्यू डेल्ही (1987)**

निर्देशक–जोशी, निर्माता–राजीव कुमार, एम तिरुपति रेड्डी, जॉय थॉमस, कथा-पटकथा –डेनिस जोसेफ, संगीत–श्याम, कलाकार–जीतेंद्र, सुमलता, उर्वशी।

1987 में दक्षिण के निर्देशक जोशी ने मलयालम स्टार मम्मूटी को नायक बनाकर 'न्यू डेल्ही' नाम से फ़िल्म  निर्देशित की, जो मलयालम फ़िल्म के इतिहास की सबसे बड़ी हिट्स में से एक साबित हुई। इसका रीमेक हिन्दी और कन्नड़ में बनाया गया। हिन्दी रीमेक में मुख्य भूमिका जितेन्द्र ने निभाई लेकिन नायिका वही रहीं - सुमलता। नायक विजय कुमार उर्फ 'वीके' दिल्ली का पत्रकार और एक अखबार में उप सम्पादक है। नायिका केरला की है जो कला की सेवा के लिए दिल्ली आकर कला आश्रम चला रही है। खलनायक शंकर बाबू और देशबंधु शर्मा, जो क्रमशः केन्द्रीय मंत्री और जनसेवा पार्टी के सचिव हैं, गणतंत्र दिवस पर केरल की ओर से झांकी में उसका नृत्य प्रस्तुत किये जाने का वादा कर उसे सेंटोर होटल बुलाते हैं और उसके साथ बलात्कार करते हैं। नायिका के पिता के मौन में हम राजनीति के सामने पूंजी की असहायता का चित्रण देखते हैं।

बाद में नायक के प्रतिरोध के बाद उस पर जुल्मों की इन्तेहा होती है और उत्तरार्ध में वह बदला लेता है। दिलचस्प यह है कि नायक अपने दुश्मनों को एक एक कर ठिकाने लगाता जाता है और अपने अखबार में इन हत्याओं की अग्रिम खबर छापकर सनसनी और बिक्री दोनों मोर्चे साधता है। पच्चीस साल बाद आज मीडिया, कॉर्पोरेट घरानों और राजनीति का घालमेल इसी तरह खबरों को जन्म दे रहा है पर

यह फ़िल्म इन्हें अलग अलग इकाइयों के रूप में और राजनीति को एकमेव खलनायक के रूप में चित्रित करती है।

**24. कयामत से कयामत तक** (1988)

निर्देशक—मंसूर खान, निर्माता—नासिर हुसैन, कथा-पटकथा-संवाद—नासिर हुसैन, संगीत—आनंद-मिलिन्द, गीत—मजरूह सुल्तानपुरी, कलाकार—आमिर खान, जूही चावला, दिलीप ताहिल, गोगा कपूर, आलोक नाथ, राज जुत्शी, रीमा लागू, बीना, अजीत वच्छानी।

रत्ती भर का जिक्र होने के बावजूद 'कयामत से कयामत तक' इस चयन में एक जरूरी फ़िल्म है। इसलिए क्योंकि यह हिन्दी सिनेमा में प्रेम के रूप, और शहर से उसके संबंध के बारे में चले आ रहे दौर के खात्मे की अंतिम फ़िल्म प्रतिनिधि फ़िल्म है। 'कयामत से कयामत तक' में युवा नायक नायिका का प्रेम दिल्ली शहर से बाहर बिताई पहली छुट्टियों में परवान चढ़ता है। यहाँ निर्जन उन्हें वह स्पेस उपलब्ध करवाता है जिसे आततायी शहर में वे कभी पाने की उम्मीद नहीं कर सकते। यहाँ दिल्ली जैसे शहर सामाजिक बंधनों तथा पारिवारिक दबावों के प्रतिनिधि हो जाते हैं तथा सुदूर बियाबान प्रेम जैसे बंधनहीन, उद्दाम मनोभावों के। अपने समय की वह अंतिम फ़िल्म जहाँ नायक-नायिका 'भाग' जाते हैं, और अन्ततः शहर सभ्यता बलि लेती है। देखें कि ठीक इसके अगले युग की प्रतिनिधि फ़िल्में 'दिलवाले दुल्हनियाँ ले जायेंगे' एवं 'हम आपके हैं कौन' बनती हैं और इस बीच भारत का सार्वजनिक पटल साम्प्रदायिकता का उभार तथा आर्थिक उदारीकरण जैसे बड़े बदलाव देखता है।

"जिस सड़क को ढूंढने के लिए कल हम पागलों की तरह भाग रहे थे, आज उसे देखकर हमें रोना आ रहा है। तुम कहीं और चले जाओगे और हम कहीं। हमसे दिल्ली में मिलोगे ना? ना भी मिलना हो तो हमें खुश करने के लिए हाँ कह दो। कम से कम तुम्हारा इन्तजार तो करेंगे।"

अपनी छुट्टियों वाली ट्रिप से घर की ओर वापस लौटते हुए रश्मि द्वारा राज को बोले गए इस संवाद में समकालीन शहर में युवा सपनों की मौत की आहट छिपी है।

**25. इन विच एनी गिव्स इट दोज वन्स** (1989)

निर्माता-निर्देशक – प्रदीप कृष्ण, कथा-पटकथा – अरुंधति रॉय, कलाकार – रोशन सेठ, अर्जुन रैना, अरुंधति रॉय, ऋतुराज, ईजाक थॉमस, दिव्या सेठ, मोजेज उबोह, बिनॉय थॉमस, हिमानी शिवपुरी, लवलीन मिश्रा, रघुवीर यादव, शाहरुख खान

'नेशनल इंस्टीट्यूट ऑफ आर्किटेक्चर' के उन्नीस सौ चौहत्तर के सालाना बैच की कहानी 'इन विच एनी गिव्स इट दोज वन्स' में जब भी देखता हूँ, मुझे अपने जेएनयू

हॉस्टल में बिताए दिन याद आते हैं। यहाँ डीन को सब 'यमदूत' कहते हैं। वायवा के पहले सारी रात जागकर काम करना, हॉस्टल के कमरों में मुर्गियाँ पालना और साबुन के केस में सिगरेट भरकर रखना। यह दिल्ली का एलीट बौद्धिक कैम्पस है, जहाँ के छात्र समुदाय में अद्भुत भाषायी और क्षेत्रीय विविधताएं दिखती हैं। फ़िल्म की शूटिंग के लिए आईटीओ स्थित 'स्कूल ऑफ प्लानिंग एंड आर्किटेक्चर, नई दिल्ली' के परिसर का इस्तेमाल हुआ है, जिसे फ़िल्म अन्त में धन्यवाद देती है। दिल्ली यहाँ अपने अनुभवजन्य यथार्थ के साथ उपस्थित है। शोहदे की भूमिका में रघुवीर यादव जो नायिका को राह चलते 'वाह क्या माल है' बोलते हैं। यही डीटीसी की बस में होता है। कैम्पस के बाहर निकलने ही एक लड़की के लिए जैसे यही दिल्ली का पहला परिचय है। एक अन्तरकथा एमजी रोड के तवायफखाने तक भी पहुँचती है। पंजाबी में बातें करने वाली चावला आंटी हैं, जिन्होंने अपने घर के गैराज को कमरे में बदलवाकर छात्रों को किराए पर दिया हुआ है। जो घर में घुसते ही कहती हैं, ''तेरे अंकल जी कै रए सी कि पंज तरीख ह़ो गई है ते... नईं नईं पुत्तर, मैं तें ऐवें ई कहया सी... कोई गल्ल नईं। पर पुत्तर, विजली-पानी दा वी रह ग्या है... तू भला आप ही सोच ना।"

**26. फ़ायर (1996)**

लेखक-निर्देशक – दीपा मेहता, निर्माता – बॉबी बेदी, दीपा मेहता, संगीत – ए आर रहमान, कलाकार – शबाना आजमी, नन्दिता दास, कुलभूषण खरबन्दा, जावेद जाफरी, रंजीत चौधरी, कुशल रेखी, विनय पाठक, राम गोपाल बजाज।

फ़िल्म के एक बेहद विवादास्पद दृश्य में नौकर मुंडू, घर की बुजुर्ग सदस्या 'बीजी' को रामायण दिखाने के बहाने पॉर्न फ़िल्म देख रहा है। यह वीडियो कैसेट है जिस पर 'जे सीरीज' लिखा हुआ है। इस नाम के 'टी सीरीज' से साम्य पर गौर करें। 'टी सीरीज' के गुलशन कुमार पुरानी दिल्ली के फल व्यवसाय से उठकर ही देश के 'कैसेट किंग' बने थे। उस युग तक इंटरनेट के जरिये पॉर्न फिल्मों तक असीमित पहुँच संभव नहीं हुई थी। और धार्मिक फिल्मों के आवरण में छिपाकर इसी तरह पॉर्न कैसेट्स बेची जाती थीं। फ़िल्म में चल रही कैसेट बहुत खराब क्वालिटी की है। उस समय में ऐसी कैसेटों के साथ यह आम था। खास दृश्य बार-बार देखे जाने से उनका मैग्नेटिक टेप घिस जाता था।

यह लाजपत नगर के एक परिवार की कहानी है। फ़िल्म में निजामुद्दीन की दरगाह और उसके आस-पास कोटला मुबारकपुर का इलाका बार-बार आता है। परिवार पिकनिक पर भी वहीं जाता है और अन्त में दोनों नायिकाएं भी वहीं शरण लेती हैं। दो गुम्बद, बड़े खान का गुम्बद और छोटे खान का गुम्बद, मानों दोनों नायिकाओं की अभिलाषाओं को अभिव्यंजित करते हैं।

**27. अर्थ (1998)**

लेखक-निर्देशक–दीपा मेहता, निर्माता–डेविड हेमिल्टन, झामू सुगंध, संगीत–ए आर रहमान, गीत–जावेद अख्तर, कलाकार–आमिर खान, नंदिता दास, राहुल खन्ना, माइया सेठना, किटू गिडवानी, आरिफ जकारिया, कुलभूषण खरबंदा, रघुवीर यादव, गुलशन ग्रोवर, एरिक पीटरसन, पवन मलहोत्रा।

बाप्सी सिध्वा के लिखे उपन्यास 'द आईसकैण्डी मैन' पर आधारित दीपा मेहता की फ़िल्म 'अर्थ' है तो कथा बंटवारे के वक़्त के लाहौर की, लेकिन इसकी शूंटिंग के लिए पुरानी दिल्ली में लाहौर को पुनर्सृजित किया गया था। गीत 'रुत आ गई रे' में आप छतों पर उड़ती पतंगों के बीच जामा मस्जिद को साफ देख सकते हैं। दिल्ली के पुराने खंडहर और किले इस फ़िल्म की प्रमुख लोकेशन बनते हैं। फ़िल्म का अंत जिस वर्तमान में होता है वह दिल्ली के उजाड़ 'कोरोनेशन पार्क' में फ़िल्माया गया है। यहीं लेखिका बाप्सी सिध्वा की पृष्ठभूमि में आप किंग जॉर्ज पंचम की उस मूर्ति को भी देख सकते हैं जिसे साठ के दशक में इंडिया गेट के साथ बनी छतरी के नीचे से उठाकर यहाँ इन बेरौनक पार्क में धूल खाने के लिए पटक दिया गया है।

**28. दिल से (1998)**

लेखक-निर्माता-निर्देशक–मणिरत्नम, संवाद–सुजाता एवं तिग्मांशु धूलिया, संगीत–ए आर रहमान, गीत–गुलजार, कलाकार–शाहरुख खान, मनीषा कोईराला, प्रीटि जिन्टा, रघुवीर यादव, पीयुष मिश्रा, जोहरा सहगल, अरुंधति नाग, आदित्य श्रीवास्तव, संजय मिश्रा, मीता वशिष्ठ।

मणिरत्नम की तनाव क्षेत्रों में पनपती प्रेम कहानियों की त्रिवेणी में क्रम से तीसरी 'दिल से' में कायदे से तो दिल्ली अन्तिम हिस्से में आती है। लेकिन वास्तव में यह फ़िल्म में उस शुरुआत से ही मौजूद है जहाँ दिल्ली से उत्तरपूर्व ऑल इंडिया रेडियो की नौकरी पर गया नायक अमरकान्त वर्मा (शाहरुख खान) हाशिए पर बसी आबादी से जानना चाहता है कि आजादी के पचास साल होने पर उन्हें कैसा महसूस होता है। कुछ प्रतिनिधि जवाब यह हैं,

"स्वाधीनता। कैसी स्वाधीनता? हमारी कोई स्वाधीनता नहीं है।"

"बहुत उन्नति हुआ। गाँव का छोटा-मोटा लीडर अमीर लीडर बनके हमीं को लूटने लगा।"

"सेन्ट्रल गवरमेन्ट जो है, हम लोगों को यहाँ पे डरा धमका के रखती है। हमारी भोली-भाली जनता पर अन्याय करती है। और दुनिया से कह देती है कि हम आजाद हैं। क्या हम इसे आजादी कहेंगे?"

यहाँ उत्तर-पूर्व में दिल्ली की सतत उपस्थिति है। दिल्ली प्रतीक है सत्ता का। आततायी सत्ता जिसके द्वारा हाशिए की आबादी का शोषण किया जा रहा है,

"आपको लगता है कि दिल्ली ही हिन्दुस्तान है। हमारे जैसे राज्य जो कोने में पड़े होते हैं आपके लिए कोई मायने नहीं रखते। बताऊँ क्यूं? क्यूंकि वो छोटा राज्य है। बड़ा वोटबैंक नहीं है। दिल्ली का नजर वहाँ पर है जहाँ ज़्यादा वोट हो। हमें तो मरने के लिए छोड़ रखा है।"

लेकिन यहाँ मणिरत्नम की अलगाववादी आन्दोलन को लेकर वह एकांगी समझ भी सामने आती है जिसमें उग्रवादी संगठन का लीडर 'राज्यसत्ता' को नहीं बल्कि उसकी 'वोटबैंक पॉलिटिक्स' को समस्या की जड़ बताता दिखता है। दिल्ली की सत्ता का प्रतीक सेना भी है जिसकी उपस्थिति 'दिल से' के बहुचर्चित गीतों की पृष्ठभूमि रचती है।

एक चीज गौर करने की है। फ़िल्म में लम्बे समय तक नायक के गले में लटका उसका ऑल इंडिया रेडियो वाला पहचानपत्र उसकी सबसे महत्वपूर्ण पहचान बना रहता है। वह पुलिस द्वारा पकड़े जाने पर अपने बचाव में कहता भी है कि मैं खुद सरकारी अधिकारी हूँ और मेरे पिता फौज में थे। यह सरकारी अधिकारी होने का ठप्पा इस देश में राजधानी से लेकर हाशिए के इलाकों तक कैसे सब बंद दरवाजे खोलता है, देखना मजेदार है।

दिल्ली फ़िल्म में आती है जनवरी की सर्द सुबह के साथ जहाँ राजपथ पर छब्बीस जनवरी की सालाना परेड की तैयारियों में बेंचों की कतारें लग चुकी हैं और हम उद्रवादी दस्ते को सुबह के निर्जन में राष्ट्रप्रमुख को आत्मघाती बम से उड़ा देने की योजना बनाते देखते हैं। कनॉट प्लेस के बरामदों में नायक नायिका के साथी का पीछा करता है जिसका अन्त पुलिस द्वारा उसकी गिरफ्तारी और वहीं उसकी आत्महत्या में होता है। जहाँ नायक दिल्ली के एलीट से है जिसका घर पुराना हवेलीनुमा है, नायिका के साथियों की रिहाइशगाह पुरानी दिल्ली का मुस्लिम बहुल इलाका बनता है।

फ़िल्म का क्लाईमैक्स जहाँ छब्बीस जनवरी की परेड रिहर्सल को दिखाता है वहीं नायक-नायिका के बीच अन्तिम 'द ग्रेट डिबेट' को फ़िल्माने के लिए मणि ऐतिहासिक इमारत की पृष्ठभूमि का इस्तेमाल करते हैं। पुराना लोहे का पुल और लाल किले की प्राचीर नायक की अंतिम लड़ाई में नजर आते हैं वहीं फ़िल्म का अन्त पुराने किले में अन्तिम विस्फोट के साथ होता है। 'दिल से' राष्ट्रसत्ता और उससे पनपे अलगाववाद को प्रेमकथा की पृष्ठभूमि के तौर पर इस्तेमाल करती है जिसमें दिल्ली सत्ता का प्रतीक बन जाती है। लेकिन अन्य मणिरत्नम फ़िल्मों की तरह अन्ततः यह

फ़िल्म भी 'राष्ट्रवाद' को सर्वोच्च मूल्य के बतौर स्थापित करती है।

### 29. सरफरोश (1999)

कथा-पटकथा-निर्माता-निर्देशक—जॉन मैथ्यू माथान, संगीत—जतिन-ललित, गीत—इसरार अंसारी, निदा फाजली, समीर, इन्दीवर, कलाकार—नसीरुद्दीन शाह, आमिर खान, सोनाली बेन्द्रे, मुकेश ऋषि, आकाश खुराना, स्मिता जयकर, सुकन्या कुलकर्णी, अखिलेन्द्र मिश्रा, अहमद खान, प्रदीप रावत, मकरन्द देशपाण्डे, श्रीवल्लभ व्यास, अली खान, गोविन्द नामदेव, सुरेखा सीकरी।

भारत-पाकिस्तान के आपसी तनाव और बीते साल हुए परमाणु विस्फोटों की पृष्ठभूमि में आई एक और 'राष्ट्रवाद' से ओतप्रोत फ़िल्म। फ़िल्म मुम्बई, राजस्थान के सीमावर्ती इलाके बाहिद और महाराष्ट्र-आंध्र की सीमा पर बसे चन्द्रपुर के बीच घूमती है। फ़िल्म पाकिस्तान से चलकर राजस्थान के सीमावर्ती इलाकों से होते हुए भारत के भीतरी हिस्सों तक होती हथियारों की तस्करी की सप्लाई चेन दिखाती है। यहाँ पाकिस्तान खलनायक है और भारत में फैल रहे आतंकवाद का प्रायोजक भी, जिसका जाल तस्करों से लेकर शायरों तक के मार्फत आगे बढ़ता दिखाया गया है।

'सरफरोश' में दिल्ली फ्लैशबैक में आती है जहाँ नायक-नायिका को साथ दिल्ली विश्वविद्यालय में पढ़ते दिखाया गया है। नायक (आमिर खान) का राजपथ, रिंग रोड और रिज के भीतर की सड़कों पर मोपेड 'हीरो पुक' चलाते दिखना उस दौर में बड़ा लोकप्रिय हुआ था। नायक के भाई की हत्या का दृश्य भी रिजरोड पर ही फ़िल्माया गया है। जगजीत सिंह की लोकप्रिय गजल 'होशवालों को खबर क्या' में कॉलेज के बतौर दिल्ली विश्वविद्यालय का शिक्षा संकाय दिखता है और एक नई-नवेली कैम्पस प्रेम कहानी पनपती दिखाई देती है। गीत के एक दृश्य में हिन्दू कॉलेज के हिन्दी अध्यापक हरीश नवल, अध्यापक की ही भूमिका में दिखते हैं और इसी वजह से यह दृश्य नॉर्थ कैम्पस की स्थानीय लोककथाओं में हमेशा के लिए शामिल हो गया। यहाँ कैम्पस के बगीचे, पुस्तकालय, सड़कें, बेंचें, बस स्टॉप मिलकर प्रेमकथा के लिए एक शांत, निर्जन याने माफिक परिवेश रचते हैं।

### 30. हे राम (2000)

लेखक-निर्माता-निर्देशक—कमल हासन, हिन्दी संवाद—मनोहर श्याम जोशी, संगीत—इलैयाराजा, कलाकार—कमल हासन, शाहरुख खान, रानी मुखर्जी, अतुल कुलकर्णी, वसुंधरा दास, नसीरुद्दीन शाह, सौरभ शुक्ला, ओम पुरी, गिरीश कर्नाड, हेमा मालिनी

साकेत राम, जो दक्षिणपंथी तपके के प्रभाव में आकर सन 1945 में कलकत्ता में हुए साम्प्रदायिक दंगों में मारी गई अपनी पत्नी के कत्ल के लिए महात्मा गांधी को जिम्मेदार मानता है, उन्हें मारने का इरादा कर दिल्ली आता है। हम नॉर्थ ब्लॉक, संसद भवन और कनॉट प्लेस की झलकियाँ देखते हैं। इसके आगे का घटनाक्रम मुख्यतः तीन स्थानों पर घटता है। बिरला हाउस, कनॉट प्लेस स्थित मरीना होटल और जामा मस्जिद इलाके में स्थित आजाद सोडा फैक्ट्री। इसमें पहले दो स्थान ऐतिहासिक घटनाक्रम से जुड़े हैं और तीसरा गल्पकथा का हिस्सा है। कमल हासन ने गहन शोध के बाद यह सुनिश्चित किया कि ऐतिहासिक घटनाक्रम और परिवेश पूरी प्रामाणिकता से आए। यही कारण है कि गाड़ियों और वेशभूषा से लेकर बिरला हाउस में लटक रहे कैलेन्डर तक सभी कुछ 1948 की दिल्ली के समयानुकूल है। इसी तरह बीस अगस्त को गोडसे और साथियों का पहला प्रयास, मदनलाल पाहवा की गिरफ्तारी, मरीना होटल में नाथूराम गोडसे का रुकना और सबसे बढ़कर हत्या के क्षण सुप्रसिद्ध 'हे राम' की अनुपस्थिति, यह इतिहास को बरकरार रखकर उसमें गल्प की सफल घुसपैठ है।

### 31. मॉनसून वेडिंग (2001)

निर्देशक – मीरा नायर, निर्माता – कैरोलाइन बारोन, मीरा नायर, लेखक – सबरीना धवन, संगीत – माइकल डन, कलाकार – नसीरुद्दीन शाह, लिलेट दुबे, शेफाली शेट्टी, विजय राज, तिलोत्तमा शोम, वसुन्धरा दास, प्रवीण डबास, कुलभूषण खरबन्दा, कामिनी खन्ना, रजत कपूर, नेहा दुबे, ईशान नायर, रणदीप हुड्डा, रोशन सेठ, सोनी राजदान

दुबे जी, दक्षिण दिल्ली की एलीट क्लास शादियों में टेंट और सजावट के काम का ठेका लेते हैं। वैसे खुद दुबे जी पुरानी दिल्ली के निवासी हैं। जब वे अपने घर की छत पर खड़े होते हैं तो हम बगल में जामा मस्जिद देख पाते हैं। यही दुबे जी जब परेशानहाल सड़कों पर भटक रहे हैं तो पुरानी दिल्ली के एरियल शॉट्स दिखते हैं और इनमें पतंगें उड़ती दिखती हैं, बिजली के अनगिनत तार खंबों से लटकते दिखाई देते हैं। इस फ़िल्म तक दक्षिण दिल्ली में शादियाँ करवाने का काम ईवेंट मैनेजमेंट की शक्ल नहीं ले पाया था, जैसा हाल की 'बैंड, बाजा बारात' में देखा गया।

कौटुम्बिक सदाचार के यश चोपड़ा फॉर्मूला में यह फ़िल्म कौटुम्बिक व्यभिचार दिखाती है। नायिका और उसका प्रेमी गुडगाँव रोड पर गाड़ी रोककर प्रेम में संलग्न दिखते हैं और एक अन्य जगह पुलिस द्वारा पकड़कर प्रताड़ित किए जाते हैं। फ़िल्म के क्रेडिट्स में लिखा आता है कि फ़िल्म की शूटिंग तीस दिन में चालीस स्थानों पर की गई।

### 32. कभी खुशी कभी गम (2001)

निर्देशक—करण जौहर, निर्माता—यश जौहर, संगीत—जतिन-ललित, संदेश शांडिल्य, गीत—समीर, कलाकार—अमिताभ बच्चन, शाहरुखघ खान, काजोल, ऋतिक रौशन, करीना कपूर, फरीदा जलाल, अचला सचदेव, आलोक नाथ, जॉनी लीवर, हिमानी शिवपुरी।

पुरानी दिल्ली का पर्फेक्ट स्टीरिओटाइप जिसका प्रतिनिधि चरित्र काजोल के किरदार 'अंजली' में निहित है। नायिका हलवाईवाले की बेटी, क्रिकेट की शौकीन, और शेरो-शायरी में दिलचस्पी रखने वाली है। यह किरदार और चांदनी चौक यहाँ फ़िल्म में मौजूद दिल्ली के एलीट व्यापारी परिवार 'रायचंद परिवार' के लिए एक पर्फैक्ट विलोम की रचना भी करता है। आप नायक के भाई को पहली बार चांदनी चौक में 'सो टैकी' और 'सो डाउनमार्केट' कहता हुआ पाते हैं और 'गमला' और 'वास्क' में भेद के संदर्भ आते हैं। यह विलोम अपने मुखर रूप में 'शावा शावा' गीत में दिखता है जहाँ समांतर चलने वाले नृत्य में खानदानी एलीट परिवार और चांदनी चौक के परिवार एक-दूसरे के साथ गूंथे गए हैं। चांदनी चौक का सामुदायिक जीवन, जिसमें नायिका की दोस्त एक मुस्लिम परिवार से है और उसके बहाने पुरानी दिल्ली के सामुदायिक जीवन में गहरे पैठा हिन्दू-मुस्लिम भाईचारा दिखाया जाता है। चांदनी चौक का 'हल्दीराम' नजर आता है, लेकिन मुख्यतरू सिनेमा भव्य सेटों से बाहर नहीं निकलता।

### 33. द लिजेन्ड ऑफ भगत सिंह (2002)

निर्देशक—राजकुमार संतोषी, निर्माता—रमेश तौरानी, कुमार तौरानी, संगीत—ए आर रहमान, गीत—समीर, कलाकार—अजय देवगन, सुशांत सिंह, डी संतोष, अखिलेन्द्र मिश्रा, राज बब्बर, फरीदा जलाल, अमृता राव, अमित धवन, हर्ष खुराना, इन्द्राणी बनर्जी, अमिताभ भट्टाचार्जी।

भगत सिंह के जीवन चक्र में और इस रास्ते हिन्दोस्तान के सार्वजनिक पटल पर दिल्ली दो बार महत्वपूर्ण घटनास्थल बनती है। पहला 9 सितम्बर 1928 जब फिरोजशाह कोटला में देशभर से आए क्रांतिकारियों की ऐतिहासिक बैठक होती है, यही वो बैठक है जहाँ उग्र वाम विचारधारा के भगतसिंह और साथी पार्टी का नाम 'हिन्दोस्तान रिपब्लिकन एसोसिएशन' से बदलकर 'हिन्दोस्तान सोशलिस्ट रिपब्लिकन एसोसिएशन' करने का ऐलान करते हैं।

दूसरी घटना है विश्व प्रसिद्ध असेम्बली हॉल में बम फैंकने वाली। 8 अप्रैल 1929 को भगत सिंह और बटुकेश्वर दत्त तत्कालीन असेम्बली हाल, याने वर्तमान संसद भवन

में ठीक उस वक्त धमाका करते हैं जब अंग्रेज सरकार 'पब्लिक सेफ्टी बिल' और 'ट्रेड डिस्प्यूट बिल' के मार्फत श्रमिक हड़ताल जैसे मौलिक अधिकार को बाधित करने का प्रयास करती है। वे साथ ही पर्चे फेंकते हैं जिसमें लिखा है 'बहरों को सुनाने के लिए धमाके की आवश्यकता होती है'। ध्यान रखने की बात यह है कि इस घटना के दो ही साल पहले यह असेम्बली भवन अस्तित्व में आया था। अंजुम राजाबली की कहानी मोटे तौर पर तथ्यों की संगतता बनाए रखती है। हालांकि फ़िल्म देखकर लगता है कि यह पूरा प्रसंग सेट बनाकर फिल्माया गया है।

**34. जमीन (2003)**

निर्देशक–रोहित शेट्टी, निर्माता–एन. आर. पचीसिया, संगीत–हिमेश रेशमिया, गीत–समीर, कलाकार–अजय देवगन, अभिषेक बच्चन, बिपाशा बसु, पंकज धीर, मुकेश तिवारी, मोहन जोशी, अमृता अरोड़ा, एजाज खान।

देश में भाजपा की सरकार थी और कारगिल युद्ध को कुछ ही समय हुआ था। कंधार विमान अपहरण और संसद पर हमले के साए में भारत और पाकिस्तान के बीच संबंध अपने निम्नतम स्तर पर थे। यही दौर था जब हिन्दी सिनेमा ने उग्र देशभक्ति से बजबजाती फिल्मों का दौर देखा। 'जमीन' न सिर्फ इस तनाव के बारे में है, वह बीती असल घटनाओं का अपनी कहानी में अद्भुत काल्पनिक घालमेल करती है। फ़िल्म का पहला दृश्य ही राष्ट्रपति भवन दिखाता है। यहाँ दिल्ली राजधानी है जहाँ राष्ट्र-राज्य की सरकार अवस्थित है। आगे भी सरकारी अमले को दिखाने के लिए यूं ही राष्ट्रपति भवन दिखाया जाता है। उसके अलावा दिल्ली कहीं नहीं। हाँ, "तड़पाए तरसाए रे, सारी रात जगाए रे। प्यार तेरा, दिल्ली की सरदी" यह आईटम नम्बर फ़िल्म को जरूर एक लोकप्रिय प्रतीक देता है।

**35. लक्ष्य (2004)**

निर्देशक–फरहान अख़्तर, निर्माता–रितेश सिधवानी, रॉनी स्क्रूवाला, संगीत–शंकर-अहसान-लॉय, गीत–जावेद अख़्तर, कलाकार–रितिक रौशन, प्रीटि जिंटा, अमिताभ बच्चन, ओम पुरी, शरद कपूर, राज जुत्शी, सुशांत सिंह, आदित्य श्रीवास्तव, बोमन ईरानी।

मैं हमेशा से इसे जावेद अख़्तर की फ़िल्म मानता आया हूँ, जिन्होंने इसके लिए कहानी-पटकथा-संवाद लिखे। और फ़िल्म के खास उसी हिस्से पर फरहान की छाप दिखती है जहाँ फ्लैशबैक में दिल्ली आती है। कारगिल के पहाड़ों से शुरु होती फ़िल्म में दिल्ली का पहला उल्लेख पन्द्रह मिनट बीत जाने के बाद आता है, जहाँ नायक पोस्ट पर अपने साथी अकबर को बताता है कि वो दिल्ली से है।

अकबर सुनकर कहता है ''कैपिटल!'' । अकबर मलिहाबाद का है, जिसका नाम दिल्ली के लड़के करण शेरगिल ने कभी नहीं सुना। फ़िल्म में दिल्ली फ्लैशबैक में आती है। बेफिक्र, लापरवाह नायक अपनी अतिआधुनिक कार राजपथ पर चलाता हुआ। विश्वविद्यालय का माहौल है और कुछ बनावटी से छात्र आन्दोलन के सन्दर्भ। दिल्ली का बौद्धिक एलीट जिसके रोजमर्रा संदर्भों में 'इंडिया इंटरनेशनल सेंटर' रचा बसा है।

यह दोस्तों में विदित तथ्य है कि 'लक्ष्य' की शूटिंग जे.एन.यू. परिसर में हुई है। प्रशासन भवन के बाहर की ऊंची सीढ़ियों पर बैठे नायक नायिका को बताता है कि वो सेना में जा रहा है। 'अगर मैं कहूँ' गीत तुगलकाबाद किले की पृष्ठभूमि में फिल्माया गया है। ईसा खान के मकबरे के सामने, यहीं प्रेम प्रस्ताव दिया जाता है और यहीं वो टूटता भी है। इतिहास फिर से महानगर में प्रेम के लिए स्थान मुहैया करवाता है।

**36. हजारों ख्वाहिशें ऐसी (2005)**

निर्देशक—सुधीर मिश्रा, निर्माता—प्रीतीश नंदी, कथा-पटकथा—सुधीर मिश्रा, रुचि नारायण, शिव सुब्रमणियम, संगीत—शांतनु मोइत्रा, गीत—स्वानन्द किरकिरे, कलाकार—चित्रांगदा सिंह, के के मेनन, शाइनी आहूजा, राम कपूर, सौरभ शुक्ला, यशपाल शर्मा, शिल्पा शुक्ला, संदीप कुलकर्णी

यह भारतीय राजनीति का इंदिरा काल है। सत्तर की शुरुआती दहाई की दिल्ली। सत्ता के कपड़े उघड़ चुके हैं और नंगा सच सामने है। फ़िल्म सत्तर के दशक के नक्सलबाड़ी आन्दोलन की कथा है जिसमें दिल्ली का युवा बैद्धिक एलीट गहरे शामिल था। फ़िल्म हिन्दू कॉलेज के हॉस्टल को दिल्ली विश्वविद्यालय की प्रामाणिक लोकेशन के बतौर इस्तेमाल करती है और सत्ता के शहर दिल्ली और हाशिए के सीमांत भोजपुर के मध्य आवागमन करती है। इन दोनों भौगोलिक पहचानों के मध्य निरंतर विलोम रचती है और इस विलोम की सर्जना द्वारा सत्ता का वीभत्स चेहरा दिखाती है। दिल्ली की तस्वीरों में जैसे सत्ता के गलियारों के प्रतिनिधि बनकर सरकारी दफ्तर उपस्थित हैं, वैसे ही सार्वजनिक बैठकखानों में होती मुलाकातों में कनॉट प्लेस स्थित कॉफी हाउस और रीगल सिनेमा दिखाई देता है। भिन्न दृश्यों में पृष्ठभूमि में राष्ट्रपति भवन से लेकर कुतुब मीनार तक दिखाई देते हैं। नाम नहीं लिया गया है, लेकिन एक दृश्य में पृष्ठभूमि में इंदिरा गांधी भी दिखाई गई हैं। सत्ता के पूरे लाव-लश्कर के साथ।

**37. अमु (2005)**

निर्माता-निर्देशक-लेखक—शोनाली बोस, संगीत—नंदलाल नायक, कलाकार—कोंकना सेनशर्मा, वृंदा करात, यशपाल शर्मा, अंकुर खन्ना, लवलीन मिश्रा।

काजरी रॉय उर्फ काजू, एकल माँ की बेटी, लॉस एंजलिस से भारत आयी है। संसद भवन, इंडिया गेट, राष्ट्रपति भवन से शुरू हुआ कैमरे का सफर झुग्गी झोंपड़ियों, बीच सड़क पर खड़ी गाय से होता हुआ कमजोरी का इलाज करने वाले खानदानी शफाखाना उर्फ सेक्सोलोजिस्ट पर जाकर थमता है।

काजू अपनी आँखों से दिल्ली देखना चाहती है इसलिए सी आर पार्क में रह रहे अपने मामा के परिवार के बुजुर्गों की हिदायतों को धता बता वह खुद अकेली निकल पड़ती है। ब्लू लाइन बस की धकापेल में सब चढ़ जाते हैं, वही रह जाती है। मिरांडा हाउस के सामने के ढाबे के गोबिंद सिंह जी के जरिये वह उनके संजय कॉलोनी स्थित घर पहुँचती है और फिर रेलवे ट्रैक के उस तरफ त्रिलोकपुरी।

धीरे धीरे त्रिलोकपुरी में उन्नीस सौ चौरासी में घटे सिख जनसंहार की खौफनाक तस्वीरें सामने आने लगती हैं। 'अमू' दिल्ली के आजाद भारत के सबसे कलुषित दौर की कथा है। यह हत्यारी दिल्ली का क्रूर चेहरा है। फ़िल्म इस ऐतिहासिक त्रासदी के कई सन्दर्भों को स्पष्टता से संकेतित करती है, मसलन 'काले चश्मे वाले नेता'। इतने बड़े जनसंहार के बारे में पूरी दिल्ली में एक चुप्पी क्यों है जबकि इस वाकये के चश्मदीद गवाह मौजूद थे / हैं? यही सवाल काजू एक वरिष्ठ नौकरशाह के घर चल रही पार्टी में पूछती है और सन्नाटा छा जाता है।

'अमू' दिखाती है कि यह चुप्पी षड्यंत्रकारी है क्योंकि यह अभिजात दिल्ली इस जनसंहार में जाने अनजाने शामिल रही है। यह अभिजात दिल्ली सिर्फ संस्कृति में अभिजात नहीं है, यह राजनीतिक रूप से उस व्यवस्था का हिस्सा है जो 'उन खौफनाक चार दिनों' के लिए जिम्मेदार थी।

**38. बंटी और बबली (गीत) (2005)**

निर्देशक—शाद अली, निर्माता—आदित्य चोपड़ा, संगीत—शंकर-अहसान-लॉय, गीत—गुलजार, कलाकार—रानी मुखर्जी, अभिषेक बच्चन, अमिताभ बच्चन, ऐश्वर्या राय।

उत्तर प्रदेश के विभिन्न लोकेल में घूमती फ़िल्म में गुलजार के लफ़्जों में घर बनाकर गालिब की दिल्ली चली आती है।

''तुझसे मिलना पुरानी दिल्ली में, छोड़ आए निशानी दिल्ली में।
बल्लीमाराँ से दरीबे तलक, तेरी मेरी कहानी दिल्ली में।''

**39. रंग दे बसंती (2006)**

निर्देशक – राकेश ओमप्रकाश मेहरा, निर्माता – राकेश ओमप्रकाश मेहरा, रॉनी स्क्रूवाला, कथा – कमलेश पांडे, पटकथा – राकेश ओमप्रकाश मेहरा, रेंसिल डिसिल्वा, संगीत – ए आर रहमान, गीत – प्रसून जोशी, कलाकार – आमिर खान, सिद्धार्थ, शर्मन जोशी, कुणाल कपूर, सोहा अली खान, माधवन, अतुल कुलकर्णी, एलिस पैटन, वहीदा रहमान, किरण खेर, अनुपम खेर, ओम पुरी, मोहन अगाशे, के के रैना।

यह फ़िल्म कैम्पस की कथा होने से शुरु होती है, जिसमें दिल्ली युनिवर्सिटी को फिल्माने के लिए लोदी रोड स्थित इंडिया हैबीटैट सेंटर का इस्तेमाल किया गया है। आगे भी जिन किलों और खंडहरों को फ़िल्म कथास्थल बनाती है वे दिल्ली के नहीं हैं। लेकिन इनके द्वारा 'रंग दे बसन्ती' दिल्ली शहर में सर्वत्र मौजूद पुराने भग्नावशेषों की भूमिका बखूबी स्पष्ट करती चलती है। नायकों की टोली में अमीर घर के लड़के भी हैं और सामुदायिक जीवन जीने वाले पुरानी दिल्ली के परिवारों के लड़के भी। लेकिन सबका ही अपने परिवार से भिन्न कारणों से बनता 'कम्यूनिकेशन गैप' दृष्टव्य है।

यह सत्ता की दिल्ली है। आततायी सत्ता जो सवाल पूछने वालों का बेरहमी से कत्ल करवाती है और उसे राष्ट्रहित घोषित करती है। दिल्ली के संदर्भ में फ़िल्म का सबसे आईकॉनिक शॉट इंडिया गेट पर लाठी चार्ज का दृश्य है। यहाँ देखे गए मोमबत्ती मार्च आगामी समय में एक फेनॉमिना बने और दिल्ली में इंडिया गेट पर कैंडल लाइट मार्च के चलन बन गया। फ़िल्म के अन्त में ऑल इंडिया रेडियो की इमारत में गोलीबारी और नायकों की मौत भी महत्वपूर्ण है। दो बातें रेखांकित की जानी चाहिए। एक – हत्यारी सत्ता यहाँ अदृश्य है, और दूसरा – कैसे नायक आधुनिक संचार माध्यमों को अपनी बात कहने का जरिया बनाते हैं।

**40. खोसला का घोंसला (2006)**

निर्देशक – दिबाकर बनर्जी, निर्माता – सविता राज हीरमथ, रॉनी स्क्रूवाला, कहानी-पटकथा-संवाद-गीत – जयदीप साहनी, संगीत – बापी-टुटुल, ध्रुव भल्ला, कलाकार – अनुपम खेर, बोमन ईरानी, प्रवीण दबास, तारा शर्मा, नवीन निश्चल, किरण जुनेजा, रणवीर शौरी, विनोद नागपाल, विनय पाठक, नितीश पाण्डे, राजेन्द्र सेठी, राजेश शर्मा, रूपम बाजवा

यह दिल्ली का मध्यवर्गीय विमर्श है। फ़िल्म दिल्ली की पारंपरिक छवियों में नहीं फंसती, बल्कि रोज़मर्रा के शहर और रिहाइश से जुड़ी छवियाँ गढ़ती है। ज़मीन इस कथा का मुख्य कर्मक है और एक भीमकाय बिल्डर मुख्य खलनायक। दिल्ली में मौजूद भूगोल से जुड़ा सामाजिक स्तरीकरण उस संवाद में उभरकर सामने आता है

जहाँ साहनी साहब, खोसला साहब को कहते हैं, ''अब तो आप साउथ दिल्ली वाले होने वाले हो! फैमिली वाले बड़े एक्साईटेड होंगे!'' संजीव कपूर के खाना खजाना, खाने की मेज पर रखी रूह-हफजा की शीशी और आईआईटी, दिल्ली वाली टीशर्ट पहने लड़के से मिलकर दिल्ली का मध्यमवर्गीय परिवार निर्मित होता है। हरियाणवी में बात करने वाले पुलिसवाले हैं और देव नगर वाले पहलवानों के अखाड़े के संदर्भों से दिल्ली अपनी रंगत दिखाती है।

## 41. आहिस्ता आहिस्ता (2006)

निर्देशक—शिवम नायर, निर्माता—अंजुम रिजवी, कथा-पटकथा—इम्तियाज अली, संवाद—आरिफ अली, संगीत—हिमेश रेशमिया, गीत—इरशाद कामिल, कलाकार—अभय देओल, सोहा अली खान, श्यान मुंशी, ब्रिजेन्द्र काला, डी सन्तोष।

यह इम्तियाज अली का, वह इस फ़िल्म के लेखक हैं, अपनी शुरुआती कर्मभूमि दिल्ली को लिखा गया पहला प्रेम-पत्र है। ज्ञात हो कि इसी कहानी पर वो पहले टीवी के लिए भी एक टेलिफ़िल्म बना चुके हैं। फ़िल्म लाल किले के पर होती धुंध भरी सुबह के शॉट से शुरु होती है। यह कहानी दरियागंज में परवान चढ़ती है इसलिए इसमें पुरानी दिल्ली के तमाम संदर्भ हैं। पुरानी दिल्ली और दरियागंज के दृश्यों के बीच फ़िल्म में मौजूद प्रेम त्रिकोण में एक क्लास रेफरेंस सदा बना रहता है। और यह क्लास रेफरेंस पैसे का नहीं, 'स्टैंडर्ड' का है। स्थानीय संदर्भ भी गहरे हैं, जैसे कि पुरानी दिल्ली रेलवे स्टेशन से मुम्बई की कोई ट्रेन नहीं जाती, नई दिल्ली से जाती है।

## 42. प्यार के साइड इफैक्ट (2006)

निर्देशक—साकेत चौधरी, निर्माता—प्रितीश नंदी, रंगीता प्रितीश नंदी, संगीत—प्रीतम, गीत—मयूर पुरी, कलाकार—राहुल बोस, मल्लिका शेरावत, रणवीर शौरी, शरत सक्सेना, सुचित्रा पिल्लई, आमिर बशीर, तराना राजा।

मुम्बई का लड़का—दिल्ली की लड़की। शुरुआत दिल्ली की खांटी पंजाबी शादी से होती है, जिसे आप मुम्बई के दो लड़कों की नजर से देखते हैं, ''ये दिल्ली है डूड। दे शो ऑफ''। जहाँ एक डीजे से एक ही गाना पन्द्रह बार बजवाया जाता है, और मना करने पर बन्दूक चला दी जाती है, ''सिड ये दिल्ली है। यहाँ सबके पास बंदूक है।'' फ़िल्म इन दो शहरों की आपसी तुलनाओं से भरी पड़ी है। सबसे कमाल मुम्बई के किसी बार में पांच दारू के पैग पर होता नायक नायिका का यह संवाद देखिए,

''दिल्ली की लड़कियाँ ऐसे ड्रेस करती हैं जैसे हर रोज दिवाली हो। यू नो... मेकअप, जूते, ड्रेस। मैं सटल लड़कियाँ प्रिफर करता हूँ, जो थोड़ी कम कलरफुल हों।''

"यू मीन बोरिंग।"

"नो। आई मीन क्लासी।"

"यू मीन मैं क्लासी नहीं हूँ?"

"अरे, तुम सेंटी हो रही हो!"

"बहुत देखी हैं मैंने, तुम्हारे बॉम्बे की सट्टल लड़कियाँ। सूखी हड्डियों पर जैसे डिजाइनर धागे बांध दिए हों। ना ऊपर कुछ और न नीचे कुछ। पतला शहर और पतली लड़कियाँ।"

"अगर लोग बॉम्बे के बारे में इतना क्रिब करते हैं तो आते क्यूं हैं। उनको इनवाइट किसने किया था!"

"मुम्बई का तो मुझे मालूम नहीं, लेकिन मुझे यहाँ जरूर किसी ने इनवाइट किया था. बाय!"

**43. दिल दोस्ती एक्सेट्रा (2007)**

निर्देशक–मनीष तिवारी, निर्माता–प्रकाश झा, संगीत–सिद्धार्थ, सुहास, अग्नी, गीत–प्रशांत पांडे, राम गौतम, कुमार, सिद्धार्थ, सुहास, कलाकार–श्रेयस तलपडे, इमाद शाह, निकिता आनंद, स्मृति मिश्रा, इशिता शर्मा।

दिल्ली विश्वविद्यालय की समकालीन छात्र राजनीति का कई अर्थों में प्रामाणिक चित्रण इस फ़िल्म की खासियत है। उत्तरी परिसर के हिन्दू विश्वविद्यालय और छात्रावास में फिल्माई गई फ़िल्म में डूसू की खांटी छात्र राजनीति है। उस छात्र राजनीति में बढ़ता हरियाणवी और पुरबिया छात्र समुदाय का बोलबाला है। इसी छात्र जीवन के संदर्भों में जीबी रोड के रेडलाइट एरिया की उपस्थिति है। युवता के प्रेम हैं और सतत प्रतिद्वंद्विता है। राजनीति में भी और प्रेम में भी।

**44. झूम बराबर झूम (गीत) (2007)**

निर्देशक–शाद अली, निर्माता–आदित्य चोपड़ा, संगीत–शंकर-अहसान-लॉए, गीत–गुलजार, कलाकार–अभिषेक बच्चन, प्रिटी जिन्टा, लारा दत्ता, बॉबी देओल, पीयुष मिश्रा।

गीत 'बोल न हल्के हल्के' को राहत फतेह अली ख़ान और महालक्ष्मी अईयर ने गाया है। हबीब फैजल की लिखी इस फ़िल्म में नायक हिन्दुस्तानी है और नायिका पाकिस्तानी जिनकी मुलाकात लंदन के एक रेलवे स्टेशन पर होती है। इस काल्पनिक प्रेमगीत की शुरुआत पुरानी दिल्ली रेलवे स्टेशन से होती है जहाँ नायिका ने गलती से नायक को कुली समझ अपना सामान पकड़ा दिया है। आगे मुस्लिम परिवेश में

कुतुब मीनार की पृष्ठभूमि में नायक-नायिका पतंग उड़ाते दिखाई देते हैं और नायिका अपना दुपट्टा फाड़कर नायक के हाथ पर बांध देती है।

गीत का निर्णायक क्षण वह है जहाँ नायक एक ऐतिहासिक इमारत के सामने नायिका को खड़ा कर कहता है,

"ये देखो ताजमहल।"

आगे नायिका और नायक के मध्य संवाद कुछ यूं हैं।

"ये देखो ताजमहल"

"लाल पत्थर का ताज!"

"ताज ही है। किसी ने लाल पोत दिया है।"

"इस इमारत का नाम बताओगे या मैं जाऊं?"

"हुमायूँ का मकबरा। इत्ते पैसे नहीं थे कि तुम्हें आगरे ले जाके ताज दिखाऊं। सॉरी।"

"आज से हुमायूँ का मकबरा ही मेरे लिए ताजमहल है। हमारी मोहब्बत जितना खूबसूरत।"

गीत के अगले भाग में अग्रसेन की बावड़ी में लम्बा प्रेम प्रसंग फिल्माया गया है। आगे राजपथ और पुरानी दिल्ली के रास्तों में साथ घूमते नायक-नायिका हैं जिनमें पृष्ठभूमि में रह-रहकर राष्ट्रपति भवन, जामा मस्जिद और लाल किला दिखाई देते हैं। गीत का अंत आगरा में ताजमहल के किनारे होता है।

### 45. चक दे इंडिया (2007)

निर्देशक—शिमित अमीन, निर्माता—आदित्य चोपड़ा, संगीत—सलीम-सुलेमान, गीत—जयदीप साहनी, कलाकार—शाहरुख खान, शिल्पा शुक्ला, विद्या मालवाडे, सागरिका घाटगे, चित्राशी रावत।

'चक दे इंडिया' की दिल्ली के दो चेहरे हैं। एक है नई दिल्ली के हृदयस्थल में राजपथ के ठीक सामने निर्मित ध्यानचंद हॉकी स्टेडियम, जिसके दालान में लगी ध्यानचंद की मूर्ति फ़िल्म में एक महत्वपूर्ण प्रतीक बनकर उभरती है। और दूसरा है पुरानी दिल्ली का बह मुस्लिम बहुल इलाका जहाँ से हमारा नायक कबीर खान आता है और जहाँ रोजमर्रा के जींवन का सामुदायिक चरित्र आज भी प्रबल है। यहाँ दिल्ली वह घटनास्थल भी है जहाँ तमाम राज्यों से आई खिलाड़ी आपस में अपनी पहचानों सहित टकराती हैं। यहाँ इस टीम को राष्ट्र के रूपक में इन खिलाड़ियों को राष्ट्र में मौजूद विभिन्न अस्मिताओं के रूपक के तौर पर पढ़ें। जयदीप साहनी की लिखी यह

फ़िल्म 'खोसला का घोंसला' के बाद दिल्ली पर उनका दूसरा बयान है जिसे आप नेहरूवियन आधुनिकता के एक मॉडल के बतौर पढ़ सकते हैं।

**46. चीनी कम** (2007)

निर्देशक—आर. बाल्की, निर्माता—सुनील मनचन्दा, संगीत—इलैयाराजा, गीत—समीर, मनोज तापड़िया, कलाकार—तब्बू, अमिताभ बच्चन, परेश रावल, जोहरा सहगल।

समकालीन दिल्ली जिसमें होटल शंगरीला भी है और कुतुब मीनार भी। निजामुद्दीन का मकबरा एक से ज़्यादा बार नजर के सामने से गुजरता है और निजामुद्दीन से आए चिकन के संदर्भों से फ़िल्म आगे बढ़ती है। दिल्ली में यही फ़िल्म का मुख्य घटना स्थल है और निजामुद्दीन का रेलवे स्टेशन भी दिखाई देता है। कुतुब मीनार पर बना दिल्ली का मशहूर लौह स्तंभ फ़िल्म की कहानी में एक महत्वपूर्ण 'प्लॉट पॉइंट' है और इसके चारों ओर बांहें फैलाकर मन्नत मांगने का रिवाज फ़िल्म की कथा को पूर्ण करता है।

**47. डेल्ही हाइट्स** (2007)

निर्देशक—आर. आनंद कुमार, निर्माता—प्रभु गणेशन, संगीत—रब्बी शेरगिल, गीत—रब्बी शेरगिल, कलाकार—जिम्मी शेरगिल, नेहा धूपिया, सिमोन सिंह, रोहित रॉय, ओम पुरी।

फ़िल्म 'हाई राइज' इमारतों में रहने वाली नव धनाड्य पीढ़ी की कहानी कहती है। 'डेल्ही हाइट्स' दिल्ली की किसी नवनिर्मित पॉश कॉलोनी में बनी ऐसी ही एक बहुमंजिला इमारत का नाम है। फ़िल्म आधुनिक स्त्री-पुरुष रिश्तों के आपसी तनाव पर आधारित है जिसमें कॉर्पोरेट जगत के जीवन को किसी मृगतृष्णा की तरह दिखाया गया है। फ़िल्म में सबसे रेखांकित करने लायक रब्बी शेरगिल का शहर दिल्ली पर लिखा गया वह कुछ पुराना गीत है जिसे फ़िल्म के थीम सॉंग की तरह इस्तेमाल किया गया है।

**48. ओये लक्की लक्की ओये** (2008)

निर्देशक—दिबाकर बनर्जी, निर्माता—रॉनी स्क्रूवाला, पटकथा—दिबाकर बनर्जी, उर्मी जुवेकर, संवाद—मनु ऋषि, संगीत—स्नेहा खानवलकर, गीत—कुक्कड़ कनु, मौजी मनु, बावरा बंगाली, अमितोष नागपाल, कवि मांगे राम, कलाकार—अभय देओल, परेश रावल, नीतू चंद्रा, अर्चना पूरण सिंह, मनु ऋषि, रिचा चढ्ढा, मनजोत सिंह, अनुराग अरोड़ा, अमनदीप सिंह बक्षी, चंदन आनंद।

दिबाकर बनर्जी के दिल्ली विमर्श में क्रम से दूसरी फ़िल्म। शहर के आभासी दायरों

की बात करती है और हाशिए की आबादी से निकले किरदार 'लविन्दर सिंह लक्की' की कहानी के माध्यम से समकालीन शहरी परिदृश्य को अपनी ही बहुसंख्य आबादी के लिए अप्राप्य कामनाओं के रंगमंच में बदल देती है। 'ओये लक्की लक्की ओये' की दिल्ली शोफरों वाली चटख लाल मर्सिडीज कारों, पार्किंग के लिए झगड़ते शहर के एलीट और एक अदद ब्रेड टोस्टर के लिए घर आए दामाद के न्यौरे खाती निम्नमध्यमवर्गीय महिलाओं से मिलकर बनती है। दिल्ली के ऐतिहासिक चिह्न यहाँ सिरे से गायब हैं। संदर्भों में दिल्ली की कॉलोनियों के नाम कुछ यूं आते हैं,

''पहले स्कूटर पे बिठाया। फिर चक्कर लगाया। तिलक नगर से रजौरी। फिर न्यू अमर ले गया।''

लक्की की चाहत शहर के उस अभिजन में प्रवेश पाने की है जिसे उसने बचपन से 'शीशे पार' देखा है। उसकी चाहत उसे वैध से अवैध धंधों की ओर ले जाती है और समांतर रूप से शहर की अवैध रिहाइशों से वैध इलाकों की ओर भी। लेकिन लक्की की ख्वाहिशें अप्राप्य ख्वाहिशें है। 'ओये लक्की लक्की ओये' कहीं गहरे यह स्थापित करती है कि इस शहर में भौतिक दायरों को फलांग जाना चाहे संभव हो, सत्ताशील अभिजन द्वारा रचित आभासी दायरों को पाट पाना आज भी असंभाव्य कृत्य है।

**49. पा (2009)**

निर्देशक—आर बाल्की, निर्माता—सुनील मनचन्दा, संगीत—इलेयाराजा, गीत—स्वानन्द किरकिरे, कलाकार—अमिताभ बच्चन, विद्या बालन, अभिषेक बच्चन, अरुंधति नाग, परेश रावल।

लखनउ की पृष्ठभूमि को इस्तेमाल करती 'पा' में दिल्ली दो भूमिकाओं में आती है। एक बच्चे ऑरो की ख्वाहिश पूर्ति के स्थल के रूप में, जहाँ वह युवा राजनेता के साथ दिल्ली जाने और राष्ट्रपति भवन देखने की तमन्ना जताता है। और दूसरा उस मीडिया नगरी के रूप में जो बातें तो क्रांति और गरीबों के हक की करता है, लेकिन खुद उसी कॉर्पोरेट व्यवस्था का एक अभिन्न हिस्सा है। 'पा' में मीडिया एक खलनायक है, जिसे हमारा युवा राजनेता नायक किसी मसखरे होने तक सीमित कर देता है। मजेदार बात यह है कि फ़िल्म इस कॉर्पोरेट मीडिया का मजाक उड़ाने के लिए 'दूरदर्शन' का इस्तेमाल करती है। 'पा' में कॉर्पोरेट और सरकार एकाकार हो गए हैं और यह गठजोड़ नायक अभिषेक बच्चन के किरदार में बखूबी उभरकर सामने आता है। फ़िल्म में जहाँ दिल्ली का प्रसंग है वहाँ दिल्ली मेट्रो अपनी पूरी आभा के साथ आती है।

**50. देव डी (2009)**

निर्देशक—अनुराग कश्यप, निर्माता—रॉनी स्क्रूवाला, विकास बहल, संगीत—अमित

त्रिवेदी, गीत–अमिताभ भट्टाचार्या, शैली, कलाकार–अभय देओल, माही गिल, कल्की कोचिन, दिब्येन्दु भट्टाचार्या, नवाजुद्दीन सिद्दीकी।

उन्नीस सौ सत्रह का पतनशील कलकत्ता समकालीन दिल्ली के पहाड़गंज में पुनरागमन करता है। नियॉन लाइटों से चमकते नाम वाले होटल, अंधेरे खोहनुमा गलियारे, सीलन भरे कमरे और हर तरह का देसी-विदेसी नशा। खास बात यह है कि दिल्ली का जो हिस्सा देव के लिए अन्तहीन गर्त में गिरने वाला कुंआ है, वही चन्दा के लिए यहाँ असह्य अतीत की जकड़न से मुक्ति पाने का जरिया है। यह विलोम एक ही शहर की स्त्री और पुरुष के लिए विलोम व्याख्याओं को समझने में बड़ा कारगर है।

### 51. लव आजकल (2009)

लेखक-निर्देशक–इम्तियाज अली, निर्माता–सैफ अली खान, दिनेश विजन, संगीत–प्रीतम, गीत–इरशाद कामिल, कलाकार–सैफ अली खान, दीपिका पादुकोण, ऋषि कपूर, राहुल खन्ना, फ्लोरेंस ब्रूडेनेल ब्रूस।

''तू न बदली मैं न बदला, दिल्ली सारी देख बदल गई।''

'लव आजकल' की दिल्ली प्रेम कहानियों का शहर है। भिन्न कालों में समांतर चलती प्रेम कहानियाँ। नायिका (दीपिका पादुकोण) को ऐतिहासिक इमारतों का संरक्षणकर्ता बताया गया है और इस बहाने फ़िल्म दिल्ली के पुराने भग्नावशेषों को बखूबी अपना विषय बनाती है। 'चोर बजारी' गीत में दिल्ली मेट्रो, हुडको प्लेस, नॉर्थ कैम्पस रिजरोड, लाल किला जैसे दिल्ली के भिन्न लोकेल दिखते हैं। पुरानी कहानी में पुरानी दिल्ली आती है और प्रेम कथा को और गहरा रंग चढ़ाती है। यह फ़िल्म रात में जगमगाते कुतुब मीनार को बहुत सेलेब्रेट करती है। पहले कुतुब की पृष्ठभूमि में नायक अपने दोस्तों के साथ बैठा आहें भरता दिखता है। फिर कुतुब के सहारे होती नए साल की पार्टी के साथ दिल्ली के अभिजन एलीट की शक्ल दिखती है, जिसका प्रतीक फ़िल्म में विक्रम (राहुल खन्ना) है।

नायक जय (सैफ अली खान) जब दिल्ली को 'डेल्ही' बोलता है तो वीर सिंह (ऋषि कपूर) उसे समझाते हैं कि अपनी दिल्ली तो 'दिल्ली' है। देखकर लगता है कि फ़िल्म बनानेवाले ने यहाँ अपनी जवानी में बहुत गहरे प्रेम किए होंगे। यहाँ पुराना किला फ़िल्म में दो समांतर कालों में दो समानार्थी सी दिखते निर्णायक क्षणों का गवाह बनता है। यही पुराना किला अन्त में कहानी में फिर आता है और क्लाइमैक्स की पृष्ठभूमि रचता है। इम्तियाज की फ़िल्म में दिल्ली कुछ ऐसे आती है जैसे कोई अपनी उमर के चौथे दशक में लड़कपन के पहले प्यार को याद करता हो।

''तीन दिन यहाँ हूँ। झूठ बोलते हैं। बहाने बनाते हैं। छुप छुप के मिलते हैं। लाइक पुराना जमाना। और देखते हैं तुम्हारी डेल्ही... आई एम सॉरी... दिल्ली।''

**52. दिल्ली 6 (2009)**

निर्देशक – राकेश ओमप्रकाश मेहरा, निर्माता – राकेश ओमप्रकाश मेहरा, रॉनी स्क्रूवाला, कथा-पटकथा – राकेश ओमप्रकाश मेहरा, प्रसून जोशी, कमलेश पांडे, संगीत – ए आर रहमान, गीत – प्रसून जोशी, कलाकार – अभिषेक बच्चन, सोनम कपूर, वहीदा रहमान, ऋषि कपूर, ओम पुरी, तन्वी आजमी, पवल मल्होत्रा, सुप्रिया पाठक, शीबा चढ्ढा, अदिति राव हैदरी, अतुल कुलकर्णी, के के रैना, अखिलेन्द्र मिश्रा, रघुवीर यादव, दीपक डोबरियाल, साईरस साहूकार, प्रेम चोपड़ा, विजय राज, दिव्या दत्ता।

''लोग ही लोग। हर तरफ एक हलचल सी। जैसे कुछ हो गया है। इतना कुछ एकसाथ। फिर भी एक सन्तुलन। एक बैलेन्स। अमेजिंग।''

'दिल्ली 6' एक विदेशी की नजर से पुरानी दिल्ली की गलियों को देखना शुरु करती है। जिसका सबूत आप ऊपर लिखी फ़िल्म की शुरुआती पंक्तियों में देख सकते हैं। फिर भी फ़िल्म की कुछ खास बातें हैं जो इसे प्रामाणिक बनाती हैं। यहाँ पुरानी दिल्ली में मिलने वाले श्रम के विभिन्न रूप और रंग-बिरंगे पेशों में लगे व्यक्तियों द्वारा दिल्ली 6 की यह प्रामाणिक तस्वीर गढ़ी गई है। सामाजिक दबाव समाज के किस वर्ग पर सबसे ज़्यादा है, इसका सबूत भी फ़िल्म घर की औरतों और लड़कियों पर डाले जाने वाले बंधनों के साथ देती है। जहाँ 'अर्जियाँ' गीत शहर का सामुदायिक रहन-सहन और भाईचारा सामने लाता है वहीं 'रहना तू' में पुरानी दिल्ली के दूसरे चेहरे, वहाँ की 'नाइट लाइफ' को दिखाया गया है। घर की लड़की कैसे पुरानी दिल्ली से निकलते ही अपनी वेशभूषा बदल लेती है, देखिए। यहाँ आप मेट्रो कैसे शहर के इस बंद हिस्से के लिए ताज़ा हवा लेकर आई है, यह भी देख सकते हैं।

फ़िल्म रामलीला और काले बंदर की कथा को समांतर सुनाते हुए आपस में गूंथती है और पुरानी दिल्ली के सामाजिक जीवन के बहुत से ताले इन दोनों कथाओं से पैदा होनेवाले विभिन्न विमर्शों द्वारा खोलती है। पुरानी दिल्ली के रामलीला मैदान में होनेवाली भव्य रामलीला कथा में लौट-लौटकर आती है। हालांकि एक तथ्य यह भी है कि फ़िल्म की बहुत सारी शूटिंग जयपुर में हुई है। फ़िल्म ज़ौक़ की इन पंक्तियों को भी उद्धृत करती है, ''कौन जाये ज़ौक़, बर दिल्ली की गलियाँ छोड़कर।''

**53. 99 (2009)**

निर्देशक–राज निधिमोरू और कृष्णा डीके, निर्माता–अनुपम मित्तल, आदित्य शास्त्री,

कलाकार—बोमन ईरानी, कुणाल खेमू, साईरस ब्रोचा, सोहा अली खान, महेश मांजरेकर।

''नहीं, नहीं, नहीं। दिल्ली जमता नहीं है। अक्टूबर में जाऊँगा तो गर्मी से मर जाऊँगा और मार्च में ठंड...''

''मार्च में ठंड?''

''मेरा मतलब ठग है उधर। सब चोर हैं सर, सब चोर हैं। नजर हटेगा तो सामान गुल हो जाता है। और शो ऑफ। वो रेड गाड़ी के अन्दर बड़ा डेक लगाकर... कभी तो डिस्को बल्ब भी लगाते हैं। और बाजा हरदिन चालू रहता है... और भांगड़ा रीमिक्स बजाते हैं और वो भी कांच नीचे करके जोर-जोर से। और लेडीज के बारे में क्या बताऊँ सर, वैरायटी तो है ही नहीं। क्या बोला था... डी टी एम. .. देहाती टर्न मॉडर्न। और दो ही नाम हैं, पूरे डेल्ही में दो ही नाम हैं। एक पूजा, एक नेहा।''

**54. आएशा (2010)**

निर्देशक—राजश्री ओझा, निर्माता—अनिल कपूर, अजय बिजली, पटकथा—देविका भगत, संगीत—अमित त्रिवेदी, गीत—जावेद अख़्तर, कलाकार—सोनम कपूर, अभय देओल, अनुराधा कपूर, साइरस साहूकार, इरा दुबे, अरुणोदय सिंह, अमृता पुरी, आनंद तिवारी, एम के रैना

यह ब्रांडेड दिल्ली है। क्रेडिट कार्ड, ड्रेस कोड वाली पार्टियाँ, पोलो मैच, आर्ट एग्जीबीशंस से मिलकर बनती नवधनाढ्य दिल्ली। यहाँ पैसा तो बोलता ही है, उसके साथ नफासत का एक खास तरीका आना भी जरूरी है। फ़िल्म की शुरुआत दिल्ली की सड़कों पर दौड़ती एक खास ब्रांडेड कार से होती है जिसे नायिका के व्यक्तित्व की एक प्रतीक अभिव्यक्ति के बतौर पेश किया गया है। एम्स और वहाँ का फ्लाईओवर दिखता है। शुरुआत फाइव स्टार होटल से है और डेल्ही जिमखाना में शुरु होती प्रेम कहानियों के संदर्भ। डिफेंस कॉलोनी को यहाँ 'डैफ-कॉल' कहा जाता है। अपने चरम पर फ़िल्म में आप साउथ दिल्ली के सुपरमॉल 'डीएलएफ एम्पोरियो' को भी देख सकते हैं। नायक नायिका पुराना किला के सहारे सुबह-सुबह मॉर्निंग वॉक करते दिखाई देते हैं। फ़िल्म प्रेम कहानी होते हुए भी अपना 'क्लास' कैरेक्टर एस्टैब्लिश करती है, पिता-पुत्री के बीच के इस संवाद में देखें,

''अपनी दिल की बात बताना बहुत जरूरी होता है। बताना पड़ता है बेटा।''

''आई नो पापा। लेकिन अगर उसने ना कह दिया तो...''

''तुम्हारी जैसी इतनी सुंदर, दिल की अच्छी, सबका ख्याल रखने वाली, और ऊपर से पैसेवाली... कोई बेवकूफ ही होगा जो ना बोलेगा।''

**55. लव, सेक्स और धोखा (2010)**

निर्देशक–दिबाकर बनर्जी, निर्माता–एकता कपूर एवं शोभा कपूर, संगीत–स्नेहा खानवलकर, गीत–दिबाकर बनर्जी, कलाकार–अंशुमान झा, राजकुमार यादव, नुसरत, नेहा चौहान, हैरी टंगडी, अतुल मोंगिया, नम्रता राव, अमित सियाल, आर्य बनर्जी।

यहाँ दिल्ली का सीधा संदर्भ न होते हुए भी इस फ़िल्म को दिबाकर की पिछली दो फिल्मों के विकासक्रम में पढ़ा जाना चाहिए। दिल्ली शहर में मौजूद स्तरीकरण और आभासी विभाजनों की बात करते हुए दिबाकर पिछली दो फिल्मों में इस स्तरीकरण के कई पहलू दिखा चुके हैं, लेकिन 'लव, सेक्स और धोखा' स्पष्ट करती है कि इन तमाम विभाजनों में सबसे ऊपर आज भी एक ही स्तरीकरण है – जाति का भेद। यह सिनेमा शहरी आधुनिकता के मिथ को ध्वस्त करने वाला है और अपनी तकनीक और कथ्य के लिहाज से हिन्दी सिनेमा की परम्परा में क्रांतिकारी भी। यह दिल्ली से सटे नोयडा, गाज़ियाबाद, मेरठ, फरीदाबाद, गुड़गाँव जैसे एन सी आर इलाकों की प्रामाणिक कथाए हैं।

**56. पीपली लाइव (2010)**

निर्देशक–अनुषा रिजवी, सह निर्देशक–महमूद फारुक़ी, निर्माता–आमिर खान, किरण राव, रॉनी स्क्रूवाला, संगीत–इंडियन ओशन, भदवई गांव मंडली, राम संपत, नगीन तनवीर, गीत–नून मीम राशिद, भदवई मंडल, स्वानंद किरकिरे, गंगाराम साखेत, संजीव शर्मा, कलाकार–ओंकारदास माणिकपुरी, रघुवीर यादव, शालिनी वत्स, नवाजुद्दीन सिद्दीकी, फारुख जफर, विशाल शर्मा, नसीरुद्दीन शाह, आमिर बशीर, अनूप त्रिवेदी, दानिश हुसैन।

मुख्य प्रदेश के गाँव 'पीपली' की कथा 'पीपली लाइव' में आई दिल्ली सत्ता की दिल्ली है, मीडिया की दिल्ली है। और साथ ही हिन्दुस्तान के 'इंटेलेक्चुएल क्लास' का वो गढ़ है जहाँ से खड़ा होकर वो देश के तमाम मुद्दों पर अपनी राय देता है, फैसले सुनाता है और तदनुसार राज्य की नीतियाँ निर्धारित होती हैं। कृषि भवन का शॉट आता है, जहाँ सचिव स्तर के अधिकारी डार्जिलिंग चाय की गुणवत्ता की चर्चा कर रहे हैं और राष्ट्रीय मीडिया के सामने एक ही बात दोहरा रहे हैं, ''वी आर वेटिंग फॉर दि हाई कोर्ट ऑर्डर्स''।

सबसे उल्लेखनीय प्रसंग वहाँ है जब नत्था के समर्थन में दिल्ली के सार्वजनिक धरना-प्रदर्शन स्थल 'जंतर-मंतर' पर प्रदर्शन होता है। स्थानीय कनेक्शंस में रुचि रखने वाले इस दृश्य में ढेर सारे 'सराय' वालों को साफ पहचान सकते हैं। खुद

फ़िल्म के सह-निर्देशक महमूद फारुक़ी भी यहाँ दिखते हैं। लाल झंडों के बीच खड़े मुख्यधारा लेफ्ट के नुमाइंदे बने महमूद यह बयान देते हैं, "सारी कॉम्युनिस्ट पार्टीज राज्य सरकार का, केन्द्रीय सरकार का, डी एम का, बेरोजगारी का, भुखमरी का, गरीबी का, अमरीका का और सारे इश्यूज का खंडन करती है।"

## 57. दो दूनी चार (2010)

निर्देशक—हबीब फैजल, निर्माता—अरिंदम चौधरी, संगीत—अंजन अंकित, मीत बंधु, गीत—मनोज मुंतासिर, कलाकार—ऋषि कपूर, नीतू सिंह, अदिति वासुदेव, अर्चित कृष्ण, अखिलेंद्र मिश्रा, सुप्रिया शुक्ला, नताशा रास्तोगी।

दिल्ली के किसी बड़े पब्लिक स्कूल, जिसमें बड़े घर के बच्चे पढ़ते हैं, में गणित के मास्टर संतोष दुग्गल की कार खरीदने के सपने की कथा है 'दो दूनी चार'। स्कूल बड़ा है, लेकिन दुग्गल सर की तनख्वाह बीस हजार रुपए ही है। यहाँ नब्बे के दशक का दो बच्चों वाला आदर्श मध्यवर्गीय परिवार है, लेकिन दौर उदारीकरण के बाद का है और बजाज स्कूटर पर चलने वाले दुग्गल सर के लिए कार खरीदने की चाहत सिर्फ सुविधा का सवाल नहीं, हैसियत का, पहचान का सवाल बन जाता है।

यह डीडीए द्वारा निर्मित कॉलोनियाँ हैं, जिनके मकान चार लोगों की स्टैंडर्ड फैमिली को ध्यान में रख ही बनाए जाते रहे हैं। कथावाचक पायल दुग्गल नॉर्थ कैम्पस के किरोड़ीमल कॉलेज में पढ़ती है, जहाँ उसके सहपाठियों के पास ब्रांडेड कपड़े और बड़ी और शानदार गाड़ियाँ हैं। वह कहती है, "क्यूं एक टीचर को ही मेरा पापा होना था यार?" यहाँ 'चटवाल कोचिंग सेंटर' है जो शॉर्ट में सी.सी.सी. हो जाता है और उसके मालिक बिट्टू सिंह चटवाल बी.एस.सी. हो जाते हैं। सार्वजनिक सड़कों पर बजाज स्कूटर चलाते दुग्गल हैं और पीछे अधबनी मेट्रो की लाइनें दिखाई देती हैं। आईटीओ वाले पीसीओ का संदर्भ आता है। नए समय में कॉल सेंटर में नौकरियों के संदर्भ हैं और पिछली पीढ़ी की उससे असहमतियाँ हैं, क्योंकि रात में जागकर काम करने से आँखों के नीचे काले गढ्ढे पड़ जाते हैं और उससे भविष्य में शादी के लिए अच्छा लड़का नहीं मिलता। 'दो दूनी चार' में दिल्ली ब्रांड के पीछे भागने वाला और उसी से इंसान की हैसियत पहचानने वाला महानगर बनकर उभरता है।

## 58. बैंड बाजा बारात (2010)

निर्देशक—मनीष शर्मा, निर्माता—आदित्य चोपड़ा, संगीत—सलीम-सुलेमान, गीत—अमिताभ भट्टाचार्या, कलाकार—रणवीर सिंह, अनुष्का शर्मा, मनमीत सिंह, नीरज सूद, मनीष चौधरी।

हबीब फैजल द्वारा लिखित 'बैंड बाजा बारात' की कथा दिल्ली विश्वविद्यालय के

हंसराज कॉलेज से शुरू होती है। शादी करवाने के धन्धे में एलीट ब्रांड 'चन्दा नारंग' के साथ काम करने को इच्छुक श्रुति को नायक बिट्टू का साथ मिलता है और वे 'शादी मुबारक' के साथ सफलता की सीढ़ियां चढ़ते जाते हैं। यहाँ 'क्लास' के संदर्भ दिल्ली की क्षेत्रीय पहचानों के साथ सामने आते हैं। जनकपुरी के राजा-रानी होने के बाद भी बिट्टू-श्रुति का सबसे बड़ा सपना 'सैनिक फॉर्म' जीतने का ही रहता है।

**59. नो वन किल्ड जेसिका (2011)**

निर्देशक—राजकुमार गुप्ता, निर्माता—रॉनी स्क्रूवाला, संगीत—अमित त्रिवेदी, गीत—अमिताभ भट्टाचार्या, कलाकार—रानी मुखर्जी, विद्या बालन, राजेश शर्मा, नील भूपालम, मायरा, मोहम्मद जीशान।

''काट कलेजा दिल्ली, मुई दिल्ली ले गई'' इस फ़िल्म का सूत्र वाक्य सरीखा है। बहुचर्चित जेसिका लाल मर्डर केस पर बनी 'नो वन किल्ड जेसिका' सत्ता और ताकत वाली दिल्ली के विकृत चेहरे को उजागर करना चाहती है और इसके बरक्स नागरिक समाज को खड़ा करती है। यहाँ मीडिया नायक की भूमिका में है जिसे 'आम आदमी' की तरफ से लड़नेवाला दिखाया गया है। यह रात का शहर है। फ़िल्म में तमाम मुख्य घटनाएं रात में घटित होती हैं और फ़िल्म रात में जगमगाती, भागती दिल्ली का एरियल शॉट दृश्य के बदलाव पर बार-बार इस्तेमाल करती है। 'ऐतबार' गीत में सबरीना लाल (विद्या बालन) की निस्सहायता को दिखाने के लिए फ़िल्म दिल्ली की सार्वजनिक सड़कों और सार्वजनिक परिवहन का एक मृत बिम्ब के रूप में बखूबी इस्तेमाल करती है। दिल्ली के एलीट का भी चित्रण है और मैरियट जैसा होटल दिखता है। फ़िल्म उनका दोगला चेहरा दिखाती है। खासकर फ़िल्म शहर दिल्ली की स्त्रियों के संबंध में घोषित असभ्यता को बार-बार चिह्नित करती है। फ्लैशबैक में आप जेसिका लाल को सबरीना लाल से कहते हुए सुनते हैं,

''तू पागल है क्या। लडूंगी नहीं तो क्या छोड़ दूंगी। क्या, जाने दूं? बहनजी, तू बहनजी रहना छोड़। ये दिल्ली है दिल्ली, यहाँ तू लड़ना सीख। आज छूकर गया है कल रेप करके जाएगा। लड़ना सीख जा तू।''

फ़िल्म में इंडिया गेट पर हुए कैंडल लाइट मार्चों को पुनःसृजित किया गया है और इसकी प्रेरणा फ़िल्म 'रंग दे बसन्ती' से मिलती दिखाई गई है। यहाँ आप इंडिया गेट पर होते कैंडल लाइट मार्च के दृश्यों के बीच सर्वोच्च सत्ता के प्रतीक राजनयियों के दृश्यों आता-जाता देखते हैं। दिल्ली की महिला मुख्यमंत्री, लम्बे बालों वाले राष्ट्रपति और नीली पगड़ी वाले सरदार प्रधानमंत्री इनमें प्रमुख हैं। फ़िल्म की शुरुआत दिल्ली के बारे में एक लम्बे, नकारात्मक बयान से होती है। लेकिन यहाँ फ़िल्म के अन्त में आए इस बयान को भी देखें,

"एज आई टोल्ड यू, आई नेवर अन्डरस्टुड डेल्ही। आई नेवर विल। लेकिन जब ये यकीन होने लगा कि दिल्ली सिर्फ उनकी है जिनके हाथ में पावर है, तब वो पावर उनके हाथों से निकलकर वहाँ आ गई जहाँ उसे हमेशा से होना चाहिए था, लोगों के हाथों में।"

**60. तनु वेड्स मनु (2011)**

निर्देशक–आनंद एल. राय, निर्माता–सूर्य सोनल सिंह, विनोद बच्चन, शैलेश आर सिंह, संगीत–क्रसना, गीत–राजशेखर, कलाकार–आर माधवन, कंगना रनाउत, दीपक डोबरियाल, जिमी शेरगिल, स्वरा भास्कर, एजाज खान, के के रैना, राजेन्द्र गुप्ता, नवनी परिहार, रवि किशन।

फ़िल्म का मुख्य घटनास्थल कानपुर, कपूरथला, लखनऊ और दिल्ली के बीच घूमता रहता है। फ़िल्म में लड़की देखने दिखाने के शुरुआती दृश्यों में दिल्ली की 'सेक्टर 39, नोयडा', 'साहिबाबाद' जैसी लोकेल नजर आती हैं। इस फ़िल्म की सबसे खास बात घटनास्थल के रूप में घर की छतों का इस्तेमाल है और यही विशेषता इसे उत्तर भारतीय कस्बाई जीवन की प्रतिनिधि फ़िल्म बना देती है।

**61. प्यार का पंचनामा (2011)**

लेखक-निर्देशक–लव रंजन, निर्माता–अभिषेक पाठक, अतिरिक्त संवाद एवं पटकथा–सुमित सक्सेना, वैभव सुमन, संगीत–हितेश सोनिक, लव रंजन, क्लिंटन क्रेजो, गीत–लव रंजन, कलाकार–दिव्येंदु शर्मा, नुसरत, पदम भोला, सोनाली सहगल, रेयो, इशिता शर्मा, कार्तिकेय तिवारी।

यह दिल्ली नहीं नोयडा है। सॉफ्टवेयर के क्षेत्र में काम करने वाले कामकाजी युवा वर्ग के लिए अब यह नए एन सी आर क्षेत्र ही राजधानी के पर्यायवाची हैं। तीन नायकों के घर में हम समकालीन शहरी युवा के रोजमर्रा के जीवन की प्रामाणिक तस्वीर देख सकते हैं। फ़िल्म में नोयडा, उसकी एम एन सी कम्पनियों और भिन्न बहुमंजिला इमारतों वाले सेक्टरों के संदर्भ हैं। साथ ही रात में इंडिया गेट पर आईस्क्रीम खाने जाने के संदर्भ भी हैं। यहीं घर में सबसे मजेदार संदर्भ वहाँ देखने को मिलता है जहाँ नायक त्रयी 'एक चीनी, डेढ़ चीनी, दो चीनी' वाले चाय के कपों में चाय पीती दिखाई देती है। यह खान मार्केट में स्थित 'हैप्पिली अनमैरिड' शॉप का खास डिजाइनर आईटम है।

**62. डेल्ही बेली (2011)**

निर्देशक–अभिनय देव, निर्माता–आमिर खान, संगीत–राम सम्पत, गीत–अमिताभ

भट्टाचार्या, मुन्ना धीमान, अक्षत वर्मा, कलाकार–इमरान खान, वीर दास, कुणाल राय कपूर, पूर्णा जगन्नाथन, विजय राज।

फ़िल्म की शुरुआत तीन अधनंगे बच्चों द्वारा एक दीवार पर चढ़ एक हवाई जहाज को जमीन पर उतरते देखने से होती है। इसे नई दिल्ली का अन्तरराष्ट्रीय हवाई अड्डा बताया गया है। बदनाम गीत 'भाग डीके बोस' में पृष्ठभूमि में मेट्रो दिखाई देती है और आगे नायिका 'डेल्ही टाइम्स' पढ़ती नजर आती है। किसी पुल के नीचे स्थित भूमिगत रास्ते में बनी ग्रैफिटी में आप 'राजेन्दर दा ढाबा', 'वोट फोर', 'क्लीन दिल्ली ग्रीन दिल्ली', 'डूसू' लिखा देख सकते हैं। लोहे के बक्सों में भरकर एक रुपए का गिलास ठंडा पानी पिलानेवाले हैं और पुरानी दिल्ली के प्रसंग में ढेरों खंबों पर लटके बिजली, टेलीफोन, केबल के अधनंगे तार।

मूलतः दिल्ली के निवासी अक्षत वर्मा की लिखी 'डेल्ही बेल्ली' में दिल्ली की दृश्य छवियों के नाम पर रिवोली थियेटर के बाहर अपनी प्रेमिका का इन्तजार करता नायक का दोस्त, रास्ते में दिखता कनॉट प्लेस का अंछःनी सर्कल और एक विशेष प्रसंग में आई पुरानी दिल्ली की तंग गलियाँ हैं। लेकिन इस फ़िल्म में आई दिल्ली का प्रतिनिधि चेहरा इसकी अभद्र भाषा और किरदारों की गढ़त में है। उस उजड्ड किरदार में है जो एक पार्टी में छोटी सी कहासुनी के बाद शोहदों की भीड़ को साथ लेकर सामनेवाले का हाइवे पर पीछा करता है और उसकी गाड़ी पर अंधाधुंध गोलियाँ चलाता है। डॉन के उस सहायक में है जिसका ध्यान सामने खड़े शिकार को मारने से ज़्यादा उसके स्टाइलिश चश्मे में है। चावड़ी बाजार के उस हीरा व्यापारी में है जिसके रंग सामनेवाले के पास क्या माल है, यह देखकर बदलते हैं।

### 63. **मेरे ब्रदर की दुल्हन** (2011)

निर्देशक–अली अब्बास जफर, निर्माता–आदित्य चोपड़ा, संगीत–सोहैल सेन, गीत–इरशाद कामिल, कलाकार–कैटरीना कैफ, अली जफर, इमरान खान, कंवलजीत सिंह, परिक्षित साहनी।

"दिल से दिल्ली हो वो धड़कन से हो लंदन। ढूंढूं मैं ढूंढूं मेरे ब्रदर की दुल्हन।"

देहरादून, दिल्ली और आगरा। इन तीन शहरों के बीच विभाजित 'मेरे ब्रदर की दुल्हन' में दिल्ली मध्य भाग में आती है। नायक 'के एम सी' और नायिका 'एल एस आर' में पढ़ते हैं। छत्तरपुर के फार्म हाउसों की रेव पार्टियों के संदर्भ हैं। यहाँ दिल्ली की छवियाँ प्रमुख रूप से 'छूमंतर' गाने में नजर आई हैं। मेट्रो है, इंडिया गेट है। इनमें पीतमपुरा का टीवी टावर हिन्दी सिनेमा के लिए उल्लेखनीय और नई छवि है।

वैसे चावड़ी बाजार का संदर्भ शादी के कार्ड छपवाने के संदर्भ में आता है। पता हो, चावड़ी बाजार कागज का सबसे चर्चित बाजार है।

**64. आई एम कलाम (2011)**

निर्देशक—नील माधब पाण्डा, निर्माता—जीतेन्द्र मिश्रा, शांतनु मिश्रा, संगीत—अभिषेक राय, मधुपर्ण, पापॉन, सुश्मित बोस, शिवजी ढोली, गीत—मानवेन्द्र, सलिल वैद्य, प्रतीक मजूमदार, किशोर चंचल, शिवजी ढोली।

चमत्कारिक बच्चे द्वारा अपनी आकांक्षाओं को पाने की यह सकारात्मक गाथा मूलतः राजस्थान के उजाड़ की कथा है। वास्तविक दिल्ली फ़िल्म में सिर्फ क्लाईमैक्स में आती है, लेकिन दिल्ली इसमें सदा मौजूद है। कथानायक छोटू टेलीविजन पर तत्कालीन राष्ट्रपति और वैज्ञानिक ए पी जे अब्दुल कलाम को देखकर उनसे प्रेरणा पाता है और अपना नाम भी खुद ही बदलकर कलाम रख लेता है। नई दोस्तियाँ बनाता और तेजी से सफलता की सीढ़ियाँ चढ़ता कलाम जब निराश होता है तो अकेला ही दिल्ली कूच कर जाता है राष्ट्रपति से मिलने और उन्हें अपनी पाती देने।

दो नितांत भिन्न कथाओं के होते भी यह असंभव है कि 'आई एम कलाम' देखते हुए आपको राज कपूर द्वारा निर्मित 'अब दिल्ली दूर नहीं' याद ना आए। यहाँ भी दिल्ली सकारात्मक परिवर्तन का स्त्रोत है, लेकिन वक्त के साथ ऐसा लगता है कि अब उस पर निर्भरता कम है। यह भी रेखांकित करने योग्य है कि राजनीतिज्ञ नेहरू का स्थान गैर-राजनैतिक नायक कलाम ले लेते हैं। यह बीते सालों में हिन्दुस्तानी शहरी मध्य वर्ग (जो अन्ततः इस फ़िल्म का संभावित दर्शक होना है) में राजनैतिक व्यवस्था के प्रति घटते विश्वास को भी दर्शाता है। फ़िल्म का अंत इंडिया गेट पर होता है जहाँ कलाम को तलाश करने गाँव से उसके दोस्त कुँवर और उसकी माँ आए हैं, और उन्हें कलाम इंडिया गेट के पास बने पानी के हौद किनारे खेलता मिलता है।

**65. रॉकस्टार (2011)**

निर्देशक—इम्तियाज अली, निर्माता—इरोज इंटरनेशनल लिमिटेड, संगीत—ए आर रहमान, गीत—इरशाद कामिल, कलाकार—रणबीर कपूर, नर्गिस फाखरी, कुमुद मिश्रा, अदिति राव हैदरी, शम्मी कपूर, पीयुष मिश्रा।

कथानायक दिल्ली के करोलबाग का रहनेवाला है और पुरानी दिल्ली के एक मकान को करोलबाग के किसी घर के बतौर फिल्माया गया है। गीत 'कुन फाया कुन' में निजामुद्दीन दरगाह एक मुख्य कथासूत्र बनकर सिनेमा में आती है। 'रॉकस्टार' अपने शुरुआती हिस्से में दिल्ली विश्वविद्यालय के उत्तरी परिसर में आमने-सामने बने 'हिन्दू

कॉलेज' और 'स्टीफेंस कॉलेज' के बीच आदिम समय से चली आई उस प्रतिद्वंद्विता को भी आधार बनाती है जिसे आप दिल्ली शहर में सदा से मौजूद रही 'क्लास वार' के प्रतीक के बतौर पढ़ सकते हैं।

लेकिन फ़िल्म शहर दिल्ली को लेकर अपना सबसे महत्वपूर्ण बिम्ब विवादास्पद गीत 'साड्डा हक' के बीच में वहाँ गढ़ती है जहाँ नायक जनार्दन जाखड़ कनॉट प्लेस के हृदयस्थल में, नवनिर्मित 'सेंट्रल पार्क' के बीच खड़ा होकर सैंकड़ों नवयुवाओं की भीड़ के सामने यह दोहराता है,

"पता है, बहुत साल पहले यहाँ एक जंगल होता था। घना, भयानक जंगल। फिर यहाँ एक शहर बन गया। साफ-सुधरे मकान, सीधे रास्ते। सबकुछ तरीके से होने लगा। पर जिस दिन जंगल कटा, उस दिन परिन्दों का एक झुंड यहाँ से हमेशा के लिए उड़ गया। कभी नहीं लौटा। मैं उन परिन्दों को ढूंढ रहा हूँ। किसी ने देखा है उन्हें? देखा है?"

### 66. लेडीज वर्सेस रिक्की बहल (2011)

निर्देशक—मनीष शर्मा, निर्माता—आदित्य चोपड़ा, पटकथा—देविका भगत, अतिरिक्त पटकथा—हबीब फैजल, संवाद—हबीब फैजल, संगीत—सलीम-सुलेमान, गीत—अमिताभ भट्टाचार्या, कलाकार—रणवीर सिंह, अनुष्का शर्मा, परिणिति चोपड़ा, दीपानिता शर्मा, अदिति शर्मा।

इस फ़िल्म की दिल्ली परिणिति चोपड़ा द्वारा निभाए गए किरदार 'डिम्पल चढ्ढा' में निहित है। लड़की जिसकी भाषा में ब्रैंड्स इस कदर घुले हुए हैं जैसे दिल्लीवालों की जबान में गालियाँ समाहित होती हैं। लड़की के पिता, जिनकी किलेनुमा कोठी फ़िल्म के पहले ही शॉट में नीचे से ऊपर के कैमरा एंगल के साथ ताकत के आधिपत्य स्वरूप दिखाई जाती है, नायक से ठीक वहाँ प्रभावित हो जाते हैं जब उन्हें पता चलता है कि उसका बाराखंबा रोड पर अपना बंगला है। 'लेडीज वर्सेस रिक्की बहल' की दिल्ली ऐसे प्रॉपटी डीलरों से मिलकर बनती है जो बात-बात में गिनाते हैं कि 'अर्बन मिनिस्ट्री का जॉइंट सेक्रेट्री जीजा लगता है मेरा'। फ़िल्म का यह पहला हिस्सा हबीब फैजल की कलम से निकला दिखाई देता है, जिनके दिल्ली पर 'दो दूनी चार', 'बैंड बाजा बारात' तथा 'लेडीज वर्सेस रिक्की बहल' में किए काम को मिलाकर उन्हें दिबाकर बनर्जी की दिल्ली वाली परम्परा में पढ़ा जा सकता है।

# अन्य फ़िल्में

1. दिल्ली का छैला (1929)
2. डेल्ही एक्सप्रेस (1935)
3. झूला (गीत) (1942)
4. चाँदनी चौक (1946)
5. शाहजहाँ (1946)
6. डेल्ही एक्सप्रेस (1949)
7. चाँदनी चौक (1954)
8. समवेयर इन डेल्ही (1956)
9. पतंग (गीत) (1960)
10. दिल्ली का दादा (1962)
11. सन ऑफ इंडिया (1962)
12. शहीद (1965)
13. पाकीजा (1972)
14. दस नम्बरी (गीत) (1976)
15. कभी कभी (1976)
16. सिलसिला (1981)
17. आधारशिला (1982)
18. गाँधी (1982)
19. अवाम (1987)
20. चाँदनी (1989)

21. रोजा (1992)
22. सरदार (1993)
23. डर (1993)
24. ओ डार्लिंग ये है इंडिया (1995)
25. दिल तो पागल है (1997)
26. पुकार (2000)
27. 16 दिसम्बर (2002)
28. धूप (2003)
29. रन (2004)
30. सहर (2005)
31. बोस : दि फॉरगॉटन हीरो (2005)
32. फना (2006)
33. ब्लैक एंड व्हाइट (2008)
34. चाँदनी चौक टू चाइना (2009)
35. आलू चाट (2009)
36. मोहनदास (2009)
37. थ्री ईडियट्स (2009)
38. रण (2010)
39. चलो दिल्ली (2011)
40. एक दीवाना था (2012)

❑❑